汽车 250 年史

从蒸汽三轮到飞行汽车

QICHE 250 NIAN SHI:
CONG ZHENGQI SANLUN
DAO FEIXING QICHE

[英]史蒂芬·巴黎西恩 / 著

牛小婧 / 译

浙江人民出版社

图书在版编目（CIP）数据

汽车250年史：从蒸汽三轮到飞行汽车 /（英）史蒂芬·巴黎西恩著；牛小婧译. — 杭州：浙江人民出版社，2023.6
ISBN 978-7-213-11012-2

Ⅰ.①汽… Ⅱ.①史… ②牛… Ⅲ.①汽车工业－工业史－世界－通俗读物 Ⅳ.①F416.471-49

中国国家版本馆CIP数据核字（2023）第045069号

浙江省版权局
著作权合同登记章
图字：11-2020-498号

THE LIFE OF THE AUTOMOBILE
by Dr Steven Parissien
Copyright © Steven Parissien, 2013
First published in hardback in Great Britain in 2013 by Atlantic Books,
an imprint of Atlantic Books Ltd.
Simplified Chinese edition published in 2023
by Zhejiang People's Publishing House Co.,Ltd
by arrangement with Peony Literary Agency

汽车250年史：从蒸汽三轮到飞行汽车

［英］史蒂芬·巴黎西恩 著 牛小婧 译

出版发行：	浙江人民出版社（杭州市体育场路347号 邮编：310006）
	市场部电话：（0571）85061682 85176516
责任编辑：	尚　婧　李　楠
特约编辑：	韩　晴
营销编辑：	陈雯怡　赵　娜　陈芊如
责任校对：	何培玉　戴文英
责任印务：	幸天骄
封面设计：	东合社
电脑制版：	北京之江文化传媒有限公司
印　　刷：	杭州丰源印刷有限公司
开　　本：	710毫米×1000毫米　1/16　　印　张：23.5
字　　数：	350千字
版　　次：	2023年6月第1版　　印　次：2023年6月第1次印刷
书　　号：	ISBN 978-7-213-11012-2
定　　价：	98.00元

如发现印装质量问题，影响阅读，请与市场部联系调换。

目 录
CONTENTS

第 一 章　先 驱 / 001

亨利·福特（Henry Ford）走了，走得颇具黑色幽默。

第 二 章　挑战与机遇：两次世界大战之间的欧洲 / 036

在第一次世界大战结束后的动荡年间，一些曾叱咤风云的欧洲汽车制造商彻底沉寂，而一批后起之秀在世界范围建立起了声誉。

第 三 章　三巨头 / 066

在两次世界大战之间的几十年里，不论欧洲汽车巨头有多么成功和重要，到1939年时，就连威廉·莫里斯和路易·雷诺也不得不承认，他们只能站在底特律三巨头的阴影之下。

第 四 章　汽油时代 / 084

1916年，当欧洲在第一次世界大战的血雨腥风中飘摇时，荷兰皇家壳牌（Royal Dutch Shell）的老板亨利·德特丁（Henri Deterding）颇具前瞻性地宣布："这是旅行的世纪，战争造成的不安将让人更强烈地渴望旅行。"

第 五 章　人民大众的战争 / 105

阿道夫·希特勒喜爱汽车——尽管他从未学会开车。

第 六 章　勒紧腰带的英国 / 126

经历第二次世界大战的严峻考验之后，西欧的汽车工业百废待兴。

第 七 章　凤凰涅槃 / 142

与欧洲大陆大多数汽车工厂一样，法国的汽车工厂1945年也是惨不忍睹。

第 八 章　黄金时代 / 167

20世纪50年代中后期是汽车的黄金时代，这段短暂的时期洋溢着乐观和笃定，对未来充满信心。那是汽车走向成熟的时代。

第 九 章　巅　峰 / 193

用文化历史学家弗雷德·卡普兰（Fred Kaplan）的话说，在1959这一年，"新时代的冲击波撕裂了日常生活的接缝……界限被跨越，禁忌被践踏，一切都在变化，人人心知肚明——我们现在所熟知的世界开始成形"。

第 十 章　摇摆的60年代 / 210

在20世纪60年代的风景中，汽车总是占据中心位置。汽车性感、有趣，不仅是必不可少的配件，更是引人注目的主角。

第十一章　从英雄到恶棍 / 237

20世纪60年代中期是公众对汽车认知的分水岭。早在1911年，《生活时代》（Living Age）杂志的编辑就指出："汽车已经从社会的玩物变成了社会的主宰。汽车现在是我们的暴君，所以我们终于开始反抗它，开始抗议它的傲慢做派。"

第十二章　危机？什么危机？ / 257

1973年10月6日是犹太人的节日——赎罪日，埃及动用222架喷气式飞机、3000挺机枪袭击了以色列位于西奈半岛和苏伊士运河东岸的阵地。叙利亚则动用飞机、大炮和坦克猛烈袭击以色列北部边界。突然之间，便宜的石油和便宜的汽车都成为往事。

第十三章　东方之光 / 283

1960年访问日本的人恐怕压根想不到这个国家的领先汽车制造商会在短短20年之内便能挑战全球老牌汽车巨头，甚至在30年之内征服全球几乎所有市场。

第十四章　巨　兽 / 293

20世纪80年代是炫耀性消费和张扬显摆大行其道的"我"时代。这是一个越大越好的时代，也是一个随心所欲、充满矛盾的时代。

第十五章　并购时代 / 316

20世纪的最后十年和21世纪的头十年见证了全球汽车业的重组。

第十六章　未来世界 / 349

今天的世界似乎与70年前一样，依然深受汽油动力车影响。2003年，美国人拥有的汽车数量超过了驾照的数量。如今，90%的美国家庭拥有汽车。

致　谢 / 364

参考资料 / 365

第一章
先 驱

亨利·福特（Henry Ford）走了，走得颇具黑色幽默。1947年4月7日凌晨，在位于密歇根州迪尔伯恩的豪宅内，亨利·福特在时断时续的睡梦中与世长辞。当时停着电，一片黑暗，风雨交加。4月9日，他的遗体安放在这幢豪宅巨大的宴会厅内，近10万人陆续前来悼念，向他致以最后的敬意。次日，2万名看客冒着倾盆大雨，静静地站在底特律伍德沃德街的圣公会教堂外面。教堂内聚集着全球汽车行业的领军人物和哈里·S.杜鲁门（Harry S. Truman）政府的关键成员。这阵势就好像一位叱咤风云的大人物去世一样。教堂外面，好似底特律整座城市都停了下来。底特律市政厅门外挂着9米高的福特肖像，成千上万的市民在路边等候福特的灵车驶过。灵车快速地冒雨前行，驶向迪尔伯恩的福特公墓。除令人失望的天气外，唯一不和谐的音符是那辆被选作灵车的汽车：这辆车的品牌不是福特，而是帕卡德（Packard），原因不得而知。显然，是有人给弄错了。

遗憾的是，当天来福特公墓吊唁的人当中，很少有人对这位过世的大亨抱有太多个人情感。他们的悼词大都礼貌而友善，只有纽约的一家报纸把福特的处世哲学描述为"像丛林一般，充斥着恐惧、无知，对社会事务的偏见"。事实上，就连亨利的大多数家庭成员也因他最终离世而舒了口气。但不管怎样，这位汽车业巨头已经成为世界上最有名的人之一。在俄罗斯，"Americanize"（美国化）一词字面意思为"Fordize"（福特化），而在刚刚被盟军轰炸机（由福特工厂帮助制造）摧毁的希特勒第三帝国纳粹德国，亨利·福特被视若神明。

亨利·福特把麾下庞大的汽车帝国交由福特汽车公司（Ford Motor Company）董事会管理，该董事会当时仍由福特家族掌控。另外，以节俭乃至吝啬著称的亨利还为他的继承人留下高达2650万美元的现金。这笔巨款在他一个私人银行账户里藏了好几十年。但历史学家罗伯特·莱西（Robert Lacey）称，在他逝世当天，口袋里装的并不是与全球最著名实业家这一身份相称的贵重物品，而是"小男孩的玩意儿"：一把梳子，一把折叠刀和一个单簧口琴。

尽管有很多美国人以为福特发明了汽车，但真正发明汽车的人并不是福特，这一殊荣应当归于德国工程师卡尔·本茨（Karl Benz）和戈特利布·戴姆勒（Gottlieb Daimler）。而且，美国第一辆由汽油驱动的汽车也不是福特制造的。第一辆福特汽车面世前三年，查尔斯·杜里埃（Charles Duryea）和弗兰克·杜里埃（Frank Duryea）兄弟已在马萨诸塞州斯普林菲尔德的大街上展示由汽油驱动的"机动马车"（motor wagon）。直到1896年，年轻的亨利·福特才推出他那款"四轮车"（Quadricycle）。"四轮车"虽具有革命性，只是经不起折腾。但亨利·福特被誉为创造和发展流水生产线（现代批量生产系统的关键要素）的第一人，确实是实至名归。福特早年的艰苦奋斗使维多利亚时代的新奇发明转变为20世纪最重要的大众市场奇迹。福特性格的内在矛盾在许多方面折射出汽车本身的历史：大胆创新，但同时在本质上偏保守；野心勃勃，但又忧心忡忡、犹豫不决；在社会问题上进步，但在政治上保守。

参与创造和发展全球汽车业的大都是热情的专家或健谈的推销员，或者是像亨利·福特那样身兼双重角色之人。最早的汽车业先驱者当中，有许多是颇具传奇色彩的人物，他们不断投机，飙车飙到最快，用别人的钱豪赌。直到20世纪30年代，当汽车行业发展到相当成熟的水平时，实力较弱的公司开始破产，推销员才被排挤到边缘或陷入破产，而接手的都是有钱的大亨。

现代汽车之父是卡尔·本茨——一位来自德国西南部巴登-符腾堡州的工程师。1885年，在曼海姆一家自行车店的后院里，他制造出了第一辆由汽油驱动的汽车。本茨制造的这辆汽车有三个像自行车那样的钢丝轮（而不是马车用的那种木轮），装载了颇具革命性的四冲程发动机以及同样先进的电线圈点火装置；车辆的变速器包含两个连接发动机与后轴的链条。这项发明于1886年1月29日获得专利认证，后被称为奔驰专利电机车（Benz Patent Motorwagen）。之后进行的上路驾驶测试证明该车非常成功。1888年，卡尔的妻子伯莎（Bertha）带着两个儿子（卡尔应该并不知情）第一次驾车长途旅行，他们从曼海姆出发，开到105千米外的普福尔茨海姆。伯莎·本茨灵巧地处理了途中发生的小故障，并在沿途经过的药店补充汽油。当晚抵达普福尔茨海姆后，她平静地发电报给卡尔，宣布她到达了目的地。[①] 在1889年举行的巴黎世界博览会（这项活动还展示了崭新的埃菲尔铁塔）上，本茨的Model 3给参会者留下深刻印象，从1886年到1893年，本茨造出了超过25辆电机车。1894年，汽车销量大幅增加，本茨卖出136辆Model 3。此时，汽车时代到来了。

卡尔·本茨驾驶着他1885年发明的电机车。

---

① 今天，德国仍在伯莎·本茨纪念之路（Bertha Benz Memorial Route）举办老爷车拉力赛，以纪念伯莎·本茨这次史诗般的旅程。该活动每两年举办一次。

本茨并不是发明"无马马车"的第一人。不过，在他之前所有的尝试结果大部分都不尽如人意，因为它们要么是由蒸汽驱动，要么商业价值极低。1704年，为逃离路易十四对胡格诺派的迫害，法国物理学家德尼·帕潘（Denis Papin）迁至德国卡塞尔。正是在那里，他发明了简易的蒸汽活塞发动机。他用这种发动机驱动一艘小船，从而创造出第一台机械驱动的交通工具。可惜，帕潘的成就从未得到认可。1712年前后，他在穷困潦倒中死于伦敦。50多年后，同为法国人的工程师尼古拉·居纽（Nicolas Cugnot）上尉利用蒸汽活塞发动机驱动一套由棘轮操纵的驾驶系统，让一辆小而重的三轮车开动起来。居纽把这辆车称为"fardier à vapeur"①。居纽1769年造出的这辆车是第一辆机械驱动的汽车，这辆车重达2吨，据说每小时只能跑2英里②多。这辆车可能还对历史上第一起机械车辆交通事故负有责任：据称，该车1771年因失去控制而撞坏了一堵墙。这起事故当然无助于让法国军方相信这种车确实有用，"fardier"的研发也就此停止。居纽靠皇家年金过活，但1789年法国大革命爆发后，这份年金也泡汤了。居纽本来可能会和帕潘面临同样的命运：身无分文地死去，被世人遗忘。好在1804年他去世前不久，同情他的拿破仑邀请他回到了巴黎。

居纽的突破促使摄政时期的创新者在蒸汽车领域展开了试验。很快，才华横溢但没能受到重视的苏格兰工程师威廉·默多克（William Murdoch），于1784年和1786年在康沃尔郡的雷德鲁斯制造了两辆"公路机车"。日后，他的朋友理查德·特里维西克（Richard Trevithick）利用这些发明，于1804年发明了世界上第一辆用蒸汽驱动的铁道机车。可惜，事实证明特里维西克的蒸汽机车过于沉重，无法在公路上行驶。且由于锅炉爆炸事故频发，再加上安全卫生法规过于严苛，蒸汽动力在实践中似乎行不通。另外，再加上臭名昭著的1861年和1865年英国《机车法》规定，所有蒸汽车应至少有3名乘员，应能够瞬时停车，车前方"至少18米处应有一人步行开道，必要时协助马匹避让……开路者应持红色旗帜示意"，于

---

① "fardier"是一种笨重的两轮马车，用于运送大型设备。居纽的命名法由此成为汽车行业借用与马相关的词源的首个例证。——译者注

② 英美制长度单位，1英里合1.6093千米。——译者注

是，蒸汽车只能开得比步行还要慢，本质上被看作是危险的交通工具，随时可能发生爆炸，导致驾驶员和路人死亡或残疾。

1859年，比利时工程师（当然也是世界上最著名的比利时人）艾蒂安·勒努瓦（Étienne Lenoir）为第一台汽油驱动的内燃机申请了专利。从那以后，越来越多的发明家开始追求更快、更安全的道路机动车出现。在接下来的30年里，法国和德国工程师完善了勒努瓦的发明。1880年，卡尔·本茨为一款性能可靠的二冲程汽油发动机申请了专利，5年后又把他的汽油发动机安装在世界上第一辆真正的机动车上。这辆车的速度只比步行略快，要是本茨1885年制造的那辆车用小马驹来拉，而不是靠那台小发动机驱动，其实可以跑得更快。但这确实是一项里程碑式的成就。

1885年那会儿，本茨并不是唯一一个制造汽油动力车的德国人，还有一位是工程师戈特利布·戴姆勒。本茨住在曼海姆，戴姆勒则生活在距曼海姆仅60英里的符腾堡州绍恩多夫，但两人从未见过面。同年，戴姆勒把合作伙伴威廉·迈巴赫（Wilhelm Maybach）设计的四冲程发动机装在一辆自行车上，创造出世界上第一辆摩托车。① 戴姆勒的发动机比本茨先进得多——如记者L. J. K. 塞特赖特（L. J. K. Setright）所述："以1884年的标准来看，每分钟800转是非常快的。"不过，戴姆勒用的是老式白炽灯球点火，而本茨的车则采用电子点火。

1886年，戴姆勒和迈巴赫在一辆驿马车上安装了一台更大的发动机，从而发明出世界上第一辆机动客车。三年后，他们在巴黎世界博览会上展示了这些发动机。1890年，两人从一批银行家和军火制造商那里取得了充足的资金，组建了名为戴姆勒发动机公司（Daimler-Motoren-Gesellschaft，DMG）的上市公司。该公司主要生产和销售汽油发动机，迈巴赫被任命为首席设计师。同年，戴姆勒授权庞阿尔-勒瓦索尔（Panhard et Levassor）和标致汽车（Peugeot）等法国公司生产戴姆勒发动机。次年，戴姆勒又把类似的授权卖给兼具美国和德国血统的钢琴制造商施坦威（Steinway and Sons），当然施坦威很快就发现，造车比造钢琴还要难一

---

① 戴姆勒的前老板尼古拉斯·奥托（Nikolaus Otto）博士1876年发明了第一台真正的四冲程汽油发动机，但不让戴姆勒使用，两人很快分道扬镳。

点。1892年，戴姆勒卖出了第一辆四轮汽车。1898年，一辆戴姆勒汽车使用了有史以来第一款四缸汽油发动机。两年后，迈巴赫又发明了第一款现代意义上的"蜂窝"散热器，这款散热器也用在了戴姆勒汽车上。

1886年，戈特利布·戴姆勒驾驶着世界上第一辆四轮汽车。他的儿子威廉正在开车。

戴姆勒很快也为创建英国汽车行业提供了助力。在汽车业发展初期，英国并不处于汽车制造的最前沿，汽车完全从法国和德国进口。1889年，在英国出生、在德国汉堡长大的英国人弗雷德里克·西姆斯（Frederick Simms）与戴姆勒见面后大受触动，决定把一辆戴姆勒汽车进口到英国——这多半是英国的第一辆汽车。4年后，西姆斯在英国组建了一家戴姆勒的子公司，专门销售德国产的戴姆勒汽车和法国产庞阿尔汽车。随后，西姆斯开始在考文垂生产汽车，并且只用17天时间便开着一辆车从兰兹角顺利抵达约翰奥格罗茨，从而为自己的汽车成功地打了广告。第一辆英国产汽车也是在考文垂制造的，但它并不是西姆斯的戴姆勒或庞阿尔，而是由英国机动车辛迪加（British Motor Syndicate）旗下一家子公司特许生产的波列（BollÉe）汽车。爱走旁门左道的企业家哈里·劳森（Harry Lawson）希望通过这家公司来控制羽翼未丰的英国汽车行业。劳森试图对英国制造的所有汽车行使法律控制权,但西姆斯及其他汽车业先驱者成功摆脱了劳森的扼制。劳森最终因欺诈罪被判处12个月劳役。

1944年,弗雷德里克·西姆斯去世,当时他早已成功且富有。而戴姆勒和迈巴赫却从未享受过与他们的开创性劳动相称的财富。迈巴赫被戴姆勒公司势力强大的银行业受托人排挤出公司,但戴姆勒还是让他当了一段时间顾问。1892年,戴姆勒本人罹患心肌梗死。次年,他的股权被董事会其他成员买断。多亏西姆斯(他与戴姆勒公司的合作关系为该公司提供了迫切需要的稳定财源)向戴姆勒公司施压,戴姆勒和迈巴赫才得以于1895年重新回到董事会。但是,戴姆勒的心脏病一直未能痊愈,于1900年不幸英年早逝,而迈巴赫在被戴姆勒公司冷酷而短视的董事会解职之后,也于1907年离开该公司。如果放在今天,那次解职就是彻头彻尾的推定解雇[①]案例。迈巴赫在董事会的职位被他前同事的儿子保罗·戴姆勒(Paul Daimler)取代,实践证明,对于董事们的异想天开,保罗·戴姆勒比迈巴赫的态度更加宽容(该公司的三个尖角的星形标识便是保罗·戴姆勒1908年请人设计的,也有可能是他自己设计的)。与此同时,迈巴赫组建了自己的机械工程公司,在第一次世界大战期间为齐柏林飞艇制造发动机,到1919年后他又推出一些大型豪华轿车。

威廉·迈巴赫于1929年去世,他生前从未拥有过汽车。1940年之后,他的同名公司为德国陆军制造坦克发动机。这家公司勉强熬过战后的艰难岁月,并撑到1960年,之后它被戴姆勒–本茨(Daimler-Benz)收购。2002年,戴姆勒的后人终于让迈巴赫的名字复活,将其作为超豪华轿车系列的品牌名称,从而修正了公司历史上一段令人羞愧的插曲。当然,这来得有点晚。因为如果没有迈巴赫,可能就根本不会有梅赛德斯。

卡尔·本茨有着与竞争对手戴姆勒相似的遭遇。1896年,本茨发明了全新的水平对置发动机,从而改进了自己的汽车。1903年,他在其他董事的逼迫下退了休。不过,他获准在董事会保留名誉职位,直到1929年去世为止。

[①] 指当劳动者的基本劳动条件被雇佣方改变,劳动者因不愿意接受新的改变而递交辞呈请求解除双方的劳动合同。——译者注

谨小慎微的商人再次战胜了目光远大的工程师。

不过，本茨至少活的时间足够长。1926年，他亲眼看到自己的公司与戴姆勒合并，一路发展成为全球最大的汽车巨头之一。同时，他还主持推出了第一款梅赛德斯汽车。本茨最重要的早期客户之一是犹太企业家、奥匈帝国驻尼斯领事埃米尔·耶利内克（Emil Jellinek）。19世纪80年代，耶利内克很乐意帮本茨推销汽车，但他发现，在20年前被普鲁士人打得一败涂地、当时尚未走出失败阴影的法国，条顿徽标是一大障碍。于是他说服本茨使用商标名来做市场推广。耶利内克当时在摩洛哥刚娶了认识不久的女子为妻——性格活泼、富有异域风情的拉谢尔·戈格曼·塞罗伯特（Rachel Goggmann Cenrobert）。他们的女儿生于1889年，教名阿德里安娜（Adrienne），但昵称是"梅赛德斯"（MercÉdès），这是一个西班牙语词，意为"幸运"。事后来看，这个名字取得似乎相当合适。到1900年，耶利内克已经把"梅赛德斯"一名用在自己的私人赛车队以及游艇上。现在他说服迈巴赫以相同名称为他制造一辆新跑车。耶利内克颇有先见之明地提出，梅赛德斯汽车不应是"给今天或明天用的车，而应该是供明天的明天使用的车"。

1902年，迈巴赫制造的35马力梅赛德斯首次面向公众销售。这辆车具有革命意义：它配有有史以来第一个闸门换挡装置，蜂窝状散热器和钢制底盘（而不是木质底盘）。如设计史学家斯蒂芬·贝利（Stephen Bayley）所言，这款车"奠定了汽车的根本架构"。梅赛德斯的原型在1901年3月尼斯速度周（Nice Speed Week）期间独领风骚，受到亨利·罗斯柴尔德男爵（Baron Henri de Rothschild）等著名赞助人的热情追捧。法国汽车俱乐部（French Automobile Club）主管宣布："我们已经进入了梅赛德斯时代。"

1926年，戴姆勒与奔驰合并之后，梅赛德斯这一名称扩展到该公司整个产品线，人们从此不必再纠结奔驰或戴姆勒品牌孰优孰劣。令人叹惋的是，1929年，梅赛德斯小姐本人死于癌症，年仅39岁。不久，本茨也于同一年去世。因此，她不必亲眼看见那一荒诞的场景——看着以犹太少女的名字命名的汽车载着反犹的纳粹德国领袖在第三帝国到处横行。

虽然本茨和戴姆勒在德国发明和完善了汽车，但打造出我们今天所熟知的汽车的则是法国人阿尔芒·珀若（Armand Peugeot）。阿尔芒是法国汽车业先驱之一,生于弗朗什·孔泰一个金属加工工人家庭。1881年,阿尔芒在参观利兹的工厂时深受启发,次年他不仅组建起一家自行车制造厂,而且开始尝试制造本茨式的汽油发动机。1889年,他在巴黎世界博览会上展示了一款蒸汽驱动的三轮车。事实上,这辆车更像摩托车,而不像成熟的汽车。1896年,他在欧丹库尔建起一家工厂,生产汽油驱动的汽车。1913年,阿尔芒退休。此时,他麾下的公司"标志"(Peugeot)已成为法国最大的汽车生产商,该公司每年生产汽车超过10000辆。

不过,对汽车这种新交通工具的设计贡献最大的人是珀若的竞争对手埃米尔·勒瓦索尔(Émile Levassor)。1886年,勒瓦索尔从戈特利布·戴姆勒那里拿到制造凤凰(Phoenix)发动机的许可,开始与他的朋友、工程师勒内·庞阿尔(RenÉ Panhard)合作生产名为庞阿尔-勒瓦索尔的汽油发动机。1890年,这对双双毕业于名校巴黎中央工艺制造学院(École Centrale des Arts et Manufactures)的搭档在戴姆勒的授权之下,开始制造整车。1888年,勒瓦索尔、珀若和戴姆勒在珀若的瓦朗蒂涅工厂碰了一次面,在这次交

1886年,勒内·庞阿尔(在后面,和勒瓦索尔夫人在一起)和埃米尔·勒瓦索尔(他的手放在舵柄上)驾驶着特许生产的戴姆勒汽车。

流会之后，勒瓦索尔和珀若开始联手试验本茨和戴姆勒的发动机。不过，勒瓦索尔更关注新车的设计和运行，而本茨、戴姆勒和珀若关注的重点都是如何为本质上仍属于小型马车的汽车引入成功的发动机。1891年，勒瓦索尔推出了搭载戴姆勒发动机的庞阿尔-勒瓦索尔汽车，并引入一系列创新，实际上相当于缔造了现代汽车。当时的汽车一般依靠自然散热，通常效率低下，而勒瓦索尔把发动机从汽车侧面挪到汽车前部，并通过置于前部的水冷散热器为汽车降温。勒瓦索尔放弃了以往类似自行车的皮带传动方式，引入了连接发动机和齿轮的曲轴。他还在座椅之间安装了离合踏板和手刹，以便操纵变速箱，从而创造出第一个现代变速系统。

另外，当时的汽车多采用类似马车的基本构造，但勒瓦索尔别出心裁地把发动机置于汽车前部，而不是底盘之下，从而打破了这种传统。他对传统的勇敢挑战为乘客提供了大得多的空间，并使得上下车更加容易。勒瓦索尔打造的汽车布局成为之后整整一个世纪所有汽车的标准构造。不过，这一布局很快便依庞阿尔-勒瓦索尔这一公司名称而被称作"庞阿尔系统"，而没有依其真正的缔造者勒瓦索尔来命名，这对勒瓦索尔来说是一大遗憾。

勒瓦索尔不是本茨和珀若那种一心钻研学问的工程师。他胆子大、雄心勃勃，非常享受他的新创造。在他的推动下，他的公司与标致汽车公司于1894年联手，在巴黎与鲁昂之间组织起世界上第一场汽车赛事。不过，勒瓦索尔对赛车的执着造成他英年早逝。1896年，他开车参加巴黎-马赛拉力赛时为避开一条狗而出了车祸，此后伤情一直未能好转，第二年便不幸去世。

勒瓦索尔去世后不久，他的公司在汽车制造领域的领先地位便被德迪翁-布东（De Dion-Bouton）所取代。这家占据先驱地位的法国汽车制造商成立于1883年，创始人之一是性情古怪的贵族、汽车发烧友朱尔·费利克斯·菲利普·阿尔贝（Jules Félix Philippe Albert），也就是德迪翁侯爵（Marquis de Dion）。他是一个花花公子，以擅长击剑著称。另外，还有一位创始人是工程师乔治·布东（Georges Bouton）。到1900年，这对不可思议的搭档把公司做成了全球最大的汽车生产商。与勒瓦索尔8年前推出的突破性车型相比，德迪翁-布东1899年推出的迷你小车并不算是跨时代的进步。但这是第一款"人民的汽车"，便宜且轻便，专门面向中产阶层而不是之前唯一买得起汽车的有闲富人。到1914年第一次世界大战爆发时,德迪翁-布东已经向诸多汽车生产商供应发动机,其中便有标致和雷诺(Renault)等法国同行以及海外竞争对手,譬如英国的亨伯(Humber)、德国的欧宝(Opel)和美国的帕卡德。与此同时,德迪翁侯爵给外界留下了特立独行的右翼人士印象,他在巴黎一个赛车跑道上用手杖击打法国总统(这位反犹的侯爵对卢贝总统对待当时撕裂法国社会的德雷福斯丑闻的温和立场感到愤怒),还资助出版了一批超保守的期刊[1]。

1910年,亨利·蒂里耶为早期最成功的汽车制造商之一——德迪翁-布东创作的海报。车是Model K;黑人司机的形象(不太合适)模仿了德迪翁侯爵的阿比西尼亚男仆。

1899年,另一家新的法国汽车生产商雷诺兄弟(Renault Frères)在巴黎创立。当时法国已是全球汽车制造中心,因此又一家法国生产商的组建并未引起多大关注。不过,在1918年以后,20世纪前几十年生意兴隆的庞阿

---

[1] 德迪翁萌芽中的媒体帝国包括政论杂志《黄色小矮人》(*Le Nain Jaune*),这位倔强的侯爵承认,这份期刊"没有任何具体目的"。

尔-勒瓦索尔和德迪翁-布东变得处境艰难[1]，而雷诺公司却经受住时间的考验，到2000年时已跻身全球最成功的汽车生产商之列。唯一不同的是该公司的创始人并不是埃米尔·勒瓦索尔那种大胆的冒险家。路易·雷诺（Louis Renault）是天生的工程师，他身材矮小，其貌不扬，性格相当孤僻。但他的雷诺小汽车（Renault Voiturette）配有革命性的三挡变速箱，与曲轴而非自行车式的传动链条相连接，使其比竞争对手的汽车更流畅、更快、更可靠。路易爱冒险的哥哥马塞尔（Marcel）在1903年巴黎-马德里汽车赛事中丧生后[2]，路易接管了公司的控制权。随后，他领导该公司一直到1942年。

1900年那会儿，很少有人预见美国会在不到20年的时间里超越法国，成为世界头号汽车生产大国。美国与法国、德国不同，是汽车制造行业的后起之秀。这项惊人的成就在很大程度上归结于两位截然不同的伟人的努力和远见，这两个人便是亨利·福特和威廉·杜兰特（William Durant）。

1946年，亨利和克拉拉·福特骑着亨利1896年推出的"四轮车"。

亨利·福特1863年7月30日出生在密歇根州迪尔伯恩，当时迪尔伯恩还

---

[1] 德迪翁1932年停止生产汽车，1955年，该公司残存的部分被一家摩托车生产商收购。1965年，濒临破产的庞阿尔被雪铁龙（Citroën）兼并。

[2] 车手和观众的死亡令这场赛事声名狼藉，该赛事一度停办，直到1927年才恢复。

只是中型城市底特律城外的一个小定居点，美国也还在打内战。福特小时候家境并不穷困，他父亲是个富有的农场主。但福特自幼便不合群，他和家里人关系不好，似乎喜欢特立独行。他母亲在他13岁时死于难产。此后，福特一直对他已故的母亲怀有崇敬之情，而且把对自己工厂井井有条的管理归结于母亲保持整洁的习惯，他对父亲一点儿不待见，虽然他明显继承了父亲在机器方面的天赋。

1878年，年轻的福特开始在"花兄弟"机器商店当学徒，这家公司的老板是福特父亲的朋友。由于这是一份卑微的工作，福特日后在自己的简历中剔除了这段经历。随后，他跳槽到制造发动机的底特律"干船坞"工作。1882年，他离开这家公司开始独立创业。1888年，他与克拉拉·布赖恩特（Clara Bryant）结了婚。布赖恩特也出生于迪尔伯恩的一个农场，在他们结婚三年后，家里人一起搬到了底特律。在底特律，福特开始在爱迪生电灯公司（Edison Illuminating Company）工作，爱迪生电灯也在工厂里给他留了些空间，使他可以继续进行自己的机械试验。1893年，亨利开始对德国和法国工程师正在生产的汽车有了兴趣。1896年，他推出了自己的四轮车。福特的这款四轮车没有刹车，也没有倒车挡，靠一个舵柄转向。这辆车虽然是自行车轮，却有四个轮子，此外还有一个发动机和一个电铃。这辆车的速度最高可达每小时20英里，以当时的标准来看是非常快的。

到1898年，福特获得了家族友人——底特律市长威廉·梅伯里（William Maybury）的资金支持，因而可以开始制造一款像模像样的德国式汽车。这款新制造出的车车轮较高，座位是带软垫的长椅，还有黄铜车灯和脚踏板。凭借这一突破，他于1899年8月组建了底特律汽车公司（Detroit Automobile Company）。但仅过了14个月，这家公司就关门了。亨利始终没能为他的新工厂交出汽车设计成品。由于无法让自己偏执的工作作风与业界期限相配合，他干脆不再去工厂。他手下的员工见到他的次数越来越少，这才发现自己失业了。这可不是个好的开始。

福特不是个轻言放弃的人。一年之后的1901年1月，他又组建了另一家新的汽车制造厂——亨利·福特公司（Henry Ford Company）。这时，福特已是一名赛车爱好者，一心只想造出速度更快的赛车。这家公司似乎又在短短一年后就走到了破产边缘。但这一回，公司的其他董事迅速采取了行动。他们在亨利溜走之前便让他靠边站，然后又对公司进行了重组。重组后的公司以董事亨利·M. 利兰（Henry M. Leland）为首，并更名为凯迪拉克汽车公司（Cadillac Automobile Company）。这一名称取自1701年建立底特律城的法国传奇探险家安托万·劳梅·德拉莫特（Antoine Laumet de la Mothe），即凯迪拉克先生（Sieur de Cadillac）。

在两家公司先后遭遇滑铁卢之后，福特于1903年再度尝试。这次他创立了福特机动车公司（Ford Automobile Company），这家公司后来更名为福特汽车公司（Ford Motor Company）。这一次，他切切实实地让一款汽车通过设计并投入了生产：这款车便是结实而实用的A型车（Model A）。该车有两座和四座两种款式，但颜色只有红色，速度最高可达每小时28英里。尽管如此，到第一批A型车面市时，这家公司也走到了破产边缘。1903年7月，该公司仅剩下223.65美元资产，但因为A型车上市后立马大受欢迎，公司竟奇迹般存活了下来。银行看到销量不俗，自然也愿意贷款。此时，福特的汽车帝国终于初步成形。

亨利·福特并不是发明家。事实上，如果他1907年就去世的话，他只会给后人留下模糊的记忆，成为汽车行业发展之初诸多先驱者中的一员。但是，他经历了无数次财务危机，在眼看就要失去一切的关头竟然侥幸存活。福特在20世纪历史上的核心地位来自他开发的第一款面向大众市场的汽车，这款车很快便成为世界上第一款批量生产的汽车。

1908年，福特推出了第一款Tin Lizzie，即T型车。这款车使用的四个汽缸为一体式铸造，而不是当时流行的将单个汽缸进行组装的方式。T型车和A型车一样，有二挡变速，不过其中一挡为倒车挡。T型车虽不是当时最便宜的汽车，但它是唯一一款兼具创新性、可靠性和实惠性的汽车。这款车也几乎没有花哨的配件：量产车型没有车速计、雨刷，甚至没有车门。但这也表明车主可以按照自己的喜好随意改造。正如历史学家罗伯特·莱西所言，1922年时的美国邮购宝典——西尔斯罗巴克公司（Sears, Roebuck and Co.）的商品簿中包含了"不下5000款可以旋在、拧在或缚在汽车上的不同商品"。

1909年9月时，T型车的销量已经超过10000辆，占福特汽车新增销量的60%。福特甚至不得不停止接订单达9周之久，以便跟上顾客的需求。农场主们之所以喜欢购买T型车作为便宜的代步工具，是由于T型车粗糙但拥有有效的悬架系统，这就意味着T型车可以比竞争车型更好地应对布满车辙、凹坑的路况并越野行驶。这款汽车可以让农场主和家人轻松访问邻近的城镇、看医生、去教堂等。汽车广告宣称，T型车"为美国普通农民日常生活而设计"。亨利承诺，"人人都可以开福特"，他还向他的农民客户保证，福特车"永远不会变成跑车"。事实上，T型车几乎无所不能。电影《阿拉伯的劳伦斯》（Lawrence of Arabia）中的人物T. E. 劳伦斯（T. E. Lawrence）说："在沙漠之旅中派上用场的汽车只有劳斯莱斯（Rolls-Royce）的银魅（Silver Ghost）和福特的T型车。"约翰·斯坦贝克（John Steinbeck）1945年在小说《罐头工厂街》（Cannery Row）中也回忆道："美国小孩大都是在T型车里怀上的，更有不少人在车里出生。"

T型车的成功鼓舞了福特，他决定把所有鸡蛋都放进一个草草编就的篮子里。他放弃了所有其他车型，专注生产T型车。在其他汽车生产商努力追求能与福特媲美的辉煌成功时，福特又把这款车的价格做得更加低廉。于是，T型车的价格由一开始的825美元降至575美元。这是汽车价格有史以来第一次降到了年平均工资以下。

一时间，T型车成了几乎人人都买得起的车，也成为第一款名副其实的全球汽车。那时福特汽车呈迅猛发展势头：到20世纪20年代中期为止，福特的低价、单一车型战略似乎成为全球汽车生产商面前的正道。到1918年，福特汽车的美国市场占有率已达到49%的惊人水平，甚至于英国的道路上也有40%的汽车都是T型车。到1921年，T型车更是占据了全球新车市场60%的份额。自此以后，再没有哪一个汽车制造商或哪一款汽车达到过如此高的份额。1913年的时候，福特的美国经销商网络已覆盖到每一个规模尚可的城镇，该公司的经销商和代理商数量更是超过了世界上其他任何汽车生产商。后来，福特甚至还把T型车套件发往世界各地供本地装配。第一次世界大战结束后，福特大举拓展他的全球供应链帝国：他买下了巴西的橡胶厂、肯塔基州和西弗吉尼亚州的煤矿、一个货轮船队还有宾夕法尼亚州和明尼苏达州的玻璃厂。到T型车1927年停产时，福特汽车总计已经卖出了1500万辆。该记录一直到几十年后才被大众汽车（Volkswagen）的甲壳虫（Beetle）和高尔夫（Golf）超越。

T型车堪称世纪之车，它彻底改变了几百万人的生活。这款车便宜而灵活，因而成为就连最普通的工人也负担得起的日常生活助手，而不再是财富和闲暇的象征。这款车之所以价格低廉，关键在于其革命性的生产方式。亨利·福特于1913—1914年在刚刚建成的海兰帕克工厂引入流水生产线，彻底改变了汽车的制造和销售方式。海兰帕克的先进系统基于一条由调速轮操纵的金属传送带，使工人能够组装磁力发电机、变速系统和整个发动机。不过，这种革命性的制造方式一开始就有个不足之处，那就是这些部件的生产速度较快，结果造成工厂最终的底盘组装流程很快便不堪重负。而只有在每一个流程都适应流水线生产时，才能大量节省时间和劳动力。从1913年到1914年，T型车产量增长了近一倍，而工人人数竟减少了10%，究其原因是装配时间从每人12.5小时降至短短1.5小时。到了1914年，生产速度进一步加快，这是因为福特实施了一项著名的举措，禁止把汽车漆成除黑色以外的任何颜色。与此同时，福特的新式全钢车身意味着需要组装的部件减少了。该公司还率先使用了钒钢，使汽车变得更结实、更轻，这也提高了汽车的性能。海兰帕克顺理成章地成为全世界每一位产业家的艳羡之地。

这条新生产线的所在地——艾伯特·卡恩（Albert Kahn）的海兰帕克工厂与其产品一样富有革命性。卡恩是一位犹太拉比的儿子，11岁时从莱茵兰搬到底特律，26岁便在底特律设立了自己的建筑事务所。他在工厂建设中率先使用钢筋混凝土——这种便宜的耐火材料极为坚固，可以大面积铺设。从1905年到1907年间建造的帕卡德工厂开始，卡恩的混凝土拱顶建筑便永远改变了底特律的面貌。1909年，卡恩的福特新工厂组建成功，位于海兰帕克市近郊，巨大的厂房覆有钢筋混凝土屋顶，并通过1.5万米的格窗采光，以至于该工厂1909年12月投产时，记者们把这幢建筑称作"底特律水晶宫"。8年后，卡恩在底特律西南方向，距底特律市区几英里的迪尔伯恩为福特设计了一座更大的里弗鲁日工厂，厂区绵延800米。1928年，卡恩还为底特律市中心带来一座最杰出的建筑——费舍尔大厦（Fisher Building）。这座具有装饰艺术风的摩天大楼为他在这座城市的辉煌事业画上了休止符。讽刺的是，1930年后，卡恩最大的金主竟然都是苏联人①。虽然福特对此很反感，但他仍于1942年再次聘请卡恩设计了他这辈子最后一幢建筑——伊普希兰蒂的威洛伦工厂。

海兰帕克工厂的批量生产使技术工人不再处于最重要的地位。欧洲工厂在20世纪20年代仍然拥着比例较高的技术工人，但到了20世纪30年代中期，制造业对经济性的追求以及大萧条带来的严重影响让技术工人迅速减少，只剩下能力超群的工匠还在精心打造小众豪华车和跑车。在1914年，大多数欧洲汽车生产商里的技工一般平均每人每年生产一辆汽车，而福特的工厂每人每年已可生产12辆汽车，而且这还是在流水生产线完全优化之前。直到1927年，法国汽车工人才达到平均生产每辆车需要300个工作日的生产速度，而福特和通用汽车等美国汽车制造商只需要70天。

美国有着广阔的国内市场，原材料成本低廉，但不幸的是缺乏能力强的技术工人。因此，美国非常适合采用批量生产技术。欧洲汽车工业的历史，尤其是在工业革命的摇篮英国，往往直接与技术工匠地位和重要性的痛苦衰退联系在一起。但在美国，这种工厂内的劳资斗争从未像欧洲那样激烈过。但"福特化"带来的负面影响也很大：劳动者不可避免地丧失了作为人的属性，这不仅为技术工人敲响了丧钟，还让成千上万的汽车工人陷入奴隶般的处境。

福特在追求机械化的过程中，积极采用运动和时间研究先驱弗雷德里克·泰勒（Frederick Taylor）的新理念，即将标准化的科学测量渗透到生活的方方面面。同时，福特还非常热衷于保留乃至扩大自己的员工队伍，为此他专门建立了一项制度，以为员工提供高薪和有吸引力的福利。1905年，福特的每一名工人都收到高达1000美元的圣诞节奖金。1911年，位于曼彻斯特特拉福德的福特英国新工厂的员工一周工作满6天，可获得3英镑工资——相当于英国业界平均工资的两倍。1913年，美国工厂的工资平均增加了15美分。1914年1月，福特在业界劳资关系方面推出了一项成功之举：他公开

---

① 卡恩在世界各地设计的600家工厂中，有521家是为斯大林建的。

承诺一天支付至少5美元的最低工资，前提是工人达到了他的生产目标。当时，5美元的工资显著高于其他雇主为半熟练产业工人提供的薪资，因而此举为他赢得了世界声誉和赞扬。但福特这一新的薪资战略并非出于利他思想。他的理由是，工人手中有更多钱可花之后，便会思考用工资来购买福特汽车。另外，战争期间通货膨胀严重。换句话说，1918年备受赞扬的5美元日薪实际上仅相当于1914年的2.8美元。除此以外，为符合领取5美元日薪的要求，福特的工人必须认真满足海兰帕克工厂实施的苛刻新制度。传统制造企业内那种浓厚的同僚情谊和跨部门合作关系消失了，取而代之的是一项监工或"监察员"体制，即由监察员们负责确保新生产规定得到严格遵守。工人们工作时不允许休息、吸烟或聊天（当然，一些人学会只动嘴唇而不带任何面部表情地说话，被称为"福特耳语"，让表情凝固的做法在当地也被戏称为"面部福特化"）。福特的管理人员甚至到工人家里查访，检查他们的饮食习惯、娱乐习惯、财务状况以及道德水平。任何人只要未能遵守福特的规定，被发现犯有"损害身体健康或道德品质的恶行"，就会被立刻开除。福特的工人挣到了丰厚的薪水，但代价是他们在很大程度上被当作机器人来使用。

看到海兰帕克的生产线试验取得了成功，亨利·福特从1916年开始在底特律西部的鲁日河沿岸兴建了一座巨大的自动化复合设施。福特汽车公司的大股东，同时也运营自己的小型汽车厂的道奇（Dodge）兄弟试图阻止扩建项目，称福特的利润应当作为派息分配给他们这样的股东，而不是投资建造新工厂。福特及其律师并未理会这种质疑。但到了1917年，法院还是作出了要求福特额外支付特别派息的最终判决——这项不利的裁决让亨利·福特下定决心摆脱所有大股东。道奇兄弟并没有干扰福特太长时间，1920年这两人便双双去世。到两人去世时，福特已经成功地把自己不断发展壮大的汽车生产帝国改造成为家族所有和家族管理的企业。

第一次世界大战期间，福特强烈反对征兵以及任何对同盟国阵营有利的东西，至少在美国参战之前。1915年，他那大肆吹嘘的和平之船远征活动开赴欧洲，这项活动旨在宣传美国的孤立主义。此外还有一项更为幼稚的目的，是为了促进正在交战的欧洲列强之间的"普遍和平"。不出所料，事实证明这项行动是一场政治和公关灾难。伍德罗·威尔逊（Woodrow Wilson）总统对这家傲慢、武断的汽车生产商立即产生了反感，他明智地拒绝批准该项目，而媒体也开始批评福特那些构想拙劣、缺乏条理的新闻发布会。马萨诸塞州斯普林菲尔德的《共和党人报》（Republican）称他为"上帝的傻瓜"，而《纽约论坛报》（New York Tribune）则以"大战在圣诞节结束：福特要叫停战争"这一充满讽刺的标题来回应福特试图在1915年圣诞节这一天组织全欧洲军队和工人大罢工的古怪提议。与此同时，"和平之船"从未行驶到比斯堪的纳维亚中立国家更远的地方。可见福特荒唐的和平主义理想无一实现。

美国于1917年4月参战之后，福特不情愿地把自己的工厂借给政府生产战争装备，但这一举动为时过晚。美国海军原本下了100艘舰船的订单，但鲁日河工厂仅生产了60艘采用帕卡德发动机的鹰级巡逻舰，且交付时间过晚，没能派上用场。到12月1日，又有7艘舰船交付给海军，结果海军之后便没再让福特当供应商。福特虽然公开强调他会"不取一分钱利润"地提供所有由福特生产的船只和军械，谴责那些巧取这类"带着血的钱"的人，但他后来被指出靠从未交付的鹰级巡逻舰赚得巨额利润。这些谴责日后变得更加尖锐，主要因为亨利·福特的独子埃德塞尔（Edsel）战争期间逃避兵役一事被曝光。这种逃避兵役的指责让亨利·福特在1918年11月密歇根州美国参议员选举中落败。三年后，有人向美国财政部指控称，福特在战争期间赚得的利润未缴纳任何联邦税——他所欠的税金高达2900万美元。这件事到20世纪30年代仍有激烈争议，直到今天仍未解决。

在福特创建有史以来最伟大的工业企业之际，在底特律这座城市的另一边，有一位汽车业先驱威廉·克拉波·杜兰特（William Crapo Durant）正在把一批摇摇欲坠、在困境中挣扎的古怪汽车生产商整合成为一家井然有序的集团公司，这家公司日后将取代福特，成为全球最大的汽车生产商。

杜兰特死于1947年4月，仅比亨利·福特早一个月。但杜兰特并不是像福特那样白手起家，他的祖父不仅是一位富有而成功的木材商，而且当过密歇根州州长。杜兰特也不像福特那样一心执迷于汽车。他发明了许多其他机械——有些成功了，譬如富及第牌（Frigidaire）电动冰柜；有些则不成功，比如参孙牌（Samson）拖拉机——开这种拖拉机的时候，你得在后面耐心地跟着。他一直充满热情，但不算是狂热者。福特是个生意人，他爱自己一手创建的帝国，什么也不愿放手；而杜兰特是语速很快的推销员，他一旦收购业务，把业务发展起来，就会感到厌烦。他的生意经与福特完全相反：他相信消费者的选择，而不是向消费者以最低价格售卖单一产品。另外，杜兰特与1945年之后主导汽车行业的那些斤斤计较的霸道大亨也非常不一样。他风度翩翩、英俊、富有创造力，但做事慌张。他特别低调、沉默，表现出与福特、克莱斯勒（Chrysler）或雪佛兰（Chevrolet）等同时代汽车业巨头迥异的气质。他被称为"汽车制造业的盖茨比"。他两度成为富豪，又两度失去财富，去世时身上仅有250美元。

杜兰特在密歇根州小镇弗林特长大，这座小镇后来发展成为美国主要汽车业中心之一，这在很大程度上归功于杜兰特。杜兰特由制造货车起家，但他很快便把货车制造业变成全镇发展最快的产业，后来他又开始生产汽车，依托羽翼未丰的别克汽车（Buick），使弗林特跻身美国成长最快的城镇。

戴维·邓巴·别克（David Dunbar Buick）是苏格兰裔，他是水管工出身，后来成为发明家。他以45岁"高龄"创办了汽车制造公司。别克出生在苏格兰东部沿海的阿布罗斯，父母在他2岁时移民美国。别克从15岁时开始为老家底特律的一家管道设备公司工作。1882年，他在这家公司倒闭后又救活了公司。1899年，他卖掉这家公司，与合伙人沃尔特·马尔（Walter Marr）一道投资组建了一个发动机制造公司。1903年，两人合力制造出第一辆别克汽车。别克本人与无数苏格兰裔美国人不同，他从来都不是冷酷无情的生意人。1900年，他把别克汽车的冠名权卖给马尔，1903年又把新组建的别克汽车公司（Buick Motor Car Company）99%的权益卖给了弗拉克·布里斯科埃（Frank Briscoe）和本杰明·布里斯科埃（Benjamin Briscoe）兄弟。1904年，别克和马尔推出了第一款畅销别克车型——Model B。威廉·杜兰特被Model B所吸引，主动提出帮这家苦苦挣扎的新汽车公司争取资金，1906年，他在弗林特建了一家新厂，当时是全球最大、最现代化的工厂。

杜兰特凭着自己的才华、自信和似乎不竭的活力，为别克建立了一个小型经销商网络。然而，他很快就相信，只有让领先的汽车生产商联合起来，实现大规模资本化，才能让羽翼未丰的美国汽车业发展起来。于是，杜兰特在1907—1908年冬天开始与手握巨资、极其成功的银行摩根大通（J.P.Morgan）谈判，以期为一批汽车制造商争取数百万美元的资金支持，他把这批制造商称为联合汽车公司（United Motors Corporation）。不过杜兰特很快就发现，新泽西州已经存在一家"联合汽车公司"（United Motors Car Company），于是他和他的合作伙伴决定采用"通用汽车"（General Motor）这个平淡到直截了当的名称。

J. 皮尔庞特·摩根（J.Pierpont Morgan）是美国首屈一指的银行家。摩根生于1837年，也就是维多利亚女王登基那一年，他在60多年的银行家生涯中积累了巨额财富。1895年，他的个人担保使克利夫兰总统领导的政府免遭破产。摩根起初认为汽车这种事物只是昙花一现，与活力四射的杜兰特初次见面后，他开始管这位汽车企业家叫"不安分的梦想家"。但杜兰特最终还是说服了摩根，并在摩根有保留的支持下继续自己的追求。随后出现了一段增长期，银行忐忑地为杜兰特迅速"组装"全球首个汽车生产联合体的行动融资。奥兹摩比（Oldsmobile）的弗雷德·史密斯（Fred Smith）后来宣称，除"空前绝后的销售大师"杜兰特以外，没有任何人拥有这样的远见卓识。因为只有杜兰特认识到汽车行业需要的正是一个强力的结合，也唯有杜兰特有能力创造如此雄心勃勃的企业集团。史密斯说："从来没有人能在如此短的时间内推销出如此多样的商品：雪茄、轻便马车、汽车和他自己，他全心全意相信他的商品，特别是最后一件更是如此。"

1908年9月16日，杜兰特在新泽西州组建了通用汽车公司，随即收购别克，使之成为通用汽车的第一个汽车品牌。不久，他买下弗林特的W.F.斯图尔特（W. F. Stewart）车身工厂、艾伯特·钱皮恩（Albert Champion）的底特律火花塞工厂以及邻近的奥兹摩比工厂。此外，他还进行了首次跨品牌转移，把最畅销的别克10型车（Model 10）给了奥兹摩比，将其改造成高端产品。在几个月之内，他又收购了奥克兰公司（Oakland Company），这是一家位于底特律以北庞蒂亚克的汽车生产商，由他的朋友爱德华·M. 墨菲（Edward M. Murphy）经营。墨菲从前是一位轻便马车生产商，杜兰特曾于1907年劝说他改产汽车。事实上，墨菲对收购交易并不如他那些重要的合作伙伴热情，但他无法拒绝杜兰特的通用汽车给他那家小公司开出的20.1万美元的价码。1926年，墨菲的公司正式更名为庞蒂亚克。仅仅几个月后，杜兰特还把新兴的汽车制造商凯迪拉克收入囊中，凯迪拉克成为他麾下不断增长的品牌之一。但在这一次收购交易中，这位不知疲倦的策划人发现自己所面对的对手亨利·M. 利兰比墨菲棘手得多，这名对手看似处于职业生涯末期，但仍拥有强大的能量。

1893年，50岁的利兰在底特律的特罗姆利大道建立起一座汽车制造车间。利兰是精密工具制造商，一直经营着一家生产自行车齿轮和蒸汽电车动力装置的公司。1899年，他把自己的公司与刚破产的底特律汽车公司（Detroit Automobile Company）合并，然后又将合并后的公司命名为凯迪拉克汽车公司（Cadillac Automobile Company）。1903年，利兰推出了第一辆凯迪拉克汽车，散热器盖上饰有卡迪亚克先生的纹章，颇具古典风格。到1908年，利兰推出的价格不菲的凯迪拉克30型车（Cadillac 30）已经卖得非常好了，促使这家汽车制造商提出凯迪拉克品牌经久不衰的口号："世界标准"（The Standard Of The World）。利兰也引起了不断寻找收购目标的杜兰特的注意。1909年，杜兰特发现收购凯迪拉克可不比当年哄骗奥克兰，必须得开出远高于20.1万美元的价格才行。经过谈判，凯迪拉克的收购价最终定为450万美元，就连颇有门路的杜兰特也花了10天才筹到这笔钱。

到1910年初，通用汽车的年销量达到5万辆，但仍然远低于亨利·福特T型车每年17万辆的销量。不过，杜兰特还是以极其厚颜无耻的态度，在从福特眼皮底下试图用800万美元收购福特汽车公司。福特的董事同意了，但亨利·福特坚决反对，并成功阻止了收购交易。

杜兰特要为自己的扩张战略寻找其他出口，因而他发行了100万美元股票，并进行了首次海外收购。收购目标是伦敦的百福汽车（Bedford Motors）。到1912年，以百福汽车为核心，形成了一家名为百福汽车（欧洲）的公司。不过，杜兰特的收购并不明智。他收购了许多公司，以便取得它们制造的发动机或零部件，结果发现这些公司几乎全部处于崩溃边缘，需要注入的现金远远超过它们的价值。[1]与此同时，杜兰特不储备现金，而是

---

[1] 例如，杜兰特曾斥资700万美元收购海尼灯具公司（Heany Lamp Company），以期取得一种白炽灯的专利权，但后来发现上当受骗。

依靠销售收入来支付运营费用和完成新的收购交易。

1910年夏天，通用汽车的帝国版图囊括了25家公司。不出所料，杜兰特似乎无休止的大撒钱和通用汽车的闪电般增长让银行感到不安。杜兰特的债权人估计，仅别克的债务规模就已达到700万美元左右，1910年底，杜兰特决定停止新的收购并"节制收购热情"。先是别克、凯迪拉克和奥兹莫比尔工厂暂时关闭。然后杜兰特又动身筹款，设法从各式各样的地方小银行借了800万美元，他的无限热情和通用汽车旗下各组成公司的账面价值让这些银行的高管眼花缭乱。但大银行都拒绝与他合作。1910年9月25日，杜兰特被召到大通国民银行（Chase National Bank）与主要投资银行家会面，他因债务问题多次受到指责，银行家们因而拒绝进一步提供贷款。当时，亨利·利兰领导的凯迪拉克是通用汽车联合体中最赚钱的部门，靠着利兰专业的说明，通用汽车才免于陷入破产接管的境地。银行家们下令将通用汽车交到5名受托人手中，这5名受托人都是银行家，由极端保守的"波士顿婆罗门"詹姆斯·杰克逊·斯托罗（James Jackson Storrow）领导，杜兰特仅保留副总裁一职。

杜兰特对自己一手打造的作品失去控制，自然是十分沮丧。30年后，他在为一部自传撰写的笔记中回忆道："我看到我珍视的一些想法被束之高阁，再也没能复活。本应迅速、果断把握的机会未得到考虑。过去那些非常重要、赋予通用汽车独特而强大地位的东西，现在只能先进行'清算和支付'。"当然，一如杜兰特所做的大多数事情，这部自传也是虎头蛇尾。

通用汽车得救了——那一年有18家汽车制造商倒闭，通用汽车的创始人也被边缘化。通用汽车新总裁斯托罗后来回忆（但有些居高临下），杜兰特靠边站的主要原因之一是，他是个不负责任、心血来潮的人。斯托罗说："从许多方面来看，他是个感情用事的孩子——他的性格和心理状态都是如此，但他精力充沛、能力出众……他敏感而骄傲。我认为，他更多是体现出成功的领导力，而不是财务上的成功。"斯托罗本人也没待多久。他在任期间推动通用汽车在纽约证交所上市，但上任仅两个月后，就不情愿地把通用汽车总裁职位让给了查尔斯·纳什（Charles Nash）。因为纳什赢得了底特律一批商界人士的支持，他们认为他比这位波士顿银行家更懂汽车。

与此同时，杜兰特为自己找到一片新的游戏场地。他收购了别克创建的旧弗林特工厂，聘用了一位别克前经理，并于1911年8月启动了梅森汽车公司（Mason Car Company）。在同一年，他见到了路易·雪佛兰（Louis Chevrolet），公司新闻稿中称雪佛兰是"当今的速度奇迹之一"。后来有新闻稿宣称，两人将"在底特律建立一家工厂，制造新型高价汽车"。

路易·雪佛兰看起来就像是漫画里的法国人：他是个大块头，虎背熊腰，身材好似橄榄球队的支柱前锋，留着浓密的胡子，嘴里总是叼着香烟。雪佛兰实际上出生在瑞士，不过他父亲是法国裔钟表匠。他年仅8岁时，一家人搬到位于勃艮第葡萄酒产区腹地的法国小镇博讷。在博讷，年幼的路易发现自己对机械抱有浓厚兴趣。当时，他帮一位失明的葡萄酒商制作了一个新颖的葡萄酒真空抽取器。此后，雪佛兰一直像孩子似的喜欢拆装机器。1900年，他移居蒙特利尔当机械师和司机，之后又去了纽约。在纽约，从来都不安分的雪佛兰开始在布鲁克林一家由法国制造商，也是当时全球最大的汽车生产商德迪翁-布东经营的工坊工作。

雪佛兰和杜兰特一样，也是个永远停不下来的人。1905年，他被菲亚特（Fiat）聘为赛车手。一年后，一大批汽车生产商与他联系，想要在赛道上证明他们的新产品，这其中便包括杜兰特。因此，雪佛兰选择了代表别克参加赛车。与此同时，雪佛兰也开始设计自己的发动机。他的能力给杜兰特留下很深的印象，于是，雪佛兰1911年在杜兰特的支持下组建了雪佛兰汽车公司（Chevrolet Motor Car Company），公司标识是透着时尚气息的瑞士十字徽标。随后，雪佛兰推出的大型豪华车Classic 6大获成功，就连路易·雪佛兰本人都禁不住帮忙推销这款车。他邀请记者在他发动汽车时把铅笔头放在汽车引擎盖上——铅笔纹丝不动，表明这款新型发动机运行之稳定。

雪佛兰与杜兰特截然不同，体格和性情上都是如此。以至于当两人闹翻时，大多数观察人士都并不感到惊讶。杜兰特借雪佛兰汽车大获成功之机买进通用汽车的股票，最终在1915年通过收购夺回对通用汽车的全盘控制——他买断了股东手中的股票。自1910年以来，通用汽车一直由保守、求稳的银行家掌控，该公司股票的平淡表现让这些股东感到不满。但杜兰特是撇开路易·雪佛兰独自做这些事的。雪佛兰1913年夏季回到法国，杜兰特趁雪佛兰不在美国，把雪佛兰汽车生产厂从底特律搬到了弗林特。雪佛兰返美时勃然大怒。当杜兰特建议烟瘾很大的雪佛兰把他心爱的高卢（Gauloises）香烟换成更具美国人范儿的雪茄时，两人的关系进一步恶化。此外，两人还为雪佛兰汽车的设计和营销而争吵：自学成才的大老粗雪佛兰想在自己的品牌之下制造带有强大引擎的大块头肌肉车，而圆滑、口齿伶俐的杜兰特只想多快好省地造车。1913年底，雪佛兰从这家以他的名字命名的公司辞职。1915年，当杜兰特以胜利姿态回归集团公司高层时，雪佛兰已经把手中的通用汽车股票全部卖给了杜兰特——这些股票他如果能一直持有，到1941年去世时应该会值好几百万美元。1917年，杜兰特不动声色地把雪佛兰这项业务并入通用汽车，使雪佛兰成为通用汽车的一个最大部门，并开始生产曾经的浪漫赛车手路易·雪佛兰所厌恶的那种价格低廉的日用汽车。

与此同时，雪佛兰本人又重拾最初的汽车梦，开始制造赛车。1916年，他与弟弟加斯东（Gaston）携手创立了弗兰特纳克汽车公司（Frontenac Motor Corporation），这家公司的产品经常参加印第安纳波利斯500英里大奖赛，成绩斐然。但缺乏耐心的赛车手永远无缘问鼎商业上的成功。加斯东1921年在赛车事故中丧生，两兄弟的公司也在1924年宣告破产。这次失败之后，雪佛兰又开始尝试制造船舶和飞行器，但不太成功。到20世纪30年代初，他早已身无分文，他和妻子只能在佛罗里达州一套小公寓里艰难度日。通用汽车因他的遭遇而难堪，同时也意识到，如果媒体重新发现这位把名字借给通用汽车最赚钱的部门的人，肯定会酿成公共关系灾难。于是，通用汽车1934年同意为雪佛兰提供一小笔养老金。七年后，雪佛兰因腿部手术失败而去世。路易·雪佛兰不是葬在他出生的瑞士，也不是法国，甚至不是底特律，而是在印第安纳波利斯。因为他正是在印第安纳波利斯，手握赛车方向盘时度过了一生最愉快的时光。

和本茨、戴姆勒和雪佛兰一样，兰塞姆·伊莱·奥尔兹（Ransom Eli Olds）是另一位在汽车行业飞速发展的过程中被排挤出局的美国汽车制造业先驱。1892年，奥尔兹在美国和英国向顾客出售燃油发动机。一年之后，他在自己的老家——密歇根州兰辛的大街上测试一辆由这类发动机驱动的小车。当地的木材和铜业大亨塞缪尔·L. 史密斯（Samuel L. Smith）极其赏识奥尔兹，对奥尔兹的新公司——奥尔兹机动车公司（Olds Motor Vehicle

Company）进行了积极投资。①奥尔兹起初碰了很多钉子，而且1901年时他的底特律工厂更是被大火夷为平地，他似乎失去了一切。不过，奥尔兹从烈火中成功抢救出一辆汽车——一辆带有弧形仪表盘的4马力小车，这款汽车于1902年投入生产，上市后一炮而红。当试驾员罗伊·蔡平（Roy Chapin）驾车穿越加拿大抵达底特律，之后又开赴纽约时，订单超过了1000份。②但奥尔兹很快发现自己跟路易·雪佛兰一样，性格上不适合大公司的世界。奥尔兹与史密斯及其儿子的分歧最终导致奥尔兹在1904年被踢出公司。讽刺的是，该公司次年最终采纳了奥尔兹对汽车的俗称，开始正式称之为"奥尔兹汽车"（Oldsmobile③）——这一品牌以史密斯的财务支持为后盾，1908年成为杜兰特旗下通用汽车品牌系列的组成部分。奥兹莫比尔这一品牌存活了近1个世纪，直到2004年才被母公司砍掉。

又一次落单的奥尔兹于1905年组建了自己的汽车制造公司，这家公司以他的首字母命名为REO。REO虽因时尚而新颖的汽车赢得众多拥趸，但奥尔兹再次受到排挤。1923年，他被撤销了总经理职务，仅在这家以他名字命名的公司继续担任名义总裁。不过，奥尔兹被迫退职后至少没有像雪佛兰那样穷困潦倒。他转而成为建筑赞助人，出资在密歇根州州府兰辛建起了当地最高的建筑——奥尔兹大楼④。同时，他还为他那幢坐落在兰辛华盛顿南街的宅邸新添了许多新颖的室内设施——他设计了一个车库旋转台，这样他可以晚上开车入库之后，第二天早晨无须倒车就可以开车出库。奥尔兹于1950年去世，在他去世4年后，在困境中挣扎的REO公司宣布破产；1972年，为了建设496号州际公路，奥尔兹漂亮的兰辛宅邸被拆除。这种无视建筑和工业

---

① 据说奥尔兹曾打算把新工厂建在新泽西州纽瓦克。但他在底特律站的站台上遇到一位采矿工程师，这位工程师提出愿意出钱帮他在附近一个地点开工厂。

② 蔡平1908年进一步创立了赫德森机动车公司（Hudson Motor Car Company）。1954年，赫德森与纳什-凯尔维纳特（Nash-Kelvinator）合并，组建了美国机动车公司（American Motor Corporation），该公司后来由罗伊·蔡平的儿子小罗伊·蔡平领导。老蔡平日后在1932年至1933年担任赫伯特·胡佛（Herbert Hoover）总统政府最后一任商务部部长，其间留下了不光彩的名声。

③ 作为品牌名称，多称为"奥兹莫比尔"。——译者注

④ 现在被称作伯基大楼（Boji Tower）。

遗产的做法在当时的美国极为普遍。而这条公路也十分讽刺地以兰塞姆·奥尔兹的名字来命名。

与此同时,杜兰特仍在像过山车般向前冲。1915年9月16日,他在策划雪佛兰对规模大得多的通用汽车的反向收购之后又回到通用汽车的一把手位置。他欢快地告诉瑟瑟发抖的詹姆斯·斯托罗:"从今天起通用汽车由我控制。"斯托罗和纳什很快被劝说辞职。查尔斯·纳什随后创立的纳什汽车公司(Nash Motor Company),到20世纪20年代已经成为成功的利基汽车生产商。[①]在接下来的几年里,杜兰特在通用汽车的工厂引进了福特式的流水生产线,并目睹了第100万辆汽车(一辆奥兹莫比尔)的出厂。与此同时,他继续收购公司,其中包括生产电子仪器的德尔科(Delco),瓜尔迪安冰箱公司(Guardian Frigerator Company,杜兰特对这家公司的电冰箱念念不忘,赋予它们"富及第"这一名号),生产车身的费舍尔(Fisher),还有滚珠轴承制造商海厄特[Hyatt,该公司总裁阿尔弗雷德·P. 斯隆(Alfred P. Sloan)现在进入了通用汽车董事会]。1919年6月,由汽车制造业的帕拉

1936年,通用汽车总裁艾尔弗雷德·P. 斯隆不确定地凝视着1911年凯迪拉克30马力的发动机,旁边是通用汽车的研究主管查尔斯·F. 凯特林和通用汽车凯迪拉克部门当时的老板尼古拉斯·德雷斯塔特。它们是摆放在这里为了纪念25年前凯特林发明的自动启动器。

---

① 1954年,纳什与赫德森合并,组建了美国机动车公司。

弟奥①艾伯特·卡恩设计的通用汽车底特律新总部投产。然而，杜兰特很快便遇到很大的障碍，这一障碍比斯托罗或纳什遇到的障碍更难克服。

在大洋彼岸的英国，福特和杜兰特的成功在第一次世界大战前激励了其他热血奋斗者尝试生产汽车。但实践证明，并不是所有人都能像底特律群雄那样取得辉煌成功。

英国汽车业先驱当中，出生于伦敦的弗雷德里克·兰彻斯特（Frederick Lanchester）似乎一开始就是胜算最大的一位。兰彻斯特是建筑师的儿子，从1887年开始在伯明翰任制图助手。他很快由这一低微的职位升为当地一家燃气厂的副经理。1889年，他在前往巴黎时解决了汽车系统的一个缺陷。从1895年起，他又开始尝试自己设计汽车，并引入了充气轮胎、水冷系统和顶置阀，1903年又引入了盘式刹车。

兰彻斯特的汽车甩竞争对手好大一截：这些汽车开起来平稳流畅，制作精良，因此远比市面上大多数汽车可靠。汽车也极其宽敞——兰彻斯特与40年后的亚历克·伊西戈尼斯（Alec Issigonis）一样，寻求把发动机安装得尽量靠前，以便为汽车乘员留出尽可能宽敞的内部空间。但兰彻斯特跟雪佛兰一样，都不是生意人。他的第一家汽车公司于1905年破产，他所推出的表现出色的20马力车型亦宣告失败。但兰彻斯特是个性情豪爽的人，且有副好嗓子，是远近闻名的演说家，因此，他从不为这种挫折而气馁。他一开始是当戴姆勒的顾问，之后又重启了汽车业务。遗憾的是，1913年他与本茨、戴姆勒和奥尔兹在其他董事的压力之下被迫辞职。1913年之后，他把注意力转向为第一次世界大战制造飞机发动机以及研发无线电，另外他还为考文垂的汽车生产商担任顾问。

出身中产、无可挑剔的兰彻斯特未能做成他的豪华车，但农民的儿子赫伯特·奥斯汀（Herbert Austin）则凭着适合日常使用的轻便汽车取得了成功。奥斯汀20多岁在澳大利亚当工程师时结识了从都柏林移民到澳大利亚的剪羊毛工弗雷德里克·沃尔斯利（Frederick Wolseley）。沃尔斯利于1876年在维多利亚为他的新型剪羊毛机申请了专利，1889年又把他的沃尔斯利剪羊

---

① 安德烈亚·帕拉弟奥是文艺复兴时期最著名的建筑大师。——译者注

毛机公司（Wolseley Sheep Shearing Machine Company，以下简称WSSMC）搬回伯明翰。沃尔斯利请奥斯汀管理该公司的工厂，而奥斯汀做得非常成功，他将生产集中化，并更换了老旧的机器。1893年，奥斯汀第一次在巴黎见到汽车，就决定从事汽车生产，由于奥斯汀给该公司董事会留下了极佳印象，董事们便同意了他的提议，并开始投资这种新型交通工具。两年后，奥斯汀的第一款汽车诞生：一辆三轮、2马力的沃尔斯利汽车，这辆汽车成为在英国道路上行驶的最早的由英国设计的汽车之一。一年后，WSSMC与戴姆勒的辛迪加合作投资了一家新的汽车厂；1900年，第三款沃尔斯利双座小汽车（Voiturette）在英国汽车俱乐部（Auto Club of Great Britain）组织的首次汽车公开赛中驶过长达160千米的崎岖公路和小道，最终夺得胜利。不过，沃尔斯利的董事们还是把这辆车当成无足轻重的玩物，很快便拒绝再为奥斯汀的"爱好"投入更多资金。但奥斯汀很快找到另一位更有远见的支持者：军火大亨海勒姆·马克西姆（Hiram Maxim）爵士出资帮助奥斯汀脱离WSSMC，并于1905年与米德兰银行（Midland Bank）、德国钢铁巨头克虏伯（Krupp）联手资助奥斯汀，随后，在伯明翰以南11千米的朗布里奇一处印刷厂旧址建起一家工厂。

奥斯汀因新工厂选址偏僻而受到指责。但他的考虑是，朗布里奇有很大的扩建空间，而不像伯明翰和考文垂那些拥挤的汽车车间缺乏扩张余地，这里也没有城市的空气污染问题，有助于上色漆和清漆。朗布里奇工厂的宽敞空间还发挥了一个至关重要的作用，使他能够在工厂内设置一处车身车间，而大多数竞争对手都是在别处生产车身。在这里，赫伯特爵士（1917年册封）是绝对的统治者。他真心相信，他的利益将永远与手下员工的利益保持一致——他还认为，这些员工会更重视工作而不是平等。

当奥斯汀在伯明翰组建起知名小型家用汽车生产商的声誉时，在80千米以外的米德兰的另一端，罗尔斯（Rolls）与罗伊斯（Royce）正在结成看似不可能的伙伴关系，继续着弗雷德里克·兰彻斯特未竟的事业，努力打造足以挑战奔驰和凯迪拉克的英国豪华汽车公司。

F. H. 罗伊斯（F. H. Royce）是英国剑桥郡一个磨坊主的儿子。他只上过3年学。他父亲在伦敦一家济贫院去世后，他便被迫找工作养家糊口——他的第一份工作是为W. H. 史密斯公司（W. H. Smith）当报童，后来罗伊斯在年仅12岁时又开始为邮电局送电报。一位好心的姑妈出钱供他在大北方铁路公司（Great Northern Railway）的彼得伯勒工厂当学徒。但姑妈的钱用完之后，罗伊斯只能离开大北方铁路公司。离开大北方铁路公司之后，他进入伦敦一家机械工具公司工作，并在芬斯伯里理工学院（Finsbury Polytechnic）读夜校。后来他搬到利物浦从事剧院照明工作，他发明的新式发电机引起汽车行业的关注，其中包括出身贵族世家、即将成为企业家的C. S. 罗尔斯阁下（Hon. C. S. Rolls）。

查尔斯·罗尔斯的背景与罗伊斯有天壤之别。他是兰加托克勋爵（Lord Llangattock）的第三个儿子。兰加托克勋爵是威尔士一位富有的领主，家族领地位于蒙茅斯；罗尔斯的母亲是一位富有的苏格兰准男爵的女儿。罗尔斯是个身高1.9米的大个子，充满自信，衣品总是无可挑剔，而且他是个天生的推销员。[1] 他出身伊顿公学（Eton），但他讨厌这所学校，他对工程的兴趣越来越浓厚，结果同学给他取了个"脏罗尔斯"的绰号。后来他通过一所填鸭式教学的学校进入剑桥大学三一学院。在剑桥，他更感兴趣的是汽车和自行车，而不是他的学位课程——机械和应用科学，他的自行车项目得了"半蓝"（half-blue）奖。1896年，18岁的罗尔斯把一辆标致敞篷汽车开回剑桥，这是剑桥这座古老的城市见到的第一辆汽车。他加入了自动推进交通工具协会，成为汽车俱乐部创始会员，并在他父母的花园里建了一个机械工坊。罗尔斯毕业后选择去伦敦和西北铁路公司（London and North Western Railway）位于克鲁的工厂就职，令他家人颇为震惊，虽然这一职位比罗伊斯在大北方铁路公司彼得伯勒工厂谋的职位要高一些。1903年，他用父亲给他的6600英镑在伦敦西部的富勒姆组建了汽车经销公司，专门销售从法国进口的标致汽车和从比利时进口的密涅瓦汽车，这一举动使其成为英国最早的汽车经销商之一。

1904年5月4日，罗尔斯与罗伊斯在曼彻斯特豪华的米德兰大酒店的历史性会面是由两人在汽车俱乐部的一个共同友人促成的。罗尔斯认为罗伊斯的新

---

[1] 不过，他也以吝啬著称，只要是能拿到的免费东西，他从来不会付半文钱。

型两气缸汽车具有潜力，他同意销售罗伊斯能够生产出的所有汽车。两人个性迥异：罗尔斯温文尔雅、沉着、善于交际；罗伊斯则粗犷、缄默，一心钻研机械（罗伊斯若是看到自己建在德比的雕像上只是简单地刻着"亨利·罗伊斯，机械师"这几个字，无疑会觉得挺高兴）。但两人的合作颇为默契。

第一款罗尔斯-罗伊斯汽车为10马力，并于1904年12月在巴黎推出。1906年，罗尔斯与罗伊斯通过创建罗尔斯-罗伊斯股份有限公司（Rolls-Royce Ltd）将合作关系正规化，罗尔斯提供资金和销售支持，与罗伊斯的工程经验相得益彰。他们生产的第一批汽车追求轻、快和优质。罗伊斯和兰彻斯特一样，为当时大多数汽车质量之低劣而震惊，他还下决心要让自己生产的汽车经久耐用。与此同时，罗尔斯下大力气宣传罗伊斯汽车卓越的安全性和平稳性。1906年底，他前往美国推广这些新汽车，由此解锁了一个该公司从此赖以为生的市场。1907年时，罗尔斯-罗伊斯的汽车因质量高、可靠性强而赢得许多奖项，1908年，该公司有了充足的资金，德比的新工厂投入生产，这家工厂是在德比市议会出台鼓励政策之后收购的，因德比市寻求将新兴的汽车制造商从考文垂吸引过来，为合作伙伴们提供他们所需的一切廉价电力。

罗尔斯-罗伊斯最早生产的汽车之一：1905年的20马力车型。
C. S. 罗尔斯本人坐在后排左边。

1909年，罗尔斯对汽车业务的兴趣开始减弱，他迷上了飞行这种刚刚兴起的新时尚。1910年6月2日，他驾着莱特飞行器，成为不间断飞行往返英吉利海峡的第一人，这项成就使他赢得皇家飞行俱乐部金奖。后来，人们还在蒙茅斯和多佛立起两座壮观的雕像来纪念他。但使罗尔斯光辉事业不幸夭折的也正是飞行。1910年7月12日，年仅32岁的罗尔斯在伯恩茅斯的一次坠机事故中丧生，坠机原因是他的莱特双翼飞机尾部脱落。

罗尔斯死后，工作狂罗伊斯由于过度劳累，健康每况愈下。他听从了医生的建议，大多数时间要么在位于英格兰温暖南部沿海的萨塞克斯西威特灵度过，要么在法国南部度过。这样一来，罗尔斯-罗伊斯实际是由精明的业务总监克劳德·约翰逊（Claude Johnson）运营。约翰逊是一个很有公关头脑的人，曾做过美术馆策展人。他是英国汽车俱乐部的秘书，也是该俱乐部的实际运营者。到1914年，约翰逊得到一个绰号，人们在背地里管他叫"罗尔斯-罗伊斯的连字符"。

继T型车之后，在第一次世界大战之前那些年里，世界上最著名的汽车或许当属罗尔斯-罗伊斯40/50（Rolls-Royce 40/50），这款车最初于1906年推出，后来被命名为"银魅"。如汽车史学家乔纳森·伍德（Jonathan Wood）所言，这款传奇之车"完全证明了该公司拥有所谓'全世界最好的6缸汽车'的说法所言不虚"。银魅明显是克劳德·约翰逊的创造。罗伊斯往往是一创造出某个汽车设计就对其失去了兴趣，他总想继续攻克下一个难关。制造和推销银魅的是约翰逊；在约翰逊手里，银魅被定位为不折不扣的高端产品。与福特的产品形成鲜明对比，其零售价高达2500英镑，而当时福特的新款N型车只卖125英镑。但消费者认为银魅贵有贵的道理，银魅的成功使罗尔斯-罗伊斯成为发展、恢复力和长盛不衰的代名词。

到第一次世界大战时，罗尔斯-罗伊斯已经建立起善于制造精良豪华车的声誉。早在1914年8月20日，在英国对德国和奥地利宣战仅16天后，克劳德·约翰逊便安排了25名银魅车主带着车乘坐渡轮抵达勒阿弗尔，再开车前往皮卡第，过不了多久，他们便会充当约翰·弗伦奇爵士（Sir John French）手下英国海外派遣军诸位将领的司机。银魅还安装了基本的装甲板，以便履行为英国皇家海军航空队保护主要机场的任务。于是，当皇家海军装甲车师（Royal Naval Armoured Car Division）于1914年9月建成时，该师便使用了经过改装的银魅，这些车辆带有装甲和一个炮塔，汽车的底盘适应性很强，能够轻松承受额外的重量。由于银魅安静、可靠、做工精良，最高时速可达每小时100千米，遂成为英国高级军官顶级用车，并被选为英国国王信使的专车，载着信使们在西部战线奔走。在1917—1918年"沙漠中的革命"期间，T. E. 劳伦斯让银魅永垂史册。事后，"阿拉伯的劳伦斯"在描述这场运动的经典著作《智慧七柱》（The Seven Pillars of Wisdom）中谈及驾着经过军用改装的银魅以100千米的时速穿越沙漠的场景，这些描写奇迹般地提升了罗尔斯-罗伊斯的国际形象。劳伦斯赞叹说，这些汽车"比红宝石还要珍贵"，"我们知道，罗尔斯-罗伊斯几乎是坚不可摧的"。《智慧七柱》出版后，劳伦斯在接受记者采访时被问及生命中最珍视的东西这一问题时答道："我想拥有自己的罗尔斯-罗伊斯汽车，有够用一辈子的轮胎和汽油。"这种宣传是花钱也买不到的。劳伦斯的赞誉使银魅挺过了战后几年的大洗牌，成为全球最负盛名的汽车品牌之一。1925年，德比的工厂造出了最后一辆银魅。两年后，亨利·福特停止了T型车的生产。这两款汽车虽然有很大差别，但它们让汽车不再是转瞬即逝的风潮。

劳伦斯开着银魅在沙漠里疾驰时，罗尔斯-罗伊斯已经使用了著名的车头车标飞天女神（Spirit of Ecstasy），这个车标是1911年由查尔斯·鲁滨孙·赛克斯（Charles Robinson Sykes）设计的。飞天女神身姿柔美，富有曲线感，据说是以汽车权益运动先驱、从1902年开始担任《汽车》（The Car）杂志编辑的蒙塔古（全名：John, 2nd Lord Montagu of Beaulieu）的秘书兼情人埃莉诺·桑顿（Eleanor Thornton）为原型设计的。埃莉诺为蒙塔古生下一个孩子后的1915年，她乘坐的客轮SS Persia被一艘德国U型潜艇发射的鱼雷击中，她在海难中不幸丧生。有趣的是，罗伊斯本人讨厌这个车标，他说车标妨碍驾驶人的视线，他还拒绝在自己的汽车上使用车标。不过，赛克斯后来还是被罗尔斯-罗伊斯请回来，为该公司的新款跑车设计了一款更符合空气动力学的较低的车标，这款"跪姿女士"车标起初被用在1936年至1939年期间在售的幻影Ⅲ（Phantom Ⅲ）上。今天的飞天女神有弹簧驱动，不论在任何方向发生碰撞，都会立即缩进散热器罩内。

银魅之所以具有极高的辨识度,并不仅仅在于飞天女神,其设计特色鲜明的散热器也为这一豪车品牌占据偶像地位贡献了一臂之力。罗尔斯-罗伊斯的散热器状似带有三角楣的经典柱廊,其中运用的卷杀原理(垂直构件从外向内以不易察觉的幅度逐渐变细,以便抵消格栅直线条所受的明显扭曲)也曾被古希腊人用于庙宇的石柱。车标和散热器很快便双双成为独特、无价的品牌资产——我们将看到这些资产在20世纪末罗尔斯-罗伊斯汽车不光彩的拍卖中占据中心位置。

如果回过头来看,我们会发现,福特T型车和罗尔斯-罗伊斯的银魅分别为家用车和豪华车的发展指明了前进方向。然而,在第一次世界大战之前的那几年,未来并没那么明朗。如果1914年的汽车发烧友们得知:一个世纪后,杜兰特和兰彻斯特等当年赫赫有名的汽车业先驱以及德迪翁-布东和庞阿尔等品牌将几乎被完全淡忘,或许会十分震惊。若是再看到由汽油驱动的内燃发动机在全球范围普及开来,可能更会令他们感到惊讶。因为直到1900年,看似有望成为未来主流交通工具的似乎还是蒸汽动力车,而不是燃油汽车。

不过,人们对蒸汽动力车所抱的乐观态度只持续了很短时间。首先是总部位于康涅狄格州的美国自动机车公司(Locomobile Company of America)在1903年改用汽油发动机;然后在七年后,俄亥俄州克利夫兰的怀特汽车公司(White Motor Company)也采取了这种做法。弃用蒸汽动力的主要原因有两个:一个是安全性,另一个是蒸汽需要通过附近的燃料供应源不断补充,这与今天困扰电动汽车的充电问题是一样的。几起备受关注的蒸汽锅炉爆炸事件更是帮了倒忙。1906年,旧金山市官员公开支持汽油发动机的举动被事实证明为蒸汽车的盖棺定论。当年有200辆私人汽车烧着标准石油(Standard Oil)捐赠的1.5万加仑[①]汽油,被派去救助在旧金山大地震中受困或受伤的人。旧金山市消防局局长事后向媒体宣布,他在震灾之前对汽车的价值抱有疑虑,"但现在我打心眼里支持汽车"。内燃发动机证明了自己的价值,蒸汽车则惨遭淘汰。

---

① 英美制容量单位,英制1加仑等于4.546升,美制1加仑等于3.785升。——译者注

相比蒸汽汽车，电动汽车过了更长时间才被汽油汽车征服。即使在蒸汽汽车开始被视为妨碍发展的累赘之时，电动汽车也还是越来越受到最早一批开车人的欢迎。1897年，亨利·莫里斯（Henry Morris）和佩德罗·萨洛姆（Pedro Salom）等两名费城工程师在纽约创立了电动出租车和客车服务公司（The Electric Cab and Carriage Service），这家公司还得到电动汽车蓄电池公司（Electric Storage Battery Company）的支持。1899年，在令人鼓舞的销售形势之下，该公司更名为电动汽车公司（Electric Vehicle Company）。但该公司的汽车搭载的铅酸电池太重，每块电池重约726千克，汽车的小发动机很难承受额外的重量。这些电池还容易渗漏腐蚀性液体，充电设施也寥寥无几，至少在曼哈顿以外是这样。1907年，电动汽车公司不出意外地破产了。之后，纽约市仍有电动出租车运营，一直持续到1912年。但到了1914年，已经基本没有人再制造或运营电动汽车了。到1919年，美国商用车辆中仅有1%为电动，而且其中几乎没有私人汽车。此后，人们一直在继续寻找可以替代沉重铅酸电池的轻量替代品，但用了近70年时间才实现目标。

第二章
挑战与机遇：两次世界大战之间的欧洲

在第一次世界大战结束后的动荡年间，一些曾叱咤风云的欧洲汽车制造商彻底沉寂，而一批后起之秀在世界范围建立起了声誉。这是沉浮起落的时代；一些制造商在潦倒和失落中倒闭，另一些制造商则积累起滚滚财富。挺过初期艰难岁月的公司一般都在20世纪20年代末实现了蓬勃发展，但在1929年10月华尔街股灾引发的持续数年的全球大萧条中，这些公司又深受打击。得以幸存的公司往往以福特和罗尔斯—罗伊斯为范例，着力打造性能可靠、经久耐用的声誉，并为产品确立明确的定位，要么面向大众，要么面向高端市场。

英国有不少大实业家成为那次经济大萧条的牺牲品，其中一位便是弗雷德里克·兰彻斯特。1931年，他公司的残存部分被考文垂的戴姆勒兼并。三年后，近乎失明的兰彻斯特被诊断患有帕金森病。他靠着慈善捐款支付按揭，才得以继续住在伯明翰的家中。1946年，兰彻斯特与世长辞，去世时他双目失明、穷困潦倒，已基本被汽车行业淡忘。

一些汽车生产商却从这股不断高涨的公司破产潮中大赚一笔。鲁特斯兄弟的公司便是其中之一。鲁特斯兄弟目睹大批第一次世界大战前的知名公司破产，因而从20世纪20年代中期起，他们便开始寻求通过抄底收购濒临破产的公司来建立一个汽车帝国。比利·鲁特斯和雷吉·鲁特斯兄弟不是工程师出身，而是汽车经销商出身。比利是家族中天生的销售员，他从15岁开始工作，在辛格汽车的考文垂工厂当学徒。第一次世界大战结束时，他说服自己颇具学究气的弟弟雷吉辞去海军部的工作，帮忙拓展自家以梅德斯通为中心的汽车经销网络，将业务延伸至汽车制造。比利晚年常常开玩笑说"我是发动机，雷吉是公司的方向盘和刹车……我想点子，雷吉告诉我是否可行"。这对兄弟组合一开始似乎做得不错。1926年，鲁特斯兄弟以一项行动实现了其雄心壮志，他们在皮卡迪利街丽兹大酒店对面的德文郡公爵宅邸旧址兴建了一个引人注目的新伦敦中央展厅。随后，两人进一步以这处赫赫有名的总部为大本营，展开了雄心勃勃的收购行动。收购资金并非来自他们有限的自有资源，而是来自资金雄厚的保诚保险（Prudential Assurance）。野心勃勃的鲁特斯兄弟说服保诚保险为他们提供支持。从1928—1929年，鲁特斯兄弟陆续收购了希尔曼（Hillman）、亨伯和科默（Commer）等在战后惨淡市况中挣扎的知名品牌。不过，也并非事事顺遂。1931年正值大萧条最严重的时期，而比利·鲁特斯在此时推出了新款汽车希尔曼巫师（Wizard）。他在宏伟的皇家阿尔伯特音乐厅举办了一场盛大的发布会。与会的1000余名来宾享用了278瓶香槟、199瓶白葡萄酒，会上还宣读了威尔士亲王的祝词。扶摇直上的比利·鲁特斯已经打入威尔士亲王爱德华（Edward, Prince of Wales）臭名昭著的放浪圈子，他常和亲王一起打猎，在亲王甩掉情人弗丽达·达德利·沃德（Freda Dudley Ward），转而追求美国名媛沃利斯·辛普森（Wallis Simpson）之后，他也常常陪伴在沃德左右。在比利的不懈游说下，亲王终于买了一系列鲁特斯汽车。然而，皇室的支持或高级香槟再多，也无法掩盖一个事实：巫师是生不逢时的失败车款。不过，比利总能很快地从错误中吸取教训：1932年推出的希尔曼明克斯（Minx）小型家用轿车比注定要失败的巫师便宜，也较为传统，实践证明，这款车在市场上经久不衰。

20世纪30年代中期经济大萧条趋于缓和，鲁特斯兄弟又开始了大手笔收购。他们吞并了历史可追溯到1790年的著名车身制造商特鲁普和马伯利（Thrupp and Maberly）、商用汽车公司卡瑞尔（Karrier）、阿克顿的英国轻钢压力机（British Light Steel Pressings）、塔尔博特（Talbot）和当时以生产赛车著称的知名公司阳光（Sunbeam）。可惜的是，鲁特斯兄弟在收购新的汽车制造商之后完全不懂得如何营销这些品牌。他们满足于换标，炮制出一堆外观相似、统统以鲁特斯乏善可陈的希尔曼平台为基础的低档品牌。兄弟俩似乎更热衷于占领新市场，而不是推动汽车行业的变革。[①]总部位于伍尔弗汉普顿的阳光就很能说明问题。阳光1920年曾与达奇拉（Darracq）和塔尔博特两家著名法国公司组建了STD汽车（STD Motors，这一历史性品牌似乎已不可能重现生机）。20世纪20年代，阳光的汽车不仅多次在大奖赛中获胜，还创造了四项陆地速度纪录。然而，STD的豪华产品在20世纪30年代初的大萧条期间销路不佳，该公司1935年进入接管程序后被鲁特斯低价收购。鲁特斯收购STD之后，一开始仅将该品牌名称用于采用希尔曼底盘的低档汽车。就连1948年推出的线条流畅、简约的阳光–塔尔博特90也不过是披着时尚外衣的希尔曼而已。

有一家英国汽车生产商在战后似乎已难逃被收购的命运，但到了20世纪20年代末，却又起死回生，从而避开了鲁特斯兄弟章鱼般的触角，这家汽车生产商便是奥斯汀。赫伯特·奥斯汀爵士与雷吉·鲁特斯个性迥异：他朴素、保守，像个清教徒。他厌恶招摇显摆，还有一个关键特质是，他从来不愿想得太远。奥斯汀喜欢在英国各地设立展厅，但他与鲁特斯兄弟不同，会尽力避免广告和宣传，拒绝在欧洲各国开始流行的新车展览会上展示他的汽车。因此，尽管奥斯汀在第一次世界大战期间靠着为军需部生产炮弹、枪支、飞行器和装甲汽车，生意做得不错，但由于他缺乏远期规划，当1918年11月战争结束时，朗布里奇的设备全都不适合重新启动汽车生产。这样一来，奥斯汀便无法与1919年后如洪水般滚滚涌入英国的美国产进口汽车（大都是福特T型车）展开竞争，他不得不依靠定价偏高的中型车奥斯汀20型车（Austin Twenty）来拉动销售增长。1921年底，朗布里奇工厂被抵押，奥斯汀汽车公司进入破产接管程序。

好在赫伯特·奥斯汀的一大天赋是拥有神奇的融资能力。奥斯汀讲求实际的业务方针打动了银行，使朗布里奇得以重生。赫伯特爵士本人似乎后知后觉地吸取了T型车的经验，现在他寻求生产一款与福特T型车类似的平价多用途汽车，而不是依赖奥斯汀20型车那种不符合市场需求的中性车款。1922年，轻巧的奥斯汀7型车（Austin Seven）诞生了，这是英国首款"宝贝

[①] 1939年，比利·鲁特斯甚至在柏林汽车展上与希特勒、戈林和戈培尔畅谈如何把他的车引入德国，他似乎并不在意战争将在欧洲打响的事实。

1922年，轻巧的奥斯汀7型车。

车",也是20世纪汽车行业最重大的突破之一。

奥斯汀7型车面市之前，英国也出现了一些小型车，但它们算不上真正的机动车。举例来说，1919年推出的罗孚8型车（Rover Eight）实际上是摩托车与汽车的混合体。但是，奥斯汀7型车也不能算是欧洲第一款多用途小型汽车，这一尊荣应属于1921年推出的标致Quadrillette。但奥斯汀的成就是缔造了一款比Quadrillette大因而更加多用，同时又比T型车小因而更经济的汽车。

奥斯汀7型车赶上了在英国推出小型汽车的有利时机。外国进口汽车仍然因1915年出台的严苛的麦克纳关税（税金占汽车价值的1/3[①]）而受阻，而

[①] 1915年9月，英国自由党财政大臣雷金纳德·麦克纳（Reginald McKenna）在面临重压的英国汽车制造商的呼吁下，开始对进口汽车征收百分之33¾的关税，这些汽车制造商感到，战时来自法国以及越来越多来自中立国美国的进口汽车使它们陷入困境。麦克纳关税战后仍然实施了很长一段时间，直到1956年才最终取消。

1921年实施的道路基金许可证更是助了奥斯汀一臂之力,这种税按汽车的马力高低征收。这就意味着,T型车等大马力美国进口车实际上被课以重税,小马力的英国竞品则更有优势。

奥斯汀7型车推出时打出的口号是"百万人开的汽车"。这款"便宜到让步行显得愚蠢"的汽车起初瞄准摩托车和挎斗摩托市场。奥斯汀宣称,"现在只能买得起摩托车和挎斗摩托,但有志成为汽车车主的人"可以购买这款汽车,这款车起初的售价仅比最高档次的BSA摩托车和挎斗摩托贵25英镑。简约的奥斯汀7型车严格遵循多用途设计和严谨的工程学原则(奥斯汀1922年曾提醒他的经销商,汽车行业并不"光鲜"),成为赫伯特爵士的理想之车。但售价165英镑的"奥斯汀宝贝"的辉煌成功激励了这家审慎的汽车生产商在营销策略上更加雄心勃勃。奥斯汀7型车很快便被证明为一款适合各个阶层、人人皆宜的汽车。它就像40年后的Mini,买车的既有达官显贵,又有工厂的工人。劳动家庭买车充当主要交通工具;已经拥有一辆大车的富有家庭则是看中了这款车的时尚轻便。[①]这款车也深受妇女青睐。到1930年时,奥斯汀汽车公司已在广告中称7型车为"第一款满足女性驾驶员所有需求的小型车",并开始生产专门为女性市场打造、配有精致软垫的轿车——红宝石(Ruby)。赫伯特·奥斯汀甚至忘记了他对赛车的不屑,同意让这款汽车参加各种竞速和登山赛。不过,他还是对打广告抱有戒心,没能充分发挥这款车的胜利所带来的优势,他的做法令莫里斯、克莱斯勒和雪铁龙(Citroën)等其他汽车生产商感到不解。奥斯汀确实同意发布一些广告,但这些广告强调的是奥斯汀7型车的可靠性,而不是功能多样或富有趣味性。

事实已经证明,奥斯汀并不是天生的商人。他犹豫不决,不愿轻易尝试成功把握显而易见的方案,而是极力坚持薄利多销。这种想法在20世纪60年代对奥斯汀7型车的同类车款、堪称常青树的Mini产生严重影响,并间接导致英国汽车生产商利兰(Leyland)破产。这种做法的结果是,奥斯汀的汽车和

---

① 奥斯汀本人认为,奥斯汀7型车在高端市场的突破契机是,剑桥大学副校长买了一辆奥斯汀7型车作为自己的第二辆汽车,让这款车一夜之间拥有了尊贵的社会地位。

福特的T型车一样持续多年一成不变，最终被时代淘汰。到1939年，就连奥斯汀勋爵（赫伯特爵士1936年被册封为朗布里奇奥斯汀男爵）也意识到，自己的公司太过依赖7型车，这种依赖已经达到极度危险的程度。

到1932年，由奥斯汀引领的汽车出口已经使英国占据全球汽车市场28%的份额，奥斯汀7型车成为欧洲的T型车。就连阿道夫·希特勒都买了一辆。这款车在全球范围进行授权生产。在德国是由1928年被宝马（BMW）收购的迪克西（Dixi）生产；在法国则由罗森加特（Rosengart）生产；在美国，这款车由奥斯汀的一家公司生产；日本本地产奥斯汀7型车在1925年成为日本出口的第一款汽车。6年后，奥斯汀的日本授权方——横滨自动车制造工厂（Jidosha Seizo of Yokohama）独立为日产汽车（Nissan）。奥斯汀7型车这款轻巧、经济的汽车一直生产到1939年，是两次世界大战之间那些年英国最畅销的汽车，也是当时仅次于T型车的最成功的车款。强大的通用汽车对7型车的成就颇为羡慕，甚至提议收购奥斯汀汽车——这项抬举奥斯汀的提议被奥斯汀的高管干脆地拒绝了。

可惜，朗布里奇的创始人似乎从来没有真正享受过成功的快乐。赫伯特爵士是一个严厉、呆板的人，自1915年他唯一的儿子在西部战线丧生以来，他就一直没能重新振作起来。奥斯汀是典型的早期英国汽车业者，他在工程方面热心追求完美，但轻视商业运作。他缺乏幽默感，态度生硬，冷漠粗鲁，几乎没有什么朋友。20世纪20年代末，捷豹（Jaguar）曾为奥斯汀生产车身，该公司的创始人威廉·莱昂斯（William Lyons）日后也称，奥斯汀"不怎么尊重人"。奥斯汀除听音乐以外，并没有什么业余爱好，他似乎从不休息；他是个顽固的工作狂，星期天常常穿着邋遢的西装在车间里四处溜达，他那顶标志性的软毡帽则每天紧贴在后脑勺上。奥斯汀当过金斯诺顿的保守党国会议员，但从未在下议院讲过话。他对公司的投入起初为他赢得员工的尊敬，但由于他坚决抵制工会，主张增加劳动时间，反对一周40小时工作制，到1939年，朗布里奇已成为业界劳资矛盾的中心。那一年，奥斯汀不再参与公司日常管理，而是将管理权交给了他提名的继任者、颇有手段的伦纳德·洛德（Leonard Lord）。洛德清除了他称之为"朗布里奇老人统治"的奥斯汀高级管理层。洛德大胆地宣称："得来几辆大车把他们拉走，然后才能结束。"①

尽管奥斯汀的7型车取得辉煌成功,但在两次世界大战之间的欧洲,称得上杰出的汽车业大亨的是以牛津为大本营的竞争对手威廉·莫里斯(William Morris)。莫里斯1877年生于伍斯特。他出生6年后,戴姆勒完善了第一台成功的汽油发动机;8年后,本茨制造出第一辆汽车。而莫里斯是牛津郡威特尼一位店主的儿子,在牛津一幢简陋的砖建排屋里长大。莫里斯晚年喜欢再造自己的过去,其中一项便是倾向于夸大父亲的成就和品质,同时完全不提他的母亲。1937年,他把他的父亲(此时威廉已经把他父亲的母校粗粗改造成一家汽车厂)描述为"一位了不起的会计师,颇有财务头脑"。他说他父亲在加拿大赚到了大钱,甚至还在一个土著部落生活过一阵子。事实上,他的父亲弗雷德里克·莫里斯(Frederick Morris)是个到处漂泊的人,由于隔三岔五地换工作,所以经常在米德兰南部搬来搬去。1880年,他在伦敦地铁内遭遇了神秘事故,事故原因一直都不甚明了。在此之后,他的健康永久受损,只能去做一份简单的工作,即在牛津东部的伍德农场帮他岳父管理土地。但有关父亲的真相似乎从儿子的记忆里抹去了。此外,威廉还坚称,别人"一直管他叫威廉或威尔",而且他一直讨厌别人叫他比尔。但一些儿时的熟人却还隐约记得他叫比尔或比利。如威廉·莫里斯的传记作者马丁·阿德尼(Martin Adeney)所言,威廉莫名坚持重构自己的背景表明他试图"刻意与自己的出身做切割"。

莫里斯是白手起家的典型。16岁时,他已在靠修自行车谋生,并试图用自己的收入养家,当时他父亲因罹患严重哮喘而不得不辞去土地管理人的工作。但在1904年,莫里斯的牛津汽车和摩托车行(Oxford Automobile and Cycle Agency)倒闭了,这场灾难影响了他日后对人生和经商的态度。但富有决心、精干有力的莫里斯很快便着手重建,希望尽快东山再起。他在自己位于牛津霍利韦尔街的厂房里重新建立了一家摩托车公司,并开发了一款新型摩托车,1908年,他卖掉这家公司,用赚到的钱在朗沃尔街拐角处新建了

---

① 奥斯汀勋爵1941年5月死于心肌梗死。

一个厂房兼展馆，他管这儿叫"莫里斯车库"（The Morris Garage）①。他的做法在当时显得与众不同，他把在这里制造的汽车放在附近的展馆橱窗里展示，而展馆就设在王后街的购物区。

莫里斯的汽车生产路线与福特或奥斯汀区别显著。他并不寻求从零开始造车，而只打算成为其他公司产品的装配者，依靠他自己的机械技术采购和组装市场上现存的最好的零部件。牛津距亨伯、辛格和斯坦德（Standard）等西米德兰地区的成熟汽车制造商不远，因而莫里斯能很快便编制了一份全国供应商名录。1904年的破产一直是莫里斯的心结，而这种汽车制造理念的关键意义在于，它尽可能地减少了莫里斯需要拿出来冒险的投资金额。莫里斯常对他的手下说，正是这种策略帮助他挺过了1920年至1922年的战后萧条时期，避免如许多其他汽车公司那样倒闭。但事实上，莫里斯汽车得以存活靠的是当地有名的大庄园主麦克尔斯菲尔德伯爵（Earl of Macclesfield）的慷慨注资。麦克尔斯菲尔德伯爵一开始找到莫里斯的原因是威胁要起诉他，因为伯爵的车与一辆用来出租的莫里斯汽车发生了交通事故。如马丁·阿德尼所述，莫里斯开心地指出："那辆车的乘客中有三名是警察局局长，所以任何官司都不可能打赢。"麦克尔斯菲尔德并没有被这番狂妄的话触怒，反而喜欢上了这位充满活力的年轻人，1912年，他投了4000英镑支持莫里斯改造汽车业务。7年后，麦克尔斯菲尔德又为莫里斯的公司注入超过32000美元，使莫里斯得以在其他汽车生产商收缩或倒闭之时扩建工厂并拓展产品线。

直到第二次世界大战期间为止，莫里斯采取的组装其他厂商零部件的策略都非常管用，但由于他未像通用汽车那样在公司内部进行任何真正的垂直整合，1945年之后，莫里斯的汽车业务便显得脆弱而过时了。在1939年之时，莫里斯已经收购了许多前供应商，但由于他害怕投入过多，即使在生意做得很好的时期，也是个谨慎的投资者。结果在1952年，具有前瞻性的奥斯汀竟然收购了陷入停滞的莫里斯汽车——任何人只要在20世纪30年代目睹过莫里斯强大的汽车帝国，恐怕都会为这一结果而吃惊。

虽然莫里斯一直不愿改变自己的业务模式，但他在技术方面并不保守。

---

① 《牛津邮报》（*Oxford Mail*）称之为"牛津汽车宫"（The Oxford Motor Palace）。

他避开豪华车型，遵循亨利·福特T型车的理念①，坚持做价格低廉、性能可靠的产品，著名的莫里斯-牛津（Morris Oxford）系列就是其中之一。这款车的昵称为"牛鼻子"（Bullnose），得名于可爱的圆形散热器。和福特一样，莫里斯希望自己的汽车便宜可靠——他也的确成功实现了这一目标。1913年，《汽车》（Autocar）杂志称赞"牛鼻子"是"一款具有全尺寸汽车所有特性的迷你型车，但……制作精良，不输那些最昂贵的汽车"。

威廉·莫里斯继续追随亨利·福特的脚步。第一次世界大战后不久，莫里斯将福特的量产方式引入欧洲，在他位于牛津东部的考利工厂推行。为与福特价格低廉的T型车展开竞争，莫里斯计划推出另一款车型——莫里斯-考利（Morris Cowley），设计规格低于已有的8马力莫里斯-牛津。此外，莫里斯还想让这款用于与福特较量的汽车，可以与T型车一样在自动装配线上生产。他本来计划在1915年之前建成并运营自动装配线，但战争打断了这项计划。不过，考利仍然在1918年之后成为欧洲第一款量产家用汽车。此外，英国政府于1920年征收的马力税外加麦克纳对进口汽车征收的关税，也使得其相较于进口汽车拥有显著优势。

第一次世界大战之后，莫里斯开始尝试偏向于跑车风格的车型。1923年，他推出了莫里斯-考利的跑车版，这款车以敞篷两座车体为卖点，车身由考文垂的车身制造商卡博德（Carbodies）生产，但不太成功——在一定程度上可能是因为Morris Chummy这个车名取得不好。第二年，莫里斯把Chummy改造成了一款封闭车，并将徽标改为"MG"，即莫里斯车库（Morris Garages）。这款"前部呈V字形"的轿车饰有八角形"MG"徽标，而这个徽标是该公司的会计埃德蒙·李（Edmund Lee）于闲暇时在账本上随手画出来的。到1928年，MG品牌已经取得长足发展，完全配得上在伯克郡阿宾登拥有一处专属工厂，这里距莫里斯主要的考利工厂仅10千米。但MG仍归莫里斯个人所有，莫里斯视之为他的私人爱好。直到1935年出现资金短缺，他才把MG卖给莫里斯汽车的主要业务部门。

1926年，莫里斯与费城一位钢制车体生产商联手创建了英美压制钢公

---

① T型车最早于1909年进口到英国，从1911年开始在曼彻斯特的特拉福德帕克用进口零部件进行组装。

司（Anglo-American Pressed Steel Company）。车体不再需要由车身制造商生产，而作为整体批量生产。英美压制钢公司的英国工厂顺理成章地建在莫里斯的考利工厂旁边，但该公司并不只为莫里斯生产车身，整个米德兰地区的汽车生产商都使用这家公司的车身。当莫里斯意识到他个人的持股拖累了这家公司的成长（许多潜在客户认为英美压制钢公司的工厂只是莫里斯这只"大章鱼"的另一只触手），便无私地撤出了投资。于是，这家公司骄傲地保持独立地位——但仍能非常方便地满足莫里斯的需要，即便如此，其仍在20世纪60年代的并购热潮中被收购。

莫里斯总在关注好的交易机会，但是他从未真正摆脱自行车制造商出身所带来的影响。1931年，感受到大萧条寒冷的莫里斯率先推出了一款标价低达100英镑的汽车。另外，他还收购了几家陷入破产的汽车生产商，包括沃尔斯利（1927年收购）和莱利（Riley，1938年收购）等著名公司，他利用这些品牌来扩充莫里斯的高端产品线。因为在当时，莫里斯的车型还非常有限，且多为低档车。他也深谙营销的重要性。莫里斯是第一个为现有顾客出版杂志的汽车制造商，这本杂志是1924年推出的《莫里斯车主》（*Morris Owner*）。莫里斯特别聘请来自《汽车经销商》（*Motor Trader*）杂志的记者迈尔斯·托马斯（Miles Thomas）来运营《莫里斯车主》，托马斯的确也很快展现出公关天分，不久又娶了莫里斯的秘书。20世纪30年代初，在世界各国努力摆脱大萧条之际，托马斯在莫里斯的热情支持下启动了被莫里斯本人吹嘘为"我国有史以来推出的最大的密集广告运动"。

到1936年，莫里斯已在经营美国以外最大的汽车制造厂，以他的汽车厂为中心，英国成为继美国后的第二大汽车生产国。[1]莫里斯麾下庞大的考利工厂效仿底特律那些大工厂，贯彻严苛的纪律，最大限度地依靠装配线，并且不鼓励独立思考。如果发现谁是大学毕业生，强烈反智的莫里斯会立即把他们开除——而具有讽刺意味的是，莫里斯本人后来竟在牛津大学创建了一个学院。

不过，莫里斯也犯过一些错误。1924年，他收购了总部位于勒芒的法国

---

[1] 在莫里斯及其英国主要竞争对手奥斯汀的带动之下，英国于1932年超越法国，成为美国以外最大的汽车生产国，这份尊荣一直保持到1955年。

汽车生产商莱昂·博来（Léon Bollée）。莫里斯开展这项收购是因为当时有传闻称雪铁龙打算进军英国[①]，但莫里斯汽车的一位高管后来承认老板莫里斯没能做好功课："我们造的车不对，定的价也不对。"到1928年，就连莫里斯也承认自己可能犯了错误。很快，博来的工厂也于1931年关闭。1926年推出的面向大英帝国市场的"莫里斯帝国16/40"（Empire Morris 16/40）也惨遭失败。事实证明，这款汽车太脆弱，动力也不足，无法适应澳大利亚戈壁地带和加拿大落基山脉地区的恶劣环境。到1928年，已有数百辆卖不掉的莫里斯帝国16/40从澳大利亚退回（莫里斯把问题归咎于殖民地的路况），莫里斯汽车公司损失了超过10万英镑。1928年推出的原始版小车莫里斯迷你（Morris Minor）则是另一场灾难。这款车根本无力削弱其主要竞争对手、能够征服一切的奥斯汀7型车的市场份额。奇怪的是，在20年后，莫里斯坚决主张恢复名声受损的Minor品牌，将其重新用在汽车设计师亚历克·伊希戈尼斯高度成功的"蚊子"（Mosquito）项目。

尽管莫里斯遭遇了种种挫折，但这位出身普通的机械师仍然沿着社会阶梯顽强地攀登。1929年，莫里斯被英王乔治五世（George V）封为准男爵；4年后，他在牛津郡南部的村庄纳菲尔德为自己和妻子建了一幢与身份相称的大宅[②]。1934年，莫里斯成为纳菲尔德男爵（他选择以纳菲尔德为封号，是因为莫里斯和考利皆已有人使用），后来又获得进一步擢升。1938年，他被保守党政府的内维尔·张伯伦（Neville Chamberlain）封为纳菲尔德子爵。

莫里斯与当时许多其他汽车业巨头一样，始终坚信自己眼光最准，容不得半点异议。比方说，在1913年11月一个雾气茫茫的早晨，他单方面在牛津的古老街道上引入了机动巴士——没有经过议会的批准。之后，他又把牛津市议会如潮的投诉和徒劳的抗议当作耳边风。莫里斯在个人交往中也很无情，他会因再琐碎不过的原因突然与所谓的朋友和盟友绝交，其中包括曾为莫里斯的牛津巴士网络提供支持，甚至在1919年大选中为莫里斯拉票的弗兰

[①] 事实上，直到1926年，雪铁龙才开始在英国斯劳组装汽车。
[②] 2011年，莫里斯那幢相对低调的居所"纳菲尔德别墅"（Nuffield Place）由国家信托（National Trust）接管。

克·格雷（Frank Grey）、20世纪50年在莫里斯汽车公司担任副董事长的雷金纳德·汉克斯（Reginald Hanks），甚至还有为莫里斯提供投资并对莫里斯的成功发挥关键作用的麦克尔斯菲尔德勋爵。1922年，麦克尔斯菲尔德突然发现自己成了莫里斯汽车公司不受欢迎的人，因为莫里斯认为麦克尔斯菲尔德对公司业务干涉太多。莫里斯买下麦克尔斯菲尔德所持的股份，粗暴地切断了这位无辜的伯爵与他用尽全力拯救的公司之间的联系。

莫里斯变得富可敌国。后来他将自己包装成为一位慷慨的慈善家，时常谴责别人所谓的"浪费"行为。莫里斯的公关主管迈尔斯·托马斯日后曾回忆他老板在工厂卫生间一个水盆里发现一块肥皂时的反应（不过他没问莫里斯为什么要查看工厂的厕所）："那个眼睛放光的小个子男人生气、咒骂、大发雷霆。"莫里斯会记录他所有的个人支出，详细到每一便士，记账的习惯一直保持到他去世。他的饮食习惯也是出了名的节俭，就连他夫人也是一样，据说她在考利工厂的食堂里收集食物残渣，喂她在纳菲尔德别墅里养的鸡，然后在工厂门口向莫里斯的员工兜售鸡蛋。莫里斯唯一的业余爱好是高尔夫——还有他似乎每年冬天都去拜访的那位身份不明的神秘澳大利亚情妇。

莫里斯不善社交。迈尔斯·托马斯后来说："比尔·莫里斯在开会时表现最差……他容易发脾气，在椅子上扭来扭去，很多时候不得不离开会议室。他敏锐地意识到自己的这些缺陷，因此会避免打电话和参加圆桌会议。"他是个害羞的工作狂——用托马斯的话说，是个"以自我为中心、孤僻内向的人"。他总是忙个不停，神经质且充满精力，他对自己的员工又仁慈又专断。他开的工资高于法定薪资标准——用慷慨的薪资把牛津郡各地的农业劳工吸引到他的考利工厂，而且他以叫得出大多数工人的名字为傲。但他一直需要与外界保持距离，接近生命尽头时，他开始离群索居。设计师亚历克·伊斯哥尼斯回忆，他只见过老板两次："第二次是11年前，即我们生产到第100万辆'莫里斯迷你'的时候。"莫里斯晚年时已经靠着汽车生意赚到巨额财富，但他仍然为人冷酷、喜欢不择手段地与人竞争。与此同时，他又对医院和卫生慈善事业异常慷慨。如他的纳菲尔德基金（Nuffield Foundation）便经常为牛津本地的医院慷慨捐赠。另外，身为铁杆烟民的莫里斯1939年10月还出资为英国海外驻军购买香烟。到莫里斯去世时，他已经把大部分财富（超过2500万美元，以今天的标准来看绝对算是一大笔钱）捐给慈善事业，尤其是那些旨在改善"应得到救助的穷人"的生活条件的事业。

莫里斯总是津津乐道于告诉大家，他在15岁之后，没有接受过任何正规的学校教育。因而他还喜欢做出一副鄙视知识分子的姿态，尤其是鄙视那些有大学教育背景的人。他总宣称："我已经活得够长，知道能做事的不总是那些受过昂贵教育的人。"从来没有人见他读过书，有时他只会略看一下报纸的头版。对莫里斯汽车公司而言，更严重的问题是这位老板的反智偏见导致他在市场调研或产品研发方面的投入几乎为零。直到1949年，在莫里斯在任的最后阶段，他才不情愿地任命了一位做实验的工程师。

不过，威廉·莫里斯出人意料地在牛津大学创建了一个新学院。1926年，他出资在牛津大学设立了麻醉学和西班牙语的教授职位，但设立这两个职位是出于非常特殊的原因：前者是因为他早年接受麻醉手术时麻醉师技术非常差；后者是因为他想跑赢汽车发烧友——西班牙国王阿方索十三世（Alfonso XIII）。此前他见过阿方索，因此牛津大学的教职也是以阿方索的名字命名的。莫里斯认为，阿方索国王可以为莫里斯汽车打入伊比利亚和拉丁美洲市场提供有用的渠道。不过，5年后阿方索被废黜，莫里斯的计划也化为泡影。1937年，莫里斯又提议创建一个专门研究工程学的新学院，这个学院可以建在他刚在牛津城堡北面购置的一块空地上。结果，牛津大学精明的副校长、哲学家A. D. 林赛（A. D. Lindsay）巧妙地说服莫里斯放弃工程学，改为捐助社会科学。莫里斯后来说，他明确表达了创立工程学院的意愿，但林赛骗他放弃自己的想法。不过，到了20世纪30年代末，他似乎又愉快地接受了林赛的提议。即便如此，莫里斯仍强烈反对该学院的设计方案，更不喜欢第一任院长、社会主义哲学家G. H. D. 科尔（G. H. D. Cole）。另外，1943年之后，该学院未开设任何工程学课程，这也令他感到十分不满。在他生命的最后几年，他极少去纳菲尔德学院。纳菲尔德的第一批导师似乎是要报复这位令人讨厌的赞助人，他们选择的学院院训中含有一个双关语，暗指莫里斯在欧洲的主要竞争对手菲亚特（Fiat），这句院训是"Fiat

Lux",意为要有光。

不管是好是坏,从今人角度来看,莫里斯最大的成就就是永远改变了牛津这座古老大学城的面貌。到1936年,牛津已不再仅仅是全球最有声望的高等教育中心之一,还坐拥全球最大的汽车生产厂之一,这家工厂雇用了近3万名工人——远多于牛津大学的雇员。约翰·贝奇曼(John Betjeman)1938年在名为《牛津大学之匣子》(An Oxford University Chest)的书中这样描述莫里斯:"我一直觉得,牛津大学的黑色高墙给他的生活留下了阴影。因此他冲击这堵墙并最终取得了胜利。牛津不再是一座大学城,也成了工业城。墙下的牛津城现在似乎对纳菲尔德勋爵心怀感激。他能够巩固牛津城坍塌的堡垒,用黄金榫接起来。"

莫里斯在震慑牛津城并用钱换得牛津大学不情愿的首肯之后,又决定在全国范围参与政治。然而,他对政治的干预与亨利·福特一样——笨拙且无知,同时还呈现出不恰当的右翼倾向。结果他和福特一样很少被认真对待,就连保守派政治家也不把他们当回事。在1930—1931年之间,莫里斯资助了当时由前劳工大臣奥斯瓦尔德·莫斯利爵士(Sir Oswald Mosley)建立的新党,莫斯利后来称这位大亨是"我们的首席支持者"。新党于1932年蜕变为英国法西斯联盟(British Union of Fascists)。莫斯利在把墨索里尼封为榜样之后,立刻停止了对莫斯利活动的资金支持,他后来也极力否认与法西斯活动有任何关联。然而,马丁·阿德尼发现,有证据表明莫里斯20世纪30年代期间一直在暗地里资助莫斯利的法西斯政党。鉴于莫里斯坚定地持右翼观点,而且坚信自己永远正确,这完全在人们意料之中。

威廉·莫里斯的意大利同行乔瓦尼·阿涅利(Giovanni Agnelli)与莫里斯的风格截然不同。虽然阿涅利在政治上与莫里斯一样保守,也和莫里斯一样热衷于开拓两次世界大战之间迅速发展的经济型家用小型车市场,但阿涅利的社交和政治才能,尤其是他与当时的政府保持良好关系的神奇能力,使得他所创立的公司在莫里斯汽车淡出历史舞台多年后,仍然稳居全球前十大汽车生产商之列。

阿涅利一家来自皮埃蒙特,1899年之前一直住在都灵的一幢豪华别墅里。那一年,33岁的乔瓦尼·阿涅利——一位激情四射、在男女关系方面存在显著弱点的前骑兵军官——加入了一家新成立的汽车制造合伙企业，并成为这家公司的执行董事。与此同时，这家公司也改名为意大利都灵汽车制造厂（Fabbrica Italiana di Automobili Torino），简称菲亚特（Fiat）。到1906年，阿涅利已说服菲亚特的大多数原始合伙人（一些懒散的都灵贵族）把手中的股份卖给他。但3年后，他因欺诈罪而受到审判，他被指控伪造公司账目和捏造股价。但总能与幸运相伴（对当时任何新兴汽车生产商而言，运气似乎都至关重要）的阿涅利神秘地洗脱了罪责，并迅速在菲亚特复职。

阿涅利很快便表现出，他不仅仅是个有天分的汽车公司高管，而且是个完美的政客。他与意大利自由党总理乔瓦尼·乔利蒂（Giovanni Giolitti）建立起密切的关系。作为回报，他在第一次世界大战期间拿到利润丰厚的政府军用车辆和飞机发动机订单，而且获得了"意大利共和国劳动骑士"（Cavaliere al Merito del Lavoro）的称号。随后，这位八面玲珑的汽车制造商夯实了所有政治后台，他同时与乔利蒂中间偏左的自由党以及即将上台的狂热分子贝尼托·墨索里尼结成了同盟。到1917年，阿涅利成为墨索里尼最大的资助人之一。

与莫里斯汽车一样，菲亚特（以及阿涅利本人）也以非常好的状态走出了第一次世界大战。到1918年，菲亚特已成为意大利第三大汽车公司，丰厚的利润不仅让阿涅利及其他董事薪水大增，而且使这家公司得以在都灵市郊的林格托新建了一家汽车厂：贾科莫·马特-特鲁科（Giacomo Matt.-Trucco）这座具有革命意义的林格托工厂最终于1932年投产，工厂不仅是全球最大的汽车厂，而且是第一座专门用于汽车生产的建筑。这座工厂与卡恩设计的福特工厂类似，主要由钢筋混凝土铸成，看上去就像一艘巨大的远洋客轮。该工厂呈纵向规划：原材料从一楼运进工厂，汽车在一层到五层进行组装，生产完毕的汽车从楼顶开出，在测试车道上进行检测。现代主义建筑大师勒·柯布西耶（Le Corbusier）称林格托为"最引人注目的工业景观之一"以及"城市规划的典范"①。第一次世界大战之后的革命风潮促使阿涅利在越发对立的政治盟友之间进行选择。1920年，阿涅利请求他的朋友乔利蒂动用

---

① 遗憾的是，菲亚特没能对这座工厂进行升级。因此，在1945年之后，该工厂便落后于竞争对手，并于1982年被拆除。

军队平息菲亚特工厂的静坐罢工，但遭到拒绝，于是阿涅利转而向墨索里尼求助。墨索里尼1922年10月策划进军罗马并攫取政权之后，两人的关系变得密切起来——阿涅利的女儿后来辩称，父亲从未认真支持过墨索里尼法西斯主义，她说："对他来说穿那些黑色法西斯制服简直是大笑话。想想那些设计法西斯制服的人品位有多差吧。"她认为阿涅利的时尚意识使他不可能支持墨索里尼的独裁统治。但这种说法并没有什么说服力。很快，墨索里尼向阿涅利伸出援手，解散了负责调查菲亚特"超额"战时利润的委员会，而菲亚特继续赢得大量政府合同。1923年，阿涅利本人当选参议员。威廉·莫里斯选择从外部批评政府，而阿涅利更喜欢政权内部的舒适环境。

稳固的政治后台使得乔瓦尼·阿涅利的菲亚特在20世纪30年代中期制造出一系列极其新颖、影响力极大的汽车。菲亚特1936年推出具有革命性的1500型车，之后又很快推出讨人喜欢的500型车（昵称"米老鼠"）和较大的1100型车Millecento[①]。这3款车与近代的大众甲壳虫同是现代小型汽车的直系鼻祖。1928年加入菲亚特、1937年成为工程主管的皮埃蒙特工程师丹特·贾科萨（Dante Giacosa）为500型车导入液压制动和独立的前悬架系统，而鲁道福·沙弗尔（Rudolfo Schaffer）则赋予这款车犹如大型车般的设计感。因此，"米老鼠"的制造工艺和性能远超T型车和奥斯汀7型车等便宜、招人喜爱的前辈。特别是贾科萨于1937年推出的Millecento，其尺寸介于1500型车和小巧的500型车之间，不仅简洁、省油、坚固，路面稳定性和性能也优于同时代的大多数跑车。

在两次世界大战之间，批量生产数百万辆广受欢迎的小型汽车，并取得成功的欧洲汽车生产商并不只有奥斯汀、莫里斯和菲亚特。我们会看到，到1939年，法国的雷诺和雪铁龙也成为欧洲市场的佼佼者。但不是所有成功的汽车生产商总部都设在西欧。事实上，有一家东欧公司早在1939年已在整个欧洲大陆家喻户晓。

斯柯达（Škoda）的创始人埃米尔·斯柯达（Emil Škoda）一辈子从未做过汽车。但到1900年去世时，他已将自己麾下位于布拉格附近比尔森的斯

---

① Millecento是1100的意大利语说法。

柯达工厂打造成欧洲最大的军火制造商之一。而直到1919年，斯柯达工厂才改做汽车，而且还是在西班牙品牌希斯巴诺-苏莎（Hispano-Suizas）授权之下生产，同时使用自己的捷克制造发动机。把这家成功的军火生产商变成领先汽车制造商的功臣是瓦茨拉夫·劳林（Václav Laurin，1865—1930）和瓦茨拉夫·克莱门特（Václav Klement，1868—1938）这两位工程师。劳林羞涩、低调、勤奋，克莱门特则热情奔放、雄心勃勃——两人堪称一对完美组合。他们的第一款汽车"A型车"（Type A Voiturette）于1905年上市，卖得还不错。劳林和克莱门特在第一次世界大战期间也做得非常不错，他们为奥匈帝国生产军用车辆和救护车。1926年，两人赚到了足以收购斯柯达的钱——他们明智地保留了著名的斯柯达品牌，而不是用自己的品牌替代——便着手开辟一个市场，打造漂亮的小型家用车。1931年的斯柯达633和1933年的420 Tudor尤为成功，刚好满足了中欧国家在经济形势不确定之际的需要。[①] 1938年，斯柯达又开始生产敞篷车、轿跑车和一款流线型双门轿车昕锐（Rapid），昕锐酷似保时捷（Porsche）当时的新款汽车KdF-Wagen。斯柯达运用空气动力原理、发动机后置的935型汽车也大量借鉴了保时捷和莱德温卡（Ledwinka）的设计。此外，1939年，斯柯达还推出了该公司有史以来最好、最大的汽车：令人惊叹的四门轿车速派（Superb）。遗憾的是，速派成了斯柯达在近60年时间里生产的最后一款杰出之作。1939年，入侵捷克的德国军队占领了斯柯达工厂；事实上，攫取斯柯达正是希特勒1938年急于撕毁《慕尼黑协定》和侵占捷克斯洛伐克全境的主要原因之一。在之后的6年里，斯柯达工厂不再以生产活泼、耐用的家用车而闻名，而成为纳粹政权下效率最高的军用车辆和设备生产商，并因此臭名远扬。

在法国，与斯柯达情况相似的汽车公司是总部位于巴黎的雷诺和雪铁龙。不过，尽管这两家汽车制造商都专注于大众市场，但它们的相似之处仅限于此。两家公司的气质均源于创始人的个性，而它们的创始人是性格截然相反的死对头。

路易·雷诺取得了丰硕的成就，但他无论如何也称不上是令人喜爱的

---

① "Tudor"这个古怪的名称来源不详；有人认为来自英语中的"两门"（译者注：two-door，与"Tudor"谐音），但斯柯达很快也把该名称用于四门汽车。

人。事实上，雷诺与迈克尔·柯蒂兹（Michael Curtiz）于1943年拍摄的传奇影片《卡萨布兰卡》（Casablanca）中的同名人物（那位散发着难以言喻的魅力，顽皮到无可救药的警察局局长）大相径庭。一位同事说他"总是板着脸、易怒、神经紧张，而且……好斗，只因为他生性害羞"。雷诺只要离开他心爱的赛车的驾驶座，就会感觉又脆弱又尴尬，他也不喜欢与别人共事或者委派他人办事，就连对待高级管理者也是一样。雷诺与威廉·莫里斯和亨利·福特一样，也缺乏耐心，烦躁不安，很少能平心静气地做事。但他是个强壮、结实的人，员工做的任何事情他都能做——他经常在工厂车间里证明这一点。他是个成功的机械师，即使走上管理岗位，也一直表现得跟机械师一样。他与莫里斯一样，对金融高度排斥，很少从银行借钱，除非绝对有必要才会去借。1931年，在大萧条最严重的阶段，雷诺耗尽了手头的余钱，但最终还是政府的立法（俗称《雷诺法》）才迫使他接受国家救助。

雷诺的家庭生活有些令人不齿。生性孤僻的雷诺和他年轻的妻子（他40岁时与21岁的妻子克里斯蒂亚娜结婚）在诺曼底的埃尔克维尔买下一处偏远的乡村庄园和一座城堡，但在此之前，他先付钱让当地居民搬家并拆除了他们的住宅，还放话说政府打算强制征收土地，从而压低了房产价格。他甚至趁他哥哥费南（Fernand）健康恶化之机，以极低的价格买断他在家族公司中的权益，结果导致费南的遗孀和三个孩子在他1908年去世后几乎陷入赤贫。

但路易·雷诺跟赫伯特·莫里斯一样，无疑是一位有天赋的工程师。雷诺早期的汽车装有动轴，而不是像大多数早期的汽车那样借鉴自行车的构造靠链条传动。他的传动系统很快成为行业标准，至少持续到1928年凯迪拉克引入同步器时才被替代。与此同时，他也能充分认识到营销的重要性。到1909年，他已经不仅在欧洲全境卖车，而且还把车卖到了美国、日本和俄国。1904年，在英国主持缔结历史性的英法协约（俗称"挚诚协定"）的国王爱德华七世（Edward Ⅶ）在购买一辆雷诺汽车之后，迅速巩固了他们之间的新同盟关系。

不过，雷诺虽然是个颇有天分的机械师，但他的商业模式总是为人诟病。比方说，雷诺为扩建比扬库尔的工厂，需要把周边居民的土地和住宅买下来，但他给出的报价低得可笑。如果遭到拒绝，他会在这些居民门外试驾他的汽车，弄出很大噪音，直到他们屈服。通过这种方式，他得以在塞纳河沿岸扩建自己的工厂，并最终把河中央的塞金岛收入囊中。

雷诺汽车在第一次世界大战中取得快速发展。雷诺与庞阿尔一道，支持将汽车用于军事目的。1914年9月，雷诺的出租车在"马恩河奇迹"（Miracle of the Marne）中发挥了被广为宣传的关键作用，助力英法联军阻止了德国军队似乎无可阻挡的前进步伐，这似乎证明了两人热心倡议的正确性。巴黎的军队统帅加列尼将军（General Gallieni）征用了巴黎的所有出租车（他向驾驶员承诺将计程表车费提高27%）——总共有600多辆雷诺。路易·雷诺在无意之中成了英雄。随后，他利用自己新建立的名气所带来的优势，公司很快便开始生产飞机发动机和炮弹，到1918年时，比扬库尔工厂成功造出了大量FT-17轻型坦克，而雷诺本人也帮忙设计了这些坦克。

雷诺毫不妥协的保守观点使他在20世纪30年代成为右翼的主要旗手。这位因循守旧的大亨尤为激烈地谴责莱昂·布卢姆（Léon Blum）1936年建立的左翼人民阵线联盟。他解雇了2500名工人，因怀疑他们是人民阵线的共产主义者，此外在人民阵线短暂的存续期间，雷诺坚定的反工会立场导致比扬库尔发生了许多起罢工和停工事件。

不过，20世纪20年代和30年代的汽车巨头也并不全是反社会的独裁者或自闭的工程师。路易·雷诺的主要竞争对手安德烈·雪铁龙（André Citroën）便是一位热情奔放、颇有品位的人。他其实并不喜欢开车——与那些由开赛车转为管理董事会的汽车业竞争对手形成鲜明对比。他与人相处融洽。但雪铁龙嗜赌，据1924年9月24日伦敦《每日见闻报》（Daily Sketch）报道，雪铁龙在多维尔的一家赌场仅用了几个小时就赢得16.2万英镑（大约相当于今天的300万英镑）。雪铁龙还喜欢让别人看见他跟美女在一起，他有许多朋友，其中包括当时的名流，譬如查理·卓别林（Charlie Chaplin）和约瑟芬·贝克（Josephine Baker）。在雪铁龙位于巴黎雅弗尔滨河路的工厂，高级员工展现出对这位个性有趣的老板极大的忠诚和热爱，从而创造出一种融洽的团队精神，这与雷诺的比扬库尔工厂那种阴郁的氛围形成鲜明对比。雪铁龙经常去车间与员工聊天，也乐意把重大决定交给手下的高级管理人员。

雪铁龙与禁欲、冷漠的雷诺从未走近过。雷诺冷酷、精于算计、阴郁、专横；雪铁龙则热情、慷慨、有人情味，还总是把对汽车和手下工作人员的热情写在脸上。雪铁龙是犹太人，1933年之后，他越来越担心反犹主义在德国乃至法国的滋长。在第二次世界大战期间，雪铁龙家族有超过100名成员在希特勒的煤气室内丧生，其中大多数人是被维希政权从法国驱逐的。我们已经看到，路易·雷诺从来不惧表达反犹观点。尽管1932年2月，他还曾屈尊邀请雪铁龙参观他在比扬库尔新扩建的工厂，但此举主要是为了满足幸灾乐祸的心理，让雪铁龙在看到自己横跨塞纳河的庞大新厂房之后感到不舒服。而且，这两位汽车业大亨一般在雷诺的办公室里吃简单的午餐，而不是去安德烈·雪铁龙常去的一家巴黎餐厅旗舰店。

雪铁龙家族来自荷兰，安德烈的祖父是卖柠檬的，根据自己的职业莫名其妙地更改了姓氏（"citroen"在荷兰语中意为"柠檬"[①]）。安德烈的父亲在安德烈年仅6岁时自杀了，但安德烈仍然在1898年升入名校巴黎综合理工学院（École Polytechnique）。从那时起，他就似乎健步走上了财富之路。他在第一次世界大战期间成功运营起军火生意，1919年他创立了一家汽车公司，并凭借自己的古怪、富有创新精神很快建立起敢作敢为的声誉。他在1919年建立了欧洲的第一个汽车装配线，并在这条装配线上造出欧洲最早的量产汽车Type A Tourer——这是世界上第一辆配有电动启动系统和电动照明系统的低价汽车。1922年雪铁龙推出了简约实用的5CV，昵称为"小柠檬"（Le Petit Citron），因为这款车的车身经常被漆成黄色。5CV成为法国农民的首选之车，也是第一款被女性广泛购买的法国汽车。雪铁龙的妻子是可可·香奈儿（Coco Chanel）的密友，她开创了女性驾车的先河，也是巴黎妇女汽车俱乐部（Automobile Club Féminin de Paris）的创始人。高度成功的5CV是T型车和奥斯汀7型车在法语圈内的竞争对手，也是战后传奇车款2CV的鼻祖。

不甘寂寞的雪铁龙永远在寻找新挑战，尤其是想方设法改造已被广为

[①] 雪铁龙家族1873年从阿姆斯特丹迁往巴黎之后，在姓氏中添加了分音符号，将"Citroen"改为"Citroën"。

接受的汽车形态。1920年，雪铁龙与工程师阿道夫·凯格雷斯（Adolphe Kégresse）合作，并参照英国坦克先驱——少将欧内斯特·斯温顿（Ernest Swinton）爵士的建议，造出了世界上第一款半履带车，这款车俗称"雪铁龙-凯格雷斯履带车"[①]。这款皮实的车辆征服了阿尔卑斯山和沙漠，仅用一周时间就跨越了绵延3000英里的撒哈拉。1923年，雪铁龙甚至说服英国王后玛丽乘坐雪铁龙汽车，在奥尔德肖特检阅英国陆军演习。与此同时，雪铁龙的B2出租车已成为法国城市街道的常见风景，从而削弱了雷诺早些时候对这一利润丰厚的市场的统治。到20世纪20年代末，雪铁龙工厂每10分钟便能生产出一辆汽车，达到底特律以外闻所未闻的速度。

然而，雪铁龙最大的成就也许是1934年那款令人震惊的Traction Avant。这款汽车无疑是雪铁龙打造出的最具创新色彩的汽车。Traction Avant由弗拉米尼奥·贝尔托尼（Flaminio Bertoni）以及安德烈·勒菲弗（André Lefèbvre）设计[②]，后者曾是风度翩翩的赛车手，1933年离开雷诺加入雪铁龙。他们把豪华汽车的工艺运用在一款量产家用轻便汽车之上。Traction Avant是世界上第一款前轮驱动、钢制单体式量产汽车，这款汽车由整体式或单体式车身构成，而不是沿循惯例，把单独制造的车身放低并安装在底盘上，从而使汽车异常巧、快、低得令人艳羡。Traction Avant优雅的线条使其立即成为设计经典，并成为20世纪30年代和40年代无数法国电影中的明星。横跨散热器护栅的独特双V形车标让人一眼就能认出这车是雪铁龙。当然，Traction Avant看上去本来就跟路上跑的任何汽车都不一样。固有的轻巧身量让Traction Avant非常省油，而低底盘构造省去了踩踏板上下车的麻烦。这些特性使得Traction Avant成为用于客车或出租车的理想车型，深受驾驶员和乘客欢迎。

Traction Avant的内饰也同样富于创新精神。变速装置安装在仪表盘上，变速杆从一个竖直的H形开口伸出，此外还配有悬吊式踏板、伞状驻车制动装置和前排长条座椅。这使得汽车内部非常宽敞，地板平坦而无阻隔，采用

---

① 斯温顿本人于1926年，即雪铁龙在斯劳建立英国工厂当年被任命为雪铁龙董事。
② 勒菲弗不喜欢与专横的路易·雷诺共事，他一来到雪铁龙，就开心地宣称，他显然是从一个帝国搬到了一个共和国。

安德烈·雪铁龙1934年开创性且令人震惊的Traction Avant一直持续生产到1957年。3年后，这款经常出镜的车型在改编自乔治·西默农梅格雷探案小说的BBC电视连续剧中展示——这辆特殊的汽车随后被明星鲁伯特·戴维斯收购。

了现代多用途汽车（MPV）常用的设计。

　　雪铁龙的竞争对手对这款新车单体式构造的抗冲撞性提出质疑。而雪铁龙为此专门策划了一场公关活动：他把Traction Avant开下悬崖，检查后依然完好无损（与克莱斯勒的Airflow不同），仅有底部一点擦痕和折痕。雪铁龙是一位公关大师，他发起营销攻势，直接写信给潜在顾客，并大量使用海报和印刷广告。在广告中，雪铁龙再次远远领先于时代。他倾向于宣传雪铁龙品牌而非单个产品的优秀品质。他把自己的汽车放在真实的室外场景中拍照，而之前从来没有人这样做过。他还效仿莫里斯，推出了企业杂志《雪铁龙简报》（*Bulletin Citroën*），配有当时法国顶尖插画艺术家绘制的插图。1922年巴黎汽车展开幕时，他甚至让一架飞机在埃菲尔铁塔上空拉出他的名字，这成为欧洲最早的飞机喷字。1925—1934年，挂在埃菲尔铁塔上的25万个电灯泡所构成的30米高的字母也闪闪打出他的名字，这个厚颜无耻的广告从60英里外就能看得到。他还支付了凯旋门和协和广场永久照明的费用。

雪铁龙的公关壮举不仅限于他的祖国法国。在1933年，柏林汽车展上（希特勒攫取政权之后的首次车展），雪铁龙俱乐部接待中心成为活动的主导（希特勒下令，这种国家的耻辱，尤其是由一个外国犹太人造成的耻辱决不允许再次在德国发生）。英国国王乔治六世（George VI）于1938年访问巴黎时，雪铁龙向他的两个女儿（其中之一是后来的英国女王伊丽莎白二世）赠送了在英国斯劳生产的右舵Traction Avant的活动微缩模型。1945年以后，雪铁龙开始大力宣传其右舵雪铁龙系"英国制造"，在具有典型英国风情的地点，譬如科茨沃尔德田园诗般的小镇奇平卡姆登，为斯劳生产的Traction Avant拍摄广告，这些汽车在整个大英帝国以"雪铁龙12型车"（Citroën Twelve）和"雪铁龙15型车"（Citroën Fifteen），又称"大六缸"（Big Sixes）为名销售。

Traction Avant的生产持续到1957年，因而与雪铁龙另一款富有传奇色彩的大型车DS有交集。斯劳制造的右舵版Traction Avant于1946年恢复生产之后，《汽车百科》（Motor）杂志称赞说，这是"我们推不倒的汽车"，并赞扬其"卓越的稳定性，超凡的抓地力和驾驶的舒适度"。《汽车》（Autocar）杂志也盛赞Traction Avant，称"这款车能以惊人的速度在坑坑洼洼的路面上行驶，而普通汽车只能小心翼翼地开，时速超不过每小时20英里"。

Traction Avant的重要性以及安德烈·雪铁龙的超凡天分都不容小觑。当时所有其他汽车生产商都坚持后轮驱动原则。而奥地利工程师费迪南德·保时捷（Ferdinand Porsche）走得更远，他坚持认为，要追求最优牵引力，应将发动机和变速器向后挪，安装在后车轴后边，我们可以在保时捷设计的大众甲壳虫、保时捷911（Porsche 911）等传奇车型中看到这一解决方案的影子。唯有雪铁龙敢于挑战现有智慧，坚持认为前轮驱动能够增强轮胎黏附力，并改善方向稳定性，让人更容易控制转向。简而言之，雪铁龙坚信前轮驱动的汽车更安全。但直到20世纪50年代，他的竞争对手才开始小心翼翼地放弃后轮驱动，转而采用前轮驱动。

1938年，希特勒的统治如日中天。费迪南德·保时捷（左）向高兴的他展示了他的新甲壳虫汽车发动机的位置。

遗憾的是，具有革命性的Traction Avant研发成本过高，全球大萧条摧毁了雪铁龙大型车的市场，另外，1933年3月至5月的工厂罢工以及过于乐观的销售预期也拖垮了雪铁龙。1934年11月，雪铁龙的胶木方向盘供应商向法国法院提交了清算请愿书，这成为压垮雪铁龙的最后一根稻草。雪铁龙于当年12月21日宣布破产，债权人委员会随即组建，而此时距雪铁龙推出第一辆Traction Avant仅过了9个月。好在雪铁龙最大的债权方——轮胎制造商米其林（Michelin）在最后关头出手收购了雪铁龙并承诺维持雪铁龙精于创新的声誉。

自1919年以来，米其林一直是雪铁龙唯一的方向盘和轮胎供应商。当时仍然健在的米其林创始人爱德华（Édouard，他的哥哥、生意合伙人安德烈于1931年去世）理解并敬仰雪铁龙的愿景和行事方法。最终的收购是爱德华的儿子皮埃尔（Pierre）通过巧妙而有礼有节的谈判达成的，条件是雪铁龙本人不得离开公司创办另一家制造企业——当时有广泛的传闻称雪铁龙打算与埃托雷·布加迪（Ettore Bugatti）合作，另起炉灶。因此，米其林特意多了个心眼，让轮胎和汽车业务完全独立。更令人担忧的是，米其林迅速终止了雪铁龙大多数花哨的营销活动——这是一项奇怪的决定，因为米其林早在1898年就让自己的商标必比登先生（Monsieur Bibendum）深入人心，并建立起一套秘而不宣的管理方法，与雪铁龙愉悦的透明管理完全对立。米其林家族是禁欲而虔诚的天主教徒，他们坚决不让任何外人走进高级管理层内部的密室。当然，米其林家族也从来没有任何人出现在赛车道、赌场或夜总会。

安德烈·雪铁龙因破产的耻辱而备受打击，1935年7月3日，他在卖掉自己的公司仅7个月后便死于癌症。两年后，雪铁龙的朋友、拯救他公司的皮埃尔·米其林也在驾驶Traction Avant时死于车祸。这起双重悲剧意味着两人都没能活到目睹雪铁龙在第二次世界大战之后取得巨大成功的那天。那时，雪铁龙不仅制造出跻身有史以来全球最畅销重型车之列的拳头产品，而且在距安德烈去世恰好20年之后推出了一款汽车，这款车采用的设计现在仍被誉为史上最优美、最先进的设计。

20世纪30年代，大多数成功的欧洲汽车生产商主要关注小型家用汽车所对应的中产市场，但有几家公司确实在市场标尺的另一端赚得盆满钵满——至少一直持续到20世纪30年代初大萧条产生的影响完全凸显时为止。不过，到1939年，欧洲大陆能拿得出手的豪华汽车生产商寥寥无几。在这之中，挺过接下来的战争所带来沉浮变迁的生产商就更少了。

在两次世界大战之间，大量车企陆续倒闭，而劳斯莱斯是引人注目的例外，这家公司沉重地向前行进。克劳德·约翰逊最终在1928年死于肺炎——因参加一位朋友的葬礼而染病，接替他的是因研发飞机发动机而出名的阿瑟·西奇里夫斯（Arthur Sidgreaves）。与此同时，罗伊斯到英国去得越来越少，他更喜欢与西奇里夫斯一起搞公司的新航空项目。罗伊斯于1933年默然与世长辞，而在两年之后，劳斯莱斯的传奇Merlin航空发动机最终趋于完善。也正是在1933年，劳斯莱斯所有汽车散热器上方的"RR"车标由一直以来的红色变更为肃穆的黑色——不过，这并不像人们通常所认为的那样是为了纪念罗伊斯，而是因为劳斯莱斯认为红色与许多新车车体的色调相冲突，而且换颜色的决定其实是在罗伊斯去世之前便已做出的。

劳斯莱斯的品牌优势使之安然度过大萧条时期。在1931年举办的伦敦汽车展上，劳斯莱斯的幻影Ⅲ出人意料地成为展出的唯一一辆英国制造的豪华车。劳斯莱斯的竞争对手、以生产跑车闻名的宾利（Bentley）已经成为大萧条的牺牲品，事实上，该公司当时已被劳斯莱斯兼并。

与罗伊斯和罗尔斯一样，沃尔特·欧文·宾利（Walter Owen Bentley）也是在一家铁路工厂开启职业生涯的——他是在大北方铁路公司旗下巨大的唐克斯特工厂工作。不过，家境富裕、毕业于公学的宾利能够像C. S. 罗尔斯那样选择自己向往的道路，而不必像亨利·罗伊斯这种劳动阶层男孩那样拼命争取一份工作。1912年，他和哥哥亨利创立了一家销售和修理法国汽车（当时还被视为汽车界的金标）的车行，并在第一次世界大战期间将自己的车间成功改造为制造飞机发动机的工厂。随后，不安分的宾利于1919年创建了自己的汽车工厂。

宾利的个人生活不太顺利。他的第一任妻子利奥妮（Leonie）于1919年死于流感。他的第二任妻子奥德丽（Audrey）是个喜爱游乐和社交的女孩，她最讨厌工厂。但宾利是个相貌平平、朴实的工作狂，容易陷入抑郁，周末也喜欢待在工厂里。不出所料，这桩婚姻以灾难告终。直到与第三任妻子玛格丽特（Margaret）结婚，宾利才找到持久幸福。

宾利的职业生涯也充满波折。宾利是一位致力于完善汽车系统的工程师，更喜欢测试和赛车，而不是检查预算，他从来都不算是真正的商人，总是徘徊在破产边缘。宾利瞄准的是专业市场，同时注重性能。如马丁·阿德尼（Martin Adeney）所言，他的产品"是为道路而改造的赛车"。宾利1921年推出的经典3升型车因一群富家公子车手而闻名，这群车手被称为"宾利男孩"，领头的是钻石和黄金大亨伍尔夫·巴尔纳托（Woolf Barnato），他们出格的做法引起了媒体的关注。巴尔纳托对3升型车印象非常深刻。1925年，他出手收购了宾利的多数股权，并成为该公司董事长。

伍尔夫·巴尔纳托是当时最伟大的人物之一，他的大胆举动是第一次世界大战后"咆哮的20年代"（Roaring Twenties）激情四射的缩影。他年仅2岁时便继承了数百万英镑财产，因为他的父亲、音乐厅艺人出身的南非矿业大王巴尼·巴尔纳托（Barney Barnato）在那一年神秘自杀。伍尔夫早早被汽车的魅力所折服，他开着宾利车在赛场取得骄人成绩，备受赞誉。他还是一个出色的板球手。1928—1930年期间，他在宾利当董事长的同时还在萨里郡板球俱乐部继续当捕手。即便在板球赛场之外，巴尔纳托的冒险也基本都会成为媒体追逐的焦点。他最有名的壮举是1930年实现的，当时他驾着6½升宾利Speed Six从戛纳开到伦敦，与Train Bleu和Flêche d'Or高速火车竞争速度——他赢了，比火车快45分钟。

伍尔夫·巴尔纳托和他的宾利Speed Six在布鲁克兰茨。

得益于巴尔纳托的大手笔注资，宾利的汽车从1925年起越做越大，引擎盖也越来越长。这是因为宾利对这些汽车进行了重新设计，以容纳不断增大的发动机。宾利车由优秀的1926款4升型车进化到大块头的1930款8升型。宾利汽车在赛道上也取得了辉煌成功。从1927年到1930年，宾利汽车每年都是勒芒24小时耐力赛的赢家——从1928年起，无所畏惧的巴尔纳托更是亲自出战。似乎没有任何东西能够阻挡宾利和巴尔纳托前进的步伐，无论是在赛道上还是在公路上。

优雅的缩影：一辆布加迪皇家41，摄于1930年。

虽然宾利的汽车应对布加迪、阿尔法·罗密欧（Alfa Romeo）和梅赛德斯在赛道上的挑战绰绰有余，却没能挺过20世纪30年代初的大萧条。1930年，宾利推出了有史以来最豪华的车型——8升型车，时速可达100英里。这是英国制造的最大量产汽车，旨在超越当时的竞品——大块头的布加迪皇家（Royale，拥有庞大的15升发动机和一眼望不到头的引擎盖），并提升宾利作为全球顶尖豪车生产商的地位。然而，大萧条导致8升宾利和皇家这样的大型豪华汽车几乎卖不动。宾利在停产之前仅卖出63辆汽车。这个销量还算比较不错了：布加迪皇家仅卖出了3辆。但就算在那个时候，埃托雷·布加迪（Ettore Bugatti）仍然拒绝把皇家卖给臭名昭著的阿尔巴尼亚国王索古（Zog），称"这个人的餐桌礼仪糟糕透顶"。巴尔纳托赔了很多钱。宾利的订单没了，宾利本人也很快被巴尔纳托解雇。1931年，宾利汽车公司宣布破产，并偷偷被劳斯莱斯吞并。[①]沃尔特·宾利受到以自己名字命名的公司

---

① 罗尔斯的代理人以英国公平中央信托（British Equitable Central Trust）的名义出面，目的是避免推高该公司的售价以及不引起纳皮尔（Napier）等其他竞购方的警觉。

的羞辱，甚至被要求返还他个人的宾利8升汽车，但他走出了阴影，并加入1935年完成破产重组的拉共达（Lagonda）。宾利与罗尔斯和罗伊斯不同，他很长寿。1971年，他以83岁高龄去世。今天，生产宾利汽车的权利掌握在德国巨头大众手中。

在两次世界大战之间的那些年，出现虚幻繁荣的豪车品牌并不只有宾利和布加迪。1898年，西班牙炮兵上尉埃米利奥·德·拉·夸德拉（Emilio de la Cuadra）开始在巴塞罗那生产电动汽车。4年后，瑞士工程师马克·伯基格特（Marc Birkigt）与他联手创立了西斯潘诺-絮扎（Hispano-Suiza）公司。1911年，他们的另一家工厂在法国建立。在第一次世界大战期间，这家公司的法国工厂和西班牙工厂双双凭借精湛的飞机发动机制造工艺而获得国际声誉。伯基格特后来被誉为西班牙的亨利·罗伊斯，他聪明地利用在军队中的名气，在每一辆西斯潘诺-絮扎汽车的引擎盖前方装上一个鹳鸟车标，模仿劳斯莱斯的欢庆女神。这个车标衍生自法国工牌飞行员乔治·居内梅（Georges Guynemer）使用的阿尔萨斯鹳鸟徽章，而居内梅本人是西斯潘诺-絮扎的热心用户。

在战争刚结束的几年里，伯基格特很快走到了劳斯莱斯主要竞品的前面。劳斯莱斯方正、稳重，西斯渊诺-絮扎则长而纤细，动力也强大得多。伯基格特1919年推出的H6拥有六缸发动机，这款汽车以他在战争期间的成功之作V-8为基础，已经超越了劳斯莱斯成为传奇，但那会儿有点过时的银魅，促使罗尔斯在授权下采用了西斯潘诺-絮扎的一些专利技术，譬如动力刹车系统。

1930年时，西斯潘诺-絮扎这个品牌已经与劳斯莱斯和宾利一样，成为优质和强大的同义词。如西班牙国王阿方索十三世便一直是西斯潘诺-絮扎的常客。1933年推出的J12拥有巨大的9.4升V-12发动机，发动机上方是一望无际的引擎盖，深受世界各国首脑喜爱，而1933年的68型车（Type 68）则重达两吨。此外，西斯潘诺-絮扎与宾利不同，成功挺过了20世纪30年代初的萧条岁月。然而，当1936年西班牙内战爆发后，该公司放弃了汽车制造，转头去制造飞机发动机。伯基格特本人逃到法国，但在1940年之后拒绝与纳粹合作，又回到了西班牙。他在西班牙与劣迹斑斑的法国汽车制造商埃米尔·德怀廷（Émile Dewoitine，德怀廷若是回到法国会因与敌方合作而入狱）合作生产西斯潘诺-絮扎飞机发动机，这一合作维持到1953年伯基格特去世为止。西斯潘诺-絮扎的法国子公司在第二次世界大战期间继续为德国飞机生产发动机，结果声名扫地，到1945年以后也无法恢复。位于西班牙的母公司也没有再恢复汽车生产，其工厂被用作佛朗哥将军新设的国有汽车集团的基地，这个汽车集团成为西雅特（Seat）的前身。

等到伯基格特逃离佛朗哥民族主义政权下的西班牙，前往法国寻求避难之时，有许多与他同辈的汽车制造业先驱已经去世且被遗忘。然而，他们在短短40年里缔造的汽车产业便完全改变了发达世界的面貌。从本茨到伯基格特，一批非凡的工程师和企业家在20世纪头几十年里把汽车打造成人类的首要交通方式，成功地使全球的面貌彻底改变。这是1900年那会儿，年轻的戈特利布·戴姆勒或比利·杜兰特在梦里才能想见的世界。这个世界得益于汽车的发展，这种环境仍在以令人恐惧的速度发生改变。

第三章
三巨头

在两次世界大战之间的几十年里，不论欧洲汽车巨头有多么成功和重要，到1939年时，就连威廉·莫里斯和路易·雷诺也不得不承认，他们只能站在底特律三巨头的阴影之下。造就福特、通用汽车和克莱斯勒等工业巨头的美国人不仅主宰了美国的汽车制造业，而且不可逆转地改变了整个世界的面貌。

在通用汽车，比利·杜兰特那种老套的销售技巧正不可避免地让位于一种更冷静、更专业的公司管理方式。通用汽车的传奇领导者阿尔弗雷德·斯隆（Alfred Sloan）日后对杜兰特作了一番评价。他承认杜兰特"创造并激励了通用汽车的蓬勃发展"，但他也认为，杜兰特"作为管理者，行事方式太随意，自己也不堪重负。重要的决定必须等到他有空时才能做，结果通常十分冲动"。毫无疑问，到了1920年，杜兰特依赖直觉而非与人协商的做法已经让通用汽车的董事会高级成员抓狂，尤其皮埃尔·塞缪尔·杜邦（Pierre Samuel Du Pont）更是如此。

杜邦是个腼腆、沉默寡言的人，他更喜欢研究资产负债表而不是与人打交道。皮埃尔出身杜邦家族，这个家族掌控着总部位于威尔明顿的产业巨头杜邦公司（E.I.du Pont de Nemours and Company）。杜邦公司早在1802年就成立了，当时已涉足化工、武器和钢铁等行业。皮埃尔毕业于麻省理工学院化学专业，随后在杜邦公司一步步晋升，1915年成为家族企业的总裁。在银行家建立信托时，他已经应之邀请进入通用汽车董事会，并带来他手下的金融奇才约翰·J. 拉斯科布（John J.Raskob），拉斯科布后来同时在通用汽车和杜邦这两家公司担任负责财务的副总裁。

杜邦的一位效率专家1920年判断，当时杜兰特"完全掌控所有规划，公司政策在很大程度上由他一个人说了算"，而且"在许多情况下，组织中似乎没有其他人充当各种新发展计划的最终仲裁人"。他的结论是："没有与工作次序系统类似的体制来提出建议，也没有中央工程组织。因此我认为，不同工厂之间还缺乏某种协作精神，这些工厂在采购、会计和其他组织功能方面实际上是独立的，没有指导它们的中央组织，仅有最笼统的指导。"

杜兰特的冲动性格导致他在1917年初草率解雇了凯迪拉克的亨利·利兰，表面原因是战争问题。亲英国的利兰想为英国皇家空军制造飞机发动机，而杜兰特认为这场战争只是略微干扰了美国的汽车制造。结果，当时已75岁上下的利兰出资组建了一家全新的汽车厂，并开始生产以凯迪拉克车型为基础的豪华汽车，他以"最伟大的美国人"亚伯拉罕·林肯（Abraham Lincoln）来命名这款车。1922年，利兰最终退休时，他将林肯品牌卖给了福特。

与此同时，杜邦继续为通用汽车注资[①]，但他越来越担心公司不断增长的债务会挤压汽车库存。在1919—1920年的战后经济衰退期间，通用汽车股价大幅下跌，促使杜兰特再度使用他的万能药：用借来的钱，自己动手购买公司股票。但杜兰特个人迅速滑向破产边缘。1920年11月，杜兰特承认自己使用期票发行了3400万美元完全不可赎回的股票。在此之后，杜邦承诺将会为通用汽车进一步注资，前提是杜兰特必须辞去总裁一职。杜邦、拉斯科布和来自摩根大通的银行家们筹到2700万美元用作在短期内为通用提车提供支持的必要资金。杜邦为杜兰特贷款170万美元，用于偿还他即将到期的个人债务。杜邦还给了他通用汽车新持股公司的部分股权（但杜兰特对这家公司无控制权）。摩根大通的银行家们直截了当地表示，杜兰特不适合经营一家汽车公司。于是，这位通用汽车的创始人别无选择，只能遭到"处决"。1920年12月1日，杜兰特从通用汽车辞职。

[①] 只有1958年这一年，杜邦迫于艾森豪威尔政权的压力，出售了所持通用汽车的大量股权。

这一次，杜兰特来了个好莱坞式的逆袭。1921年4月，杜兰特组建了一家新的汽车生产商——杜兰特汽车公司（Durant Motors），并拿出500万美元通用汽车股票作为启动资金。杜兰特的公司一开始非常成功，但于1931年倒闭（通用汽车最终收购了该公司破落的兰辛工厂）。杜兰特本人进入半退休状态，1929年，他的钱在华尔街股灾中赔了大半，之后只能依靠通用汽车的年金过活。晚年他花了很大精力在密歇根北部修建起一幢仿城堡住宅，但就在他和妻子准备入住前夕，这幢大宅却神秘地烧毁了。关于纵火犯，之后有各种猜测，从全美汽车工人联合会（United Auto Workers）到通用汽车，不一而足。1942年，杜兰特不幸中风，之后他开始在弗林特经营一家保龄球馆，直到1947年去世。

　　我们把视线转向迪尔伯恩市。亨利·福特似乎很快就会踏上与杜兰特相同的命运：被自己公司的董事会（再次）驱逐。福特喜欢把自己看作孤独的天才，不需要任何人的建议。然而事实将证明，他到20世纪20年代在两大关键领域犯下重大错误：一是公司的车型（品类太少），二是向欧洲的扩张。

　　到1923年，大多数汽车专家都清楚地看到，福特只关注单一车型的策略已开始出现问题。T型车销量逐渐下降，面对通用汽车多元化车型所带来的新竞争，尽管福特对车体进行了种种改造，T型车还是显得老套过时。1924年，T型车终于有了黑色之外的颜色：银灰色、栗色和钴蓝色。但若是掀开T型车的引擎盖，就会发现本质上还是福特1908年推出的那款汽车。雪佛兰1925年推出的新款K型封闭式轿车，用杜邦的新型Duco漆喷成各种颜色，让T型车显得乏味而过时。此外，福特几乎没有花钱宣传T型车，而通用为每辆雪佛兰K型车平均花费了10美元广告费。与此同时，因为福特的工资下滑，显著低于美国行业平均水平，福特的海兰帕克工厂和"鲁日工厂"（鲁日河那处巨大生产设施的俗称）也有许多工人跳槽到通用汽车和其他总部设在底特律的对手公司。

　　1927年，福特最终决定停止生产T型车，转向更现代的产品——A型车。然而，由于福特旗下的大型工厂长期以来仅生产一款汽车，这一决定就需要把福特工厂全部关闭，淘汰价值4500万美元的T型车机床，安装价值相当的新机床（包括极其先进的电动焊接机，20世纪80年代装配线机器人的前身），以便生产新的A型车。福特工厂关闭了6个月，在这期间有6万人失业。与此同时，福特那些手头吃紧的经销商还得艰难消化库存里那些过时的T型车。福特用了好几年时间才恢复元气，而赶超主要竞争对手通用汽车更是用了70年之久。

福特还在欧洲犯下另一个愚蠢的错误。福特汽车公司驻英国高级代表珀西瓦尔·利·杜赫斯特·佩里（Percival Lea Dewhurst Perry）来自卑微的英国劳动阶层。他曾在伯明翰一家律师事务所当职员。1896年，他离开这家律师事务所，到伦敦去碰运气。在伦敦，他被充满不确定性但散发诱人光彩的汽车制造业吸引，到1906年，他已成为福特驻伦敦办事机构中央汽车公司（Central Motor Company）的董事总经理。1911年，亨利·福特想在英国曼彻斯特的特拉福德帕克建立一家汽车厂，顺从、可靠的佩里便成了领导这家工厂的不二之选。福特推行自己那套注定失败的和平主义路线，佩里却非常明智地主动将英国工厂用于生产军械和军用车。1917年，他被任命为军需部负责机械战争的副主任，他因这项工作还获得骑士封号。然而，他对福特臭名昭著的激进和平主义路线的高明处理，以及坚持主张让T型车适应欧洲市场的态度惹怒了老板。1919年，福特毫不犹豫地开除了他。

福特的损失反而为斯劳这个地方带来了好处。佩里从1920年开始在白金汉郡的斯劳①兴建欧洲最大的工业园，1923年，他说服安德烈·雪铁龙在该工业园生产汽车，从而帮助这家法国公司规避了对进口至英国的汽车征收的严苛的麦克纳关税。与此同时，福特的英国业务缺了佩里的得力领导，开始迅速滑坡。面对奥斯汀7型车和"牛鼻子"莫里斯等更便宜、技术上更先进的小型汽车，福特束手无策。福特的英国市场份额骤降，一时间便被英国本土竞争对手永远甩在后面。

亨利·福特这辈子第一次承认自己可能犯了错误。他终于收敛傲气，对公司政策做了两次大调整。我们之前已经看到，1927年，他最终承认T型车已经不可行。1928年，他前往大洋彼岸，请珀西瓦尔·佩里回来重新领导福特英国子公司。②佩里拍板决定，福特需要新建一家更靠近伦敦、靠近英

---

① 1974年，由于希思政府调整郡界，斯劳划入伯克郡。
② 必须承认，福特的行程还包括与英王乔治五世喝茶。

国主要航道的工厂。1929年，佩里不仅为此买下了泰晤士河畔的一大片沼泽地，而且说服伦敦郡议会（London County Council）为附近的25000户家庭兴建了租赁住房。1932年，亨利·福特的儿子埃德塞尔与佩里一同出席了达格纳姆新工厂的动工典礼，但埃德塞尔出席典礼只是为了代替佩里的新朋友——后来成为英王爱德华八世（Edward Ⅷ）的威尔士亲王。

1938年，珀西瓦尔·佩里被封为斯托克哈佛佩里男爵——得名于他当时居住的迷人的埃塞克斯郡的村庄。在战争刚结束的那几年，达格南工厂［现在是由佩里的继任者——不守规矩的帕特里克·亨尼西（Patrick Hennessey）爵士掌管］出色的产能证明了其价值，因为福特在英国市场的销量大幅增加。正是达格纳姆工厂生产的1932款福特8（Eight）和1935款福特Popular创立了基本、简洁的家用车的欧洲标准。战后，达格南工厂又推出安格里亚（Anglia）、科尔蒂纳（Cortina）、护卫者（Escort）和嘉年华（Fiesta）等车款，将这一传统延续下去。

亨利·福特的性格中亦有阴暗的一面，随着年龄增长、财富增加，这种特质变得更加明显。福特不仅大量生产T型车，而且还大量散布恶毒的反犹宣传，一开始，他是通过1918年为推进州长竞选活动而收购的《迪尔伯恩独立报》（Dearborn Independent）来进行宣传。福特甚至在1920年5月22日发表了一篇题为《国际犹太人》（The International Jew）的臭名昭著的文章，在文中兴致勃勃地重述了《锡安长老会纪要》（The Protocols of the Elders of Zion）中的诽谤。《锡安长老会纪要》是1903年在沙俄出版的一本小册子，讲述所谓犹太人在全球范围的阴谋。1921年，《伦敦时报》（London Times）已经揭露这种说法系捏造。这篇不怀好意的文章见报之后，《迪尔伯恩独立报》每周都会登出讽刺谩骂的文章，详述犹太人对美国人生活的恶劣影响。同时，该报还长篇大论地谴责，称爵士乐、短裙、通货膨胀是国际犹太人阴谋的必然结果。福特似乎忘了，他那享誉世界的汽车厂的设计师阿尔伯特·卡恩是犹太人，而且他手下的员工有很大一部分也是犹太人。

事实证明，福特20世纪20年代的反犹叫嚣为大洋彼岸一位名不见经传的右翼活动家带来深刻启发。阿道夫·希特勒经常把福特奉为自己早年的灵感来源。在希特勒语无伦次的辩解书《我的奋斗》（Mein Kampf）中，甚至有几段似乎就改编自福特的著作。亨利·福特显然是希特勒那部长篇大论中引述的唯一美国人（希特勒写道，"唯有亨利·福特这位伟人"出手抵制犹太人"主宰"美国的企图）。1922年，希特勒在慕尼黑纳粹党总部办公室的办公桌后边安了一幅真人大小的福特肖像，还在等候室里放了多套福特写的《国际犹太人》的德语翻译版。他甚至主动提出派出风暴突击队帮助福特实现当总统的志向。作为回报，希特勒希望这位富有的汽车业大亨出钱支持新兴的纳粹运动。我们不确定福特是否满足了希特勒的心愿，但我们知道，福特确实于1939年在希特勒生日时给他寄了一张5万美元的支票。1929年，亨利·福特在科隆的福特新工厂奠基仪式上兴奋地宣布："欧洲需要的是领袖。"大多数听众觉得这句话是指意大利强人贝尼托·墨索里尼式的独裁者，但日后才知他说的应该是指阿道夫·希特勒式的集权主义者。值得注意的是，1933年之后，迪尔伯恩工厂一直给亲纳粹组织德裔美国人联盟（German-American Bund）的领导人、令人厌恶的原始法西斯主义者弗里兹·库恩（Fritz Kuhn）发工资，虽然几乎没有证据表明库恩在该工厂做过任何工作。

到20世纪30年代中期，亨利·福特发现，最明智的做法是在公开场合否认自己持反犹立场。此前，他已在1927年就关闭了《迪尔伯恩独立报》，并要求销毁所有尚未卖出的《国际犹太人》，这样做不是因为他为自己所宣扬的思想感到后悔，而是因为他意识到反犹思想臭名昭著，阻断了他竞选议员和总统的道路。但1938年7月30日，亨利·福特仍在自己75岁生日庆典上骄傲地领取了德国驻底特律领事颁给他的大德意志雄鹰秩序勋章（Grand Service Cross of the Supreme Order of the German Eagle），以表彰他"使民众能够开上汽车"。就在几个月之前，福特旗下的科隆工厂刚从希特勒的纳粹政府那里接到生产3150辆V-8卡车的订单。德意志雄鹰勋章这一奖项由希特勒个人创立，是"德国授予杰出外国人的最高荣誉"。福特是第四个获得这项荣誉的人；第一个获奖者是墨索里尼。两年后，福特无意中向一位美国记者透露，导致欧洲爆发战争的是"国际犹太银行家"，而不是他的朋友和盟友阿道夫·希特勒。

到20世纪30年代末，亨利·福特把握现实的能力逐渐下降，但他仍然拒绝让位给年轻一代。从1923年60岁生日时起，福特便不断暗示很快将从公司退休，但没多久大家就清楚地看出他只是说说而已。他唯一的孩子埃德塞尔是个平易近人、耐心、勤奋的人，喜欢收藏豪车，并努力尝试在福特的车款中注入些许品位和风格，但埃德塞尔仍然只能乖乖地当配角，被他暴君般的父亲欺凌和排挤。亨利"锻炼"儿子的计划包括否定埃德塞尔在他背后做的一切重要决定和成就，这种残忍的策略加剧了他儿子所承受的压力。传记作家罗伯特·莱西（Robert Lacey）谈到，埃德塞尔请人为鲁日河工厂新建的一批焦炉"建成后几天之内"便被亨利下令拆除了，以便提醒埃德塞尔谁是真正的老板。

与他讲求实用的父亲不同，埃德塞尔非常重视汽车的审美。在此之前，福特汽车系列一直以日常功能主义著称。从1922年起，他尝试让汽车变得优雅和气派。埃德塞尔委托墨西哥艺术家迭戈·里维拉（Diego Rivera）绘制"底特律自己的西斯廷教堂"，里维拉在福特资助的底特律艺术学院（Detroit Institute of Art）墙壁上绘制了主题为"底特律工业"的壁画，具有鲜明的社会主义色彩[1]。在将林肯品牌打造成为与克莱斯勒和凯迪拉克较量的成熟竞争对手的过程中，埃德塞尔也发挥出重要作用。埃德塞尔把林肯品牌打造成压迫日益严重的福特帝国内一座重视常识和创造力的独立岛屿，得到解放的"林肯政权"于1936年推出了12缸林肯西风（Zephyr）。这款巧妙运用空气力学的宝藏车由荷兰裔美国人约翰·特贾达（John Tjaarda）以及才华横溢的通用前设计师尤金·格雷戈里（Eugene Gregorie）共同设计。昵称为"鲍勃"的格雷戈里战前与埃德塞尔·福特在林肯建立了亲密的关系，但埃德塞尔1943年英年早逝之后，格雷戈里便离开了该公司。[2] 福特并没有把管理权慢慢交给埃德塞尔，而是越来越倚重哈里·班尼特（Harry Bennett）——一位当过海员和拳击手，对汽车或汽车行业一窍不通的凶狠之

---

[1] 底特律被这些壁画政治色彩过浓的题材激怒了，但埃德塞尔坚定地支持里韦拉。

[2] 格雷戈里后来又回到福特，为埃德塞尔的儿子亨利·福特二世（Henry Ford Ⅱ）效力了一小段时间，但他意识到，他在埃德塞尔麾下林肯部门工作时的那个福特已经不复存在。1946年，年仅38岁的格雷戈里彻底离开了福特，之后再也没有设计过汽车。

徒。班尼特上班时喜欢用气枪打靶，还喜欢把作为宠物的狮子和老虎带到公司，以显示其硬汉形象。亨利·福特放任班尼特为所欲为，很快班尼特手下的暴徒队伍便壮大起来，这帮人被委婉地称作"服务部"，他们通过车间间谍和黑帮头目组成的网络，在福特旗下所有工厂贯彻残酷的纪律。班尼特的"黑暗帝国"很快统治了整个福特公司。就连埃德塞尔也打心眼里害怕班尼特，不敢轻易越界。直到1933年，服务部的头领们一直无情地贯彻禁酒令，这种做法得到赞成戒酒的董事长亨利·福特的热情支持（亨利·福特曾威胁说，如果有朝一日美国废除禁酒令，他就会关闭自己的工厂），同时又通过地下倒卖酒类发了大财。很快，班尼特和他那帮亲信便与地下犯罪势力有了千丝万缕的联系，班尼特经常从中招聘新人。

到20世纪30年代中期，福特的工厂已经处于恐怖统治之下，因而也成为底特律汽车生产商中名声最差的一家——当然，即使在最好的时候，这些公司也不算是模范雇主。1932年，班尼特亲自带领手下一帮暴徒去镇压"福特饥饿大游行"（Ford Hunger March）的参与者。在之后的对峙中，19岁的青年共产主义联盟（Young Communist League）活动家约瑟夫·约克（Joseph York）与班尼特扭打，被服务部的暴徒开枪打死，后来又有三名示威者被开枪打死。① 五年后的1937年5月26日，在包括备受尊敬的工会领袖沃尔特·鲁瑟（Walter Reuther）等工会高级谈判人员穿过米勒路立交桥前往鲁日工厂时，班尼特的心腹又与他们发生冲突，在光天化日之下把他们毒打了一顿。② 幸运的是没有人被打死，虽然有一个人背部受了伤。同样幸运的是，当时有媒体记者在场，拍下了施暴的场景。不过正是因为这一举动，许多记者也遭到班尼特手下暴徒殴打，相机被没收。"立交桥之战"是福特公司史上的低谷，而且仍然是美国产业关系方面持久的污点。这件事让埃德塞尔·福特感到惊恐，他恳求父亲承认工会组织并解雇班尼特。但他的恳求不起作用。班尼特在亨利·福特无条件的保护之下安然无恙，仍然掌控着福特的实权。历史学家估计，班尼特一帮人在恐怖统治期间从福特公司的办公场地转移了超过100万

---

① 后来有1.5万人悼念这四位"福特英烈"。
② 鲁瑟身体恢复后，于1946年成为美国汽车工人联合会主席。到20世纪60年代，他已经成为著名民权活动家和马丁·路德·金（Martin Luther King）的支持者。

美元的公司财产。但班尼特是总裁的红人，似乎谁也动不了他。他后来有意以一种残忍直白的笔调写道："我成了'福特'最亲密的伙伴，跟他的关系比他的独子还要近。"

事实证明，在那个并不太讲职业道德和契约精神的时代，福特和班尼特是最无情的工会破坏者。亨利·福特对班尼特半犯罪的活动睁一只眼闭一只眼，而班尼特也毫不收敛，仍然使用暴力压制罢工、打击异己。即使在"立交桥之战"被媒体广泛曝光并引起震惊之后，班尼特手下的暴徒仍然经常殴打工会管理人员并恐吓美国汽车工人联合会（United Automobile Workers Union）的活动家。当时，福特仍未承认美国汽车工人联合会，但通用汽车和克莱斯勒已于1937年正式承认。不过，就连班尼特那帮恶棍也没能阻止1941年4月在鲁日工厂爆发的大规模罢工。年迈的福特现在被逼到了墙角，更没能获得罗斯福领导的联邦政府的同情。此时的他只得听从埃德塞尔的规劝（埃德塞尔这一次难得地站起来反抗自己的父亲），相信福特公司必须给予工人投票权决定是否承认工会。亨利十分勉强地同意，他的专制家长作风让他以为，对他忠心耿耿的工人会拒绝工会的一切甜言蜜语，同意保持福特的无工会状态。与此同时，班尼特希望利用服务部来威胁工人，让他们投否决票。最终，仅有2.7%的福特工人投票反对加入工会，这一结果让亨利目瞪口呆、不知所措。福特高管查尔斯·索伦森（Charles Sorenson）日后写道，这次投票"也许是福特整个创业生涯中最失望的事件"，他还发现"福特在这之后整个人都变了"。

班尼特企图更改之后与美国汽车工人联合会所签订的合同中（非常优厚）的条款；但亨利强悍的妻子克拉拉看到劳资争端对丈夫和爱子造成的心理伤害，也感到十分震惊。于是她威胁亨利，如果不接受美国汽车工人联合会的所有要求就离开他。身心俱疲的亨利·福特适时作出退让，又签署了协议。但埃德塞尔当时饱受胃癌折磨——长期遭受父亲和班尼特欺凌所带来的压力即使不是他罹病的原因，也可以说是加重了他的病情。埃德塞尔1943年5月去世时，他的父亲成功顶住了华盛顿方面所施加的换帅压力，以80岁高龄接管了福特汽车公司的日常运营。

好在汽车业巨头并不都是亨利·福特那种咄咄逼人的恶霸做派。福特的同辈沃尔特·克莱斯勒证明了不需要当暴君也能在汽车行业取得成功。令人安心的是，克莱斯勒的辉煌成就证明好人并不总跑在最后。

沃尔特·P. 克莱斯勒（Walter P. Chrysler）生于1875年，比福特晚出生12年。他一开始是在堪萨斯当机车工程师，后来，他由这个不起眼的职位升任为匹兹堡美国机车公司（American Locomotive Works）的管理者。1908年，他在参观芝加哥汽车展（Chicago Automobile Show）时发现了一处汽车故障。当通用汽车的詹姆斯·斯托罗（James Storrow）开出仅为匹兹堡职位一半的薪水，请他来弗林特运营别克时，他竟然兴奋地接受了邀约。1915年杜兰特发起公司"政变"之后，克莱斯勒仍继续任职，且薪酬大幅增加，条件是只听杜兰特的话。然而，由于杜兰特做决定往往比较冲动，且不听他人意见，克莱斯勒感到很生气，认为自己被严重轻视。1920年3月，他从通用汽车辞职，并带走了他的150万美元股票期权。

克莱斯勒一开始是以擅长解决业内疑难问题著称的。1920年，他受聘拯救陷入困境的汽车制造商威利斯（Willys-Overland），随后他又关闭了效率低下的工厂，对管理层和其他白领员工进行裁员，并将生产设施从俄亥俄州迁到用工成本较低的底特律市郊。但威利斯在1921年11月进入破产接管状态之后——其实是公司创始人约翰·威利斯（John Willys）为从作为债权方的银行手中夺回公司控制权而使出的孤注一掷的策略，该公司决定解雇克莱斯勒，因无法负担克莱斯勒的高薪。

再度失业的克莱斯勒决定启动自己的品牌。为此，他对破产的麦克斯韦（Maxwell Motor Company）——1921年，克莱斯勒取得了这家公司的控股权——的底特律工厂进行了改造。他的第一款突破性产品是1924年推出的克莱斯勒6型车。这款车是在克莱斯勒1920年开始为威利斯进行的设计基础上改造而成的，既流畅又可靠，且将欧洲汽车的品质与美国汽车的坚固性结合在一起。这款汽车的成功使克莱斯勒在1925年将麦克斯韦汽车改造成为克莱斯勒公司（Chrysler Corporation）。三年后，他又收购了破产的道奇兄弟公司（Dodge Brothers Company），打算以此为基础，挑战通用汽车旗下强大的品牌。

约翰·道奇（John Dodge）和霍勒斯·道奇（Horace Dodge）兄弟刚进

入汽车行业时，为奥尔兹和福特制造传动系统。但到了1913年，约翰·道奇说他已不想再被亨利·福特牵着鼻子走。于是，兄弟俩从1914年开始制造自己的汽车：与T型车类似，但更坚固、尺寸更大的30型车（Model 30）。这款汽车在1914年的墨西哥战争中表现出色，在广泛报道的索诺拉战役中一战成名。在这场战役中，乔治·S.巴顿（George S. Patton）中尉带领10名士兵和两名平民向导，开着三辆30型车参加作战——他们回来的时候，把包括叛军领袖潘乔·比利亚（Pancho Villa）的主要顾问在内的三名死去的墨西哥人各自绑在一辆道奇车的引擎盖上。但道奇兄弟于1920年双双去世，约翰死于肺炎，霍勒斯死于肝硬化。失去两位创始人的指引，道奇公司1928年走到了破产边缘，此时雄心勃勃的克莱斯勒适时出手收购了这家公司。现有的道奇车型被保留下来，不过，在1930年，道奇品牌去掉了"兄弟"这个后缀。克莱斯勒创造了两个新的品牌，一个是走低价路线的普利茅斯（Plymouth），另一个是瞄准偏高端市场的德索托（De Soto），从而将公司的运营拓展成为与通用汽车相似的方式，克莱斯勒旗下各个品牌——普利茅斯、道奇、德索托和克莱斯勒，都与通用汽车的对手部门进行直接竞争。[1] 克莱斯勒的产品也不是每款都很成功。如1934年推出的流线型车"气流"（Airflow）外观便令人咋舌，配备的发动机也不大可靠。事实证明，这款汽车成了市场上的灾难，一看就不是由造型设计师设计的，而完全由克莱斯勒的工程师打造。气流看起来笨重而臃肿，车门很高，车窗很小，跟动力或速度似乎沾不上边。气流被推下悬崖的公关噱头对提升销量几乎没有什么助益。通用汽车幸灾乐祸的广告部门顺势买了广告位来谴责这些不合时宜而又愚蠢的实验。但克莱斯勒现在已经强大到足以摆脱失败的阴影。1936年，克莱斯勒超越福特，成为美国第二大汽车生产商——颇为讽刺的是，福特这时恰好推出了自己的流线型汽车林肯西风[2]。当然，气流事件至少让克莱斯勒认识到，需要更加关注造型设计，即像通用汽车那样。

到1939年，克莱斯勒已经占据美国汽车市场20%的份额，与通用汽车和福特并称美国汽车业"三巨头"。但是，这家充满活力的新汽车集团，

---

[1] 1955年，克莱斯勒旗下的顶级品牌增加到五个，克莱斯勒蜕变为帝国品牌，旨在与凯迪拉克和林肯展开正面竞争。
[2] 林肯西风十分畅销，帮助林肯品牌恢复了主导地位。

自1932年大萧条最严重的时期起就再未能实现盈利。走低价路线的普利茅斯品牌帮助克莱斯勒挺过了大萧条那几年——到1933年，克莱斯勒的普利茅斯部门已经为公司贡献了一半的销售额。当然，公司能够撑过大萧条，与沃尔特·克莱斯勒本人的乐观精神也密不可分。威廉·范·阿伦（William Van Alen）令人惊叹的装饰艺术典范之作——纽约的克莱斯勒大厦（建于1928—1931年，由克莱斯勒自掏腰包）便向公众昭示了沃尔特·克莱斯勒的骄傲和成功。

克莱斯勒的老板不是福特与莫里斯那样的偏执狂。他在工厂车间很受欢迎，从来不去尝试搞迪尔伯恩和考利常见的那种事无巨细的管理或者排挤手下的高级经理。早在1926年，克莱斯勒就开始培养一位工作狂型的工程师K. T. 凯勒（K. T. Keller）。凯勒1906年在匹兹堡的西屋电气（Westinghouse）开始职业生涯，后来，克莱斯勒把他从通用汽车挖过来当总经理，打算在自己退休之后让凯勒接班。上了年纪的克莱斯勒越来越频繁地待在他为自己建造的豪宅里——他不像大多数其他汽车生产商那样扎堆在底特律附近建房，而是把房子建在遥远的马里兰州剑桥。克莱斯勒在居所附近打猎、航行、弹钢琴、吹短号（他是个天生的音乐家）、饮酒（他对于成功废除禁酒令发挥了重要作用，既进行了大声呼吁，又出了钱），还与女性厮混。歌舞女郎是克莱斯勒的挚爱：20世纪20年代末，他疯狂爱上了声名狼藉的演员加拜金女佩吉·霍普金斯·乔伊斯（Peggy Hopkins Joyce），一生有6个丈夫的乔伊斯这时正处于第一段婚姻当中。克莱斯勒若离开马里兰州的家，更多是去看纽约克莱斯勒大厦建造的进度，而不是视察哪一家汽车厂。

1935年，克莱斯勒退休了。他把领导公司的职责交给了继任者凯勒，从而兑现了一直以来的诺言。而亨利·福特多次拒绝退休。1940年8月18日，克莱斯勒因中风而去世，他的葬礼上并没有人流下鳄鱼的眼泪，与七年后亨利·福特的葬礼形成鲜明对比。他的员工和民众似乎都为这位为人慷慨、百折不挠、多才多艺的美国人的逝世而真心哀痛。

如今，看着克莱斯勒大厦高耸的尖顶，抑或迪尔伯恩庞大的福特全球总部，恐怕很难想象全球汽车行业中还有什么人取得过比这更耀眼的成就。但回顾历史，我们可以清楚地看到，即便是像沃尔特·克莱斯勒乃至亨利·福特那样的显赫成就，也比不上低调执掌通用汽车的那位沉默的统帅所取得的辉煌成功，尽管这一事实在当时并不那么显而易见。阿尔弗雷德·斯隆或许是20世纪所有汽车业巨头中影响力最大、最成功的一位，他甚至超越了亨利·福特，可以说，他创造了现代汽车业。他用铁棒统治通用汽车超过30年，在他的领导下，通用汽车成为有史以来最大、最成功、最赚钱的工业企业。但与福特和克莱斯勒不同，今天斯隆已基本被人遗忘，即使在汽车行业内部也一样。

阿尔弗雷德·斯隆不是像亨利·福特那样的机械师或取得开创性成就的工程师，他是汽车行业内首位全能型多面手。斯隆只比克莱斯勒早出生一个月，但他的背景完全不同，他是来自一个拥有大量金钱和特权的家庭。从麻省理工学院毕业后，斯隆加入新泽西州哈里森的海厄特滚珠轴承公司（Hyatt Roller Bearing Company），随后由于他父亲出手挽救了濒临破产的海厄特，斯隆一跃成为这家公司的总裁。斯隆小心翼翼地避免给人留下杜兰特那种不负责任，或是福特那种专横跋扈的印象。辛克莱·路易斯（Sinclair Lewis）1929年的小说《孔雀夫人》（Dodsworth）的读者们一上来可能会把书中的汽车制造业大亨亚历克斯·基南斯（Alex Kynance）与斯隆联系起来，但刘易斯其实是参照孩子气的比利·杜兰特来塑造的。

1920年，皮埃尔·杜邦把杜兰特从通用汽车总裁职位赶下来以后，激起了全美国通用汽车经销商和同情杜兰特的人的愤怒。但斯隆对这家公司进行了高效运营。1923年，杜邦将这家不断发展的集团公司的控制权正式交给斯隆。随后，斯隆继续保持对这家汽车巨头的控制，执掌通用汽车33年之久，直到1956年从董事长一职退休。

1923年以后，稳稳拥有公司主要股东（仍然以杜邦为首）支持的斯隆开始采取进一步行动，即根据科学的商业原则重塑通用汽车的公司结构。他最先采取的一项行动是聘用被排挤出局的福特第二号人物威廉·克努森（William Knudsen）来管理通用汽车的高端品牌雪佛兰。克努森的人际交往能力可与杜兰特媲美，把克努森挖过来是一项明智之举。他与经销商和工厂的工人建立了宝贵的关系——这种关系在学术范儿的杜邦和冷静、精明的斯隆退休之后也一直保持着。

阿尔弗雷德·斯隆领导下的通用汽车公司比杜兰特创造的那个不断折腾的大杂烩要有条理得多。斯隆制定了每年更新车型的政策，与亨利·福特一门心思依赖T型车的做法形成鲜明对比。1925年，亨利·福特因市场占有率下降，输给通用汽车旗下的雪佛兰品牌而责备自己的经销商（他发脾气说，所有经销商都"又肥又懒"），他痛斥雪佛兰每年推出新款汽车："我们想让顾客只要买下一款我们的产品，就永远不用再买另一款。我们从来不会做让之前任何车型过时的改进。"在斯隆的领导下，通用汽车的多个品牌分别匹配明确的市场策略，与福特所信奉的"只做好一件事"的过时理念形成鲜明对比。通用汽车每年都对各款车型进行升级和重塑，为这些车配套所有可负担的新技术。1912年，凯迪拉克引入了电动启动机。1920年，通用汽车所有车型都已配备了四轮液压制动系统和封闭式车身，并使用速干型硝基清漆，使这些汽车可以呈现多种颜色，而不仅限于亨利·福特千篇一律的黑色。1928年，一款凯迪拉克汽车引入了同步啮合技术。1934年，从凯迪拉克到雪佛兰，整个通用系列都开始配备独立的前悬架系统。

阿尔弗雷德·斯隆还积极对他的汽车进行技术和审美方面的升级，这一点也与亨利·福特形成鲜明对比。1919年，他聘请发明电动起动机的天才工程师查尔斯·凯特林（Charles Kettering）来管理通用汽车的工业研究实验室。到1939年，该实验室的年度预算已经达到200万美元之多。1927年，他聘请哈利·厄尔（Harley Earl）担任新设的"艺术和色彩部门"第一任主管，该部门实际上相当于通用汽车的设计工作室。厄尔的设计不仅彻底改变了通用汽车各款汽车的外观，还改变了制造商和消费者对汽车的认知。汽车不再只是像外观普通的老式T型车那样实用，而是成为美、地位和力量的象征。

斯隆推动的每年升级车型的举措并不便宜。斯隆本人估计，通用汽车每年要花费3500万美元改造各款汽车，以求向顾客灌输"计划性汰旧"（planned obsolescence）的理念。1955年，哈利·厄尔宣称："我们的任务是加速汰旧。1934年，汽车的平均所有时间是五年，今天则是两年。等到这个时间缩短到一年，我们就能得到完美的分数了。"但斯隆相信升级花费物有所值——当然，前提是升级之后，现有的通用汽车消费者继续选择通用的汽车。每年升级的高昂费用也让规模较小的汽车生产商不敢模仿通用，它们一旦尝试便会破产。斯隆那句"每一款汽车都须每隔三年重新设计"的名言也具有工程和经济意义，因为汽车的许多初始零部件到这时已经磨损，无论如何都需要更换。

除了每年进行产品升级之外，斯隆最大的成就是寻求在一家公司内部满足几乎所有消费者的需求——这项策略也是建立在汽车买家一旦被通用吸引，就不会再买通用家族以外的品牌的假设之上。斯隆为通用汽车各部门搭建的层级让杜兰特手下那一堆相互竞争的公司变得井然有序。通用汽车的各个品牌无一有重复：消费者可以沿着通用的五大品牌阶梯逐级攀升，让档次一次次升级。理想状态是，第一次买车的人购买一辆定位低端市场的雪佛兰，然后逐步过渡到档次较高的奥兹莫比尔、庞蒂亚克、别克，最终买下美国社会地位的最高象征——凯迪拉克。而且每一级阶梯都作了明确区分。斯隆本人日后写道："通用汽车生产的每一个系列都应当保留外观方面的区别，这样一眼就能分别出雪佛兰、奥兹莫比尔、庞蒂亚克、别克和凯迪拉克。"通用汽车旗下五大部门也有些微重合，因为斯隆想推进一定程度的内部竞争，但他也要确保通用汽车五大部门的主管经常与他和他的主要高管会面，以便解决任何潜在的疑难问题。他还确保各个部门的隔壁都能有一家位置便利的费雪（Fisher）车身工厂（通用汽车最终直接收购了这家公司）。

就连福特也知道斯隆是对的。1939年，埃德塞尔·福特最终说服父亲效仿斯隆采用品牌阶梯策略，推出中等价位的新品牌水星（Mercury）。然而，消费者并没有上当。按说水星应该比福特高级不少，但早期的水星看上去跟廉价的福特没什么区别。福特从未吃透斯隆的基本经商哲学，那就是要么做好，要么不做。

阿尔弗雷德·斯隆虽然与杜兰特那种天生的销售员相差甚远，但他也认识到广告和营销的重要性。他是第一位鼓励经销商提供以旧换新服务和付款信用证（不久以后被称作"租购"）的汽车生产商。他为广告和公关投入巨资——这一点也与亨利·福特不一样。但他并不相信市场的内在智慧。例如，他在大萧条期间巧妙利用通用汽车的工业实力，交叉补贴凯迪拉克和别克等高端部门，结果使凯迪拉克成为存活下来的极少数高端品牌之一。

无数豪华汽车和跑车制造商在20世纪30年代倒闭，它们的产品即便再令人赞叹，再具革命性，也难逃此劫。戈登·布里克（Gordon Buehrig）令人惊叹的空气动力学杰作科德810（Cord 810）是公路上速度最快的美国汽车，创下每小时107英里的陆上速度记录，影星索尼娅·海妮（Sonja Henie）也为这款车做过广告。但810的出色品质于事无补，科德也仍在1937年陷入破产——与斯图兹（Stutz）、杜森博格（Duesenberg）和其他美国著名豪车品牌一同被淘汰。斯隆决心不让自己的高端品牌凯迪拉克重蹈覆辙。1929—1937年，美国豪华汽车销量从15万辆骤减至1万辆，但斯隆仍然让凯迪拉克活了下来。斯隆的办法与大洋彼岸的阿瑟·西奇里夫斯对劳斯莱斯采取的措施相仿，他下调了通用旗下所有汽车的价格（科德这样的小型生产商则无力承担），虽然收入不佳，但仍然保持了较高的销量和市场份额。斯隆并不需要像帕卡德那样，突然转型生产较便宜的小型汽车；通用旗下的雪佛兰部门已在生产价格低廉的车型，拥有大批忠实拥趸。斯隆准备做的是，为凯迪拉克和较大的别克汽车使用相同的车身基本配件，从而节省模具和生产成本。这样一来，通用汽车旗下的豪华品牌便成为到20世纪30年代末仍然存活的少数美国高端汽车品牌之一。

斯隆还认识到出口市场的重要性。正如他在别人代笔的自传中所述，问题从来都不是应不应该出口，而是"组建自己的公司，还是收购和发展现有公司"。斯隆总是选择后者。1919年，他曾把在法国创立的新公司雪铁龙作为收购目标，但后来又放弃了，因为他认为这家雄心勃勃的汽车生产商管理层"很弱"（斯隆用这个词形容除他自己的公司和福特的管理层以外的大多数汽车生产商的管理层）。五年后，他差一点就收购了英国的奥斯汀。随后，通用汽车迈出了出乎所有人意料的一步，收购了名不见经传的英国公司——卢顿的沃克斯豪尔（Vauxhall）。沃克斯豪尔曾是一家豪华汽车生产商，直到1925年还试图与劳斯莱斯、宾利和布加迪开展竞争。这在经济型车沃克斯豪尔阿斯特拉（Astra）流行的时期，可能显得挺奇怪。沃克斯豪尔当时在老伊顿公学校友莱斯利·沃尔顿（Leslie Walton）温和但业余到无可救药的领导之下，在慢车道上跛行。通用汽车一夜之间就彻底改变了沃克斯豪尔的公司策略，使这家公司的关注重点由生产沃尔顿自己喜欢拥有的那种豪华汽车转变为有利可图的小型汽车和轻型卡车。沃克斯豪尔以通用汽车的技术经验为支撑，于1931年在英国推出了第一台同步啮合式变速箱。两年后，沃克斯豪尔成功推出了第一款小型汽车Light Six，开始为通用汽车赚钱。

斯隆收购沃克斯豪尔三年之后，又在通用汽车的品牌组合中添加了比沃克斯豪尔大得多的德国公司欧宝（Adam Opel），使通用一举成为德国最大的汽车生产商。1937年，欧宝推出了第一款量产小型车Kadett（与沃克斯豪尔的Light Six相似）。从那时起，沃克斯豪尔和欧宝都把产品线定位于在便宜和简单的车型，与劳斯莱斯和梅赛德斯等品牌竞争的想法早就淡出了记忆。

斯隆在个人生活中与莫里斯、奥斯汀和雷诺没什么不同，也是一个冷淡、保守、孤僻的人。他承认自己几乎没有朋友，甚至经常管自己叫"狭隘的人"。但在晚年时，他却跟两位传奇人物走得很近，一位是他的竞争对手——汽车大亨沃尔特·克莱斯勒，另一位是设计大师哈利·厄尔。这两个人都是外向性格，与他的性格迥异。他与影星（包括小明星）并无交往，没有游艇，对赛车也不感兴趣。他谈性色变，待人苛刻。比方说，斯隆听说有人在看到通用汽车高管约翰·J.拉斯科布在亚特兰大与不是他妻子的女性相伴后，便要求拉斯科布辞职。他对生产现场漠不关心：厂房里从来没有出现过他的身影，他对大多数工人的切身利益或生活毫无兴趣。有时候他还特别刻薄。因此，尽管斯隆很乐意在1940年通用推出第2500万辆汽车之际与杜兰特一道在公开场合亮相（斯隆搀扶着年迈的杜兰特出现在众人面前，宣称"我们通常没能充分认可具有创造力的灵魂"），但仍懒得出席杜兰特七年后的葬礼，斯隆的缺席在行业内外引起了广泛关注。这位精于算计的大亨显然不想让外界把他与失败联系在一起。

斯隆也不是亨利·福特或威廉·莫里斯那种误入歧途的父权主义者。他放手让听话的威廉·克努森（1937年成为该公司总裁）处理通用汽车的劳资关系和罢工问题。[①] 斯隆的政治倾向自然明显是偏右的。斯隆是两次世界大战之间那些年最后一任共和党总统赫伯特·胡佛的朋友，他憎恨胡佛的继任者富兰克林·D.罗斯福（Franklin D. Roosevelt），并与亨利·福特一样讨厌罗斯福的一切主张。他与福特一道开展运动反对罗斯福新政，1936年，他还

[①] 1940年，美国总统富兰克林·D.罗斯福邀请克努森离开通用，领导美国的战时生产行动。克努森后来因战争期间为国效力而被任命为美国陆军中将，成为获得如此高军衔的唯一平民。而斯隆坚持反对政府干预通用汽车的战时运营，未能获得任何军衔。

参加了由极右翼势力美国自由联盟（American Liberty League）组织的煽动仇恨的运动，以期阻止罗斯福被任命为总统。自由联盟发行了小册子，载有旨在抹黑罗斯福的照片，照片中的埃莉诺·罗斯福（Eleanor Roosevelt）与非洲裔美国人在一起，被该联盟兴致勃勃地称作"黑鬼照"。但即使在这之后，斯隆仍继续为该组织不光彩的活动提供资助，还资助了一个更加隐蔽的右翼组织——共和党哨兵（Sentinels of the Republic），该组织成员的反新政运动发展成为赤裸裸的反犹主义和对"美国希特勒"的公开需要。

斯隆和福特一样，充其量也只是对阿道夫·希特勒和残暴的纳粹政权持不可知论态度。希特勒的军需生产部长阿尔伯特·施佩尔（Albert Speer）日后表示，如果没有通用汽车在技术方面的协助，1939年德国军队就不可能侵略波兰。因此，斯隆被一些历史学家称为"希特勒的汽车生产商"。尽管这一称号有点不公平，但他1933年之后，显然对纳粹持姑息态度，默许欧宝的工厂和管理层纳粹化。对此，他不痛不痒地说："政治不应该被视为通用汽车管理层的职责。"纳粹把所有犹太员工从德国工厂和经销商清洗出去时，斯隆什么也没说，当欧宝位于勃兰登堡的新工厂被强行改造为军用卡车生产设施时，斯隆也没有出手干预。当欧洲的战争于1939年爆发时，他说出的名言是："我们太大了，不能受这些可悲的国际争端干扰。"次年3月，通用汽车总裁威廉·克努森承认："我很遗憾，希特勒先生已经是我们德国工厂的老板。"

1939年，阿尔弗雷德·斯隆已经成为全球最大的企业的掌门人。通用不仅卖出了比任何其他公司更多的轿车，还生产了美国的大多数巴士和火车发动机。通用汽车甚至控制了一家大型飞机制造商——北美航空（North American Aviation）。不过，虽然在全球市场拥有丰富经验，而且了解德国市场，但通用汽车也忽视了20世纪最重要的一大汽车品牌。1939年，费迪南德·保时捷推出的"欢乐带来力量"之车（Strength through Joy）①并未在底特律引发多大兴趣。六年后，斯隆的心腹错失了收购该汽车品牌及其工厂的良机。这一失误日后令通用汽车后悔不迭。

---

① "欢乐带来力量"是纳粹德国一个具有国家背景的大型休假组织，该组织计划生产一种同名经济型汽车，为大众甲壳虫的前身。

第四章
汽油时代

1916年，当欧洲在第一次世界大战的血雨腥风中飘摇时，荷兰皇家壳牌（Royal Dutch Shell）的老板亨利·德特丁（Henri Deterding）颇具前瞻性地宣布："这是旅行的世纪，战争造成的不安将让人更强烈地渴望旅行。"德特丁的预期在当时可能显得过度乐观。因为直到20世纪20年代还是T型车和奥斯汀7型车的时代，大多数人还并不开车。那时，只有极少数豪奢的人开车，这个富有的少数群体被其他所有人嫉恨。然而，到了1930年，德特丁的话已经得到事实证明：许多人都能已买得起汽车，汽车已经不是少数人的专利。汽车时代真的到来了。

1914年之前由汽车生产先驱制造的汽车虽然前景光明、富有潜力，但仅仅被视为富人的玩具。在英国，爱德华七世国王开的是考文垂工厂生产的戴姆勒；在西班牙，汽车发烧友阿方索十三世国王喜欢开自己那辆德迪翁–布东。到20世纪20年代末，美国的杜森博格、凯迪拉克以及欧洲的劳斯莱斯、西斯帕诺–絮扎和布加迪成为所有自命不凡的富豪的必备"单品"，抑或成为富有、成熟和奢华的代名词。在印度，放荡的虐待狂——阿尔瓦尔邦王公贾伊·辛格爵士（Sir Jai Singh）委托生产商把一辆兰彻斯特40（Forty）（比劳斯莱斯银魅还要昂贵）改造成英国皇家马车的复制品，且配有可供两名男仆乘坐的驭马者座席，车门上饰有金箔皇冠。[①] 车主团体，譬如1902年成

---

① 1933年，辛格因铺张腐败而被英国人免职，四年后客死巴黎。

立的美国汽车协会（Automobile Association）和1897年成立的英国汽车俱乐部（Automobile Club of Great Britain）是不折不扣的精英组织。1907年，英国汽车俱乐部被爱德华七世冠以皇家头衔，并以此为由头，在伦敦的时尚之街蓓尔美尔建立起华丽的新总部。[①] 1905年成立的英国汽车协会表面上崇尚平等，但一开始也只关注如何让富有的会员不致落入法律陷阱；最早的英国汽车协会工作人员会骑自行车看警察在哪些地方查超速，然后向车主发出警示，告诉他们检查点的位置。皇家汽车俱乐部（Royal Automobile Club）和美国汽车协会的代表还被要求向路过的会员致意。作家埃里克·纽比（Eric Newby）发现："这些协会建议会员叫住未能致意的代表并询问原因。"在美国、英国和法国，富有的车主可以获得豪华的24小时租车和代驾服务。也就是说，他们开车开累了，偶尔还能在设施完善的卧室休息。

汽车作为财富和地位的象征，在问世之初便被许多人视为阶级斗争中一件特别致命的武器。在农村地区，当地人常常往村道上扔玻璃或钉子，让经过的车辆没法继续开。有时候，当地人甚至把铁丝网挂在树的中间。开车的人只要撞上牲口，就有可能被一群怒吼的当地人袭击，要是撞上小孩就更非同小可了。处理汽车惊吓马匹、造成事故和受伤的赔偿诉讼很快就在欧洲和北美各国变得非常普遍。开着豪华的德迪翁-布东驶过纽约百老汇大街的第一人——菲利普·哈格尔（Philip Hagel）吓坏了路上的马，不得不向马的主人支付48000美元的赔偿金。

汽车的速度越来越快，群众也越发关切对道路安全——不得不说，公众更担心汽车给步行者带来危险，至于清一色为富人的车主所面临的任何风险倒是次要的。1896年，英国将全国车速上限由每小时4英里上调至每小时14英里，当年11月14日，33名车主驾车从伦敦开到布赖顿庆祝"解放日"。但那一年也发生了英国有史以来第一起汽车事故。当时，一名女性在伦敦南部水晶宫的广场上散步时被汽车撞倒后死亡。三年后，美国发生了第一起交通事故死亡事件，当时，房地产经纪人H. H. 布利斯（H. H. Bliss）从纽约一辆有轨电车上下来时被汽车撞倒。到1902年保护步行者协会（Society

---

① 由古典主义建筑师缪斯（Mewès）和戴维斯（Davis）设计，于1911年竣工。

for the Protection of Pedestrians）在英国成立时，美国和欧洲已经形成稳固共识，认为汽车是富人的玩物，对劳动阶层家庭已构成严重威胁。1905年，一辆由司机驾驶的汽车在赫特福德郡马克耶特撞倒一个小男孩之后索性加快车速逃逸，引发了英国全国的讨伐。为此，颇具影响力的《每日邮报》（Daily Mail）提出为抓住肇事"驾车罪犯"的人提供100英镑赏金。讽刺的是，肇事车辆的车主正是《每日邮报》所有人希尔德布兰德·哈姆斯沃斯（Hildebrand Harmsworth）的哥哥。第二年，在皇家汽车委员会（Royal Commission on the Motor Car）证实许多地方社区破坏道路以抵制富人超速行驶的同时，康诺特公爵夫人——婚前名叫普鲁士的路易斯·玛格丽特公主（Princess Louise Margaret of Prussia）——的司机撞死了一个粗心大意横穿马路的小男孩，这件事闹得沸沸扬扬。公爵夫人和她的司机都没有受到起诉，因为她是英国皇室成员。但这件事丝毫没有让驾车的激情冷却。这场悲剧发生后不久，小说家肯尼斯·格雷厄姆（Kenneth Grahame）便在名作《柳林风声》（The Wind in the Willows）中把"蛤蟆先生"这个人物塑造成爱赶时髦、富有但极其不负责任的驾车者形象，一个"公路恐怖分子"。但与康诺特公爵夫人的司机不同，"蛤蟆先生"最后遭到逮捕，锒铛入狱。

在汽车问世之初，为之辩护的人喜欢标榜汽车比马车更有益健康。他们指出，汽车不会像马粪、马厩或者路上经常出现的马尸那样传播疾病，更不会散发恶臭。他们还说，失去控制的马匹所造成的交通事故其实比早期的汽车导致的事故更多。一位英国作家估计，1892年伦敦因道路交通事故而严重受伤的人数与1972年人数相同。在这件事上，汽车游说组织竟然取得了胜利。在英国，尽管保护步行者协会等组织提出抗议，但1903年出台的《汽车法》（Motor Car Act）仍将全国车速上限提高到每小时20英里——令人意外的是，这一门槛一直保持到1930年。[①] 继1895年举办富有开创性意义的巴黎-波尔多城市间汽车赛事之后，这类赛事在欧洲变得十分普遍。爱德华时代富有的车主经常被令人眼花缭乱的城市间赛事所吸引（这一时期的国际大赛大都以巴黎为起点或终点，相当于默认法国作为全球领先汽车生产地的

---

① 这部法律还引入了车牌、驾驶执照等规定，并将最低驾驶年龄下限定为17岁。

地位^①）。但这些不太闲散的富人有许多因参加赛车活动而受伤甚至死亡。1903年巴黎-马德里赛车比赛不止夺去了路易·雷诺的哥哥马塞尔一人的生命，那场比赛上总共有8人死亡（3名车手、5名观众），还有许多观众受伤。如此高的伤亡率促使法国政府在车辆行至波尔多时叫停了比赛。但1903年的惨剧并没有阻止更多年轻人为赛车而玩命。

其中最雄心勃勃、最大胆、最昂贵的赛事是1907年举办的北京-巴黎汽车拉力赛。这项赛事由法国日报《晨报》（Le Matin）举办，获奖者是贵族车主的典范——路易吉·马尔坎托尼奥·弗朗西斯科·鲁道夫·斯皮奥内·博尔吉斯王子（Luigi Marcantonio Francesco Rodolfo Scipione Borghese）。王子开着一辆配有巨大的7.4升发动机的都灵造Italia。他挺拔的身姿、冷静的举止、超然的态度，配上一顶木髓帽，不管怎么看，都像是爱德华时代沉着、高贵的汽车弄潮儿的缩影——不过，大多数时候开车的其实是他的司机埃托雷·吉扎尔迪（Ettore Guizardi），他还雇了一批中国小工帮他抬着汽车渡河和上下山。博尔吉斯王子的与众不同之处还在于，他平安无事地参加了许多比赛，而且还出版了一本讲述他在北京-巴黎汽车赛中得胜的书。后来又作为议员加入意大利的激进党派。1915年之后，他又在自己已经非常辉煌的职业生涯中加入了一笔浓墨重彩的战争经历。

博尔吉斯王子这样的贵族喜欢追求速度，但随着汽车在社会各阶层中逐渐普及，民众越来越重视道路安全。从1868年起，伦敦威斯敏斯特宫外设置了一个手动操作的煤气交通信号灯——使用红色和绿色的煤气灯，但煤气灯组件在1869年发生爆炸，导致当班的警察受伤。最早的双色（红色和绿色）电力交通灯于1914年8月这个决定性的月份^②在俄亥俄州克利夫兰东105街和欧几里得大街交界处设立。三色交通灯则是1920年恰到好处地在汽车之城底特律引入。两年后，第一套自动互联交通灯系统出现在得克萨斯州休斯敦。但直到1923年，欧洲大陆才出现第一批交通灯，辅以由宪兵操纵的鸣锣，以

---

① 到1913年，已有175300辆汽车在英国的道路上行驶，较法国（88300辆）和德国（约70000辆）的汽车数量多出近一倍。但那时的法国仍然拥有欧洲最大的汽车产业，当年生产了约45000辆汽车，而英国和德国仅分别为26238辆和17162辆。

② 事实上，犹他州一位警察两年前便为这种交通灯的基本概念注册了专利。

警示反应迟钝的开车人，这些交通灯被安装在巴黎。到这时，交通灯系统已在全美国普及开来。交通灯系统是杰出的非洲裔发明家、企业家加勒特·摩根（Garrett Morgan）获得的多项专利中最成功的一个。1923年，摩根在底特律市中心安装了装在T形灯柱上的三色信号灯。

尽管率先使用交通信号灯的是美国，但英国在人行横道方面仍走在前列。"斑马"人行横道（最初为蓝条和黄条，家喻户晓的黑白条晚些时候才出现）一开始出现在20世纪20年代初。后来，1924年在英国全国"安全第一"委员会（National 'Safety First' Association）的《驾车者全员安全提示》（Safety Hints for all Motorists）中提及。《驾车者全员安全提示》是今天《英国道路交通法规》（Highway Code）的鼻祖。这种人行横道于1935年正式引入，当年英国交通部（Ministry of Transport）在人行横道两端各增加了一些琥珀色指示灯（同时还引入了正式的驾驶测试）。① 这些球形指示灯最初安装在兰开夏郡的威根，很快便随当时的交通大臣莱斯利·霍尔–贝利沙（Leslie Hore-Belisha）被称作"贝利沙指示灯"②。但直到1951年，这种亮着贝利沙指示灯的斑马线才被赋予法律效力。

到霍尔–贝利沙指示灯出现时，汽车的作用和地位已较第一次世界大战之前的萌芽时期发生了翻天覆地的变化。到20世纪20年代中期，汽车来已成为中产家庭和劳动者的交通工具，而不仅仅是有钱有闲者的专属。列克星敦汽车公司（Lexington Motor Company）于1920年打出广告称："汽车是现代的魔毯。"1900年，美国有8000人拥有汽车；到1912年，这一数字增加到了91.2万人；1916年是340万人；1930年又增加到2310万人；到1940年则增加到3200万人。1929年，美国汽车产量达到530万辆，相当于世界其他所有国家产量的总和。汽车也开得越来越远：1919年，每辆汽车的年平均行驶里程为4500英里，到1929年已经增加到7500英里。似乎任何人都能买得起汽车。美国出台的《分期付款购买法》（Hire Purchase Act）旨在保护消费者，防止

---

① 闪动的灯晚些时候才投入使用。
② 贝利沙随后成为战争大臣，他力促改革，但也引起了一些争议。1940年，他被解除了战争大臣一职，主要是因为军队和政府抱有普遍的反犹情绪；而六年前，对车速上限提升至每小时30英里负有责任的政府官员便是霍尔–贝利沙。

不择手段的推销员用复杂的分期付款购买交易来隐藏巨额利润，但该法将分期付款购买汽车的交易明确排除在外。

1929年，弗雷德里克·路易斯·艾伦（Frederick Lewis Allen）写道："蒸汽时代正在为汽油时代让道。"那时，"铁路沿线"的繁荣村庄陷入萧条；61号公路沿线的村庄建起车库、加油站、热狗摊、卖鸡肉餐的饭店、茶坊、游客休息站、露营地，因此而变得富裕起来。城市间的有轨电车消失了。到20世纪20年代末，红绿灯、闪光信号灯、单行道以及停车规章，还有闪闪发光的车流，在每个周六和周日的下午纷纷出现。这些车堵在主干道沿途，绵延好几个街区。

医生尤其珍视汽车，因为汽车大大加快了他们上门出诊的速度。图书馆可以把书送到各个社区。邮政服务大大改善，邮购生意蓬勃发展。规模较小的学校关门了，因为家长发现可以利用巴士或开车把孩子送到其他学校。农业工人离开农村前往不断发展的城市，尤其是在20世纪30年代初的大萧条期间，他们的家人可以乘坐汽车或小型卡车在城乡之间迁移。租车行业开始发展：赫兹（Hertz）1923年在芝加哥成立（成立的契机是1918年兼并了一家汽车租赁公司），戈弗雷·戴维斯（Godfrey Davis）则于1925年在英国成立。

到20世纪20年代中期，T型车、奥斯汀7型车和标致Quadrillette等价格低廉的车型使汽车走进了千家万户。贵族开着敞篷车"游览"的时代已经结束。如今，消费者期待的是车身封闭的客车或轿车，这种汽车为日常驾驶而设计，不管什么天气都适合。1914年以前的汽车通常无法承受封闭式车身的重量，因为发动机太弱，带不动封闭式车身造成的负担。但战后更为高效的发动机使封闭式车身成为可能，而经过改善的铸钢方法使得尺寸较大的钢材可以供应给全球汽车生产商，让轿车的"玻璃房"（汽车的车窗部分）越来越大。显而易见，20世纪20年代的汽车已经比那些基于马车的前辈先进了一大截。

汽车不再是奢侈品，它已成为一种至关重要的交通工具，成为自由、平等和摆脱束缚的化身。汽车也带来个人的独立：第一次世界大战结束后，很多广告宣传"公路上畅行的乐趣"。1919年7月，《汽车》杂志打出了"重拾自由"的大标题。1918年11月11日，签署停战协定两周之后，这两大主题被《轻型汽车和微型车》(Light Car and Cyclecar)杂志[1]合为一体,该杂志打出一张图,图中的女士开车"冲出战争迷雾,进入和平光芒中"。

这款汽车也彻底改变了人们的度假方式,甚至可以说是创造了"度假"这一概念。在汽车和公路出现之前,佛蒙特州曾是个僻静、偏远的闭塞之地。1911年,佛蒙特州宣传局(Vermont Bureau of Publicity)开始向汽车车主打广告,称该州不仅适合在秋季"赏叶",而且还可以尝试滑雪这种时髦运动。新修的公路附近建起了滑雪度假村和夏季露营地,1928年,佛蒙特州修起了长达262英里的格林山远足步道,喜爱这条长步道的人无一例外会开车前来。20世纪20年代初,因弗兰克·卡普拉(Frank Capra)执导的热门电影《一夜风流》(It Happened One Night)而风靡的路边小屋和帐篷开始出现在美国各地,不久之后又出现了更精致的住宿方式。20世纪20年代中期,美国加利福尼亚州和法国出现了最早的汽车旅馆——第一家汽车旅馆于1926年出现在加利福尼亚州圣路易斯-奥比斯波。1925年,中继旅馆(Halte-Relais Hôtel)在巴黎博览会上推出。汽车还催生了两次世界大战之间那些年的"汽车露营"热潮,即在曾经非常偏僻,但因汽车而突然触手可及的地方搭帐篷或者(最好是)用房车露营。亨利·福特本人热衷汽车露营,沃伦·哈丁(Warren Harding)总统也是一样。但哈丁手下的联邦调查局局长J. 埃德加·胡佛(J. Edgar Hoover)却把小木屋露营这种新鲜事物斥为"隐蔽的妓院"。不过,尽管胡佛持保留态度,到1929年,每年已有4500万美国人开车度假。

到20世纪30年代初,汽车已经彻底改变了人们的生活方式。第一家免下车餐厅——罗伊斯·海利(Royce Hailey)的Pig Stand 1921年在得克萨斯州的达拉斯开业。第一家免下车电影院于1933年在新泽西州卡姆登开业,七排倾斜的车道可同时停放400辆汽车,观看一块宽40英尺[2]、长50英尺的屏幕放映的电影。1922年,世界上第一家需要开车的购物城在密苏里州堪萨斯城市郊开业——这座购物城被乐观地命名为"乡村俱乐部广场"(Country Club Plaza)。而第一座现代风格、配套设施齐全的郊区购物城于1931年在达拉斯

---

[1] 该出版物于1912年创刊,但没能撑过20世纪30年代。
[2] 英美制长度单位,1英尺合0.3048米。——译者注

的海兰帕克横空出世。

在住宅中，车库也开始成为建筑的组成部分。勒·柯布西耶在20世纪20年代设计了许多著名的现代主义风格别墅，比如，1927年的斯坦因别墅（Villa Stein）便为车库留有很大空间，而且为了在视觉上突出车库，车库放在建筑物的前方而不是侧面或后方。①到1935年，不断进取的建筑师开始设计带有内置式车库的住宅。这类住宅具有现代主义风格，往往在一层的停车区域建有勒·柯布西耶风格的立柱。但这些以汽车为导向的住宅并不一定运用现代主义概念。1935年，建筑师亚当斯（Adams）和普伦蒂斯（Prentice）在康涅狄格州哈特福德为C. W. 斯蒂芬森（C.W.Stephenson）建造了一幢新乔治亚风格的"以汽车为中心"的住宅，住宅将占地五个柱间距的整个底层都作为车库。访客必须先爬楼梯才能到达建筑主体部分的房间。1925年，汽车制造商威廉·莫里斯为造不起内置车库的人提供了两种预制石棉车库，而在1928年，美国《住宅建筑商手册》（Home Builders）展示了60种不同类型的独立车库。

在个人开始考虑给住宅增建车库的同时，城市也开始投资兴建多层停车场。这些城市用推土机推倒整个街区，从而容纳这些巨大而笨拙的建筑。1906年伦敦第一个多层停车场在苏豪区沃杜尔街建成，高达五层；在第五届国际汽车展上，这座停车场被宣传为"世界上最大的车库"。同时，酒店也开始在侧面或后方建车库，这些车库通常建在马厩的原址上。20世纪30年代又出现了地下停车场；英国第一个地下停车场不是建在伦敦，而是于1931年建在沿海城市黑斯廷斯。

使用碳氢化合物的人类也改变了世界各大洲的面貌。20世纪20年代，郊区的发展速度加快，因为越来越多的人使用汽车，似乎已没有必要再生活在又挤又脏的市中心。到1940年，已有1300万美国人居住在无任何公共交通、需要依靠汽车的郊区。带状发展让新拓宽的高速公路沿线出现许多社区、加油站和汽车旅馆。郊区面积则开始呈指数级增长，尤其是在美国。20世纪20年代，洛杉矶市郊的高档社区比弗利山庄人口增长率高达2480%，底特律、

---

① 勒·柯布西耶于1922年提出的现代城市规划（La Ville Contemporaine）构想了一座完全依赖汽车的大都市，这座都市仅由摩天大楼构成。

格罗斯波因特帕克和芬代尔郊区的高档社区人口增长率也分别高达725%和690%。

加油站成了城市或乡村引人注目的风景线。第一次世界大战前，大多数驾车者要随身用大罐携带备用汽油。但到了1910年，美国出现了第一批路边加油泵。在英国，第一批加油泵则出现在1915年，是由美国加油泵制造商S. F. 鲍泽公司（S. F. Bowser & Co.）在什鲁斯伯里安装的，第一座加油站于1919年在伯克郡奥尔德马斯顿建成。战后，汽车协会在全国开设了10个加油站，每个加油站都配有一个鲍泽制造的加油泵和一个500加仑地下储油箱。随后其他企业家也在城区建立加油站，站内通常有多个加油泵。1921年，石油巨头壳牌（Shell）开始安装自己的专用加油泵。1924年出现了第一批兼具车库和陈列室功能的加油站。第一座这样的车库是1926年建于伦敦的蓝鸟汽车公司（Blue Bird Motor Co.）加油站，这座加油站至今还在，只不过已改造成为一家饭馆兼商店。到1929年，英国已有超过5.5万家加油站，地方政府有权在敏感地区建立加油站。

这些早期的加油站无一例外地采用令人舒适的建筑风格，从而给驾车人带来安全感。早期的城市加油站通常采用简约古典主义设计风格，而20世纪20年代和30年代英国农村的加油站有时则采用茅草搭建，不过这样做明显存在火灾风险。1928年，英国政府通过了《石油整合法案》[①]，这部法律旨在规范设在具有历史意义的地点的加油站的设计和标志，但并没有其他国家效仿英国的范例。在1931年，英国皇家建筑师学会（Royal Institute Of British Architects）仍然警告说，有必要"限制今后的发展"。理由是加油站和停车场中"已经存在许多糟糕的案例"。1933年，鲍泽提供了一项为石油公司设计和配备"标准加油站"的服务，这些加油站全部采用隐约的现代主义兼艺术装饰（Moderne）的风格。到1939年，加油站开始融入市区的新住宅区。

到1930年，加油站（在落基山脉以西的地区被称为服务站）在美国也变得随处可见。第一家配有多个加油泵的"超级加油站"于1921年在得克萨斯州沃斯堡开业。同年，美国已有多达1.2万家加油站。20世纪20年代，壳

---

① 即 *Petroleum（Consolidation）Act*。

牌和其他主要石油公司先后将加油站标准化，贴上现有或新设计的品牌标识，从壳牌那只无处不在的甲壳（1930年问世）到辛克莱石油公司（Sinclair Oil）那只夸张的雷龙，应有尽有。加油站开始提供免费的油箱和水箱检查。不过，由于担心诉讼，加油站禁止员工谈论汽车机械的其他方面。

石油公司开始宣传汽车旅行，以期提高销售额。在英国，壳牌尤其活跃。该公司从1925年开始推出名为"壳牌带你抢先看英国"的宣传册和宣传海报。20世纪30年代，壳牌又接着推出以"你所到之处"和"参观英国地标"等为主题的广告宣传，并委托爱德华·麦克奈特·考弗（Edward McKnight Kauffer）、雷克斯·惠斯勒（Rex Whistler）、保罗·纳什（Paul Nash）和格雷厄姆·萨瑟兰（Graham Sutherland）等顶尖艺术家设计海报。1934年，该公司推出了第一本推介英国各郡文化亮点的《壳牌指南》（Shell Guides），其中介绍了英国诗人约翰·贝杰曼（John Betjeman）钟爱的康沃尔郡。不过，并不是每个人都乐于见到汽车的普及：如许多人便同意C. E. M. 乔德（C. E. M. Joad）1931年所著《乡村的恐怖》（The Horrors of the Countryside）一书的前提，他在书中情绪激昂地细数"无心追求审美享受"的驾车者如何糟蹋了英国的风景。

汽车制造业的发展还缔造了世界上第一批"汽车城"——底特律和考文垂。底特律由法国人在18世纪初建立，当时叫作"底特律河畔蓬查特兰堡"（Fort Pontchartrain du DÉtroit）。在1756年至1763年的七年战争期间，这座城市于1760年被英国人占领，城市名也改为"底特律"。肥沃的土地使底特律成为农业中心，五大湖有丰富的水产，而底特律在五大湖地区的位置使之成为战略要地。因此，美国1783年获得独立之后，英国人仍然盘踞在底特律，美国军队直到1796年才占领底特律，到了1812年，底特律又被英国人短暂夺回。在19世纪，新建的伊利运河将五大湖与纽约连接起来，使底特律发展成为机械贸易中心。从1847年到19世纪80年代，底特律地区无疑是世界领先的铜生产中心，拥有全球最大的种子公司D. M. 费里（D. M. Ferry），并且成为铅和盐的主要出口地。1896年，底特律制造出第一台冷藏车厢，使肉类和其他生鲜食品能够运输到美洲大陆各个地区。到1890年，底特律已经成为美国第十大城市，到1920年更是成为第三大城市。不过1900年，底特律也因底特律企业主协会（Employers' Association of Detroit）不择手段的活动而声名狼藉。该协会采取种种手段破坏罢工并向工会渗透，促使一些为劳资纠纷所困扰的公司迁往底特律。其中之一便是帕卡德汽车公司，该公司于1903年离开俄亥俄州沃伦迁至底特律。当时，底特律这座城市已经接纳了大批各式各样的小规模工业企业，完全有条件为正处于萌芽中的汽车行业提供所需的廉价、熟练的劳动力以及车间。底特律还为煤炭和铁矿石进口提供了良好的水路运输条件。不过，在底特律成为美国乃至世界汽车之城的过程中还有一个巧合因素：福特、杜兰特和利兰等美国汽车业的早期先驱大都要么是来自底特律，要么是中途迁至底特律。20世纪20年代和30年代期间，黑人工人更被福特及其竞争对手提供的高工资和稳定工作所吸引，从贫穷的南方流向底特律。到1922年，也就是音乐制作人贝里·戈迪（Berry Gordy）的父母移居的那一年，每月有3500人踏上移居密歇根的旅途。①

到20世纪20年代中期，广告已经在汽车销售中发挥起至关重要的作用，以致很少有汽车生产商能够忽视。企业杂志和广告牌等新的营销形式很快成为海报和平面广告的补充。在美国，爱德华·乔丹（Edward Jordan）打破了既有的广告模式——1923年6月，他在《星期六晚报》（*Saturday Evening Post*）上为自己的"花花公子"汽车制作了广告：

在拉勒米以西，有个骑着野马、拉着马绳的女孩懂我的意思。她知道一匹由闪电和被闪电击中的大地所孕育的漂亮小马长高、长大、长成骏马之后，可以凭借1100磅的钢铁和力量做些什么。事实上，花花公子就是为她，为这位欢腾、嬉戏、奔跑了一整天、脸庞被太阳晒成棕色的少女而打造的。她喜欢野性与驯服的结合体。这辆车散发出这些味道：欢笑、轻快、一丝旧爱的痕迹，还有马鞍和马鞭。这是个粗犷的家伙——却也适合在大街上优雅徜徉。上车吧，当夜幕降临，一切归于沉寂。然后，带着那位纤瘦骑马少女的精神开启真正的生活，走向怀俄明州暮光中的地平线。

---

① 底特律一些工厂仍然把黑人工人拒之门外。1943年，当三名非洲裔美国人受聘在帕卡德从事技术工作时，所有白人同事都罢工抗议。

但乔丹的广告效果并不太好，几乎没有顾客愿与这位纤瘦少女一起走进怀俄明州的暮色中。在这一案例中，广告显然没能发挥作用：这则宣传广告见诸媒体之后，销售额实际上还有所下降。乔丹的公司挺过了20世纪20年代，但没能熬过大萧条，最终于1931年倒闭。乔丹本人堕落到酗酒的境地，随后又被他的妻子遗弃。他在纽约麦迪逊大道上一家公司做了一段时间的广告主管之后，又跑到西印度群岛的朗姆酒酒吧寻求救赎。但他革命性的宣传文案新方法永远改变了汽车广告的面貌！

威廉·杜兰特1922年曾精辟地预言："我们中大多数人都将在有生之年看到整个国家被高速公路网覆盖。"但在20年之前，这一预言还好似一句疯话。那时，汽车在世界上的大多数地方都开不快，因为路况特别差，这些道路是为行走缓慢的马匹和马车而设计的。法国是世界上唯一一个拥有碎石铺筑的道路网络的国家。在所有其他国家，早期的汽车都得同泥土、石块和树桩斗争。1903年，美国仅有不到10%的道路铺有碎石。

至少美国很快意识到原始公路网络的不足。1913年，美国第一条现代公路——国家旧车道公路（National Old Trails Highway）的加利福尼亚州端开始动工。这条公路日后演变为国家车道公路（National Trails Highway），人们熟知的名称是美国66号公路（US Route 66）。但这条贯通东西的传奇路线于1985年被美国国家公路与运输协会（American Association of State Highway and Transportation Officials）的自动系统残忍地从地图上移除。林肯公路（Lincoln Highway）也在这一年动工，这是一项雄心勃勃的计划，旨在创建美国第一条"高速"公路，这条公路将连接纽约和旧金山，途经14个州、128个郡和700多个社区。林肯公路背后的人是汽车业先驱卡尔·费舍尔（Carl Fisher），费舍尔的公司制造大多数早期汽车使用的Prest-O-Lite碳化物气体前大灯，他在印第安纳波利斯开了一家汽车经销店，这可能是美国第一家汽车经销店。另外，他还是印第安纳波利斯汽车赛道的主要投资者之一。而费舍尔背后大名鼎鼎的支持者包括他的朋友、传奇发明家托马斯·爱迪生（Thomas Edison）、美国前总统西奥多·罗斯福（Theodore Roosevelt）和时任总统的伍德罗·威尔逊，威尔逊总统是第一位经常在私人生活中开车的椭圆形办公室主人。① 在他们的高调公开支持之下，投资滚滚流入，工程进展迅速。1913年12月，从新泽西州纽瓦克到泽西城的第一段公路开通，而到了1924年，这条公路基本完工。费舍尔曾坚称，林肯公路将"极大地刺激各地修建经久耐用的公路，这些公路不仅是美国人民的荣耀，而且将对美国农业和美国商业发挥重大意义"。事实证明，这句话他基本说对了：到20世纪30年代中期（当时这条公路已被分割为多到眼花缭乱的路段，这些路段都拥有新的联邦公路名称），这条路已被普遍称为"美国公路"。费舍尔本人在1929年的华尔街崩盘中损失了大部分财富，只好到迈阿密海滩打零工，最终他成为基拉戈一家夜总会的老板。

在汽车发烧友威尔逊总统的支持下，联邦政府为美国公路建设提供了第一批资金。威尔逊宣称："公共公路建设既保障了城市的发展，又保障了农村生活的幸福、舒适和繁荣。"1916年出台的《联邦公路援助法》（Federal Road Aid Act）是7500万美元公路建设方案的一部分，该法向各州提供配套资金，用于修建汽车友好型道路。而修路资金有半数由各州通过征收汽油税筹措，而驾车者大都不介意缴税，因为当时大多数车主还都是有钱人。

公路建设步伐在第一次世界大战后加快。在纽约，1925年建成的布朗士河公园大道（Bronx River Parkway）是世界上第一条专供汽车通行的公路，通过立交桥消除了可能造成危险的十字路口，这也是第一条利用中央分隔带将两个方向通行的车辆分离开来的公路。三年后，新泽西州伍德布里出现了第一个"苜蓿叶"形交叉口。1932年，通用汽车的阿尔弗雷德·斯隆组织了第一次全国高速公路使用者大会（National Highway Users Conference），成功说服即将换届的赫伯特·胡佛政府同意由联邦政府全额出资修建新的国家级公路。说服胡佛并不需要费太多口舌。因为胡佛与威尔逊总统一样，也是一位铁杆粉丝，他曾任命赫德森机动车公司总裁罗伊·D. 蔡平担任最后一任商务部部长。

美国的公路从未停止发展。罗斯福1938年颁布的《联邦公路援助法》（Federal Aid Highway Act）授权就建立以布朗克斯河大道为范本的全国多车

---

① 当然，这条公路本身得名于美国历任总统中最著名的那一位。

道专用高速公路网开展可行性研究。但在相关审议完成之前，长达160英里的宾夕法尼亚收费公路（Pennsylvania Turnpike）已于1940年10月1日开通，继而成为世界上第一条长途高速公路（在盛大的开幕典礼上，主办方让两只黑猫跑过尚未干透的柏油路，以这个颇具迷信色彩的仪式作为通车之前的预防措施）。宾夕法尼亚收费公路收取通行费，但不限速。你可以像在德国和意大利一样，想开多快就开多快。《时代》（Time）杂志热情洋溢地描述这条新路："10英尺宽的中央分隔带很快会种上小凤凰木，把四条车道分成两部分。没有挡道或碍眼的广告牌——唯一的边界是阿勒格尼山脉那雾蒙蒙、长满松树的山坡。10个漂亮的埃索（Esso）加油站将用本地产木材和石材打造，呈现宾夕法尼亚—荷兰风格，卫生间每次使用后的马桶圈也都会用紫外线消毒。"1944年，联邦政府效仿宾夕法尼亚州，通过了《公路法》（Highway Act），以推动由联邦出资的高速公路网络建设，这些公路建好后将是免费的，不过各州仍然可以建设自己的收费公路。

当时，美国并不是唯一一个考虑修建高速公路的国家。然而，大多数其他西方民主国家在实施方面动作要慢得多。早在1902年，英国土木工程师B. H. 斯韦特（B.H.Thwaite）就主张修建一条供汽车和摩托车行驶的四车道收费公路，"从伦敦经由英格兰中部"直抵苏格兰。他的提议得到身为贵族的汽车发烧友——蒙塔古的支持，蒙塔古在自己那本光鲜的《汽车杂志》（The Motor Car Magazine）上进行了宣传。1905年，蒙塔古勋爵新推出的《汽车杂志》提议"建立大型汽车道系统……将英国所有主要中心连接起来"，可以先建立"从伦敦到布莱顿的汽车道"。1906年，法国工程师欧仁·艾纳尔（Eugène HÉnard）拟订了第一项建设带有"苜蓿叶"形平面交叉口的多车道高速公路的方案。然而，所有这些早期的方案都没能获得充足的资金支持。1923年，蒙塔古再次进行了尝试，这次他提出了修建从伦敦至伯明翰的私营车道设想[①]，该方案得到鹰星保险（Eagle Star Insurance）、壳牌石油乃至总部位于考文垂的飞机制造商阿姆斯特朗-惠特沃斯（Armstrong Whitworth）的支持。但就连这个强大的财团也未能通过游说获得议会的充

---

① 这条路最终将向北延伸到索尔福德和利物浦。

分支持，不等1924年上任的工党政府发出致命一击，该计划就泡汤了。也是在1924年，著名作家希莱尔·贝洛克（Hilaire Belloc）呼吁建造"为数不多的几条连接主要人口聚居区的主干道"，这些道路的宽度应达到100英尺，设有平面交叉口——实际上就是现代车道。然而，法国和英国直到1946年和1956年才各自建成第一条高速公路。

早期的汽车作为速度、风格和财富的体现，不仅象征着地位，而且暗示性别，无一例外。自20世纪20年代末起，汽车的造型便夸大了它们的性别特征：宾利、卡特和布加迪等豪华跑车的引擎盖长到不可思议；而尖锐的前鼻（到1937年，几乎所有美国汽车"前脸"都呈V形）和宽大的前格栅成为男子汉气质的鲜明象征。

考虑到这种性背景，汽车自然是从一开始就有性别之分。"汽车"在法国是阳性名词，在英国和美国则强调其女性特征。《汽车》杂志于1899年3月刊登的一篇车评热情洋溢地写道："极其温顺，在我的操纵下作出灵敏而令人愉快的反应，偶尔要耍小脾气，有些固执己见，但来得快去得也快。因此，温柔的女性称谓特别适合这款汽车。"然而，在强化性别刻板印象的同时，汽车也将女性从维多利亚时代的角色和束缚中解放了出来。但更多时候，汽车似乎只是让女性刚跳出油锅又跳进了火坑：1898年7月的《哈姆斯沃斯画刊》（Harmsworth Monthly Pictorial Magazine）图文并茂地讲述了"女继承人凯蒂与勇敢的杰克开车私奔"的故事。1904年8月的《汽车画刊》（Car Illustrated）倒是指出，汽车使女性能够独立旅行。女性车主"可以到20英里以外的地方购物，并到40英里以外的地方吃午饭，之后还能来得及赶回家吃晚饭"。1918年以后，电子启动器的普遍引入也让女性开车变得容易多了，因为她们现在不用再费力使用僵硬沉重的手柄来启动引擎。

女性在汽车时代开启之初时就开始驾车。但有趣的是，历史学家肖恩·奥康奈尔（Sean O'Connell）指出，直到1965年，才只有13%的英国女性拥有驾照。第一位女赛车手多萝西·莱维特（Dorothy Levitt）早在1903年就参加了英国公路赛。莱维特颠覆了当时人们对女运动员的刻板印象：矮小、娇羞，证明了不一定非得是大嗓门、阳刚的男性才能把车开好。然而，虽然新成立的汽车协会在1905年之后乐于接纳女性会员，更具贵族气质的皇家汽车俱乐部却拒绝了她们。这迫使女性建立了一家属于女士的组织。

到20世纪30年代，市面上出现了许多专门针对女性市场的汽车。既有奥斯汀7型车这样的老牌子，也有较新的车型，比如1935年推出的希尔曼明克斯。另外，女性也开始参加赛车，驾着车踏上考验耐力的旅程。1931年，芭芭拉·卡特兰（Barbara Cartland）在萨里郡著名的布鲁克兰兹赛道上组织了一场面向MG Midget的比赛，以证明女性不论开车还是比赛，都可以和男性做得一样好。《每日快报》（*Daily Express*）早在1935年就指出，保险行业认为女性开车的风险比男性小。

1930年，"汽车"有了属于自己的复杂词源。"car"这个词本身来自铁路和马车运输业，自19世纪80年代以来一直在使用。在美国和法国尤其常见的"automobile""autocar"和"motor car"等名词也是从马车时代延续下来的。而19世纪80年代造的词"locomobile"在英国和法国则一直用到20世纪，其主要用来指代蒸汽机车。令人困惑的是，有一家美国汽车生产商也叫Locomobile，这家公司一直经营到1929年。而"无马马车"一词虽然后来有种种杜撰说法，但大西洋两岸其实都从未正式使用过这个词。事实上，《伦敦每日纪事报》（*London Daily Chronicle*）于1895年10月感叹说："我们尚未替不用马拉的马车找到名字。"同年，一家颇有魄力的芝加哥报纸举办了一场竞赛，意在为汽车取一个最好的名称，该报为获胜者提供500美元奖金。读者提交的名称有"self-motor""petrocar""autobat""autogo"，以及带有约翰·康斯特布尔（John Constable）[①]风格的"autowain"、"diamote"和"pneumobile"，这些名称对说英语的人来说可谓是有趣的挑战。然而，最终胜出的名称是"motocycle"。

不过，"motocycle"和"locomobile"这两个词都没能沿用下去。在欧洲和美国，用来指代汽车的第一个流行语都是"automobile"，这个词最初在1876年出现在法国的文献记录中，而第一辆真正的汽车9年之后才问世。1899年，《纽约时报》（*New York Times*）猛烈抨击了这个有害的法语称谓："法语的词源通常都是正统的，但竟然演化出'automobile'这个半希

---

① 约翰·康斯特布尔是英国著名风景画家，绘有名作《干草车》（*The Hay Wain*）。——译者注

腊语、半拉丁语的词汇，这个词距不雅只有一步之遥，我们斟酌了一番才把它印在报纸上。""automobile"这个词起初以《纽约时报》可以接受的方式英语化，将希腊语词根和拉丁语词根分开，写成"auto-mobile"。但到了1895年，《伦敦每日新闻》（*London Daily News*）在报道中提及来自米兰的一款新型"机动马车"（automobile carriage）时，还是把汽车写成了"automobile"。

不久，"automobile"和"car"便成为可以相互替换的名词。英文单词"car"多年来被用来指代四轮载货马车（wagon）、两轮马车（chariot）、四轮载人马车（carriage）或火车车厢。1896年时，"auto-car"一词已被英国人和法国人用来指代汽油驱动的车辆。而到了1900年，英国人索性把这个词缩短为"car"。在美国，"car"仍然只用于指代火车车厢。但令人不解的是，到了19世纪90年代末，美国人和英国人竟然都用"motor car"一词（有时使用连字符，写成"motor-car"）来描述机动车辆，包括铁路机动车和公路机动车。到了20世纪20年代，"motor car"成为英国汽车的标准用法，而美国尚未普及。"automobile"在德国和意大利被缩写为"auto"并一直被沿用——不过，有远见的意大利人更喜欢"macchina"（"machine"）一词，更传统的德国人也使用意指马车的"wagen"这个老词。

其实，还有许多早期的汽车得名于19世纪的各种马车款型。汽车生产商使用熟悉的马车用语以凸显自己产品的地位和血统，或者只是因为许多汽车车身制造商用惯了传统马车术语。得名于同名莱茵小镇的"兰道"（Landau）是一种轻便的四轮敞篷马车，它最早出现在18世纪中叶，到1840年已风靡整个欧洲。兰道马车的特点是两侧的座位面对面，搁脚空间下陷，整个车体都可以用分成两部分、可折叠的柔软顶篷覆盖起来，而较低的车身使之成为庆典场合的热门选择。而到了1900年，"兰道"一词也被第一批汽车制造商用来指代敞篷车。但总体而言，兰道马车的构造风格（车篷分成两部分）并没有很好地迁移到汽车上。20世纪20年代，"兰道"一词被美国制造商发掘出来，用来指代一种顶篷固定的轿车，这种轿车的后侧板覆盖一种材料，使其外观看起来像是真正的敞篷车。到20世纪50年代，这个词已经完全失去原本的含义，被通用汽车和克莱斯勒不加区别地使用，只为给自己的汽车赋予一些朦胧的欧洲风尚。

当兰道汽车后来日益罕见时，兰道的"表亲"——"兰道雷特"（landaulet）也风靡过一小段时间。兰道雷特的车体后座上方装有活动顶篷（相当于兰道车由两部分组成的折叠式顶篷的后半部分），而前排座位要么封闭，要么敞开。鉴于兰道雷特一直是为有专门驾驶员的人打造的，这种风格在大众市场从来不受欢迎，1918年之后便成为名流的专属或公务专车。自20世纪60年代以来，梅赛德斯为教皇约翰二十三世（John XXIII）、保罗六世（Paul VI）和本笃十六世（Benedict XVI）生产过几辆特别款兰道雷特。2007年，迈巴赫部门在中东国际汽车展（Middle East International Auto Show）上更是展示了一辆"兰道雷特概念车"，这款汽车2009年被加入生产名录。

"布鲁厄姆"（brougham）是19世纪一种轻便的四轮马车。布鲁厄姆最初诞生于1830年，是为英国的大法官、布鲁厄姆和沃克斯勋爵（Lord Brougham and Vaux）设计的。这种马车比一般重的大马车更小、更灵活，车身是封闭的，有两个门，通常只能坐两个人（不过，这种马车前部的角落里通常会额外放一对折叠座椅），马车前部光滑的玻璃窗使乘客可以望见前方的风景，前部还有一个为车夫及其同伴准备的座位。爱德华时代的"布鲁厄姆"汽车构造基本相同，前部有一个露天驾驶台供司机使用，后部则是供乘客使用的封闭式硬顶座舱。凯迪拉克在1916年首次使用这一名称，并在整个20世纪反复使用。在20世纪30年代，"布鲁厄姆"对凯迪拉克及其美国模仿者而言，仅仅意味着一辆装备齐全的双门轿车。凯迪拉克的同道——通用旗下的奥兹莫比尔卖过一款名为Regency Brougham的汽车，这一品牌直到2004年才寿终正寝。此外，就连福特也在20世纪70年代使用过"布鲁厄姆"一词。

其他与汽车相关的名词很快进入了日常词汇。美国英语中的"limousine"一词（字面意思是来自法国利穆赞地区）直到1902年都是指一种乘员舱封闭而驾驶室敞开的汽车，但驾驶室后来被延伸的车顶覆盖。[①] 到1930年，"limousine"一词被用来更广泛地指代较大的汽车，第二次世界大

---

① 曲折的词源表明，这个词起源于无遮挡的司机披的利穆赞风斗篷。

战之后则用来指代有司机的大车或长车,司机的座位可以与车内其他部分分开。"limousine"很快就与往返美国机场的服务联系起来。

到了20世纪30年代末,盎格鲁-撒克逊人发明的"station wagon"（1929年最早在美国使用）、"estate wagon"（既在美国又在英国使用）或"estate car"（仅在英国使用）等独特词汇表明,汽车已经大到既能坐人,又能装货的程度。"station wagon"得名于在火车站迎接乘客的马车。英国的"estate car"后来被莫里斯和奥斯汀称作Traveller或Countryman。"shooting brake"是一个特殊的英国使用的称谓,指一种两门旅行车。该称谓一直使用到20世纪30年代。"brake"这个词在19世纪末则用于指称乡村的大型马车,并被法语国家用来指代（非常罕见的）"estate car"版本（"un break"）,一直使用到20世纪60年代。2012年,捷豹推出一款XF豪华轿车的旅行车版,名为"Sportbrake"。

一些新的单词和短语沿用了下来。在美国,"sedan"这一名称经常用来描述一种两排四座、有固定车顶的汽车,"sedan"源自17—18世纪一种带顶盖、可移动的椅子——但似乎并不是源自同名的法国城市。美国期刊《汽车世界》（*Motor World*）于1912年使用了"sedan"一词,这个词不久就在美国流行开来。与之对应的英国词语"saloon"源自英国乔治时代对住宅中最雅致的公共房间的称谓（这个词本身源自法语中的"salon"一词）。到1840年,这个被用滥的词语还用来指代轮船或火车上装备齐全的大房间,到1908年,则用来指代昂贵的汽车。法国人坚持使用"berline"这一来自马车时代的用语,这个词则源自17世纪末发明的速度很快的柏林马车。令人困惑的是,德国人坚持使用的是"die limousine"一词。到20世纪30年代,"saloon"或"sedan"的车窗部分被称为"塔顶"（turret top）或"玻璃房"（glasshouse）——"玻璃房"是一个行业术语,主要流行于美国。支撑车顶的部分被称为"柱"（pillar）,从前到后按字母顺序排列。因此,今天支撑挡风玻璃的外框称作A柱,前门后的立柱称作B柱,后窗的外框称作C柱。

随着汽车行业变得更加多样化和复杂,其术语也变得更加多样化和复杂。到1930年,轿车内的载客空间已经变得很宽敞,也相应地配备了后备厢,后备厢在美国叫"trunk",在英国叫"boot",在法国叫"coffer",

在德国则叫"kofferaum"。汽车前部防止撞击的保险杠在英国叫"bumper"（这种用法来自用来保护船体免受损坏的木头），在美国则叫"fender"（源自另一个航海名词，指用来保护船体的软木块）。到1884年，美国曾使用"fender-bender"[①]这一俚语指代马车事故。与此同时，而杂志《莫里斯主人》（*Morris Owner*）于1926年2月提及"保险杠的正面"，其上方是引擎盖和挡风玻璃，在英国叫"bonnet"和"windscreen"，在美国叫"hood"和"windshield"，在法国叫"capote"和"pare-brise"，在德国则使用"motorhaube"和拟声词"windshutzscheibe"表示。保险杠下方是变速箱，在英国叫"gearbox"，在美国和法国叫"transmission"。驱动发动机的汽油在英国叫"petrol"，在美国叫"gasoline"[②]。排气管在美国叫"tailpipe"，在英国叫"exhaust pipe"，在法国叫"pot d'échappement"，在德国则叫"auspuffrohr"[③]。有趣的是英国、法国和美国都用"convertible coupé"指代敞篷车。不过，"coupé"这个词来到大西洋彼岸的美国时失去了闭音符。

许多其他汽车用语轻松跨越了国与国之间的语言界限。"spider"或"spyder"是一个意大利词汇，原始含义为带有可开合车篷的两座跑车——这种汽车在大多数国家也称为"roadster"。当然，"roadster"通常是指有四个正经座位且（有时）有四个门的敞篷车。有硬顶的敞篷车理所当然地被称为"硬顶车"[④]。"tonneau"这个法语词过去和现在都被世界多个国家使用，指代保护敞篷车、跑车或"spyder"上空座位的软盖或硬盖。而英语中的"sports car"这一说法，在任何语言中都指跑车。

回顾行业发展之初的汽车术语，我们会发现一些术语不可避免地消失了；另一些术语则不可思议地被世人所接纳。现在不再有"berline"或"landaulets"，"locomobile"和"petrocar"也已成为历史。但也有一

---

① 字面意思为保险杠弯曲。——译者注
② 在法语中称为"l'essence"或"pÉtrole"，在德语中叫"das benzin"。意大利人跟着德国人叫"benzina"，西班牙人则跟着美国人采用了"gasolina"一词。
③ "auspuff"意为"排放物"。
④ 到1960年，看似固定的硬顶篷常常可以通过电动方式开闭；如今，这种操作方式很常见，甚至威胁到软顶敞篷车的需求。

些表达幸存了下来。美国奢侈品牌仍偶尔使用"Brougham"一词，就连"shooting brake"也出人意料地回归了。与此同时，我们还有一套新术语被加进来，譬如"跨界车"（crossover）、迷你多用途汽车（mini-MPV）、混动车和电动车。英语中的"跑车"一词仍在广泛使用，但今天大多数跑车其实并不是英国甚至美国制造，而是日本制造——这在1939年是不可想象的统计数据，在那一年爆发的第二次世界大战将永远改变世界——而这一改变在很大程度上将由汽车来塑造。

第五章
人民大众的战争

阿道夫·希特勒喜爱汽车——尽管他从未学会开车。1936年,《纽约时报》报道称,这位德国独裁者"每年汽车行驶里程应该比任何其他统治者或国家元首都要高"。1933年,希特勒就任总理后,做出了三种象征性姿态来提升汽车在纳粹德国的地位:他亲自为一年一度的柏林汽车展揭幕(这件事他每年都愉快地去做,直至1939年第二次世界大战爆发前);宣布政府将着手推进由国家资助的计划,创造一款"人民的汽车";宣布纳粹政府将帮助德国的豪华汽车制造商主导全球汽车赛事。三年后(事实证明,有点为时过早),希特勒利用柏林汽车展的平台宣布,德国已经"有效地解决了生产合成汽油的问题",永远不需要再依赖进口石油。希特勒的宣传部部长约瑟夫·戈培尔随后也附和他的上司,宣称"政治引领应用科学的发展方向","20世纪是汽车的时代"。

20世纪二三十年代,英国和法国面对为汽车提供更好的多车道公路这一问题一直犹豫不决(从1918年到1927年,英国只修建了127英里新路),而德国和意大利这两个新兴极权国家则热情拥抱汽车的潜力。1926年,墨索里尼领导的意大利政府主办了第五届国际公路大会(International Road Congress),法西斯政权下意大利崭新的汽车道给来自英国、法国和美国的高官和记者留下非常深刻的印象。墨索里尼把这些令人印象深刻的多车道高速公路宣传为法西斯政权下意大利技术进步和蓬勃活力的适切象征(不过,他忽略的事实是,汽车道体系是从1921年开始兴建的,比他上台的时间早一年）。而希特勒1933年夺取政权之后，很快便追随墨索里尼的脚步。在这位德国元首授意下，德国修建了4300英里的高速公路以及3000座新桥梁，这种意大利风格的网络同时发挥多种用途。该项目把纳粹政权与汽车的速度和力量紧密联系在一起，传递了提升德国海外形象的技术进步价值符号。1938年，纳粹的劳工团领导弗里兹·托特（Fritz Todt）博士称"帝国高速公路的重要意义早已得到外国的承认"，建造汽车高速公路也创造了成千上万个新就业岗位。R. J. 奥弗里（R. J. Overy）和詹姆斯·J. 弗林克（James J. Flink）等汽车史学家认为，汽车在纳粹德国的迅速普及与改良军备对于在1933年以后刺激德国经济复苏发挥了同等重要的作用。最关键的是，公路网为希特勒的武装部队提供了宽阔的新公路，便于迅速、方便地部署军队。

希特勒手下的部长们大肆宣扬他们的新汽车高速公路。1934年，纳粹德国主办了第七届国际公路大会，1936年又主办了第二届国际桥梁和地上结构大会（International Congress for Bridges and Overground Structures）。纳粹德国还适时推出了一本颂扬纳粹公路种种优点的政府宣传杂志，名为《公路》（Die Straße）。1936年4月，帝国部长戈林开着他那辆庞大的蛋青色梅赛德斯540K特别版双座敞篷车高速逆行，参加柏林市郊一条新建汽车高速公路的启用仪式。感情丰富的希特勒后来回忆道，戈林总是"坚持始终靠左行驶。发生危险时，他会按喇叭。他向来信心满满……"。

第二年，德国政府说服一个庞大的代表团前来欣赏德国的高速公路，代表团的专家来自英国汽车协会、皇家汽车俱乐部、英国公路联合会（British Road Federation）以及至关重要的英国议会道路委员会，此行的高潮是与希特勒和墨索里尼的简短会晤。1938年1月，这个乐观过头的英国代表团撰写了一份报告，该报告严重依赖托特的德意志劳工阵线（Deutsche Arbeitsfront）所提供的扭曲统计数据，天真地赞扬德国的成就，宣称代表团"坚信应当毫不拖延地制订一项全国性计划，按照德国的路线，修建一批高速公路"。但一些观察家并没有被纳粹的乌托邦论调欺骗。虽然战后的历史学家倾向于淡化德国高速公路的军事作用，但20世纪30年代末的一些西方评论家坚信，希特勒的高速公路主要是为军用交通而设计。早在1938年，英国《地理杂志》（Geographical Magazine）的一位编辑便指出："独裁在壮观的公共工程中自然地表现出来，德国的汽车高速公路便是其中引人注目的例证。民主政府面临批判和反对，并需要为每一笔支出负责，无法为了自我宣传的动机让国库背负重担，更不用说为了追求不可言说的目的了。"

希特勒渴望制造出与令人印象深刻的新高速公路技术并建立与所谓的"无阶级国家社会主义"的理想相匹配的汽车。从1914年到1938年，德国几乎没有制造过实用的日常用车；德国的汽车主要面向豪华和高性能汽车市场，平价的个人交通工具则依靠奥斯汀（我们之前提到，奥斯汀在德国授权生产7型车）等外国制造商来提供。希特勒打算改变这一切。他的汽车制造政策分为两部分，一部分是资助一个制造新款大车的项目。该项目要利用梅赛德斯和汽车联盟（Auto Union）的工厂和经验，为纳粹政权的重要人物制造令人过目不忘的豪华汽车，以及在国际汽车大奖赛赛道上制霸的偏运动型衍生车型。另一部分是制造一款面向所有阶级的汽车：一款德国的T型车。希特勒坚称，事实将证明一款"人民的汽车"会成为"团结不同阶级的工具，就像福特先生在美国的天才之作一样"。他认为，这样一款汽车是纳粹"平等主义"理念的化身，将扫除旧的社会和政治分歧，帮助创建和谐、顺从的"国家社会主义"德国。这款汽车将为"广大民众"打造，其目的是"满足他们的交通需求，为他们带来欢乐"。

希特勒的第一个有关汽车的野心很快就实现了。1935年，被称作"银箭"（silver arrow）的德国汽车①称霸大奖赛（Grand Prix）和欧洲锦标赛赛道，几乎次次都能击败布加迪、宾利和阿尔法（Alfa）。梅赛德斯1937年推出的性能优异的W125以及其他汽车可谓所向无敌。在公路上，戴姆勒-奔驰和汽车联盟工厂的华丽制成品，譬如巨大的"梅赛德斯大型车"（Grösser Mercedes）系列，被希特勒及其追随者当作权力和男子气概的象征。希特勒自己那辆1939年生产的装甲梅赛德斯770K W50 Ⅱ的重量超过5吨，配有动力超强的八缸发动机，时速可达112英里。戴姆勒-奔驰没有试图把自己的汽车卖给纳粹领导人，而只是把纳粹党需要的所有梅赛德斯汽车借给他们。在纳粹高层的大力支持下，这些奢华、防弹的庞然大物也被卖给了世界各地的独

---

① 德国的赛车曾为白色，但1934年以后不再上漆。

裁者和君主，其中包括阿尔巴尼亚国王佐格（Zog）、西班牙的佛朗哥将军（General Franco）和日本的裕仁天皇（Empire Hirohito）。据说，裕仁天皇一下子就订购了7辆"梅赛德斯大型车"。

巴伐利亚不久也开始生产快而强悍的德国跑车。1916年创立的巴伐利亚发动机制造股份有限公司（Bayerische Motoren Werke，简称：宝马）以制造飞机发动机起家。第一次世界大战后，宝马一开始专注于制造摩托车，也生产轿车。但在1932年以前，这些轿车一般是在奥斯汀的授权下生产的。不过，希特勒于1933年夺取政权之后，宝马开始生产本土车型，并因流线型轿车而闻名。1937年推出的宝马328尤其令人仰慕，后来直接被弗雷泽（Frazer-Nash）和布里斯托尔（Bristol）等跑车制造商效仿。但随着希特勒扩大德国的战争机器，航空发动机生产再次占据主导地位，宝马为德国空军制造了一系列精良的飞机发动机，并为德国国防军制造了宝马325，这是一款排量为2升的彪悍吉普型军用车。

希特勒的第二个目标更复杂。纳粹政府起初试图通过控制德国现有的量产汽车制造商——通用汽车旗下的欧宝来实现创造"人民的汽车"这一目标。1933年，希特勒夺权之后，他的新政府大幅度削减了通用汽车能够从欧宝提取的利润，随后又控制了欧宝位于鲁瑟尔斯海姆的主要生产设施的工厂委员会，并推出了自己的"国家社会主义"内部杂志《欧宝精神》（Der Opel Geist），后来更是更名为《欧宝同志》（The Opel Comrade）。欧宝创始人之子和继承人威廉·冯·欧宝（Wilhelm Von Opel）看到了风向并加入了纳粹党。到1938年时，欧宝的所有犹太经销商和员工都遭到清洗，一名残暴的党卫军官员被任命为该公司的内部安全部门负责人。但欧宝虽然愿意屈从于纳粹政权，却没能为公司赚得制造新型"人民的汽车"的佣金。与威廉·冯·欧宝费相比，迪南德·保时捷与希特勒的关系要近得多，他毫不费力地便拿到了合同。而且，欧宝的无阶级汽车候选者是传统的P4，这款车与保时捷革命性的新设计相比明显过时。不过，通用汽车旗下的欧宝仍然对纳粹政权亦步亦趋。这种密切的关系在1940年10月得到充分证明，当时，戈林曾试图利用通用汽车天真至极的海外业务主管詹姆斯·D. 穆尼（James D.Mooney）为首的通用管理人员作为中间人与英国讲和。这一提议很快就被拒绝，而穆尼的底特律的主人急忙与他切断了关系。

希特勒对汽车的大力推广使德国的汽车拥有率在1934年至1938年期间翻了一番。1936年，戴姆勒-奔驰造出了世界上第一辆使用柴油的民用汽车260D——雪铁龙早在三年前就造出了罗莎莉（Rosalie）柴油车，但法国政府因担心燃料不稳定而禁止生产这款汽车。[1] 不过，第一辆"人民的汽车"直到德国1939年入侵波兰，导致第二次世界大战爆发前不久才开始销售。

1934年5月，奥地利工程师费迪南德·保时捷[2]与希特勒会面，讨论他制造无阶级汽车的计划。众所周知，这两人非常亲昵。希特勒喜欢跟他的奥地利同胞谈汽车，他们吃着香肠、喝着啤酒，聊了好几个小时。两人最终达成一致：新的"人民的汽车"每小时至少应该可以跑60英里，油耗为每加仑40英里，有四个座位，并采用冷风。最重要的是，尽管这款车的规格堪比赛车，但只需花费1000帝国马克——当时相当于50英镑左右。

1875年，费迪南德·保时捷出生在当时属于奥匈帝国的波希米亚（现在属于捷克共和国）的一块讲德语的飞地。1898年，他加入维也纳面向皇室的车身制造商雅各布·洛纳公司（Jakob Lohner & Co.），就在同一年，他帮助打造了的第一款汽车——这款汽车被乐观地命名为"Toujours-Contente"[3]。1902年，他应征加入奥地利军队，曾为奥地利皇储斐迪南大公（Archduke Franz Ferdinand）当过司机，但两年后回归平民生活。因此，1914年6月28日斐迪南大公和他的妻子在乘坐1911年产格拉夫-施蒂夫特皇家敞篷汽车遇刺时，开车的并不是他。

1906年，保时捷被戴姆勒的子公司奥地利-戴姆勒聘为首席设计师。到1916年，他已经成为总经理，次年更被授予维也纳科技大学（Technical University of Vienna）博士学位。战后，他为奥地利-戴姆勒设计了一系列成功的赛车，1923年，他离开奥地利-戴姆勒，加入位于斯图加特的戴姆勒总

---

[1] 英国的第一辆柴油汽车是1954年才推出的标准前卫（Standard Vanguard）。

[2] 他通常被称为"保时捷博士"，但严格来说这一称谓不妥。保时捷只是荣誉博士，是1916年为表彰他战争期间为奥地利-戴姆勒所做的工作而授予的，因此不应当作为正式头衔使用。

[3] 意为始终满意。——译者注

部。但是，向来不安分的他于1929年又再次离职，前往奥地利汽车生产商斯太尔（Steyr）就职。不过，斯太尔与大多数德国汽车制造商一样，很快就被大萧条击垮了（1934年，斯太尔最终被保时捷的老东家建立的戴姆勒-奔驰帝国兼并）。1931年4月，保时捷回到斯图加特成立了自己的公司。新成立的保时捷公司不仅生产自己的小型赛车，而且担任大公司的顾问。由此，保时捷成为希特勒最喜欢的汽车设计师，不仅设计了"人民的汽车"的原型，还从1937年起开始设计德国的新型"怪兽"坦克。

1934年6月，保时捷从希特勒那里接到一份合同，委托他根据已在进行的设计——譬如1931年的12型车，制造三款"人民的汽车"的原型车。1936年10月，KdF-Wagen（"力量来自欢乐的小车"）的三款原型车被展示给纳粹大老板和追随他们的媒体人面前。不过，保时捷实际上是保时捷的部下弗兰兹·雷姆皮斯（Franz Reimspiess）——独断的保时捷手下为数不多的几个敢跟他叫板的员工——根据上司提出的概念设计出来的，而且似乎在很大程度上归功于保时捷的奥地利同胞、为捷克汽车制造商工作的汉斯·莱德温卡（Hans Ledwinka）的创意。莱德温卡同年早些时候推出的太脱拉（Tatra）T97也很便宜、朴素、简洁，并配备了后置发动机。事实上，从前方看，这款汽车与保时捷的KdF-Wagen极其相似。众所周知，希特勒很喜欢太脱拉，他曾宣称"我想在我的高速公路上跑这种汽车"。据称，希特勒个人为莱德温卡向他展示的T97绘制了详细的素描，并把素描提供给保时捷。莱德温卡和太脱拉对这种明显的剽窃未免感到愤怒，于是打算起诉保时捷，要求其赔偿损失。希特勒说他会解决这个问题，而他的解决方式有些戏剧化——1939年3月，德国军队（慕尼黑协议达成后，德国军队已在1938年10月占领了讲德语的苏台德区）将坦克开进了没有设防的捷克边境，吞并了捷克斯洛伐克的剩余领土，继而关闭了太脱拉工厂。

1945年以后，太脱拉工厂转由苏联人控制，开始恢复生产T97。随后苏联人挖出了莱德温卡1937年的诉讼案。保时捷本人胆怯地承认，他在设计"人民的汽车"时不得不"紧盯着莱德温卡"。1961年，大众最终向太脱拉的后继者支付了300万德国马克和解费。战后，保时捷在一所法国监狱待了20个月，获释后，他的声誉得到恢复并重回汽车制造行业。但莱德温卡却因与德国人勾结而被捷克当局监禁了五年之久（他在1939年之后为德国人生产军用汽车和军械），1951年获释之后，他成了一个愤世嫉俗的人，不愿再为任何汽车生产商工作，一直到1967年去世为止。直到铁幕倒塌之后，捷克政府才在1992年为去世的莱德温卡正名。莱德温卡并不是唯一一个凭借其作品对希特勒和保时捷产生影响的汽车设计师。1933年，柏林汽车展上赢得希特勒称赞的低成本汽车Standard Superior由匈牙利出身的德国工程师约瑟夫·甘茨（Josef Ganz）设计，这款汽车酷似保时捷KdF-Wagen后来的设计（尤其是更有曲线感的量产版），Standard Fahrzeugfabrik的柏林分公司之后更是将这款车宣传为"德国大众"，即"人们的汽车"。不过，甘茨作为犹太人，极易被边缘化。他于1933年被捕，次年逃往瑞士。[①] 保时捷这位老谋深算的奥地利工程师立刻便把莱德温卡和甘茨的创意据为己有，而且还获得纳粹授予的种种荣誉。1938年，已被希特勒指定为帝国汽车设计师的保时捷与从事飞机制造的亨克尔（Heinkel）和梅塞施米特（Messerschmitt）以及劳工团领导弗里兹·托特一道，被授予与诺贝尔奖相当的纳粹嘉奖。颁奖典礼上，在戈培尔描绘机动化的未来、希特勒一如既往地叫嚣反犹时，保时捷露出了微笑。

也正是在1938年，希特勒最终在柏林汽车展上推出了"人民的汽车"的第一个量产版——大众。在靠近下萨克森州不伦瑞克的法勒斯雷本，一座被索然无味地命名为"大众汽车城"（Stadt des KdF-Wagens）的新城建立起来，该城专门生产这款新车。这家汽车厂的钱来自没收的工会资金，由德意志劳工阵线（German Labour Front）创建的一家公司运营。一开始，工厂的劳动力由意大利的"外来工人"组成，但在1941年之后，情况发生了变化。这家工厂有意识地模仿福特巨大的鲁日河工厂（保时捷一年前曾赴该工厂访问），为工厂奠基的是希特勒本人。保时捷不仅造车，他的公司甚至还获得了规划新城的合同。不过，他很快就把这项任务外包了出去。战后，这座城市迅速更名为沃尔夫斯堡，至今仍是大众汽车的全球总部。

在第一辆大众面世之前，帝国公民便被鼓励交一笔订金来购买新的大

---

① 甘茨之后在瑞士的职业生涯中官司缠身，且非常沮丧。1967年，他在澳大利亚去世。——译者注

众汽车。到1939年，已有多达336668人交了订金——但这其中只有很少人真正拿到汽车。KdF工厂只是用奴隶劳工来生产战争用品——1941年以后则主要使用被俘的俄罗斯士兵。大多数轻信的投资者手里的钱都打了水漂。1945年，占领柏林的苏联人在德国劳工银行（Bank of German Labour）发现了为购买大众汽车而交纳的2.8亿马克首付款，便立刻收走了这些钱。1954年，好说话的联邦德国当局把大众履行战前所签KdF-Wagen合同的责任全部免除。不过，KdF-Wagen投资者受骗上当的遭遇引起公愤，迫使联邦德国政府改变了原先的决定。1961年，他们向支付定金的人提供600德国马克来购买新的大众汽车。如果不买车则可以得到100德国马克现金。

希特勒的大众汽车原本是为了让数百万雅利安民众在已被拓展的德国疆土上尽情驰骋。但德国1939年9月入侵波兰时，KdF-Wagen尚未投入大规模生产。1940年制造了一些民用样车，但这些车大都给了纳粹高级军官。与此同时，头脑灵活的保时捷把KdF-Wagen改造成一款供军官乘坐的军用车Kübelwagen[①]，他还更加雄心勃勃地打造出166型Schwimmwagen[②]——一款两栖四座车[③]。接着，Kübelwagen大获成功，方方面面都表现优异。隆美尔在北非乘坐的便是Kübelwagen，1942年，他亲自感谢保时捷救了他一命："我在非洲坐着你的大众Kübelwagen穿越雷区，没有引爆任何地雷[④]。"1944年，美国军队甚至发布了一份名为《德军吉普车》（*The German Jeep*）的手册，说明在截获Kübelwagen时该如何使用这款车（但值得注意的是，美国在1941年至1945年期间生产了66万辆吉普车，但KdF-Wagen工厂仅生产出5万辆出头的Kübelwagen）。一些历史学家甚至提出，制造军用Kübelwagen才是KdF-Wagen项目的初衷，民用大众只是和平时期有用的幌子——而受骗上当订购汽车的平民是有用的资金来源。

第二次世界大战期间，保时捷被任命为新劳工部长阿尔伯特·施佩尔

[①] 意为"水桶车"。——译者注

[②] 意为"游泳车"。——译者注

[③] 遗憾的是，Schwimmwagen不如陆地用车Kübelwagen成功，因为车体很薄，步枪子弹能轻易穿透。

[④] 而随行的霍希（Horch）装甲车大都爆炸了。

手下装甲车委员会（Panzer Commission）的主席，帮助设计了德国的一些重型作战坦克，包括1942年的虎1式（Tiger I）、1944年的虎2式（盟军称之为"虎王"）以及205型八号坦克（Type 205 Panzer Ⅷ）。其中，重达200吨的205型八号坦克至今仍然是有史以来最大的坦克。这辆坦克跟房子一样大，却被给予一个颇具讽刺意味的昵称"Die Maus"，也就是"老鼠"。坦克上携有传奇的128毫米火炮和厚达18英寸的装甲。坦克重到难以过桥，但应该可以淌水或浮潜过河。到苏联人占领工厂时，这种坦克仅完成了两个原型。保时捷本人在几周后，于1945年5月30日被逮捕。不过，20年后，他的"人民的汽车"成功摆脱与纳粹的联系而成为"甲壳虫"（Der Käfer）——1969年迪士尼电影《万能金龟车》（*The Love Bug*）中可爱的明星。而《万能金龟车》居然是那一年全球票房最高的电影。

事实证明，希特勒对汽车行业的支持只是装点门面而已。戴姆勒-奔驰和汽车联盟的工厂被关闭，现有的梅赛德斯和汽车联盟汽车被改装成军用车，供军官和党卫队高级将领使用。KdF-Wagen的工厂现在不仅生产Kübelwagen和Schwimmwagen，还生产坦克。从1944年起，更会生产Fieseler Fi 103的部件。Fieseler Fi 103更广为人知的名称是希特勒的第一款"复仇武器"，也是世界上第一款自动助推导弹，又叫V-1"飞行炸弹"。不过，到了这个时候，由于德国严重缺乏燃料（帝国的合成燃料生产从来都无法满足需求），幸存下来的民用车型都无法上路。到1945年，纳粹宏伟的汽车梦已经淡化为模糊的民间记忆。

不过，第二次世界大战确实提供了一个舞台，让汽车蜕变为必不可少的交通工具和地位的象征。除了实用的敞篷车和豪华的赛车，汽车家族中还增添了许多新成员。戴姆勒-奔驰并不是唯一一个将其车型转换为军用车的制造商。众所周知，蒙哥马利将军曾在北非和意大利乘坐一辆悍马（Hummer，这辆车今天仍然可以在考文垂漂亮的交通博物馆里看到）。欧洲盟军的最高指挥官艾森豪威尔（Eisenhower）将军和太平洋陆军司令麦克阿瑟（MacArthur）将军都乘坐经过特别改装的帕卡德快船（Clipper）。雄心勃勃、性格外向的巴顿将军势必要比他的老板艾森豪威尔更胜一筹，他霸占着一辆巨大的凯迪拉克（1945年12月，巴顿乘坐的这辆装备精良的凯迪拉克75与一辆2.5吨的卡车相撞,导致巴顿身受重伤)。1942年,底特律三巨头开始竞相为美国高层制造供军官乘坐的汽车:通用推出了别克世纪系列60(Century Series 60),福特和克莱斯勒则相应推出C11 Fordor和克莱斯勒皇家(Royal)。另外,克莱斯勒还推出一款面向规模更大的中层军官市场、尺寸较小的竞品——普利茅斯P11,这款汽车大获成功,到1944年更是火到无处不在。

不过,交战国家的汽车制造商除把汽车改造为军用车以外,还被迫放弃民用汽车生产,完全转为制造战争物资。由于汽油配给和停电促使许多人把私家车放在家里,汽车使用量也有所减少。在英国,主要由停电造成的行人死亡事件由和平时期的每年3800人增加到1941年的每年4800人,这种令人不安的趋势直到1942年7月实行汽油配给制之后才发生逆转。

在德国占领下的欧洲,汽车制造商被要求提供服务以满足德国征服者的军事需求。对于一些汽车制造业的老板来说,只要能让他们自己和他们的公司维持合理的利润,这种要求并不过分。例如,大多数法国汽车制造商战前都有明显的右倾政治信仰。因此,许多人热情拥护贝当(Pétain)元帅组建的通敌维希政府平静面对德国新主子并不令人意外。当时,标致的索肖工厂在1940年之后继续运营,为保时捷的军用汽车、坦克和V-1制造零部件。该公司总裁让-皮埃尔·珀若(Jean-Pierre Peugeot)与费迪南德·保时捷的关系一直不错,现在,这种关系开始带来可观的政治和经济红利。在处事灵活的老板莫里斯·多尔弗斯(Maurice Dollfus)的领导下,就连福特旗下的普瓦西工厂也为维希政权及其德国主子提供了极大帮助。多尔弗斯的公开合作自然也赢得亨利·福特的衷心赞许。

到1939年战争爆发时,路易·雷诺已深陷反犹和亲德政治的泥潭。1938年,他与希特勒在柏林汽车展上会面,并宣称希望两国之间不要再有战争。雷诺还用无情的反犹措辞来形容他的劲敌安德烈·雪铁龙,取笑他是"小犹太"①。这时,雷诺夫人已成为右翼作家皮埃尔·德里厄·拉罗谢尔(Pierre Drieu la Rochelle)的密友。自1936年以来,拉罗谢尔一直是雅克·多里奥

---

① 雷诺在雪铁龙的让夫里工厂对面购买了一块地,他在这里竖起写有"雷诺"名称的巨大广告牌。

特（Jacques Doriot）手下嚣张反犹的法西斯政党法国人民党（Parti Populaire Français）的主要理论家。1940年以后，他成为法国最聒噪、最积极的通敌卖国者之一。

在战争爆发后的头几个月里，雷诺一直抱怨政府动员了他的部分工人，不过他似乎对雷诺坦克和飞机发动机产量的急剧下降不以为然，甚至开心地挪用了一些本用于生产战争物资的资源来研发一款小型家用汽车。视察雷诺比扬库尔工厂的人评论说，厂里缺乏紧迫感。但当政府抱怨他的公司消极应对战争时，他又指责政府试图将他的公司国有化。

1940年法国陷落以后，雷诺面临两种截然不同的选择。他可以与德国人合作，避免德国人接管他的公司。1940年6月，他已经被迫接受来自戴姆勒-奔驰的高管进驻他的比扬库尔工厂。他也可以选择抵抗，而这条路将不可避免地导致纳粹夺取他的汽车帝国，甚至可能导致他被逮捕。雷诺选择了合作的道路，他在贝当元帅执掌的维希政府找到许多伙伴。1942年，雷诺与这位年迈的元帅会面时，给元帅本人留下了很好的印象。因此，尽管较为年轻的批评者纷纷呼吁雷诺离职，但雷诺仍然继续掌管自己的工厂。

1945年，雷诺坚称他从未负责过与维希政府德国主子之间的"对外"关系。不过，从1940年6月法国沦陷到1944年8月盟军解放法国，雷诺的工厂为德国人生产了34232辆汽车。他当时的说法是"通过坚持运营，他使数千名工人免遭被送往德国的命运"。他对自己的同人说："最好把黄油给他们，要不他们会把奶牛抢走。"但在许多人看来，雷诺是维希政府懦弱合作政策的化身。1943年，雷诺拒绝为迅速壮大的法国抵抗运动（French Resistance）提供任何资助的做法便证实了这一印象。很少有人注意到，他同时也谴责了多里奥特和皮埃尔·德里欧·拉罗谢尔那越来越招人鄙视的法国人民党的非法活动。

盟军解放法国之后，雷诺意识到他的世界永远改变了。雷诺不爱社交的个性让他吃了大亏，因为一批产业家（这些人跟雷诺一样，之前也支持过维希政权，但现在又急急忙忙地试图为自己披上自由法国的旗帜）突然记起来，他们从来都没喜欢过雷诺，这些人想要寻找替罪羊，于是对他屈从德国人的行为大加谴责。1944年8月21日，盟军的坦克停在了巴黎城外，雷诺在视察比扬库尔工厂时被人推倒在车间地上吐口水。第二天，他跑到朋友家避难，因为他自己家成了抵抗组织报复的目标。三周后，刚刚解放的媒体对他进行抨击。如《人道报》（l'Humanité）高声叫道："他与德军的交易让他赚了60亿。""抵抗运动一致认为，路易·雷诺必须为我们盟军的死亡承担责任。"之后，雷诺向戴高乐的事实政府投降，条件是他在被起诉之前不会受到监禁。1944年9月22日，雷诺最终因"与敌人进行走私互动"而被捕。

雷诺否认自己的公司从德国人手中拿到数百万马克，并称他让工厂继续运营是按照维希政府中较为温和的成员要求，为的是不让材料和设备落入纳粹手中，更重要的是不让工人遭到驱逐。然而，雷诺仍被关押到了臭名昭著的弗雷讷监狱——从前是盖世太保的监狱，抵抗运动和英国特别行动执行处成员在这里遭到折磨和杀害。1944年10月5日，他被转到维尔埃夫拉尔的一家精神病医院，随后又转至附近一家私人疗养院。在这里，他的状况进一步恶化，甚至曾陷入昏迷。最终他于1944年10月24日去世。这时他才入狱四周，仍在等待审判。

戴高乐将军的新临时政府立即将雷诺的公司国有化（雷诺的妻子和儿子让–路易（Jean-Louis）合计拥有公司95%的股份，但没有得到任何补偿），路易·雷诺死后被指控"为敌人服务，获取不当利益"。若干年后，始终坚持认为丈夫是被谋杀的克里斯蒂亚娜·雷诺（Christiane Renault）请人挖出雷诺的尸体进行尸检。医生发现，67岁的雷诺实际上在狱中遭到了严重的酷刑和殴打。1944年，在弗雷讷监狱，工作的一名修女站出来作证，称她看见雷诺被一名狱卒"挥舞着头盔"击中头部后倒下，这一指控随后得到了X光片的证实，X光片显示雷诺的颈椎已经骨折。1967年，雷诺的亲属获得少量对他个人损失的赔偿。但在1999年举行的雷诺兄弟公司创业百年庆典上，雷诺的高管们却明显忽视了公司创始人的孙辈们。今天，这家公司和法国政府仍然继续拒绝雷诺家族提出的对雷诺非正常死亡进行赔偿的要求。

并非所有法国汽车制造商都像珀若和雷诺那样对德国俯首称臣。1943年，马塞尔·米其林（Marcel Michelin）因组织抵抗活动被德国人逮捕。马塞尔是著名轮胎制造商米其林的创始人安德烈·米其林（André Michelin）的次子，米其林收购雪铁龙后，马塞尔便在新公司充当顶梁柱。1945年1

月，他死在奥尔德鲁夫的集中营里，仅两个月后美国人解放该集中营。马塞尔的两个儿子逃往英国，加入了英国皇家空军。还有两个儿子因为效力法国抵抗运动而被杀害。安德烈的儿子伯纳德（Bernard）1941年2月因犹太人身份被维希政府空军开除，他步行穿过比利牛斯山来到巴塞罗那。20周后，他又徒步到达里斯本。随后，他从里斯本前往英国，加入324飞行中队，负责驾驶道格拉斯波士顿轰炸机（Douglas Boston）。已故的安德烈·雪铁龙的侄子路易-于格（Louis-Hugues）成为马赛抵抗运动领袖。但1943年11月他在尼姆被捕，随后在奥斯威辛遭到处决。雪铁龙家族还有许多其他人在奥斯威辛丧生，包括安德烈·雪铁龙的两位侄女。带有可怕讽刺意味的是，盖世太保选择乘坐从当地公民手中征用的黑色Traction Avant巡游被占领的法国。

在雪铁龙工厂，公司主管皮埃尔–朱尔·布朗热（Pierre-Jules Boulanger）效仿米其林和雪铁龙家族的做法，尽可能地与德国占领者保持距离。因此他拒绝与纳粹的汽车统帅费迪南德·保时捷会面，坚持只通过中间人与德国人打交道。德国人征用了他的工厂，以便为德国国防军制造卡车。随着战争的推进，布朗热尽可能地放慢生产速度，1944年更是阻止了纳粹将雪铁龙机床移至德国的企图。布朗热也是戴高乐的早期支持者——这与他的大多数汽车制造商同行形成鲜明对比，因为这些人大都热心支持维希政权。于是，布朗热的名字便毫无意外地出现在纳粹的黑名单上，纳粹的计划是，一旦盟军入侵或者法国发生叛乱，就立即处决名单上的67位著名法国人。

在德国占领下的欧洲各地，纳粹还利用汽车工厂来做更加险恶的事情。1939年春，希特勒未费一兵一卒便轻松夺取了布拉格市郊著名的斯柯达工厂，这家工厂很快开始为德国国防军制造轻型坦克（Panzer 35和Panzer 38），并制造出无数枪炮。这时，民用汽车生产已经让位于军事需求，但斯柯达仍然受托生产纳粹将领时时处处使用的交通工具——903型指挥车，以及美国品牌吉普（Jeep）的潜在竞争对手——923型车。不过，1945年5月6日至11日，德军与不断挺进的苏联军队为争夺布拉格而展开了激战，斯柯达工厂大部分被摧毁。

希特勒的轴心国伙伴的汽车制造商也各司其职。在意大利，乔瓦尼·阿涅利的爱孙乔瓦尼——一般人们称其为詹尼（Gianni）——曾亲赴苏联前线为墨索里尼的军队而战。1943年意大利向盟军投降后，詹尼和许多意大利人一样迅速改变立场，热情欢迎来到意大利的英国和美国"解放者"。但詹尼的祖父在法西斯政治的泥潭里陷得太深，无法做出如此灵敏的转变。不过，1945年12月，就在盟军刚开始审查菲亚特与墨索里尼法西斯政权之间可疑的亲密关系时，79岁的乔瓦尼便去世了，这对菲亚特战后的声誉不失为一件幸事。

在德国，福特的子公司早在1939年7月就开始按照希特勒的指令行事。福特归顺希特勒，比冲突加剧的转折点——德国入侵波兰早两个月，更比希特勒1941年12月11日对美国的宣战早了整整两年。随着德国军队开进欧洲各地，福特在欧洲其他国家设立的前哨也加入了这个拙劣的福特帝国。

与此同时，通用汽车的子公司欧宝为德国国防军制造了重达3吨的闪电（Blitz）卡车，还帮助制造了容克斯（Junkers）Ju-88快速战斗轰炸机的零部件。尽管该公司在为德国国防军和德国空军提供重要设备方面发挥了关键作用（闪电卡车是德军机械化运输的中流砥柱），但阿尔弗雷德·斯隆整个战争期间始终留在欧宝董事会里。1945年后，他甚至厚颜无耻地要求美国政府赔偿盟军对欧宝工厂的一切损害。通用汽车坚称，所有美国员工"早在1939年10月"就已从欧宝离职，而美国母公司在1941年9月之后便与德国子公司断绝了任何联系。不过，通用汽车却若无其事地忽略了这样一个事实：底特律与吕瑟尔斯海姆之间的法律联系从未切断过。1967年，通用汽车成功从美国政府拿到3300万美元，以补偿战争期间对通用德国工厂的"干扰和破坏"。

在为生存而展开的斗争中，同盟国的汽车工厂也成为至关重要的武器。在英国，英格兰中部和北部地区新建了不少"影子工厂"，这些工厂靠近现有的汽车厂，但一般远离城市中心，以便不引起敌军轰炸机的注意。影子工厂由老牌汽车制造商运营，专门用来制造坦克、飞机和军械。早在1936年，威廉·莫里斯就同意出面运营新建的布罗米奇堡影子工厂。这座巨大的工厂毗邻伯明翰东边一个现有的机场。布罗米奇堡成为影子工厂中最成功的一家，这家工厂制造的飞机对于支持英国持续作战发挥了重要作用。布罗米奇堡工厂制造了最高级的超级马林喷火式战斗机（总共制造了超过两万架喷火式战斗机，成为英国最大的喷火式战斗机生产商），后来又增加了一条装配线来生产同样成功的兰开斯特重型轰炸机。不过，等到工厂开始安装兰开斯特的生产设备时，莫里斯已经不再参与工厂管理。事实也很快便证明，他扮演不好"产业发动机"的角色。莫里斯在战争爆发之初被任命为英国皇家空军维修局长，但他孩子气地拒绝前往伦敦，而是坚持留在位于牛津考利的莫里斯工厂办公室。到1940年5月，德国人入侵荷兰、比利时和法国时，莫里斯的流水线思维显然已经无法包容一些要素。譬如，要对生产喷火式战斗机和兰开斯特重型战斗机等复杂飞机的机床不断进行改造，以符合许多千差万别的标准。但独断专行的莫里斯遇到了跟他一个德性的飞机生产大臣——比弗布鲁克勋爵（Lord Beaverbrook）。比弗布鲁克跟莫里斯这位汽车业大亨一样冷酷、一样苛刻。莫里斯向比弗布鲁克打电话抱怨英国皇家空军不断要求调整，并最终发起了脾气，威胁说："你是不是想让我放弃对喷火式战斗机工厂的控制？"比弗布鲁克立即抓住机会回敬道："纳菲尔德，您真是太大度了。我接受您的请求。"随后他便挂了电话。莫里斯强压怒气，火速赶到伦敦，就这一问题与英国首相温斯顿·丘吉尔对质，他委婉地提醒丘吉尔，莫里斯公司过去为他的保守党捐了不少钱。但丘吉尔与自己手下这位好斗的大臣站在一边，令莫里斯不得不夹着尾巴退回牛津。迈尔斯·托马斯后来评论说，自那以后，莫里斯"似乎失去了推动他不懈追求更伟大事业的活力"。比弗布鲁克把布罗米奇堡工厂交由自1936年以来一直是超级马林所有者的重工业制造商威格士（Vickers）运营。威格士解决了生产问题，在战争期间制造出22种不同型号的喷火式战斗机。与此同时，莫里斯本人对考利工厂在制造虎蛾式（Tiger Moth）教练机以及修理和改装受损飞机方面所做的出色工作兴趣寥寥。事实上，这项工作至关重要，艺术家保罗·纳什（Paul Nash）在他激荡人心的战时绘画中便刻画了相关的场景，令人难忘。

莫里斯汽车建立的另一家影子工厂也表现平平。在伯明翰的沃尔斯利工厂旧址上，纳菲尔德集团（Nuffield Organization）[①]的军事部门纳菲尔德机械化和航空部（Nuffield Mechanization and Aero）于1939年设计并制造了性能普通的盟约者（Covenanter）坦克。战争爆发后，莫里斯把这款坦克改

---

① "纳菲尔德集团"是囊括莫里斯麾下所有商业实体和慈善实体的母机构。——译者注

造成1940年版十字军6型（Crusader VI）坦克，但性能并没有多大提升。十字军坦克速度快，但武器装备不足，而且很容易抛锚，这些缺陷在1941年的北非战役中完全地暴露出来。十字军坦克的装甲单薄，容易成为隆美尔的坦克的猎物，可靠性也差得离谱——莫里斯战后生产的民用汽车也具有这一特征。因此，这款坦克1942年便从前线退役了。取代十字军坦克的是美国产格兰特（Grant）、李（Lee）和谢尔曼（Sherman）以及不太成功的英国克伦威尔（Cromwell）坦克和丘吉尔（Churchill）坦克。它们分别由利兰汽车设计，罗孚汽车公司（Rover Car Company）以及通用汽车旗下的沃克斯豪尔生产。莫里斯汽车随后"改进"了十字军坦克的构造，并推出骑士（Cavalier）坦克，但事实证明这次改进更加不充分。说来也怪，英国这个国家在第二次世界大战期间制造了那么多性能出众的飞机，却从未在战争中设计和制造出一款好的坦克。①

  事实证明，莫里斯的竞争对手比莫里斯这位年迈的子爵更善于管理影子工厂。考文垂的戴姆勒一开始没能规划好，他们把影子工厂建在了雷德福现有工厂的正后方，但后来又在考文垂以西奥尔斯利的布朗斯莱恩另建起一个工厂。鲁特斯和标准也在考文垂周边建立起影子工厂。其中，鲁特斯是在斯托克和赖顿，标准则选择了坎利和班纳莱恩。丘吉尔十分欣赏精力充沛的比利·鲁特斯，他让鲁特斯担任考文垂重建委员会主席，负责重建这座在1940年至1941年的闪电战中被摧毁大半的城市，鲁特斯还被任命为国家供应委员会（National Supply Council）主席，并被授予大英帝国骑士勋章。威廉·鲁特斯爵士也回报了丘吉尔的信任，他领导了为新建英国皇家空军飞行中队（后来命名为154中队）筹款的活动，活动非常成功，造就了一支完全由汽车行业资助的分型中队。罗孚在伯明翰的阿考克斯格林和索利哈尔建立了影子工厂，并应政府要求管理位于利物浦斯皮克的一家新工厂。这家工厂是要用来制造布莱尼姆轻型轰炸机。② 福特利用位于曼彻斯特特拉

---

① 百夫长（Centurion）是一款出色的坦克，使用劳斯莱斯设计的发动机，并由罗孚制造，但直到1945年5月战争即将结束时，盟军才在前线用上这款坦克。

② 斯皮克工厂在1937年开工时，布里斯托布莱尼姆轰炸机是世界上最轻的轰炸机，但到1939年，这种轰炸机已经过时。

福德帕克的旧工厂生产劳斯莱斯梅林（Rolls-Royce Merlin）发动机和阿芙罗兰开斯特（AVRO Lancaster）轰炸机，而福特位于达格纳姆的主要工厂则生产面向后方的卡车、货车和拖拉机，面向前方的布伦机枪运输车（Bren-gun carrier），以及用于登陆艇和防空气球绞车等各种设备的V-8发动机。

建造影子工厂的明智之处很快便显现出来。考文垂和伯明翰等传统生产中心遭到猛烈轰炸，但远离生产中心的工厂基本安然无恙，得以继续生产。1940—1941年，考文垂市中心遭受了40次空袭。其中最严重的一次是在1940年11月14日—15日晚间，这次空袭导致554人死亡，把中世纪风貌的市中心夷为平地，宏伟的圣米迦勒座堂（1918年经过重新设计，升级为座堂）也被炸毁。阿尔维斯（Alvis）的汽车厂被彻底摧毁（受此影响，这家工厂的战时生产分散到英国各地，从莱斯特郡的欣克利到伦敦西部的伊灵），戴姆勒的雷德福工厂也受到严重影响。但尽管考文垂市被摧毁了，影子工厂却为汽车工业涅槃重生带来了奇迹般的希望。

考文垂遭遇闪电战袭击时，距美国1941年12月正式宣布参战还有很多个月，但这时美国已经被盟军誉为"民主的军火库"。1942年初，罗斯福总统正式禁止生产民用汽车；从那时起，一批强大的美国汽车生产商便在政府指导下专注于满足军用需求。通用汽车从1941年开始生产军械，到1942年，通用旗下诸多工厂都转向生产战争物资。克莱斯勒工厂生产马丁B-26掠夺者轰炸机（Martin B-26 Marauder）、瑞典设计的博福斯（Bofors）高射炮、莱特飓风系列（Wright Cyclone）发动机、B-17和B-29轰炸机零部件、地狱俯冲者（Helldiver）轰炸机、海盗（Corsair）战斗机以及克莱斯勒自己的道奇卡车。从1942年6月开始，克莱斯勒还生产美国的主力坦克——由克莱斯勒发动机驱动的M4谢尔曼。到1945年，该公司添加了一条生产新型M26潘兴（Pershing）重型坦克的装配线。我们已经知道，福特兴建并运营着巨大的威洛伦工厂[①]，这家工厂生产B-24解放者（B-24 Liberator）轰炸机，鲁日、海兰帕克和其他福特工厂也大量生产飞机、坦克和炮弹。1941年12月7日，当日本人轰炸珍珠港之后，温斯顿·丘吉尔私下承认，世界上没有任何其他

---

① 1942年竣工的底特律工业高速公路（Detroit Industrial Expressway）每天把2万名工人从底特律都市区运往威洛伦。

国家或联盟能够与美国巨大的军事工业设施竞争或抗衡，而这一制造业基础在很大程度上依赖美国庞大的汽车工业。[1] 在美国汽车制造商的帮助下，才确保了第二次世界大战的胜利。

在战争期间，作为军需品供应商的福特一开始表现得让人失望。批评者很快便指出，福特的德国子公司似乎很爽快地向敌军供应了数百辆卡车（事实上，第二次世界大战期间福特和通用制造的卡车和半履带车占德国国防军机动运输工具的70%）。而在美国，福特工厂向战时生产的转变极其缓慢。尽管福特早在1940年11月就同意生产经普惠（Pratt and Whitney）授权的飞机发动机，但这位不可救药的孤立主义者总是尽可能拖延，甚至在1941年12月7日日本袭击珍珠港以及四天后希特勒对美国宣战之后也是如此。亨利·福特阻挠了生产无与伦比的劳斯莱斯梅林发动机（超级马林喷火战斗机和兰升斯特轰炸机[2]的动力来源）的计划，理由是福特公司不应该为英国制造发动机——埃德塞尔·福特倒是热情支持该项目，福特旗下的德国子公司其实也为纳粹的战争机器制造了大量军械。艾伯特·卡恩设计的位于密歇根州威洛伦的大型福特轰炸机工厂的竣工时间远超规划，建筑师本人也是不等完工便去世了，直到1942年9月，这家新工厂才造出第一架B-24解放者轰炸机。[3] 如历史学家詹姆斯·J. 弗林克所述，即使在1942年之后，越来越偏执的福特也还是"担心威洛伦的军方人员是罗斯福派来刺杀他的间谍，他开始携带自动手枪，把枪放在汽车引擎盖下"。当罗斯福1942年前来参加威洛伦工厂开工典礼时，福特一度想要躲着总统，只是在旁人的抗议下才被拉进欢迎队列。美国空军自然对亨利·福特不断干预轰炸机生产的做法感到恼火，很快便敦促联邦政府接管该公司。当这位年迈的独裁者透露，他打算把令所有人憎恶的哈里·班尼特作为自己唯一的接班人之后，最后一根稻草算是最终压了下来。直到埃德塞尔的遗孀埃莉诺和福特自己的妻子、不屈不挠的克

---

[1] "我们到底还是赢了！"这句话出自丘吉尔当时的日记，后来因写进他的回忆录而被后人铭记。

[2] 这种发动机后来也应用于性能卓越的美国造P-51野马战斗机（P-51 Mustang）。

[3] "解放者"这个激动人心的名称一开始是英国皇家空军取的，之后被美国陆军航空军沿用。

拉拉·福特威胁说，如果亨利不下台，他们就把自己手中的公司股票全部出售，结束数十年的家族控股，才最后促使这位老暴君最终退休。他不情愿地同意让埃德塞尔的儿子、26岁的亨利·福特二世退出海军训练，立即在公司担任高级管理职务，以期在1945年接任公司总裁一职。亨利二世对这个安排并不满意，他希望被派往太平洋前线，但经过说服，他暂时同意服从安排。

不出所料，福特这位公司创始人绝不甘心默默离开。在1943—1945年，当联邦政府考虑接管管理不善的威洛伦工厂时，亨利开始对自己的孙子表现出非理性的不信任，同时还允许哈里·班尼特扼住公司的喉咙。班尼特甚至获准罢免长期为福特效力的生产主管查尔斯·索伦森。这一次，班尼特得到克拉拉·福特的协助，因为她担心索伦森企图篡夺她孙子的权位。亨利还企图创建一个受托人委员会，由担任委员会秘书的班尼特执掌，以便在亨利死后控制公司，即"直到亨利二世及其他孙辈成长到足以自行管理公司为止"。好在亨利二世发现了这一阴谋，迅速迫使班尼特撤回了计划。班尼特后来向福特的首席律师承认，这份创建委员会的文件不再是法律实体，因为"福特先生有很长一段时间把文书装在口袋里，在上面涂涂画画，包括写了《圣经》中的诗句"。

在亨利二世试图从服务部头子班尼特手中夺取公司控制权的过程中，班尼特发现公司创始人对自己的支持越来越弱，因为亨利·福特一天中大部分时间都处于迷糊状态。1945年9月20日，亨利·福特在一个清醒的时刻正式告诉孙子可以接替他担任福特汽车公司总裁。亨利二世后来回忆说，他点头同意的前提是，"如果我能做出他想要的改变"。不出所料，小亨利就任后采取的第一项行动是解雇哈里·班尼特。得知这个消息后，亨利·福特叹道："喔，哈里现在又退回到原地了。"

亨利·福特的思维在衰退，身体也渐渐衰弱。从1938年起，他多次罹患中风，而且越来越孤僻沉默。即使在神志清醒时，他的头脑也比较混乱，他越来越爱谈轮回转世，也开始宣称他的儿子埃德塞尔并没有真正死去。偶尔被人带到福特工厂参观时，亨利似乎根本弄不清厂里在发生什么。有一次，他在鲁日工厂的工程部问："这些人在做什么？"1947年4月6日晚，83岁的亨利·福特对费尔莱恩宅邸的女佣说了最后一句能让人辨出意思的话：

"我今晚会睡个好觉。我希望早点上床睡觉。"几个小时后,家人发现他显然睡得很差,克拉拉·福特叫来医生。当医生赶到时,亨利已经离开人世。

到1944年夏天,战争的成败已略见分晓。盟军在法国各地推进,苏联军队在东线打击顽抗的德军,海军上将尼米兹(Nimitz)和麦克阿瑟将军攻下一座座岛屿,步步向日本逼近。这时,大多数美国汽车公司开始考虑淘汰1941年的车型,以便在战争结束后为顾客提供新款汽车。只有一款军用汽车——吉普从战争时期成功过渡到和平时期。在接下来的几年里,这款基础交通工具建立起不分阶级、经久耐用的声誉,堪比保时捷"人民的汽车"。吉普的缔造者早早淡出历史舞台,但吉普本身已成为富有价值的品牌。这种与大众汽车相似的皮实的四轮驱动汽车成了"人民的越野车",成为今天所有运动型多用途车(简称SUV)的鼻祖,"吉普"也成为家喻户晓的名称。

1902年创立于俄亥俄州托雷多的威利斯(Willys-Overland)是一家名不见经传的汽车制造商,到1942年时,这家公司已经破产过两次(一次在1920年,另一次在1933年)。今天威利斯还能有幸被人们记住,是因为美国战争部(US War Department)曾进行过一次鲜为人知的招标,要委托企业根据宾夕法尼亚州巴特勒的汽车公司美国班塔姆(American Bantam)不久前设计的原型生产一款小型军用卡车,而威利斯是唯一一家投标的公司。

班塔姆甚至还不如威利斯出名。班塔姆成立于1929年,原名美国奥斯汀(American Austin),是英国奥斯汀汽车公司的美国子公司。它专注于生产畅销车款奥斯汀7型车的美国版。1935年,这家公司在破产后与英国母公司剥离,并根据奥斯汀宝贝衍生款的名称更名为美国班塔姆(该公司仍然保留制造该衍生款的许可)。这家汽车制造商战前只出过一次名,当时,一位名叫沃尔特·迪斯尼(Walt Disney)的年轻动画师以1938年产班塔姆为蓝本,创作了一辆供他的新动画角色唐老鸭乘坐的汽车。1940年,班塔姆拿到了美国战争部的合同,受委托制造一款重1/4吨、四轮驱动的小型卡车,供军方执行"指挥侦查任务"。班塔姆似乎遇到了良机,但事实证明,这家公司规模太小、资源太少,无法因投标成功而获益。班塔姆一开始在从事自由职业的工程师卡尔·普罗布斯特(Karl Probst)——战后,普罗布斯特被誉为"吉普之父",但他一直拒绝接受这份荣耀,而是坚称吉普是由班塔姆的团队共同设计的——的帮助下开发出这款赢得合同的汽车。但在联邦政府认定班塔姆业务规模太小，产量远远达不到要求之前，班塔姆仅仅生产了2675辆小型卡车（班塔姆这时已经停止生产所有民用汽车，以便履行新的军方合同）。随后，政府转而委托威利斯对班塔姆的车辆进行改造，并大幅扩大生产规模。这款车大获成功，导致就连威利斯也无法完成美军的订单，于是福特被指定为后备制造商。

这款汽车起初名为多用途汽车（General Purpose Vehicle），不久之后则被亲切地称为"吉普"。1943年，威利斯正式将"吉普"注册为商标。这款简单利落、坚固的四轮驱动汽车既可搭载士兵，又可搭载总统，几乎可以去任何地方。战争期间，威利斯制造了66万辆吉普。1945年，威利斯开始大胆制造民用版CJ（全称Civilian Jeep，意为民用吉普）。随后，这款吉普车在法国授权给霍切奇斯（Hotchkiss）生产，在日本则授权给三菱（Mitsubishi）和丰田（Toyota）生产。但在1945年那会儿，几乎没有人预料到战时的吉普品牌60年后会成为拯救美国一家传奇汽车巨头的关键。[①] 我们将看到，到2000年，吉普已经成为历经检验的强大标志性品牌，几乎与不朽的大众品牌一样充满光辉。

---

① 吉普品牌在1953年威利斯被恺撒收购时得以保留（恺撒1963年甚至更名为恺撒吉普），之后，该品牌又在1970年和1987年分别转移至美国汽车公司（American Motors）和克莱斯勒，但都得到保留。

第六章
勒紧腰带的英国

经历第二次世界大战的严峻考验之后，西欧的汽车工业百废待兴。战争刚结束的那几年，西欧国家的大多数车型还和战前一样。有些汽车工厂在多年的轰炸中幸存，拥有这些工厂的欧洲国家一般存在小厂太多、车型太杂、汽车动力严重不足以及车款过时等问题。这些汽车是按照1935年而非1945年的标准和期待生产的。此外，汽油配给制在欧洲大部分地区持续多年的同时，政府还上调了汽油税，这就决定了汽车仍然是一种奢侈品而不是必需品。还有，除去德国和意大利这两个被夷为平地的轴心国，欧洲老化的公路系统也严重阻碍了汽车的发展，这里没有高速公路，也几乎没有双车道。

在战后的新英国，住房、医疗等需要优先解决的问题太多了，汽车制造则远远排不上号。大多数汽车被政府用于出口，以赚取真金白银。不过，许多英国车型没能经得住外国道路的检验。在国外卖得好的车型，在英国却很少见，例如：风格灵动、船尾形状的捷豹XK120在1948年之后风靡美国，但这款车几乎从未在英国的道路上出现过；再如在朗布里奇生产的第一批4.7万辆奥斯汀A40全部销往海外；1946年MG的TC Midget不如表面看上去那么快，但抓地性仍然能优于美国车，事实证明，这款汽车对资金紧张的英国而言是重要的美元收入来源；TC Midget的升级版、1955年推出的MGA甚至表现得更好，直到1952年，捷豹仍将年产量的96%用于出口，大都销往美国。

虽然英国政府当时已然破产，但仍然急需外汇，也意识到改善英国陈旧公路基础设施的迫切需要。1946年，工党交通大臣阿尔弗雷德·巴恩斯

（Alfred Barnes）宣布了一项重建英国公路网的十年计划，其中包括建设几条新的多车道高速公路。1939年以前，高速公路不可避免地与墨索里尼在意大利以及希特勒在德国建立的极权政权联系在一起，但由于机动化交通成为助力同盟国打赢战争的关键，加上美国高速公路大获成功，高速公路的负面印象随之淡化。不过，破产的英国根本无力修建数百英里的新高速公路。英国第一条高速公路——伦敦—约克郡M1高速公路的建设计划直到1955年才发布，更是到1959年才开始施工。

艾德礼（Attlee）的战后政府于1946年确实废除了不得人心的马力税，但保留了相当于汽车价值1/3（1947年之后为2/3）的高额购置税，而汽油配给制则一直施行到1950年。除此之外，由于需要完成出口配额，许多想买车的人得等五年以上。汽车史学家迈克尔·塞奇威克（Michael Sedgwick）称，"我家人1948年11月订购了一辆莫里斯牛津，但车到1954年才交付，那时我们已经买不起了。"战后历届政府都颇为默契地对汽车制造业这个英国制造业中最大的部门采取低增长、低投资战略。这样一来，到20世纪70年代初石油危机永远改变汽车业格局时，英国汽车制造商便因工厂、车型和创意投资严重不足而一蹶不振。到1974年时，英国利兰汽车的年投资额仅相当于国有公司雷诺的2/3，还不到大众的1/2。

英国汽车行业战前拥有手工制造传统，但这种模式成本太高，除了超级豪车制造商以外，一般厂商都难以为继。一位战前在考利工作的工人回忆说，他要花整整7个小时才能为一家车体制造商做出一个座椅。如今，在勒紧腰带的英国，机械化和产业合理化成为当务之急。因此，莫里斯把莫里斯和沃尔斯利这两个中型车系列合并起来。1952年，莫里斯更是与奥斯汀合并，成为一家名为英国汽车公司（British Motor Corporation）的集团公司。1952年，福特伦敦子公司仅有一家主要工厂，英国汽车公司却有14家工厂。

战后，许多英国汽车制造商通过收购政府战时的影子工厂而获得了好处。标准-凯旋（Standard-Triumph）等一些汽车公司完全放弃了市中心被炸毁的老工厂，整体迁往郊区的影子工厂。不过，战后历届政府不论持何种政治立场，都只允许在失业率高的地区新建汽车工厂，如果无法满足这一标准，就不颁发必要的工业发展执照。这样一来，许多工厂都建在并无汽车制造传统的地区，这些地方缺乏制造汽车这种"高级动物"所需的熟练劳动力。

在许多汽车制造商迫不及待地搬进新工厂之际，英国的劳资关系却还停留在石器时代。法国和德国的汽车制造商这时已不同程度地让工人参与决策；但英国汽车行业的独裁者们却对这种新理念不屑一顾。

有那么一段时间，英国还是几乎理所当然地成为全球最大的汽车出口国，因为从前与英国竞争的欧洲国家忙于重建被炸坏的工厂，美国汽车生产商则专注于国内市场。但很不幸，英国汽车产量于1956年被一个欧洲国家超越，而这个国家是德国。

在英国的汽车城考文垂，标准的董事长约翰·布莱克（John Black）爵士试图以德国的大众为榜样，规定公司此后仅专注于生产一种车型。于是，该公司于1948年推出了"标准前卫"（这款汽车得名于两年前英国建造的最后一艘战列舰[①]，可惜这个名字不太吉利），将其作为公司未来的希望。前卫的性能先进到出人意料，它配有三速同步啮合式变速箱、液压制动系统、螺旋弹簧前悬架系统和新式2升发动机，但外观却像一辆遭遇追尾事故的美国汽车。设计师沃尔特·贝尔格罗夫（Walter Belgrove）有意采用美式设计，因此，这款汽车酷似同时代的普利茅斯，只是没有后备厢。国内几乎没有人购买前卫，至关重要的出口销售额也几乎为零。布莱克和标准把所有鸡蛋都放错了篮子。

约翰·布莱克爵士是汽车业内最古怪的人物之一。他出身于职员家庭，1919年进入希尔曼工作，娶了希尔曼的一位女继承人。威廉·希尔曼（William Hillman）有六个女儿，每个女儿都继承了一部分股份，因而约翰由销售经理跃升到总经理的高位。1929年鲁特斯收购希尔曼之后，他离开希尔曼，进入标准汽车担任总经理。他在战争期间曾担任法制航空发动机委员会（Aero Engine Committee）主席并因此获得爵士头衔。1944年，在他的策划下，标准收购了破产的凯旋。但是，布莱克也跟福特和莫里斯一样是个专断的独裁者，容不得任何批评。他高大、外向，极其自负，爱欺负人，阴晴

[①] 前卫号战列舰（HMS Vanguard）也是20世纪诸多无畏舰（Dreadnought）中最优秀的一艘。遗憾的是，这艘战列舰于1960年被永久拆毁。

不定。他手下的大多数经理都很怕他。他不论去哪儿都带着身材魁梧的管家，而且容易突发奇想。出差或度假回来之后，他常常宣布员工太多，随时会解雇一些人。每年下第一场雪的时候，他总会坚持踏着滑雪板，让车拖着他环绕标准工厂。

布莱克是个离经叛道、刚愎自用的人，难免做出许多错误决定。譬如继续生产标准前卫和凯旋五月花（Triumph May Flowers）——公司本指望凯旋五月花能够在美国热销，但这款汽车笨重且品质不佳。1953年，布莱克在开着一辆凯旋跑车的原型车时遭遇交通事故并受了重伤。事故发生后，他的行为变得更加奇怪：几周后，在工厂的圣诞派对上，喝到烂醉的布莱克宣称标准-凯旋公司的管理人员太多，开始点名让一些人辞职，包括他的二把手泰德·格林汉姆（Ted Grinham）。这件事成为压垮公司高层的最后一根稻草。1954年元旦这一天，该公司董事会成员最终鼓起勇气，集体前往约翰爵士位于考文垂城外布本霍尔的豪宅。他们礼貌地要求布莱克在他自己的辞职信上签名，信中将最近发生的事故作为辞职理由。布莱克被要求立即离开公司，对他的补偿包括3万英镑、公务车宾利、入住公司位于威尔士的平房的权利以及一辆没卖掉的五月花（可以说具有双重意味）。

布莱克退出之后，标准-凯旋终于可以放弃灾难性的单一车型策略。但到那时，标准品牌已经无可挽回地与不可靠和性能差联系在一起。1959年，标准默默埋葬了自己的名字，宣布今后所有车型（从活泼、四四方方的Herald开始）都只使用凯旋品牌。不过，布莱克对标准前卫的推广也并非完全没有价值。标准前卫的发动机用在了凯旋第一款成功的跑车——1953年推出的TR2上，这款迅捷的跑车赢得了皇家汽车俱乐部拉力赛（RAC Rally），并在美国轰动一时——可惜，前卫本身从来没能享受这些荣光。

标准-凯旋在考文垂最大的竞争对手是鲁特斯，而鲁特斯战后推出的汽车系列与美国生产商斯图贝克（Studebaker）的车型很像。这也不是太奇怪，因为斯图贝克的设计师雷蒙德·洛伊（Raymond Loewy）当时在为沃里克郡的许多汽车公司当顾问。而且，1948年推出的希尔曼明克斯Magnificent和鲁特斯1955年推出的奥达克斯（Audax）系列也都是他帮着设计的。但到了1954年，就在豪华汽车市场回暖之际，鲁特斯竟然完全退出了豪华汽车业务，停止在赖顿生产亨伯普尔曼（Pullman）和帝国（Imperial）[1]。鲁特斯兄弟缺乏远见的做法，促使政府机构和其他公务轿车买家转向其他公司。1953年，鲁特斯企图凭借希尔曼加利福尼亚-明克斯（Californian-Minx）的双门轿车版攻占美国市场，但此举一败涂地。1955年，鲁特斯又出手收购辛格，但辛格过时的车型和狭小的伯明翰工厂[2]根本无助于拯救摇摇欲坠的鲁特斯。

不过，鲁特斯在1953年时还是走对了一步，即推出了阳光90的变体车型。这是一款两座跑车，由强大的鲁特斯2267cc轿车发动机驱动。鲁特斯称之为阳光阿尔卑斯（Sunbeam Alpine），是主要针对美国市场的一款车型。时髦的阳光阿尔卑斯由肯尼斯·豪斯（Kenneth Howes）设计，他起初在大西部铁路（Great Western Railway）的斯温登工厂当学徒，后来又在美国的斯图贝克和福特工作。的确，这款汽车面世后立马成为经典，并成为好莱坞的宠儿。如1955年，格蕾丝·凯莉（Grace Kelly）在她最后一部电影、希区柯克（Hitchcock）导演的《捉贼记》（To Catch a Thief）中，驾着阳光阿尔卑斯一型车，载着加里·格兰特（Cary Grant）在里维埃拉蜿蜒的公路上行驶；1960年，伊丽莎白·泰勒（Elizabeth Taylor）在《巴特菲尔德八号》（Butterfield 8）中也开着相似的车；阳光阿尔卑斯之后的各款被用在肖恩·康纳利（Sean Connery）1962年饰演的第一部邦德电影《诺博士》（Dr. No）中。迈克尔·凯恩（Michael Caine）在1966年引人入胜的好莱坞喜剧惊悚片《神偷艳贼》（Gambit）和1971年粗粝写实的英国经典黑帮片《找到卡特》（Get Carter）中都开着一辆阳光阿尔卑斯。在《找到卡特》中，一辆1968年款阳光阿尔卑斯消失在泰恩赛德码头浑浊的水中，而杰拉尔丁·莫法特（Geraldine Moffat）饰演的在后备厢里昏迷不醒的车主格伦达（Glenda）也与这辆车一起消失得无影无踪。

不过，鲁特斯的管理人员是典型的英国做派，他们完全没有料到阳光阿

---

[1] 漂亮的亨伯超级狙击（Super Snipe）系列广受好评，但直到1958年才推出，到1967年又在克莱斯勒的操纵下过早停止了生产。

[2] 辛格坚持1923年菲亚特的生产模式，利用垂直空间生产汽车：零部件从厂房底部输入，成品车从厂房顶部输出。

尔卑斯会如此成功。在三年时间里，阳光阿尔卑斯一型到三型加在一起，产量也仅为1582辆，结果导致供应远远跟不上需求。1956年，豪斯（Howes）和杰夫·克伦普顿（Jeff Crompton）对阿尔卑斯进行重新设计（这之后的阿尔卑斯酷似1955年推出的福特雷鸟），让这款车变得更受欢迎，进而大获成功，但改造后的阿尔卑斯搭载的是平庸的希尔曼哈士奇（Husky）平台，行驶系统则与丰腴的阳光双刃剑（Sunbeam Rapier）一样——而阳光双刃剑虽然号称拥有"斯图贝克"般的曲线，但充其量也就是招摇的希尔曼明克斯。

并不是每一家英国汽车制造商都乐意像比利·鲁特斯那样承担财务风险。比如处于母公司通用汽车严格控制之下的沃克斯豪尔和欧宝战后几年并没有制造出任何出色的车型。它们的汽车仍然受制于美国的造型理念，这就造就了一种与实施配给制和马歇尔计划的紧缩世界格格不入的审美。历史学家安东尼·普里查德（Anthony Pritchard）称沃克斯豪尔1957年推出的美式车款胜利者（Victor，很快因锈蚀问题恶名远扬）为"汽车世界的疣猪……浑身上下长满脓包"。

就连福特英国一开始也没能向战后的客户提供什么新鲜的东西。福特的车型与1939年大同小异，造型普通，机械性能保守。1950年推出的Consul虽被誉为时尚新风尚，但其实只是注水和微缩的美式造型风格。[①] 至于1953年推出福特Popular，我们只能说，这款车继承了T型车的悠久传统，价格非常便宜，且低于所有竞争对手。Popular通过贯彻亨利·福特著名的"节俭"原则拼命节约了成本，因此，这款车只有几个仪表，一个小小的前照灯和一个雨刷。不过油耗却很高，而且最快只能开到每小时50英里。但在1953年至1959年期间，福特卖出的Popular（以及略微复杂的兄弟款安格里亚、Prefect、护卫者和Squire）比英国汽车公司卖出的小型奥斯汀或莫里斯汽车还要多。英国由此成为世界上唯一一个福特汽车销量超过通用汽车的市场。

令人担忧的是，福特英国于1953年收购问题重重的供应商BMB（Briggs Motor Bodies）之后，战前在劳资关系方面堪称典范的记录（与底特律母公司的劳资关系形成鲜明对比）便受到严重玷污。1957年，福特英国发生了臭

---

① 1956年推出的Consul二型车在视觉上有很大改观，但外观仍然太美式，无法在英国市场大获成功。

名昭著的"敲钟纠纷",最终导致达格纳姆工厂停产。事件的起因是,一名工会代表因参加工会会议(他最终在自己的午餐时间召集了会议)而受到处分。在此后的一段时间里,劳资纠纷愈演愈烈。直到1962年福特解雇17名积极分子,同时着手改善工人尤其是熟练工人的工资和劳动条件,冲突才告一段落。

奥斯汀旗下朗布里奇工厂战后推出的8HP和10HP也偏保守,而且动力不够强劲,这些车型的鼻祖可以追溯到20世纪30年代。事实上,奥斯汀的新董事长、脾气暴躁的伦纳德·洛德(Leonard Lord)更关心如何超越他的竞争对手、前雇主纳菲尔德勋爵,而不是生产有竞争力的现代汽车。

洛德这个人是出了名的难相处,有着明显的自卑情结,他很难容人,更别说容忍傻瓜了。洛德在戴姆勒、哈奇开斯和莫里斯步步高升,但作为一名出生于考文垂、延续并遵循英国汽车行业最优良传统的工程师,他对财务管理和营销活动不屑一顾。洛德与他那位才华横溢但个性古怪的门徒、工程师兼设计师亚历克·伊斯哥尼斯一样,都深爱乃至迷恋自己的母亲。[1] 他行为粗鲁、令人不快,不管到哪里,嘴上总是叼着香烟。莫里斯那温文尔雅、文质彬彬的宣传主管迈尔斯·托马斯后来在谈到洛德时称"人人都仰慕他的行事方法,但他的举止让人不敢恭维"。不过,从当时其他人的说法来看,托马斯似乎太客气了。英国汽车业之所以崩溃,有一部分责任显然可以直接归咎于洛德,由于英国汽车公司在他的领导下陷入停滞,这家公司痛失Mini和Minor等车型获得成功所带来的机遇,洛德也难辞其咎。

在1929年,洛德实现了人生的重大突破,那一年,莫里斯提拔了这位固执而粗鲁的经理,让他负责重组莫里斯最近收购的破产公司沃尔斯利。洛德有着成功的过往,他对自己给人留下的坏印象似乎不以为然,因而很快就得到不爱社交的莫里斯的赏识。他对考利工厂进行了改造升级,推出了小巧利落的莫里斯8型车(Morris Eight),莫里斯8型车很快成为英国最畅销的小型车。洛德还计划推出一系列新车型。但莫里斯并未像他承诺的那样退休,而且还刻薄地拒绝了洛德分享更多公司利润的正当要求(毕竟,洛德的莫里斯

---

[1] 与伊斯哥尼斯不同,洛德结了婚并有三个女儿。

8型车改变了莫里斯汽车公司的命运），于是洛德于1936年愤然辞职。1938年，他加盟了莫里斯汽车的死对头奥斯汀，担任总经理，这件事进一步激怒了莫里斯。

在1935年的奥林匹亚车展上，纳菲尔德勋爵和伦纳德·洛德在心烦意乱的威尔士亲王（显然对新的莫里斯8型车不感兴趣）两旁。

洛德认为，纳菲尔德勋爵在1936年对他非常不公，于是他怀恨在心，发誓要"一砖一瓦地把考利拆散"。1941年，赫伯特·奥斯汀去世后，洛德作为奥斯汀的董事长，完全控制了这家公司。11年后，当保守党政府说服奥斯汀和莫里斯这两家英国最大的汽车制造商合并组建英国汽车公司时，洛德使出一些手段，确保表面上的"合并"实际上是奥斯汀接管纳菲尔德集团。他安排奥斯汀的高管负责英国汽车公司的每个主要部门，甚至不厌其烦地贬低那些支持合并的莫里斯董事。汽车史学家吉莉安·巴兹利（Gillian Bardsley）认为，洛德"充分利用每一个机会贬低莫里斯汽车的前董事，确保奥斯汀在方方面面都高莫里斯一等"。这种令人不快的气氛让才华横溢的亚历克·伊斯哥尼斯无法忍受，他甚至在创建英国汽车公司的消息公开宣布之前就离开了，转而加入考文垂的小型汽车制造商阿尔维斯。威廉·莫里斯本人在短暂担任非执行董事长之后被劝说退休，莫里斯汽车的整个发动机项目也被取消。在这场所谓的合并中，莫里斯在很大程度上处于劣势。但洛德也疏忽大意，允许奥斯汀和莫里斯的汽车继续争夺国内和出口市场，朗布里奇和考利保留了各自的经销商。因此，当伊斯哥尼斯的Mini于1959年推出时，奥斯汀和莫里斯这两家各自为政的公司竟然分别生产了几乎一模一样的版本——极大地浪费了英国汽车公司的资源，对这款汽车的盈利毫无帮助。通用汽车是永远都不会犯这种关键错误的。

尽管洛德的坏脾气臭名远扬，而且挟持了英国汽车公司，1961年退休时，他已经开始统治英国汽车行业。1954年，洛德因对英国汽车行业的贡献而被封为爵士，1962年，擢升为兰伯里男爵（Baron Lambury），不过他并没有被封为"洛德勋爵"（Lord Lord）①。洛德能够步步高升并主宰汽车行业，或许证明了当时英国汽车业高管的水准之低。美国、法国和德国的竞争对手会鼓励各个专业的顶尖毕业生进入汽车行业，但在英国，工程师仍然占据主导地位，财务管理、市场营销和公共关系等领域的毕业生基本不受重用。

奥斯汀在全球建立了特许经营网络，因此，在第二次世界大战刚结束的几年里，不管奥斯汀的产品多么平庸，仍然可以卖得很好。1951年，奥斯汀A90亚特兰大（A90 Atlantic）进军美国市场的努力以惨败告终——但洛德并未从失败中吸取教训，而是更加不愿听取创新者的意见。娇小的奥斯汀A30在满载四人时性能会极其糟糕，但这款车一直出口到20世纪60年代。同样，1954年推出的一款基于莫里斯牛津的汽车直到今天仍然由印度授权生产。历史学家安东尼·普里查德称之为"丑陋无比的汽车"。

莫里斯本人无法适应战后世界，变得越发孤立。他不可避免地把工党在1945年大选中取得的压倒性胜利视为国家的灾难，并不断要求削减国家的权力，逆转艾德礼政府的国有化政策。他宣称，"所有制造企业"都应该"有机会以自己的方式进行商业自救，而非因红头文件和条条框框而受到束缚和

---

① 这里用了一种诙谐的说法，因为洛德的英文"Lord"刚好与"勋爵"是同一个词。——译者注

阻碍"。莫里斯信奉自由放任的经济学，秉持维多利亚时代的社会态度，而未能适应国有化和福利国家的挑战。因此，艾德礼领导的工党政府执政后，他的不满似乎与日俱增。迈尔斯·托马斯后来写道：

> 他对第二次世界大战刚结束时出现的钢铁短缺、持续的政府控制以及种种恼人的限制和束缚越来越警醒和憎恨，我们渐渐意识到，这个坐上独裁者宝座的人并不快乐。他曾经无须明言，就能让自己的愿望转化为对英国最成功、发展最快的行业的高管的命令，现在却不得不屈从于官僚对商业的影响。

和福特一样，莫里斯虽然承诺要把公司留给年轻一代，却不断违背承诺。早在1932年，当时55岁的莫里斯就宣布他不久将不再插手莫里斯汽车公司（该公司于1940年正式更名为纳菲尔德集团）的日常管理。但随后威廉·莫里斯却与亨利·福特一样发现自己放不开手。迈尔斯·托马斯这样描述第二次世界大战刚结束的那段时期："莫里斯很早以前就说要把公司的管理权交给董事会，但他仍然坚持自己不当的批评权，虽然他有权批评，但这些批评造成了破坏性影响。"其结果便是伦纳德·洛德和迈尔斯·托马斯等才华横溢的高级管理人员在愤怒中离开了纳菲尔德集团。1945年，托马斯曾提议精简公司错综复杂的工厂和供应商网络，但莫里斯从澳大利亚度假归来后却莫名其妙地砍掉了这一计划。就连温文尔雅、举止温和的托马斯也决定不要再忍受莫里斯短视的暴政，于1946年11月辞了职。1938年，伦纳德·洛德跟莫里斯闹翻了，随后立即加入"敌人"行列，两人再也没有说过话。后来，莫里斯被无理地明升暗降，先是当了英国汽车公司非执行董事长，随后又在1954年成了"名誉总裁"，终于让洛德出了口恶气。莫里斯生命的最后九年与英国汽车公司没有任何牵连，除了偶尔被唤去拍宣传照——众所周知，他讨厌摆姿势。尽管莫里斯非常富有，但在1963年去世时，他似乎很不快乐。莫里斯对自己没有孩子感到特别遗憾。他写道："我拥有任何人都不曾奢望拥有的钱财，我还拥有高贵的头衔，但我一旦死去，这一切都会化为乌有。"事实的确如此：纳菲尔德子爵的头衔在他死后便灰飞烟灭。如今，

1975年以后出生的英国人很少还记得莫里斯汽车。考利的"纳菲尔德之针"方尖石碑是牛津老莫里斯工厂的唯一遗迹。这座工厂曾经雇用了数千名工人，但于1993年被拆除。

不过，在日渐衰落的莫里斯帝国被英国汽车公司吞并之前，莫里斯还是生产了一款出色的运动型车——MGA。MGA很快成为世界上最受欢迎的跑车，在美国市场上占据了很大一部分。莫里斯还推出最后一款出色的小型车——莫里斯Minor。不过，莫里斯Minor虽然大获成功，但莫里斯本人不仅没有协助，反倒百般阻挠。

尽管英国交通部在战时禁止生产民用汽车，但在1941年，时任莫里斯汽车董事总经理的迈尔斯·托马斯说服政府允许莫里斯在不影响坦克、装甲车和武器装备生产的前提下，新开发一款面向和平时期的小型汽车。由于当时是在战争期间，这个项目代号"蚊子"（Mosquito），得名于战争期间表现优异的德哈维兰（de Havilland）双引擎木制机体战斗轰炸机。"蚊子"汽车不仅拥有革命性的冲压钢制车身，还配备有新型四缸发动机。这种发动机很快有了一个名称，叫作"水平对置四缸发动机"，能够在最大限度提高输出功率的同时将（应税）马力降至最低。[①] 1945年第二次世界大战结束时，莫里斯汽车公司是西欧为数不多的准备推出全新车型的汽车制造商之一。迈尔斯·托马斯对第一辆"蚊子"进行了测试，并评价说，这是"迄今为止我所见过的最好的原型车"。但托马斯和这款汽车的设计师亚历克·伊斯哥尼斯没有想到，日益保守的莫里斯会出手干涉。这位上了年纪、脾气暴躁的子爵讨厌这款车，并对其革命性的、受美国影响的车身嗤之以鼻。他吼道："看起来像个水煮蛋，我们不能生产这种东西。"这位保守的大亨更愿意延长战前久经考验、值得信赖的莫里斯8型车的寿命，而不想推出任何新车型。向来处事老练的托马斯后来写道："纳菲尔德勋爵没有心情作出改变。他认为我们接到的莫里斯8型车订单太多了，应付不过来……我恳求说，莫里斯8型车很快就会过时，而莫里斯Minor会让我们拥有压倒性优势。但他固执己见。这次挫折让我感觉很不是滋味。"

---

① 由于莫里斯推迟了这个项目的进度，到Minor推出时，艾德礼政府已经取消了马力税，转而采用定额税。

莫里斯还试图拖延这个项目，坚持主张对造型设计全盘推倒重来，他还要求把项目名称从"蚊子"改成莫里斯战前使用过的"Minor"。温和但有远见的托马斯忍无可忍地辞职了——这对纳菲尔德造成沉重打击，直接导致该公司四年后与奥斯汀"合并"。1948年11月11日，纳菲尔德董事会对托马斯草草表示感谢，并给了他一张1万英镑的支票，然后把他送出了门。两年后，托马斯加入迅速成长的英国海外航空公司（British Overseas Airways Corporation）担任董事长。

托马斯的突然离开，最终促使莫里斯不情愿地批准了经过改版的Minor。但他以成本为由，坚持要求取消大胆的独立后悬架系统，原本为这款汽车设计的强大的水平对置四缸发动机也被战前莫里斯8型车羸弱的发动机取代。[①]由于这款汽车动力不足，无法在美国市场竞争，这就为大众的重生清除了障碍。不过，莫里斯至少同意保留了Minor开创性的齿轮齿条式转向系统，同时伊斯哥尼斯也在最后时刻干预了设计，不仅将原型车一分为二，还额外增加了4英尺的长度，此举确实让这款汽车看起来不那么像鸡蛋了。

Minor圆润的曲线和平坦的车身显然受到最新的美国车型、大众甲壳虫（不过，莫里斯汽车公司没有人会承认这一点）和雷诺750（雷诺750酷似甲壳虫绝非偶然，因为费迪南德·保时捷1945在法国拘留期间被迫进行原型车研发）的影响。伊斯哥尼斯的设计甚至让人联想起克里斯蒂安·迪奥（Christian Dior）1947年曲线优美的新风貌（New Look）时装系列。简而言之，莫里斯Minor虽然没有完全贯彻原始理念，但仍然成为市场赢家。伊斯哥尼斯于1948年写道，这款汽车"完美契合这个相当贫乏的战后时代的经济状况"，字里行间透着他特有的自负。《汽车》杂志认为，这"确实是一款相当不错的8马力车"。

Minor得到了消费者的肯定，立即成为畅销车型。1949年，考利工厂不得不新增两条装配线来满足国内需求，1952年又推出一款装有木质嵌板的旅行车版——莫里斯旅行家（Morris Traveller）。莫里斯旅行家后来因电视角色埃弗烈治夫人（Dame Edna Everage）乘坐的"半木头车"而永载史册。从

---

① 1956年，这款汽车最终安装了较为强劲的发动机，同时淘汰了分体式挡风玻璃以及原始的雨刷。

1948年到1970年10月，莫里斯总共生产了160万辆Minor。第一百万辆Minor于1960年推出，英国汽车公司公关部随即宣布，如果把所有Minor排成一列，可以从牛津郡延伸到月球，该公司还拍了一系列影片，展示Minor如何在加拿大和德国穿越数千英里。[①] 牛津的学术传统亦得到反映：第100万辆汽车的车牌是1MHU，而"MHU"是古希腊语中一百万的缩写。[②]

不过，莫里斯以及后来的英国汽车公司都从未适当挖掘过这款汽车的潜力。汽车史学家乔纳森·伍德（Jonathan Wood）指出："莫里斯的Minor无疑是世界上最好的小型汽车……但几乎没有证据表明纳菲尔德集团欣赏这些才华横溢的设计师的优秀作品。而且，尽管实践证明这款车在国内市场很受欢迎，但在出口市场的潜力却从未得到充分发掘。"如果莫里斯和洛德有必要的远见，Minor本可以在进口大众大行其道之前征服美国市场，伊斯哥尼斯的"煮鸡蛋"本来也可以像一样有后置引擎的德国竞品那样占据全球标志性地位。

这可能是英国的大众汽车吗？1949年，莫里斯汽车公司试图将Minor出售给全世界。

---

① 在这些影片里，镜头中的Minor不断超越大众甲壳虫，其中释放的信息不言自明。
② 莫里斯当时还生产了一小批莫里斯百万（Morris Million），这款车完全脱胎于Minor，区别是名称不同，而且呈谜一般的淡紫色。

与Minor一样，20世纪50年代初英国的家用车型大都动力不足，配置简陋。英国汽车制造商与欧洲大陆的同行一样，也不愿采用美国流行的自动变速箱；而英国小型车的手动变速箱是出了名的糟糕。英国汽车业也不太为自己产品的缺陷而烦恼。历史学家马丁·温莱特（Martin Wainwright）说："莫里斯的子公司沃尔斯利就折射出这种普遍的态度。该公司接到投诉称，有一款车型的变速杆经常从底座折断。结果公司给投诉的人发信息，建议他们更加认真地学习如何换挡。"[1] 20世纪50年代末，英国汽车公司的管理层开始尝试甩脱英格兰人那种故步自封的自满，聘请意大利设计公司宾尼法利纳（Pininfarina）为那些古板的车型增添姿色。早期的一些成果，譬如1958年的奥斯汀A40无疑是成功的。宾尼法利纳干净利落、目的明确的直线条与许多不太起眼且带有美国印记的英国汽车那种弯曲、摇摆的外观构成鲜明对比。但即使是意大利造型设计也无法掩饰汽车的低劣品质。例如，1959年推出的莫里斯牛津V（Morris Oxford V）和奥斯汀A60剑桥（Austin A60 Cambridge）拥有来自宾尼法利纳的锐利、清晰的线条，但性能奇差无比，抓地力极其糟糕。由于英国汽车公司的产品存在这些固有缺陷，就连英国消费者也将目光投向了别处。1960年，福特超越英国汽车公司，成为英国头号汽车生产商。英国汽车公司及其继任者都没能再夺回头把交椅。

第二次世界大战之后，英国汽车制造业也出现过一些亮点。时尚、车体较低的捷豹XK120令美国观众惊叹不已，MG的小型跑车也一样。劳斯莱斯巩固了自己作为全球顶尖豪华汽车制造商的声誉。劳斯莱斯的许多竞争对手在战前或战争期间倒闭，而梅赛德斯的德国工厂被炸弹破坏，暂时不构成任何挑战。1949年，罗孚推出了新款车型P4（根据发动机大小命名为罗孚60、罗孚75或罗孚90），这款汽车凭着丰满而漂亮的线条、精良的内饰和可靠的质量，在英国乃至整个大英帝国引起巨大反响。莫里斯Minor也是一样。此外，与Minor同年推出的英国汽车勇士（Spartan）也大获成功，这款多功能车大体上是参照威利斯吉普设计的。

---

[1] 就连Minor的引擎盖也无法锁紧，车行驶的时候，引擎盖偶尔会掀开。公司对引擎盖的缺陷心知肚明。

捷豹 XK120 向世界证明了"英国可以做到",并在战后紧缩时期为国家赢得了宝贵的美元收入。在这里,英国赛车手斯特林·莫斯驾驶着一辆出口车型驶下坡道。

不折不扣的英国车经典——路虎(Land Rover)的创意来自罗孚董事长莫里斯·威尔克斯(Maurice Wilks)。威尔克斯想要一款坚固耐用、像吉普那样的越野车,既能在铺设平整的路面上行驶,又能在乡间小道上开。威尔克斯把自己的想法简明扼要地讲给32岁的罗孚设计总监戈登·巴什福德(Gordon Bashford)听,而巴什福德短短六个月就设计出一款出色的汽车,堪称20世纪最成功、最耐用的汽车之一。路虎采用吉普的底盘和罗孚P3(1948年到1949年期间销售的短命过气车款)的发动机。在1948年阿姆斯特丹车展上首次亮相的路虎无疑是朴素的:且不说坐垫,就连车门也被视为多余的奢侈物件。但这款汽车简单、可靠,而且成功。到1955年,路虎的销量已经超过罗孚的传统车型。英国军队大量购买路虎,之后,世界各国的武装部队也纷纷购买。就连女王也购买了一辆。从1953年11月起,皇室会乘坐路虎出访各个英联邦国家。

1958年,罗孚推出了不那么朴素的路虎2系(Series Ⅱ),这款车由罗孚的造型设计师戴维·贝奇(David Bache)用心打造。与简朴的前辈相比,较为舒适的路虎2系与哈罗德·麦克米伦(Harold MacMillan)后紧缩时代政府

"从未有过这么好的生活"（never had it so good）的提法更搭，路虎2系以及之后的2A、2B和3系（都与1958年的原始版型没什么差别）的生产一直持续到20世纪80年代。

到1970年，在世界各地的大路和小道上，路虎沉稳的身影已经随处可见。在那一年，罗孚制造了一款高端产品，与路虎相伴，事实证明，这款汽车取得了巨大而持久的成功。但罗孚及其新主人未能把握这些亮眼突破带来的机遇，未能在20世纪末主宰巨大的越野车市场，这仍然是汽车史上一件最令人遗憾的事情。

第七章
凤凰涅槃

与欧洲大陆大多数汽车工厂一样，法国的汽车工厂1945年也是惨不忍睹。1944年，标致的索肖工厂成为美国人和德国人的战场，被夷为平地。庞阿尔的伊夫里工厂被德国人当成投弹场。阿尔萨斯莫尔塞姆的布加迪工厂1940年曾被德国人征用，纳粹撤退时有意摧毁了这家工厂。布加迪花了好几年才重新确立对厂房所在地块的法律权利，而这时埃托雷·布加迪已经不在了。1947年，20世纪二三十年代凭着自己的产品在汽车赛场上叱咤风云的布加迪在筋疲力尽和心灰意冷中与世长辞。[1]事实证明，第二次世界大战刚结束的那几年不仅埋葬了布加迪，还有其他许多著名法国品牌。依赖昂贵的豪华车型和时髦的高性能赛车来带动销售的公司发现，满目疮痍、捉襟见肘的法兰西第四共和国根本无法支撑这两个市场。总部位于巴黎的豪华汽车制造商瓦赞（Voisin）根本没能挺到战后；霍切奇斯的管理层于1944年被控通敌，之后再也没能摆脱耻辱；到1953年，霍切奇斯每年仅生产230辆汽车，而且很快便专注于在威利斯授权下生产吉普[2]。德拉哈耶（Delahaye）的赛车于1939年之前曾挑战过梅赛德斯和汽车联盟在赛道上的霸主地位，但这家公司也难以站稳脚跟，1953年仅仅生产了3辆汽车，之后被霍切奇斯收购。

---

[1] 1955年，布加迪试图东山再起，但该公司的251型大奖赛（Type 251 Grand Prix）汽车令人失望透顶，随后，布加迪又恢复生产飞机发动机。

[2] 1966年，霍切奇斯被军火制造商Brandt收购。霍切奇斯最后一款军用车于1971年推出。

同年，著名的豪华跑车制造商德拉奇（Delage）也倒闭了。与此同时，战前兼具英法两重背景的塔尔博特的法国分公司（塔尔博特的英国分公司于1935年被鲁特斯集团兼并）挣扎着熬到1958年，同年被菲亚特的附属公司、不断扩张的西姆卡（Simca）收购。

一些汽车制造商干脆就此放弃。坐落在里昂郊外的贝利埃（Berliet）之后再也没有制造过汽车。1944年，这家曾与德国人积极合作的公司被一个自封的抵抗运动工人委员会草草接管，这些工人决定专门生产卡车。1967年，贝利埃最终被雪铁龙收购。

不过，雪铁龙是法兰西第四共和国最成功的车企之一。1948年，该公司推出了2CV，这款汽车是那个时代所崇尚的实用主义时尚之终极表达，也是福特T型车和奥斯汀7型车名副其实的继承者。2CV与40年前的T型车一样，也是专门针对过去买不起车的消费者们。因此，2CV的规格说明中规定，这款汽车必须定价低、结实，就像"有四个轮子的伞"，允许两个农民可以穿着木鞋，以每小时60千米的速度开着车，把100千克的农产品运到市场上。2CV必须可以在未经铺装的泥泞道路上通行，最广为人知的说法是，这款车应该可以携带鸡蛋穿越犁过的田地，而不会打破鸡蛋。此外，2CV的平均油耗应该在百千米3升左右[①]。德国军队于1940年入侵法国时，雪铁龙有250辆2CV的原型车在全国各地的道路上行驶。雪铁龙及其母公司米其林的管理者非常清楚，这款车不论是作为军用交通工具，还是作为与纳粹德国KdF-Wagen相当的民用汽车，都具有很高的价值。因此，许多原型车被藏在法国各地的秘密地点，有些隐藏得太深，到1945年已被完全被遗忘（在克莱蒙–费朗的米其林工厂，一辆原型车被成功伪装成轻型卡车）。1948年，那些在战争中幸存下来原型车却被性格严肃、爱抽吉卜赛舞女香烟的米其林首席执行官皮埃尔–朱尔·布朗热（Pierre-Jules Boulanger）下令销毁，他想从头开始，对这些老而粗糙的原型感到尴尬。值得后人庆幸的是，布朗热没能找出所有原型车；直到1994年，人们还在位于巴黎以西维达姆堡的雪铁龙测试车道附近的一个谷仓里发现三辆战前的2CV。

---

① 相当于每加仑78英里。

第二次世界大战后，许多法国汽车制造商因通敌而受到调查，布朗热却凭借无可挑剔的抵抗运动资历，迅速而顺利地收回雪铁龙的控制权。两辆2CV原型车被抢救出来，布朗热聘请设计师弗拉米尼奥·贝尔托尼（Flaminio Bertoni）重新配置车身。布朗热本人从来没有享受过自己的劳动成果，1950年，他在车祸中丧生（当时他开着一辆雪铁龙Traction Avant，颇具讽刺意味）。不过，贝尔托尼努力完成了2CV，之后又设计了雪铁龙的传奇车型DS。

贝尔托尼战前是一名雕塑家，2CV蜿蜒、近乎妖冶的线条彰显着他在雕塑领域的洞察力。2CV比较粗糙，速度慢得折磨人（如果你运气好的话，原始的9马力发动机在平地上可以开到每小时35英里），悬架系统则柔软得可笑：汽车急转弯时倾斜得吓人，甚至连小孩都可以把车推得左右摇晃。但正如迈克尔·塞奇威克所言："这款车制作精当，并且可以在全国范围享受服务。"这款汽车的英文传记作家约翰·雷诺兹（John Reynolds）指出："2CV被设计成一辆实用的汽车，在工程方面则采用了最高的技术标准。2CV看似粗糙简单，车身脆弱无比，却是有史以来为普通驾车者提供的最巧妙、最复杂的设计之一。"2CV的座椅可以拆卸，因而能够承载根本装不下的货物。2CV的液压制动系统相比大众甲壳虫原始的刹车系统有了相当大的改进，车体也比莫里斯Minor和略为高端的雷诺4CV等主要竞品更长。2CV刚刚推出的几年里，价格仅相当于甲壳虫的一半。此外，2CV的活动部件较少（初始设计纲要的关键要素），因此非常可靠，偶尔出现故障时，维修费用也相当便宜。

20世纪30年代，美国和德国的汽车制造巨头都秉持以发动机为主导的态度，为使制动马力最大化，不惜牺牲一切，雪铁龙则主要关心安全和舒适度。因此，2CV的基本原则是保证出色的稳定性，即使驾车人毫无经验、技术不佳，也一样能把车开稳。为了实现这一目标，车轮被置于全部四个角落，发动机和变速箱置于前轴的前方。这款汽车采用最新的齿轮齿条式转向系统，方向盘从左极限到右极限只需要转2.3转。由于车身主要由螺栓连接的铝板制成，完全不会增加汽车的承重，2CV出人意料地轻，有助于操控和节省燃油。

1988年2CV停产之前，法国生产了近850万辆（包括Dyane和Ami等衍生品）①。但2CV并不是刚上市便一炮打响，一开始遭到痛批——欧洲汽车媒体撰文抨击，法国喜剧明星也在舞台上冷嘲热讽。英国的《汽车》杂志更是嘲笑说，2CV"出自一位跟受虐狂一般狂吻紧缩之鞭的设计师之手"。莫里斯汽车则坚称，他们1948年推出的新款Minor是欧洲最经济、最够格的汽车，暗示2CV只能勉强够格。不过，雪铁龙的订单如潮水般涌来，很快就有了长达三年的名单在排队。1974年，2CV的销量达到顶峰，因石油危机而感到惊恐的消费者为这款老车带来新的生机。直到1979年，雪铁龙才推出新版节能汽车，配有省油的602 cc发动机（仅提供29马力）。从1953年到1964年，右舵2CV在英国授权生产。1960年，雪铁龙甚至生产了一款名为Bijou的"英国化"车型，这款车必须得归为雪铁龙有史以来卖过的最丑的车。不过，英国人对Bijou或其表亲2CV从来都不太感冒。1966年，雪铁龙关闭了斯劳工厂，之后，该工厂被美国糖果巨头玛氏（Mars）收购，玛氏改用这家工厂生产巧克力棒。

2CV历久不衰的设计要归功于安德烈·雪铁龙那位才华横溢的门徒安德烈·勒法布夫（André Lefèbvre）。勒法布夫生于1894年，是一位训练有素的飞机设计师。第一次世界大战后，他开始为与众不同的汽车和飞机制造先驱加布里埃尔·瓦赞（Gabriel Voisin）效力。大萧条期间，瓦赞的手工制豪华车失去了市场，于是瓦赞把自己手下以勒法布夫为首的设计干将慷慨提供给了雪铁龙。勒法布夫身材高大，举止文雅，在雪铁龙以善于创新、性情古怪而著称，到哪都会带上标志性的香槟。他通常身穿飞行夹克，戴着白色丝巾，就好像马上就要驾着瓦赞的飞机升空一样。但勒法布夫不是工程师，他对汽车发动机不屑一顾，认为发动机只会弄脏他精致的服装。为2CV引入机械方面创新的是布朗热，他确保这款汽车能够节省燃油；勒法布夫则负责为完善汽车的造型并提高格调。

1955年，勒法布夫和贝尔托尼帮助雪铁龙创造了20世纪最具创新性、最大胆、最时尚的汽车之一——DS19。这款"女神"②立刻成为有史以来最出色的汽车之一。环绕式挡风玻璃、倾斜的前鼻和置于四角的车轮让DS19看

---

① 2CV在葡萄牙的生产一直持续到1990年。
② "DS"全称"déesse"，在法语中意为女神。——译者注

上去别具一格。DS19是"思想者之车",在很大程度上也是工程师之车,拥有可拆卸的玻璃纤维车顶。而且该车的车窗很大,让车显得明亮而轻盈。DS19还配有单辐条方向盘,米其林新型子午线轮胎,高压液压系统,氮气弹簧,前部有碟形刹车系统。此外,DS19还有革命性的快速释放方向盘;而子午线轮胎的性能远优于竞争对手,使用寿命也长得多。

不过,大多数驾车者最看重DS的新型气动悬架系统——这是他们梦寐以求的东西。气动悬架系统汽车非常舒适,DS加速时有如升入云霄,减速时那流线型的臀部又会优雅落座。该系统会自动对汽车进行调整,使之适应不同的路况,不论是最颠簸的乡村小道,还是平整的新车道,都能应对自如。即使汽车只剩下三个轮子,也一样能继续开。

由此可见,DS与要求不高的2CV截然不同,是一款高度复杂的汽车。1955年之后,一些法国经销商实际终止了与雪铁龙的合作关系,称DS太难修理[①],但总是值得一试的。《汽车百科》杂志评论认为,DS可能是"全欧洲最复杂的汽车",但也是"全世界最舒适的汽车"。当香槟色的DS在1955年巴黎车展的雪铁龙展台上亮相时,现场爆发出一种近乎歇斯底里的情绪。人人都希望能凑近一点儿看。勒法布夫和贝尔托尼设计的蜿蜒有致、合乎空气动力学的线条赋予DS一种永恒的优雅,把大多数轮廓粗短的当代欧洲汽车甩下好几光年元,展厅内的DS悬架在空中,没有轮子,就像一艘宇宙飞船。隔壁展台上同为新款的标致403T——由宾尼法利纳设计的四四方方的轿车完全被DS抢了风头,在DS的衬托下显得无比老气。当天的展览结束时,雪铁龙这款最精致的汽车已经接到1.2万张订单。两年后,这款汽车甚至进入了米兰的国际装饰艺术博览会(International Exposition of Decorative Art)。

1958年之后,在戴高乐建立的法兰西第五共和国里,DS成为法语圈自信、崇尚个性的象征,令难堪的帝国衰落和军队败退淡出法国人的集体记忆。DS成为戴高乐总统及其部长默认的公务用车,同时也成为1973年根据

---

① 从某些方面来看,这些经销商的做法是对的。早期的DS性能并不都像外观那样出众:众所周知,液压悬架系统容易在液压油过热时出现故障,同时,位于后侧围后方的后轮和液压悬架系统很难够得到。

世界上最漂亮的汽车？雪铁龙DS在1955年的巴黎车展上大放异彩。

弗雷德里克·福赛斯（Frederick Forsyth）小说改编的，讲述杀手阴谋暗杀戴高乐的电影《豺狼末日》（*The Day of the Jackal*）中的明星。1958年，独立车身制造商亨利·查·普隆（Henri Chapron）生产了一款敞篷版DS。在1962年和1968年，贝尔托尼对设计进行了更新，把玻璃罩后面的前照灯数量增加到原先的4倍。雪铁龙甚至引入了豪华版的DS21以及旅行车版的Safari。

虽然雷诺没有媲美DS的车型，但雷诺的复苏几乎与雪铁龙一样亮眼。在路易·雷诺去世、雷诺被国有化之后，工厂开始进行改造，转向民用车生产。如今，政府确保支付慷慨的加班费，20世纪30年代困扰雷诺的罢工顽疾也成为过去，汽车产量因此大幅增加。同样重要的是，第四共和国的多届政府均通过关税来保护本国的汽车行业（在1955年之前，至少可以说是残存的汽车行业）。关税壁垒直到1960年才放松，但一开始，唯一允许进入法国的是意大利的Isetta"气泡汽车"，因为法国没有与这款微型车相似的车型。

雷诺4CV是雷诺战后的第一款产品。1947年推出的4CV在战争期间不声不响开发出来，正如我们所见，臭名昭著的费迪南德·保时捷1946年被征用来做4CV的设计。4CV显然受到保时捷的KdF-Wagen影响（这款汽车和大众一样是后置引擎，车尾看上去与甲壳虫一模一样），当4CV的第一批量产车型被涂上原本为战时隆美尔的非洲军团而订购的多余沙色漆时，这款汽车的德国血统意外突显出来。因此，早期的4CV也被昵称为La Motte de Beurre，即"黄油块"。

结实、便宜的4CV很快成为法国最畅销的汽车。虽然1956年4CV正式被王妃（Dauphine）取代，但4CV的生产一直持续到1961年。4CV采用灵动的三厢设计（前部和后部用螺栓与焊接而成的中间部分相连接），看上去像跑车，实际上就是一辆普通的家用小轿车，要是被它那喷气机般的外形误导，开得太快，这款车就会失控。不过，王妃和4CV都没能挑战大众在出口方面取得的成功。

除雪铁龙和雷诺以外，还有一些法国汽车制造商也在战后的几年里取得蓬勃发展，西姆卡便是其中之一。西姆卡全称为机械和汽车车体工业公司（Société Industrielle de Mécanique et de Carrosserie Automobile），1935年由法国–意大利企业家亨利·皮戈齐（Henri Pigozzi）在巴黎以西的楠泰尔组建。组建之初是作为菲亚特的法国分公司。1951年，西姆卡推出了第一款并非基于菲亚特设计的车型Aronde，三年后，感觉自己足够强大的西姆卡收购了附近的福特普瓦西工厂，迪尔伯恩的福特总部当时对这家工厂已经不感兴趣。不过，在福特撤出法国之际，克莱斯勒却积极向前推进。1958年，克莱斯勒收购了西姆卡15%的股份，五年后又从菲亚特手中取得对西姆卡的控股权。克莱斯勒次年收购了英国的鲁特斯集团（不经意间，让历史悠久的塔尔博特品牌的两部分又合并了起来），为日后命运不济的克莱斯勒欧洲公司（Chrysler Europe）奠定了基础。1981年，境况不佳的克莱斯勒欧洲公司砍掉了西姆卡这一名称，转而使用恢复活力的塔尔博特品牌。

对于志向远大的汽车制造商而言，战后的意大利并不是理想的市场。在德国人不断撤退、盟军不断前进的过程中，意大利汽车业已被摧毁。此外，意大利仍然是个贫穷的国家：1950年，每82个意大利人中只有一个人拥有汽车。尽管如此，意大利人对赛车的热爱很快又重新显露出来。这种热爱再加上意大利人在设计平价小型汽车方面的过人天赋，到1955年，意大利主要汽车制造商实现了令人羡慕的稳健发展。

与1940年之前一样，20世纪50年代意大利跑车的旗舰制造商是法拉利。法拉利在赛道上的成功（1950年之后，法拉利成为大部分大奖赛和大型拉力赛的赢家）为该公司在全球汽车行业开辟了一个独特的利基市场。法拉利的创始人恩佐·法拉利（Enzo Ferrari）出生于意大利北部摩德纳的一个普通家庭。法拉利参加过第一次世界大战，他的大多数家人在1918年至1919年可怕的大流感中丧生。1920年，法拉利进入阿尔法·罗密欧当机械师。1923年，法拉利开始驾驶阿尔法参加赛车比赛。1932年后，他使用跃马标志来装饰自己的赛车。[1] 1933年，受到大萧条打击的阿尔法取消了对法拉利车队的资金支持，但不屈不挠的法拉利为自己另找了赞助人——轮胎巨头倍耐力（Pirelli），并继续为阿尔法驾驶"赛车红"汽车[2]。意大利1940年参加第二次世界大战之后，阿尔法的工厂被政府征用。但法拉利的工厂太小，所以没被征用。恩佐·法拉利为避免盟军轰炸，不得不把自己的工厂从摩德纳迁到一个名为马拉内洛的小镇。不过，法拉利是个狂热的法西斯主义者，他为墨索里尼政府热心制造机床和飞机零部件，而且一直到1943年墨索里尼倒台。在同盟国军队进驻时，法拉利却利用政治手段奇迹般地摆脱了他的法西斯主义过往。于是，法拉利获准对他的公司进行改革，并于1948年重新开始赛车。1950年，一级方程式锦标赛推出之后，传奇车手胡安·范吉奥（Juan Fangio）和约翰·瑟蒂斯（John Surtees）驾驶法拉利汽车，在接下来的十年里连连制霸。法拉利汽车在开放公路耐力赛（Mille Miglia）和勒芒（Le Mans）24小时赛等耐力赛中也有出色的表现。

恩佐·法拉利刚开始销售量产公路车时，只是为了赚钱支持自己的赛车爱好。1947年，第一款法拉利跑车——125S在马拉内洛生产出来。不过，更有影响力的是1949年曲线华丽、非常先进的166 Inter，这是法拉利首次成功

---

[1] 跃马标志有着复杂的历史，源自第一次世界大战期间王牌战斗机飞行员弗朗西斯科·巴拉卡伯爵（Count Francesco Baracca）率领的骑兵团的徽章，巴拉卡伯爵后来将徽章印在了他的飞机机身上。黄色背景来自恩佐·法拉利的家乡摩德纳的纹章。

[2] 在两次世界大战之间的那些年，红色是意大利赛车比赛的官方颜色。——译者注

进军豪华旅行车市场，此后法拉利便一直与这一领域密切相关。1962年，法拉利推出了166之后的第一款超级跑车——250 GTO，这款车可能也是有史以来最成功的法拉利公路车。如今，GTO的各款后续车型成为全球高性能跑车的标杆。

不过，赛车的费用最终让恩佐以及他的主要支持者——意大利轮胎巨头倍耐力不堪重负。到20世纪60年代中期，法拉利已经濒临破产。1963年，法拉利和倍耐力提出把公司部分股权转让给福特。福特专制的董事长亨利·福特二世一开始很高兴，但后来又由兴奋转变为愤怒，因为恩佐·法拉利觉得并入强大的福特集团会严重削弱他的独立性，于是他改变了主意，突然终止了谈判。亨利·福特二世对这种公开羞辱进行了报复，他成立了一个赛车部门来挑战法拉利。[1] 到1965年，法拉利已经击退了福特管理层因愤怒而发出的一系列敌意收购要约，转而投向菲亚特的怀抱。菲亚特提供了必要的财务保障，使法拉利能够对抗福特，1969年，菲亚特对法拉利的持股比例将提高到50%。[2] 此后，法拉利便在菲亚特的荫蔽下蓬勃发展：蓝旗亚（Lancia）、玛莎拉蒂（Maserati）乃至阿尔法·罗密欧等其他意大利知名跑车品牌很快也加入了菲亚特。如今，法拉利实际上成为阿涅利家族（Agnellis）强大帝国的赛车业务分支。

1946年，在同盟国的支持下，菲亚特的控制权转移到维托里奥·瓦莱塔（Vittorio Valletta）博士手中。瓦莱塔是一位学者，个性如钢铁般强硬。自1939年开始，一直担任菲亚特首席执行官。尽管都灵工会以瓦莱塔与墨索里尼政府勾结为由而要求他辞职，但瓦莱塔仍然顺利接管了菲亚特。瓦莱塔宣称，他的目标是"恢复我们以往的优势，重建意大利技术的声望，捍卫我们的工作岗位"。他不折不扣地做到了这一点：在1947年至1956年期间，菲亚特的产量增长了10倍，这家汽车生产商的财务状况恢复了正常。

并不是菲亚特所有的新车型都取得了成功。1950年推出的菲亚特1400

---

[1] 福特在20世纪60年代末非常成功，以强大的V-8发动机驱动的福特GT40在多数主要耐力赛中超越了法拉利。

[2] 2006年，菲亚特增持了法拉利29%的股份，从而巩固了与这家传奇汽车生产商的关系。

便作了太多妥协；这款汽车球根状的造型似乎更多是受美国而不是意大利影响。尽管菲亚特1400革命性的一体式结构为未来的菲亚特汽车建立了模板，但保守的菲亚特董事会不允许该公司经验丰富的设计师丹特·贾科萨（Dante Giacosa）安装他想要的发动机。董事会认为，如果安装强大的发动机，会让这款车过于强劲和昂贵。他们转而选择了1.4升发动机，但这款发动机的性能要弱得多，让整个汽车失去了吸引力，成为失败的产品。

不过，菲亚特600却获得了不折不扣的胜利。贾科萨为这款汽车设计了新的布局，发动机放在后部，并使用了1400开创性的一体式结构。值得一提的是，意大利政府借1955年推出菲亚特600的机会举行了全国庆祝活动，纪念1945年以来历经10年在废墟和耻辱之上实现的重建和再发展。第二年，贾科萨把600改造成另一款创新产品——菲亚特Multipla。这是一款六座小客车，可以搭载一大家子人。用20世纪80年代的术语来说，Multipla是第一款多用途车（MPV）。发动机的安装位置尽可能地靠前（三年后，Mini也借鉴了这种思路），前部的行李舱被拆除，以容纳三排成对的座椅。在1960年举行的罗马奥运会上，Multiplas宽敞的内部空间为所有奥运官员和运动员带来难忘的乘坐体验。

1957年，贾科萨创造了自己的杰作。他推出了出色而富有个性的Nuova 500，或称Cquiecento，这让汽车业界想起了他1936年那款经典的菲亚特500。这款小巧、造型优美的汽车1975年停止生产之前，总共制造了超过360万辆。Cquiecento只有3米长，重量不到500千克，最初是由一个安装在后部地板下面的小型497cc发动机提供动力。但事实证明这款汽车实用、经济，且广受欢迎。许多Cquiecento到今天还有人开——不过，和战后生产的许多菲亚特汽车一样，车身生锈很快成为人尽皆知的问题。菲亚特甚至制造了一款旅行车版，当然，这肯定是有史以来最小的量产旅行车之一。

和法拉利一样，阿尔法·罗密欧1945年之后也通过在赛道上的成功重建了声誉。1950年，1.5升的阿尔法Alfettas（实际上是战前的设计，但进行了升级改造，具有超强动力）包揽世界赛车锦标赛前三名。获得第二名的车手是胡安·范吉奥，他被公认为有史以来最好的赛车手。

阿尔法于1910年在米兰成立，但于1928年破产。阿尔法被墨索里尼政府拯救，在战争期间为其制造飞机发动机，直到1954年才完全恢复民用汽车生产。这一年，阿尔法推出了Giulietta双门跑车，这款跑车风格时尚，带有雷蒙德·洛伊的印记。阿尔法在20世纪60年代专注于生产跑车和高性能车，像法拉利一样一直挣扎在破产边缘，1986年，阿尔法最终落入一直张开双臂的菲亚特的怀抱。

菲亚特并不是意大利战后唯一的辉煌成就。到1950年，西欧汽车制造商，甚至美国三大汽车制造商对意大利独立汽车设计公司都有很大需求。20世纪50年代，都灵吉亚（Ghia）的马里奥·博阿诺（Mario Boano）不仅为阿尔法、蓝旗亚、法拉利和都灵本地的菲亚特服务，还有克莱斯勒和雷诺，他为雷诺设计了王妃。我们前文提到，巴蒂斯塔·法里纳（Battista Farina）那家位于都灵市郊坎比亚诺的设计咨询公司宾尼法利纳为许多英国、法国和美国公司担任设计顾问，到20世纪50年代末已同英国汽车公司建立了成功的合作关系。其中最伟大的造型设计师或许是乔瓦尼·米凯洛蒂（Giovanni Michelotti），他在1958年之后与标准-凯旋合作，设计出20世纪五六十年代的一些经典汽车，包括凯旋的Herald、Spitfire、TR4以及性能优异的凯旋2000。

在战争刚结束的几年里，德国汽车行业处境艰难。当时德国不仅一分为二，而且自1939年起便主要为希特勒的战争机器制造坦克、枪支、装甲车或发动机的德国汽车工厂大都被摧毁。民主德国那些仍旧完好的机器通常被苏联人当作战争赔偿给运走了。德国人甚至很少被允许开车。1946年，军政府只允许在工作中必须驾驶汽车的人开车。受盟军轰炸和盟军进驻造成的破坏影响，德国本国人其实也没有多少汽车可开。正如历史学家迈克尔·塞奇威克所言："1938年在汉堡登记的40897辆私人汽车中，仅有7147辆完好无损。"

20世纪30年代许多著名的德国工厂在1945年被移交给苏联。其中最有名的工厂是宝马位于图林根州爱森纳赫的萨克森（Saxon）生产基地，该基地继续生产少量战前款宝马汽车，一直持续到1952年。此后，该工厂被移交给新的民主德国政府，并更名为EMW，全称为爱森纳赫发动机公司（Eisenacher Motorenwerk）。四年后，该公司在瓦特堡（Wartburg）这一新品牌之下制造了第一款汽车。瓦特堡在1898年到1904年之间是一家先驱汽车制造商，宝马于20世纪30年代也曾短暂重建过这一品牌。爱森纳赫的瓦特堡连同茨维考（Zwickau）的特拉贝特（Trabant），成为苏联控制下民主德国的两大主要汽车品牌。瓦特堡一直采用动力较弱的二冲程发动机（燃料为汽油和机油的混合），直到1989年铁幕倒塌前不久，大众汽车才帮助瓦特堡建造了第一家四冲程发动机工厂。第二年两德统一后，瓦特堡汽车的生命便走到了尽头。这款汽车不仅动力严重不足，污染严重，而且由于生产线过时，成本远高于联邦德国其他同类车型。瓦特堡工厂于1991年关闭，大部分员工次年加入了附近新建的欧宝工厂。

宝马战前设在慕尼黑米尔伯特肖芬的生产基地在战争中几乎完全被摧毁，但设在阿拉赫的备用工厂只受到轻微破坏。1945年之后，由于这两处生产设施都属于美国占领区，因此未被立即拆除或征用。不过，阿拉赫在战争期间使用了奴工，其中大多数奴工来自附近的达豪集中营。直到1945年4月25日，党卫军还列了一份多达9997人的囚犯名单，打算把这些人发配到阿拉赫的宝马工厂。宝马在战争期间也是飞机发动机的主要供应商，后来还帮助制造了致命的V–2火箭，因此在1945年被列入盟军黑名单，高居黑名单前列。研究宝马公司历史的霍斯特·莫尼奇（Horst Mönnich）指出："在被指对降临欧洲和世界的灾难负有最大责任的工业公司中，宝马位列第二，仅次于法本公司（I. G. Farben Dye Trust）。"但在1945年8月3日，美占区政府下令至少对米尔伯特肖芬工厂进行重建。美国希望德国能尽快站起来，以对抗东方的苏联人。与此同时，美国人拒绝了戴姆勒–奔驰投机取巧收购阿拉赫工厂的提议。

虽然宝马获准重建其慕尼黑工厂，但直到1951年，该公司才推出战后第一款汽车：大而结实的501。这款车被昵称为"巴洛克天使"（The Baroque Angel）。这款车显然不适合饱受战争摧残、囊中羞涩的欧洲人，销量不佳也就不足为奇了。事实上，宝马在20世纪50年代靠出口一款与其战前的跑车相差十万八千里的汽车才生存下来。

宝马、亨克尔和梅塞施米特战争期间都在为纳粹生产强大的战斗机、轰炸机和坦克。战后，这些公司不惜以一切方式提高销售额，于是它们开始大规模制造以前在欧洲道路上根本不太可能出现的车辆：气泡汽车。

Me-109战斗机的制造商梅塞施米特是第一家破茧重生的公司。但该公司1953年推出的三轮Kabinenroller并不算太成功。Kabinenroller衍生自弗里茨·芬德（Fritz Fend）为残疾退伍军人设计的那款迷你而纤弱的38cc三轮车。Kabinenroller采用操纵杆式的方向盘，顶篷由梅塞施米特战时生产的双引擎重型战斗机Me-110改造而来。小巧的梅塞施米特承载了太多有关德国空军的记忆，在欧洲其他国家很难获得成功。此外，驾驶舱狭窄到令人难以置信（跟Me-110一样）；唯一的乘客坐在驾驶员正后方，腿伸至前面的座位。要想倒车，必须先让发动机熄火，然后重新启动。许多出口车型根本没有倒车挡。

宝马生产了第一款真正激起热烈反响的气泡汽车。1955年，宝马推出了标志性的迷你"滚动的蛋"（"rollendes Ei"）。这款车起初由意大利摩托车和电冰箱制造商意萨（Isa）生产，后来宝马以丰厚的条件与意萨签订了授权协议。意大利方面认为这是一项不错的交易，很快便把这款汽车的所有模具运往德国，这一幕仿佛刚刚结束的战争期间的强制产业搬迁。当时以生产摩托车见长的宝马对这款迷你车进行改造，推出了自己的Isetta。Isetta的后轮紧凑，让很多人误以为是三轮车（后来确实也推出了三轮版）。但在普通人普遍囊中羞涩的欧洲，Isetta一上市便大受欢迎。到1957年，英国伦敦、布赖顿和南部沿海铁路的工厂已开始生产这款汽车，可谓是颇具讽刺意味的命运转折，因为这些工厂1940年之后遭到装有宝马引擎的德国轰炸机轰炸，损失极其惨重。

1956年，亨克尔受宝马Isetta意外成功的启发，也推出了类似车型。这款车看起来像蛤蟆，但一直生产到1964年。① 好在1959年英国汽车公司的Mini面市后，便让这些看起来好玩，但其实很危险的气泡汽车全都进了垃圾堆。

宝马在20世纪50年代期间靠气泡汽车和摩托车维持生意，但富有的美国汽车集团旗下那些德国汽车生产商也得以迅速、全面地复苏。尽管科隆市的大部分地区整个夷为平地，但早在1948年（当年亨利·福特二世访问了

---

① 这款汽车也在英国授权制造，制造商是巴士和卡车制造商利兰汽车旗下专门生产小型汽车的特洛伊人（Trojan）。

德国，但未能买下大众）福特就开始在科隆生产战前的陶努斯（Taunus）。奇怪的是，科隆工厂在战争期间并没有受到美国陆军航空军轰炸机的严重破坏。事实上，空袭期间当地人经常到福特工厂避难，因为他们知道那里是科隆市最安全的地点之一。据德国历史学家温弗里德·沃尔夫（Winfried Wolf）记载，到1945年，福特工厂被普遍称为"掩体"。19年后，福特汽车公司经过多年的广泛游说，从美国政府那里拿到100万美元免税优惠，作为盟军轰炸对科隆工厂所造成损害的补偿——考虑到亨利·福特臭名昭著的亲纳粹倾向以及这家工厂生产的卡车在战争期间对德军的重要意义，这可以说是令人震惊的胜利。

在通用汽车帝国强大资源的支持之下，欧宝也迅速恢复了元气。1945年，欧宝位于吕瑟尔斯海姆的主要工厂遭到破坏，大部分设备（包括战前非常成功的车型卡迪的整条生产线）被运往苏联作为赔偿。战后，卡迪化身莫斯科人400（Moskvitch 400），在苏联奇迹般地重现。欧宝勃兰登堡工厂（曾为闪电轻型卡车的制造厂）的所有机械设备被迅速转移到苏维埃政权的管辖区之内。但到1945年底，欧宝的员工已将吕瑟尔斯海姆工厂整备完毕，1946年，传奇的闪电轻型卡车又恢复生产。1948年，通用汽车恢复了对欧宝的完全控制（高级管理团队中没有德国人），这在很大程度上归功于通用管理层成功地培养了德国美军占领区长官卢修斯·克莱（Lucius Clay）将军。同年，欧宝生产了战后的第一款汽车，这款车是战前简朴的奥林匹亚（Olympia）的再版。不过，阿尔弗雷德·斯隆不愿向欧宝投入太多新资本，因此，新款"西方"直到1962年才出现。欧宝的复苏归功于吕瑟尔斯海姆工厂工人冷静、配合的态度。在1945年之后的几年里，德国汽车工厂几乎从未发生过罢工。战后领导大众汽车重建的海因茨·诺德霍夫（Heinz Nordhoff）有一句警告代表着德国汽车行业乃至整个德意志民族的态度。他说："子孙后代会诅咒我们，因为我们不考虑他们，而只考虑眼前。"诺德霍夫根本没考虑要把工人代表引入公司董事会——与美国和英国竞争对手对劳工的陈旧态度形成鲜明对比。最重要的不是差别、条件或津贴，而是让公司乃至联邦德国重新站稳脚跟。

对于那些无法从美国的担保和投资中获益的德国汽车制造商而言，问题更加棘手。汽车联盟成立于1932年,由四家公司组成:1901年由奔驰前员工卡尔·霍希(Karl Horch)创立的霍希(Horch);1910年霍希离开自己最初创立的公司,且被法院判决不得对同名品牌主张权利之后,在萨克森州茨维考创立的奥迪(Audi);1916年创立的DKW(全称Dampf-Kraft-Wagen,字面意思是"蒸汽动力汽车"),1939年之时,该公司不仅成为全球最大的摩托车制造商,而且也在奥迪的茨维考工厂生产汽车;另一家公司是1911年在萨克森州小镇西格玛(今天是开姆尼茨的一个区)创立的漫游者(Wanderer)。在20世纪30年代初德国发生的大萧条中,这四家公司都面临严重困难,不得不抱团求生(新的企业集团以四环为标志,象征四家组成公司,继任者奥迪至今仍在使用这一标志)。这种策略奏效了:到1936年,总部位于西格玛的汽车联盟实现了稳定的盈利,该公司的汽车开始在国际大奖赛中挑战梅赛德斯的霸主地位。

1933年,拥有贵族身份的汽车联盟董事长克劳斯–德特洛夫·冯厄尔岑男爵(Baron Klaus-Detlof von Oertzen)试图取悦德国新总理阿道夫·希特勒,提出由汽车联盟来承接希特勒热衷的两个政府项目。我们知道,第一个项目是创造一款纳粹的"人民的汽车",这款汽车最终成为大众甲壳虫。当然,"人民的汽车"是在费迪南德·保时捷的领导下搞的,而没能像冯厄尔岑希望的那样由汽车联盟来做。第二个项目是启动由国家资助的赛车项目,汽车联盟的汽车在这个项目上表现出色。

汽车联盟的工厂在战争期间遭到严重破坏,加上大多数工厂处在苏联占领区内,因此汽车联盟引以为豪的战前遗产基本丧失殆尽。该公司在民主德国的所有资产都被无偿占用。漫游者(以及汽车联盟)的故乡西格玛更名为卡尔·马克思城,被摧毁的工厂再也没能恢复原貌。茨维考残存的霍希和奥迪工厂被分配给VEB(全称Volkseigener Betrieb,即"人民所有企业"),开始生产质量低劣的老DKW车型复制品,但后来受到联邦德国起诉并被叫停。1957年,这家VEB开始生产特拉贝特,特拉贝特使用烟很大的二冲程594cc发动机,碳氢化合物排放量是同类汽车的10倍;车身使用一种名为Duroplast的塑料,由回收塑料、牛皮纸和废旧棉花制成,这种塑料在生产过程中释放有毒烟雾,导致多名工人死亡或罹患重病。不过,富裕一点的民主德国人要想买车，只能选择特拉贝特或是同样可怕的瓦特堡。特拉贝特一直未做大的改进，直到1989年柏林墙倒塌，动作迟缓的VEB才在引擎盖下安装了大众Polo使用的那种可靠的1.1升发动机。但那一年整个东方集团的瓦解意味着特拉贝特也走到了生命的尽头。随着国际贸易和人员流动限制的取消，民主德国人开始选择二手西方产汽车，而不是可怕的特拉贝特和瓦特堡。特拉贝特工厂于1991年关闭。之后，只需几马克就能买到特拉贝特汽车（乌兹别克斯坦曾提议重新生产特拉贝特，但只生产了一辆）。不过，正如时尚界风云变幻，10年之后，特拉贝特也成了收藏家的珍宝，漆成绿色的特拉贝特尤为珍贵，不知为何，怀旧的德国人把它们视为"幸运"之车。

在联邦德国，一个新的汽车联盟慢慢从战争的废墟中崛起。1949年，在美国马歇尔计划的援助之下，巴伐利亚州的英戈尔施塔特新建了一座工厂。新工厂部分员工来自民主德国的老汽车联盟工厂，准备就绪后，该工厂就开始以DKW为品牌生产装有两冲程发动机的小型轿车、面包车和摩托车。不过，该公司的产品未能产生很大影响，大约在1958年到1959年之间，这家苦苦挣扎的公司被戴姆勒-奔驰收购。尽管戴姆勒-奔驰在英戈尔施塔特建了一座全新的工厂，但该公司更愿意专注打造自己的知名品牌梅赛德斯，对汽车联盟平庸的产品似乎没什么兴趣。1964年，戴姆勒-奔驰索性把汽车联盟卖给了大众，大众因为DKW与动力低下的两冲程车型联系在一起放弃了这一品牌。五年后，大众将汽车联盟与面向利基市场的德国汽车制造商NSU合并，合并之后，所有产品都统一为奥迪品牌。第一款新奥迪已于前一年面市：这便是令人印象深刻、迅捷、帅气的奥迪100（Audi 100），这款汽车为该公司之后的产品树立了令人仰慕的高标杆。

除汽车联盟以外，还有许多生产商也在努力重建第二次世界大战期间被摧毁的工厂。到1945年，戴姆勒-奔驰位于斯图加特的庞大工厂已经完全被摧毁，直到1947年才全面恢复运营。但即使到了这个时候，这家工厂也只能生产一款梅赛德斯汽车：战前的中型170轿车。这倒不是因为170有多特别，而是因为用于制造这款汽车的机床是盟军轰炸中唯一的幸存者。不过，到1951年（这一年德国汽车产量达到战前水平，与1938年产量相当），梅赛德斯已经拥有一批富于创新、性能可靠的车型，其中最为突出的是新的300系列。300型轿车是今天S级系列的鼻祖,这些车速度快、外观时尚。之后是两门的敞篷车版和轿跑车版。其中,轿跑车版发展成为1954年推出的带有鸥翼的高性能300SL轿跑车,据称是当时最快的量产车。"SL"代表Sports Leicht("轻型跑车"),而300SL的3升发动机和灵动外观源自1952年一款非量产赛车。300SL也是第一款使用燃油喷射系统的量产汽车,这一特性极大地改善了发动机的性能。[①] 梅赛德斯比较幸运,在很长一段时间内都没有遇到与之匹敌的国产家用汽车和跑车,这种状况一直延续到1954年宝马旗下慕尼黑工厂最终恢复生产。同年,目光远大的梅赛德斯管理层效仿阿尔法并重返大奖赛,以期为公司偏跑车的产品提供营销平台。不过,梅赛德斯直到20世纪60年代才出现强劲复苏,当时梅赛德斯的190系、220系(C级车的前身)和300系等行政车开始征服世界。

梅赛德斯并不是对战后全球汽车市场产生决定性影响的第一个德国品牌。事实上,与浴火重生、一举成为20世纪最著名汽车品牌之一的大众相比,梅赛德斯的成功根本算不了什么。

1945年,大众汽车庞大的"欢乐带来力量之车城"(现在依据附近的历史定居点仓促更名为沃尔夫斯堡)与大多数德国工厂一样,被盟军的炮火夷为平地。1945年4月10日晚,工厂的党卫军看守趁着夜色逃离,波兰人、法国人、比利时人、荷兰人,当然还有苏联人组成的奴工开始动手捣毁兰开斯特轰炸机炸剩的东西。据《时代》报道,当美国军队到达时,发现"每一部电话都从墙上被拆掉了,每一台打字机都被砸得稀巴烂,每一份文件和记录都被拆散、烧毁了"。随后,工人们大喝顺来的杜松子酒,喝得酩酊大醉,直到工厂总工程师第二天叫来美军的坦克,才阻止了整座城市付之一炬的命运。《纽约时报》欢呼,美军已经夺取了"德国的威洛伦"。

到1945年夏天,美国军队被来自英国皇家机电工程兵团(Royal Electrical and Mechanical Engineers)的一支部队取代,因"欢乐带来力量之车城"被划入英国占领区。皇家机电工程兵团认为,在盟军空袭和工人破坏之后留下的机器应该作为战争赔偿移交给苏联。美国人和苏联人都想要毁灭或者

---

① 戴姆勒-奔驰战时已经在燃油喷射系统领域走在前面,该公司为梅塞施米特109和110战斗机提供动力的DB601飞机发动机便采用了该系统。

攫取这处生产设施。美国人在1944年出台的"摩根索计划"（Morgenthau Plan）①中设想彻底消灭德国的所有重工业，让德国回归以农业为主的前工业经济，苏联人则渴望为战争中死去的2000万人报仇。不过，一位年轻的皇家机电工程兵团却出人意料地出手干预，拯救了"人民的汽车"本身。

伊万·赫斯特（Ivan Hirst）毕业于约克郡的文法学校，20世纪30年代，他的光学仪器生意在大萧条期间失败，随后他加入了军队，到1945年，29岁的赫斯特升任皇家机电工程兵团少校。美国人离开后，赫斯特立即被任命为大众汽车工厂的负责人。他很清楚，美国人和苏联人曾要求出售或摧毁该工厂。就连澳大利亚人也曾试图把工厂残留的设备运回国。当时，年迈的亨利·福特加入这场辩论，宣称这家工厂离苏联人太近，作为未来的生产中心并不可行。但赫斯特考察了这座被摧毁的工厂之后，在一个偏僻的车间里发现一辆战前的大众原型车，并立即觉察到这辆车的潜力。赫斯特开始与他的指挥官查尔斯·拉德克里夫（Charles Radclyffe）上校一道规划，打算把大众汽车作为英国军队的多用途交通工具。工厂的一些机械设备在轰炸中幸存，存放在各种附属建筑中，还有一些军用版大众（KüBelwagen）得以幸存。工人开始用做了一半的军用版大众底盘以及可以入手的任何其他部件组装汽车。到1945年底，员工人数从当年4月的250人增加到超过6000人，到1946年8月更是增加到近8000人，到1946年底，该工厂每月大约生产1000辆汽车。拉德克里夫让工程师鲁道夫·林格尔（Rudolf Ringel）用旧的军用版大众和其他零配件为他制造一辆两座跑车，赫斯特则让林格尔制造了一款四门敞篷车作为他个人乘坐的军官车。

在赫斯特和拉德克里夫看来，大众汽车拥有广阔的前景。他们共同说服英占区政府在3年内订购了2万辆大众汽车，并在1946年底成功将产量提高到1万辆以上。到1945年底，该工厂已经为英国军队和德国邮政局生产了1785辆汽车。在同盟国的脑海中，大众的徽章乃至名称仍然与纳粹政权联系在一起，但赫斯特顶住了要求更改徽章和名称的压力。当来自雷诺的一个好奇的代表团参观工厂时，赫斯特故意向代表们展示了该工厂受损最严重的部分，

---

① 依美国财政部部长亨利·摩根索（Henry Morgenthau）命名。

以防止法国人接管该工厂。

但英国那帮汽车巨头并不像赫斯特那样充满热情,这也在意料之中。沃尔夫斯堡工厂被免费提供给福特英国子公司,但福特英国主管——帕特里克·亨尼西爵士(Sir Patrick Hennessey)在科隆对亨利·福特二世说:"福特先生,我认为提供给我们的东西一钱不值。"亨尼西的竞争对手鲁特斯勋爵告诉赫斯特:"小伙子,如果你要在这个地方造车,那你就是个十足的傻瓜。"鲁特斯甚至认为这款车在技术上存在缺陷。因而他说:"这款车不符合汽车的基本技术要求。就性能和设计而言,它对普通汽车购买者来说没什么吸引力。这款车太丑、太吵,商业化生产从经济上说完全不切实际。我们认为,这款车的设计没有任何过人之处……这表明,不宜把这款车视为值得英国业界取法的一流现代设计的典范。"鲁特斯及其他汽车生产商崇尚当时在美国出现的曲线优美、动力强大的车型,他们无法想象,一款普通、实用的后置引擎汽车能够得到市场的肯定。

但赫斯特并没有气馁,他煞费苦心地从附近的工厂回收零部件和机械设备,让工厂恢复了生机。他还引进了新的汽车专家:首先是曾在通用汽车工作的英国皇家空军军官理查德·贝里曼(Richard Berryman),1947年,一位土生土长的德国人又为他提供了工厂迫切需要的管理经验。

海因茨·海因里希·诺德霍夫(Heinz Heinrich Nordhoff)战前曾担任欧宝的技术总监。他曾为欧宝在1936年成功推出的小型车Kadett贡献了一臂之力。到1942年,他已升任勃兰登堡欧宝卡车工厂的负责人。不过,1945年他向美国投降后,被美国人贴上了纳粹分子的标签。战争快要结束时,诺德霍夫谨慎地逃往西部,他去了位于美国占领区的欧宝吕瑟尔斯海姆工厂,而没有留在苏联控制的勃兰登堡。吕瑟尔斯海姆工厂当时损毁严重,简直与一家地方汽修厂无异。

尽管诺德霍夫起初对大众不屑一顾,性格也很暴躁,他有句名言是:"这车的缺点比狗身上的跳蚤还要多。"但赫斯特认识到,这位欧宝前高管适合担任这份工作,并任命他为大众的董事总经理。诺德霍夫很快也像赫斯特一样看到了这辆车的潜力。他后来宣称:"跳蚤一死,我们就发现这是条纯种狗。"在诺德霍夫的领导下,1949年,也就是英占区政府将工厂交还给新联邦德国当局的那一年，大众汽车产量达到了2万辆。诺德霍夫还抵制了他的前雇主欧宝的收购企图。

1949年5月，位于沃尔夫斯堡的繁忙的大众汽车公司。

在接下来的20年里，诺德霍夫确保与大众员工分享这款车型的成功，让员工工资保持较高水平，参与高层管理，并为他们提供优厚福利。曾对大众抱有怀疑的诺德霍夫成为大众最大的拥趸，并在巴西、菲律宾、新西兰等国家陆续建立了组装厂。不过，到20世纪60年代，诺德霍夫因过度执迷于这一种车型而受到广泛批评。值得一提的是，到诺德霍夫去世之后大众突破性的新车型高尔夫终于面市。

诺德霍夫使大众成为风靡世界的现象级产品，成为21世纪最具影响力的汽车之一。大众汽车的昵称"甲壳虫"很快开始半官方地使用，当然，这款车在德国也依发动机大小而有不同的称谓（"1100""1200""1500"等），在世界其他国家则被简单地称为1型车（Type 1）。1967年，大众的美国分公司索性尊重现实，把这款车称为"甲壳虫"。1998年，保时捷的设计理念在高尔夫平台上重新演绎，由此缔造的作品便被称为"新甲壳虫"（New Beetle）。

战后的第一批大众汽车带有彰显其出身的军用车元素。例如，这些车底盘较高，原本就是为了在苏德前线使用而设计的。但到了1946年，这些汽车的底盘调低了，很快又配置了液压刹车系统（1950年）、"天窗"（实际上是可开闭的帆布条）、同步啮合系统和三角玻璃（1952年）、一体式椭圆形后窗（1953年）以及双排气系统（1955年）。1955年，大众推出了轿跑车版，由总部位于奥斯纳布吕的汽车制造商威尔汉姆·卡曼（Wilhelm Karmann）生产——这家公司在1949年已经为大众制造了一款敞篷车版，车身则由都灵的吉亚设计。此外，早在1950年就出现了一款甲壳虫的小客车版——颇具传奇色彩的Transporter。宽敞的Transporter既可以当面包车，也可以当巴士，且永远与20世纪60年代的嬉皮士乐队联系在一起。Transporter是由大众的荷兰进口商本·旁（Ben Pon）在标准的后置引擎甲壳虫轿车基础上改造而成的。

随着价格的下降，甲壳虫也在更多国家取得了成功。1947年，第一辆大众被出口到荷兰。到1952年，已有41.4%的甲壳虫用于出口。到20世纪50年代中期，甲壳虫成为美国最受欢迎的进口汽车。1954年，大众一度成为全球第四大汽车制造商，仅次于美国的汽车三巨头。

沃尔夫斯堡的惊人成功很快引起苏联人的注意。苏占区的边界就在这座城市以东几英里处。随着苏联与其战时前盟友之间关系的恶化，斯大林政府开始对这座凤凰涅槃的工厂虎视眈眈。1948年，苏联人甚至提议将苏占区与英占区之间的边界向西移动5英里，好让沃尔夫斯堡处于苏联的控制之下。英占区政府自然是强烈反对。这项计划被搁置起来，一年以后，苏联人转而寻求让盟军占领下的柏林与西方隔绝。

甲壳虫变得越来越有名，销量也如日中天。这促使一向谨慎的诺德霍夫坚持只生产这一款车型的方针。诺德霍夫1954年宣称，尽管"外界出现有关新款大众的毫无根据的谣言，但大众的闪光之处不在于更大胆、更华丽的新设计，而在于对每一个小细节持续、不倦地再开发，直至尽善尽美，这才是真正卓越的汽车的标志"。1957年，他甚至更加坦率地把美国巨头异想天开的过度设计与大众汽车那种常青树般朴实无华的美德相比较："我更愿意为人们提供一些真正有价值的东西，一种价格低廉且保值的优质产品，而不是被一群歇斯底里的造型师不断纠缠，那些造型设计师只想卖给消费者一些他们并不真正想要的东西。"

到1960年，大众的产量已占联邦德国汽车总产量的42%，大众汽车也成为一家上市公司。该公司自1953年起在沃尔夫斯堡为工人兴建住房，1961年，旨在开展技术研究的大众基金会（Volkswagen Foundation）宣告成立。同年，大众汽车的销量达到500万辆大关，并推出了经过升级的新车型1500。三年后，信心十足的大众成功收购了汽车联盟，随后将汽车联盟旗下的英戈尔施塔特工厂改造成为大众汽车的生产工厂。

因采用风冷发动机而比英国和法国竞品更响（但确实省去了给散热器加水的麻烦）的大众轿车几乎在所有领域都超越了莫里斯Minor和雷诺王妃等20世纪50年代的竞争对手。英国和法国客户不愿大量购买这款德国汽车，这种心态很好理解，但美国人并没有这样的心结。诺德霍夫把向美国出口作为优先事项，并说服克莱斯勒利用该公司的展厅网络来销售大众汽车。他还颇有说服力地指出，价格低廉但可靠的大众汽车的成功向美国展示了联邦德国的经济复苏，这将鼓励美国在这个年轻国家进一步投资。1955年，也就是第100万辆大众汽车从沃尔夫斯堡的装配线上驶下的那一年，3.5万辆大众汽车被销往美国，使得美国成为大众汽车最重要的海外市场。

1959年之后担任大众汽车美国分公司主管的卡尔·哈恩（Carl Hahn）是一个富有灵感的人，他决定聘请广告公司DDB（Doyle Dane Bernbach）来制作令人耳目一新、兼具诚实和幽默感的广告。[1]这一决定帮助甲壳虫成为20世纪60年代美国最受欢迎的汽车之一。DDB的广告非常高明，从未提及德国，也避免提及这款汽车与纳粹有关的出身，而是强调汽车的节能、趣味和朴实无华。于是，大众成为自福特T型车面市以来的第一款美国"人民的汽车"。早在1960年，甲壳虫在美国的总销售量就达到50万辆，到1971年年销售量超过了130万辆。1972年，大众超越福特T型车成为全球有史以来最畅销的汽车。甲壳虫的生产一直持续到2003年，这款汽车的生命周期长达65

---

[1] 这些广告也帮助巩固了哈恩自己的声誉。1982年，他成了大众汽车集团董事长。

年之久。① 与此同时，赫斯特后来离开沃尔夫斯堡前往德国的盟军军事安全理事会（Allied Military Security Board）任职，并成为该理事会的地区产业理事（1949年9月，在赫斯特离开后不久，拉德克里夫将大众交还给联邦德国政府）。他后来加入英国外交部分管德国的部门，一直待到1955年，随后加入巴黎的经济合作与发展组织（OECD）国际秘书处。赫斯特1975年退休后回到英国，定居兰开夏郡的马斯登。他谦虚而沉默，仍然不愿多提自己在大众汽车涅槃重生的过程中发挥的关键作用。在那个德国汽车生产商远超平淡的英国竞争对手的时代，他更爱强调英德合作的重要性。赫斯特自己也感到意外的是，他退休之后成了名人，越来越多的人请他试驾新款大众汽车并接受汽车史学家访谈。在他2000年去世之前，大众的管理层和沃尔夫斯堡当地人经常邀请他在重大民间活动和公司活动中担任嘉宾。赫斯特在一次活动中获悉，1949年8月他离开沃尔夫斯堡时，公司送给他的18英寸甲壳虫模型（他谢绝了全尺寸模型）很可能比真车还要贵。

甲壳虫最初的设计者也像这款车本身一样，成功摆脱了与希特勒政权的任何联系。1945年12月，刚刚从盟军监狱获释的费迪南德·保时捷被"请求"向法国提供专业知识，法国政府一开始要求将大众工厂搬迁到法国作为战争赔偿。这项计划遭到法国各大汽车制造商的反对，很快就夭折了，但在1945年12月15日，法国当局把保时捷当作战犯抓了起来，在未经审判的情况下，将他关押了20个月——起初是在巴登-巴登的前盖世太保监狱，之后又被关押在第戎。我们之前提到，保时捷在狱中被劝服，开始为刚刚国有化的雷诺集团提供有关雷诺4CV设计的"建议"。

保时捷比较幸运，并没有像路易·雷诺那样遭受残酷的命运。1947年，法国当局对保时捷进行了审判（有意思的是，与此案有关的高度敏感文件保密期为100年）。当年8月，法国当局突然撤销对他的指控，随后他很快便获释了。原因可能很简单，就是因为保时捷透露了太多战争期间法国汽车生产商与德国主子共谋的信息。

获准重返德国之后，保时捷为东山再起的大众提供咨询服务，这使得

---

① 不过，到1978年，老化的大众车型已经难以同欧洲和日本较新的车型展开竞争，于是，生产从德国转移到了巴西和墨西哥。

他能够积累起资金，重新投资自己的生意。大众慷慨地允许保时捷通过大众的经销商网络销售汽车，使保时捷得以销售了少量小型汽车——保时捷356，这款汽车是他手下为数不多的员工在奥地利格明德一家老锯木厂里花大力气手工组装而成的。到1950年，订单开始成倍增长；到1950年底，保时捷356的产量达到了410辆，公司的未来似乎很美好。不过，保时捷先生从未亲眼看见他公司随后的成功。1950年9月3日，保时捷在75岁生日时得到一辆黑色356。三个月后，他罹患了严重的中风，于1951年1月30日去世。

费迪南德·保时捷与早期的保时捷356。

今天提到保时捷356，最广为人知的也许是这款汽车是具有传奇色彩的911的前身。保时捷356在20世纪50年代初只是取得了小小的成功，但从1955年开始，一场媒体广泛报道的悲剧让这款汽车的销量猛增：电影明星詹姆斯·迪恩（James Dean）在驾驶保时捷550 Spyder（衍生自保时捷550的跑车款）时身故。迪恩并没有过错，没有超速，事故的原因是一辆由唐纳德·特尼皮瑟（Donald TurnipSeed）驾驶的皮卡迎头撞上了他的车，但这一事实被全球媒体忽略了。让公众浮想联翩的是这起事故的惊险和传奇。迪恩的550

的残骸甚至在被火车运回东部的途中失窃了。

1963年，保时捷356被公司首席设计师卡尔·拉贝（Karl Rabe）修改并重新包装为911。[①] 事实证明，这款汽车在过去50年里取得了极其持久的成功。拉贝及其继任者确保让他们设计的汽车与1948年的365保持统一，这项方针提高了品牌认知度和客户的忠诚度，同时也拉开了公司与竞争对手的距离。因此，在21世纪备受追捧的保时捷跑车仍然是费迪南德·保时捷战后凤凰的后代。

911及其后续车型为现代跑车设定了黄金标准，保时捷创立的不起眼的大众品牌以及与保时捷同名的汽车制造商日后也将合并，跻身世界上最强大、最具韧性的汽车集团之列。看到这些，保时捷一定会感到兴奋。保时捷的一生和他留下的遗产仍然是汽车行业最引人注目的传奇之一。

[①] 同年，美国开始将911作为紧急电话号码，当然这是一种巧合。

第八章
黄金时代

20世纪50年代中后期是汽车的黄金时代,这段短暂的时期洋溢着乐观和笃定,对未来充满信心。那是汽车走向成熟的时代:汽车似乎意识到自己的潜力,成为现代世界的决定性要素。在世界各地的公路上,汽车比以往任何时候都要多。1945年以后,美国的汽车制造业迅猛发展,世界期待美国汽车行业为汽车的设计、创新、舒适性和油耗设定标准。新的车型得以推出,新的市场部门得以建立。仅在美国,汽车保有量就从1949年的4500万辆增加到1972年的1.19亿辆。每个人都想要一辆车,汽车似乎提供了无限的可能——而且几乎没有什么缺点。20世纪50年代,没有人关心排放、碳足迹和廉价而充裕的石油供应——除了1956年苏伊士运河危机后的几个月。跑车再度流行起来,但现在不仅仅是超级富豪的专利。1957年,法国哲学家罗兰·巴特(Roland Barth)赞美汽车"完全可以与伟大的哥特式大教堂相媲美",而在50年之前,有人曾用这句话来形容世界各国宏伟的火车站。似乎没有什么能阻挡汽车前进的步伐。

在美国,汽车的黄金时代表现得最辉煌、最典型。面对战后市场,美国汽车行业比欧洲的状态要好得多。美国的汽车工厂从未遭受过轰炸或炮击,民用汽车生产一直持续到1942年,而欧洲制造商则不得不从1939年的库存中寻找灵感。同样重要的是,美国大型汽车制造商(就连福特也一样)努力确保稳住工人队伍,它们痛快地同意了美国汽车工人联合会提出的一周工作40

小时的要求[1]，并根据生活成本提供相应的加薪。而一些欧洲汽车制造商，特别是英国和法国的汽车制造商，直到20年后仍在为这些原则争论不休。

美国汽车制造商享受着令其他国家汽车行业艳羡不已的东西：现成的、蓬勃发展的国内市场。这为美国生产商带来巨大的规模经济效应。1950年，美国生产了全球75%的汽车，其中大部分都是在国内市场销售。到1955年，美国汽车仍在全球市场占据67%的份额，以咄咄逼人著称的美国汽车经销商每年卖出的汽车多达700万辆，令人瞠目结舌。美国市场需求旺盛，消费者热情高涨，以至于销售人员能够漫天开价（这种愈演愈烈的龌龊行为随1958年《汽车信息披露法》出台而结束，该法规定必须明码标价）。

安全问题仍然无人关注，因为制造商不愿暗示自己的产品有危险或易发生事故。1953年以后，安全带的使用确实变得更加普遍，而环绕式的单体挡风玻璃和后车窗的普及大大改善了视野，减少了交通事故。同样，固定式顶盖（如今，"硬顶"成为标配，而不像战前那样只是少数派）降低了发生致命事故的可能性。但时尚的前悬和后悬设计增加了汽车转向、停车和掉头的难度，而时尚的新式"硬顶敞篷车"顶盖脆弱，翻车时几乎无法起到保护乘员的作用。

生产商越来越重视汽车的美观，以至于机械构造和性能每每让位于造型设计。现在，汽车可以呈现出彩虹般的色彩；从1949年起（当时别克开始把硬顶盖漆成与车身不同的颜色），一辆车可以使用两种甚至三种颜色。[2] 美国汽车及其欧洲模仿者长出了"尾鳍"和"头灯"，还冒出了镀铬的环绕式保险杠。这些汽车是艺术品。1951年，历史学家阿瑟·德雷克斯勒（Arthur Drexler）在纽约著名的现代艺术博物馆策划了一场名为"八辆汽车"的展览，正式承认汽车是一种正经的艺术。德雷克斯勒的"滚动的雕塑"包括1930年产梅赛德斯、1939年产宾利、1941年产林肯大陆（Lincoln Continental）、1948年产MG TC、1951年产吉普和1949年产西斯塔利亚

---

[1] 当然了，这是在1945年至1946年冬季的大罢工导致通用汽车、帕卡德、克莱斯勒和纳什停产之后才实现的。

[2] 从1954年起，三巨头都开始对所有车型系列采用双色调配色方案。

（Cisitalia）①。展览结束后，现代艺术博物馆仍继续收藏他们认为一面世即成为经典的汽车，从捷豹E型车、约翰·巴纳德（John Barnard）1990年设计的F1法拉利到微型Smart Car，应有尽有。

汽车现在也越来越容易驾驶，即使不是驾驶高手，也能把车开得很好。在美国，雪佛兰1950年推出Powerglide二段变速系统之后，自动变速系统便普及开来。而1951年克莱斯勒和凯迪拉克顶级车型引入的动力转向系统到1955年已经在比较高级的车型中广泛采用。美国家用汽车开始采用5升以上的发动机。不过，由于车轮越来越大，急刹车性能也变得越来越差。无内胎轮胎最早出现在1948年，而在1956年已经普遍使用。最早在1949年产克莱斯勒上使用的电子点火装置到20世纪50年代中期已经非常普遍。电子点火装置比用手摇柄或老的"踏板式"系统简单得多，也安全得多（生产商永远无法就使用哪一种踏板达成一致）。到1953年时，通用汽车的别克和奥兹莫比尔已经采用了脚踏式刹车系统。早在1942年，敞篷车就引入了电动车篷。到1946年，林肯和凯迪拉克有了电动车窗，而通用汽车凯迪拉克系列的顶级车型在1950年安装了电动座椅，1953年有了挡风玻璃清洁系统，1955年则有了电动后备厢盖。到1955年之时，汽车收音机已经不是什么新鲜事，美国一些豪华汽车生产商甚至在汽车附加设备清单中添加了电唱机（没打算让驾车者在开车时操作）。

一些汽车品牌和车型成为像可口可乐和亨氏那样在全世界家喻户晓的品牌。历史学家迈克尔·塞奇威克写道："这是造型设计师的时代，是'有智慧的买家'的时代，也是全球性思维的时代。"汽车也开始与民族性联系在一起。美国汽车被认为傲慢、个头大、声音响；意大利汽车被认为灵动华丽；英国汽车则被认为精致沉稳。汽车制造商从未如此紧密地与整个国家的经济状况和技术抱负相联系。通用汽车的查尔斯·威尔逊（Charles Wilson）曾对参议院军事委员会说过一句名言："对国家有利的就是对通用汽车有利的，对通用汽车有利的就是对国家有利的。"20年后，在一个更加愤世嫉俗、更加务实的时代，很少有人会认真对待如此虔诚的企业心态。

---

① 德雷克斯勒赞道："这种动感让西斯塔利亚显得比实际尺寸更大。"但这款汽车仅生产了170辆。

到了20世纪50年代，人们已经可以明显看到汽车带来了重大文化和社会变革，并永远改变了旅行和休闲习惯。在1945年至1954年期间，900万美国人搬到了郊区，到1976年居住在郊区的美国人已经多于居住在市中心或农村地区的人。这时的人们纷纷追求郊区生活带来的空间、安全性、自主、绿地和洁净。1949年，第一家坐落于市郊的购物中心在北卡罗来纳州罗利开业；1956年，明尼阿波利斯出现了第一家配有空调系统的封闭式购物城；到1980年，全美已有2万多家大型郊区购物中心。

战后，汽车厂的规模越来越大，它们开始向不断扩张的城市边缘的未开发土地迁移。1956年，埃罗·萨里宁（Eero Saarinen）设计的通用汽车技术中心（GM Technical Centre）在位于底特律都会区的沃伦（很快成为密歇根州发展最快的城市）市郊落成，这幢高耸的新楼加快了从市中心流向更宽敞的郊区的"白人外逃"。在1955—1960年期间，底特律市25%的人口流向了周边的卫星城。留给老城的是一个越发严重的问题：留守人口多为穷人，且以黑人为主，没有足够的税金来维持基本市政服务。到2010年时，这座老城的留守人口仍有81.6%为非裔美国人。

汽车带来许多新的旅行和休闲机会，连锁汽车旅馆也随之出现增长。到1960年，仅旅客之家（Travelodge）这一家公司就拥有110家分支旅馆，业务价值也在截至1960年的10年里翻了一番。1956年，第一家假日酒店（Holiday Inn）在田纳西州孟菲斯开业，这是一家适合家庭的高档汽车旅馆——可为疲惫的驾车者和坏脾气的孩子提供一切设施。1960年，全美已有160家假日酒店。汽车还引发了一场饮食革命并成为开启快餐时代的主要力量。1948年，麦克唐纳（McDonald）兄弟在加州圣贝纳迪诺的餐馆引入了免下车零售模式（快速服务系统），这种模式借鉴了汽车装配线的运作方式，并基于大幅简化的菜单。但直到1954年，麦克唐纳兄弟才与奶昔机销售员雷·克罗克（Ray Kroc）合作，在芝加哥市郊开了第一家免下车麦当劳门店。后来，克罗克把麦当劳兄弟排挤出去，让公司在证交所上了市，并赚了一大笔钱。此时，外出就餐再也不是原来的样子了。

在美国，到了1960年，你可以在车里看电影、买午餐，甚至参加教堂的礼拜。汽车并没有像许多神职人员担心的那样削弱人们上教堂的习惯。事实上，汽车强化了人们的习惯，因为很多家庭发现，他们可以开车去自己选择教堂。同样，到1960年，90%的美国家庭选择开车度假。美国国家公园则有95%的游客选择自己开车前往。① 美国汽车使用量的大幅增加也推动了公路网的大规模扩张。洛杉矶高速公路系统于1947年正式开工建设——石油、汽车和轮胎制造商之前在市郊购买地皮，破坏了原本条件优良的郊区交通网络。1949年，新泽西州收费公路（New Jersey Turnpike）开始动工，这条被称为"今天建设的明日之路"横跨绵延数英里的乡村，可以为跨州旅行的驾车者节省一小时十分钟时间。没想到，高速公路建成之后车辆大增：新泽西州收费公路很快成为全世界最繁忙的收费公路。这条公路并没有像时任州长阿尔弗雷德·E.德里斯科尔（Alfred E.Driscoll）说的那样"让新泽西州从广告牌、热狗摊和垃圾场中走出来"。当时有一位评论家写道："公路难以完全掩盖某处景观的主要特征，但新泽西州收费公路做到了。"

1956年，美国开始修建州际高速公路，资金来自汽油税。② 艾森豪威尔总统告诉美国人民，如果美国人希望自己的国家一直伟大，就必须着手实施这样一项雄心勃勃的公路建设计划，他说："这项计划对美国经济的影响（在制造业和建筑业创造的就业，对农村地区的开发）是无法估量的。"艾森豪威尔还警告说，如果美国"要满足核战争来临时的防灾或防卫需求"，就必须大幅扩大高速公路网。从此，美国人的生活方式便与汽车和高速公路画上了等号：能让汽车快速行驶的新公路对于维护"美国人民的人身安全、普遍繁荣和国家安全"至关重要。艾森豪威尔对他的州际公路计划倍感自豪，他后来认为，这是他这届政府的主要成就之一。1956年，他兴致勃勃地指出："如果把这一公路系统的人行道放在一起，足以构成一个大到可以容纳美国三分之二的汽车的停车场。浇筑这些公路的混凝土可以建造80座胡佛大坝，或者六条通往月球的步道。为修建这些公路，推土机和铲子移动的泥

---

① 到1970年，每年有200万名游客开车前往国家公园。
② 同年，英国高速公路系统终于开工建设，其中包括普雷斯顿旁道（后来成为M6高速公路的一部分）、M1高速公路的伦敦端以及赫里福德郡的罗斯支线（现在的M50高速公路）。M1最初的延长路段（从沃特福德到拉格比，长达60英里）于1959年通车。

土和岩石足以把整个康涅狄格州埋到2英尺深的地方。这项计划比战争结束以来的任何一项行动都更能改变美国的面貌。"

《时代》后来称这项计划是"自法老修建金字塔以来的最大公共工程"。到1965年，已有2万英里的新州际公路实现通车，平均每英里造价为114.1万美元（一些困难路段的建设成本高达每英里5000万美元）。到1996年，新州际公路系统的总估算成本达到了3290亿美元。

到1960年，服务区、休息区和高架桥餐厅成为美国、德国和意大利高速公路的一大特色。意大利的服务区由大型石油公司经营，德国的"Raststätte"（休息区）由当地企业经营，而在美国，路边的小型服务设施与公路交叉口的零售区一道发展起来。就连英国人也开始后知后觉地效仿，1959年11月2日，英国第一条高速公路M1以及第一家高速公路服务站正式开通。这个服务站被浪漫地命名为沃特福德峡谷服务站（Watford Gap services）。

私人汽车正不可避免地迅速取代公共轨道交通。这种趋势在美国尤为显著，而底特律的汽车制造商扮演了助推角色。例如，1936年，通用汽车、加利福尼亚州标准石油公司以及凡士通轮胎（Firestone）联手启动了国家城市线（National City Lines），这个利用通用汽车巴士车队的网络旨在将加利福尼亚州各地的火车和有轨电车线路转变为巴士路线。1955年，国家城市线在很大程度上取得了成功，曾跻身世界顶级之列的轨道交通系统已经不复存在。与此同时，通用汽车把Yellow Coach［后来更名为灰狗（Greyhound）］打造成美国最大的长途巴士运营商——并在这一过程中让自己成为全球最大的巴士生产商。随后，通用汽车利用灰狗来迫使较长的铁路线路降价。

到1950年，铁路和有轨电车线路的"机动化"在美国城市已经很常见。到1960年，洛杉矶最后一条有轨电车和本地铁路线被拆除；太平洋电力公司（Pacific Electric）通往长滩的最后一条郊区铁路于1961年4月关闭；这座城市最后一条有轨电车路线于1963年被取消。底特律也失去了优良的轨道交通系统，到20世纪60年代末，底特律完全依赖于公路交通。

不过，有一件事没有改变：汽车世界在很大程度上仍然是男性的领地。到1960年，汽车行业高管中仍然几乎没有女性的身影——今天依然是这样。不过，女性客户群不断增长且具有重要意义，日益成为汽车制造商的营销部门追逐的目标。女性也是男性司机追逐的目标：20世纪50年代美国汽车的宽座椅意味着，现在车内性行为不仅可行，而且受到积极的鼓励。

1945年，美国三大汽车巨头都毫不费力地进入了民用汽车的全面生产，这与大西洋彼岸饱受战争摧残的竞争对手形成鲜明对比。用历史学家詹姆斯·J.弗林克的话说，在经历了"一代人的严重管理不善"之后，在公司每月亏损约1000万美元的时候，亨利·福特二世终于从年迈的患病祖父手中接过了管理大权。小亨利的学业成绩从来都不突出，年轻时他大多数时间都用在了飙车①和风花雪月上。他凭着家族关系进入耶鲁大学，但表现平平。他在纽黑文唯一像样的成就是邂逅并迎娶了来自长岛的时尚美女安妮·麦克唐奈（Anne McDonnell）。不过，当亨利二世接管福特之后，却以亮眼的姿态迎接了挑战，让大多数观察人士和他自己的许多家人颇为惊讶。即将离任的哈里·班尼特告诉他："你要接管一个价值超过10亿美元的组织，但你从来没有为这个组织做过贡献！"但亨利二世胸有成竹，他开始清理祖父陈旧的管理团队，而改用自己的。亨利二世解雇了班尼特，关闭了他手下邪恶的服务部，随后，他大张旗鼓地从美国陆军航空军统计控制办公室（Office Of Statistics Control）请来六位毕业于哈佛商学院、富有热情的年轻人担任高管。商业媒体很快就管这六个人叫"天才小子"（Whiz Kids），这一名称源自伊利诺伊大学（University of Illinois）非常成功的"天才小子"篮球队以及美国全国广播公司（NBC）的热门广播节目《儿童智力竞赛》（Quiz Kids）。其中两个人——罗伯特·麦克纳马拉（Robert McNamara）和阿贾伊·米勒（Arjay Miller）最终成为福特汽车公司总裁。后来，麦克纳马拉在20世纪60年代的大部分时间里担任美国国防部部长。

亨利二世新聘的另一位高管厄尼·布里奇（Ernie Breech）不是"天才小子"。他是一名49岁的会计师，是虔诚的浸信会教徒，已在汽车行业浸淫

---

① 他最喜欢流线型的林肯西风，他于1938年夏季开着这辆车周游了欧洲。

了20年。亨利聘请他担任副总裁,以彻底改革福特公司陈旧得惊人,甚至通常压根不存在的金融系统。布里奇后来回忆说,当他发现福特的财务报表做得就跟乡下杂货店的一样的时候,感到非常恐怖——有一个部门甚至"通过在秤上称一堆发票来计算成本"。得益于布里奇的勤奋和专业精神,再加上"天才小子"的活力和创意,这个老旧的汽车巨头终于彻底扭亏为盈。1948—1950年期间,福特的销量翻了一番,在三巨头中的排名重新回到第二位,并把克莱斯勒甩到了身后。到1954年,福特占据了美国市场30.83%的份额——创出20世纪初推出T型车以来的最佳表现。那一年,福特还把亏损的法国业务出售给西姆卡,仅保留15.2%股权,后来又把这些股权卖给克莱斯勒,从中获得了可观的利润。

至少在人生的这一阶段,亨利二世善于倾听,也不会干预福特的日常运营。一夜之间,这个懒惰的学生就像莎士比亚笔下放荡的哈尔王子一样,变成了勤奋而认真的领导人。他贯彻了沃尔特·鲁瑟(Walter Ruther)那句贴切的名言——"人的工程与机械工程同等重要",努力让福特工厂更快乐、生产率更高。1946年,亨利二世在他的第一次重要演讲中宣称"工会将继续存在",福特的反工会名声如今已成为过去。

在亨利二世的领导下,福特的产品研发也呈现出复兴态势。1948年,亨利二世推出的林肯大陆(福特的第一款世界级豪华轿车)看上去又好又快,但其实并非如此,时速开到90英里都很勉强。林肯大陆拥有电动车窗、电动座椅、真皮内饰、漆成蓝色的仪表盘,车身的配色也不同寻常,包括一种可怕的"开道车黄"(pace car yellow),因为林肯大陆曾在印第安纳波利斯扮演过开道车的角色。七年后,亨利二世发布的福特新款双座轿车震惊了整个汽车行业。1955年推出的这款福特雷鸟(Thunderbird)由弗兰克·赫尔希(Frank Hershey)和威廉·T. 博耶(William T.Boyer)设计,令人印象深刻,亨利二世及福特总工程师路易斯·克鲁索(Lewis Crusoe)要让这款汽车成为"私享汽车",而不是充当家庭代步工具或跑车。雷鸟酷似福特,有着直线条和大尾灯;但从来没有一辆福特被包装成这样——外观时髦、充满动感,但从来不会装作是跑车。在美国,跑车通常从英国或意大利进口。捷豹XK140的售价高达3213美元,雷鸟的定价低于这些享有盛誉的进口车型,最初售价为2695美元。雷鸟配有强大的V-8发动机，但悬架系统也偏软，像当时典型的美国家用汽车那样。如历史学家保罗·威尔逊（Paul Wilson）所述："雷鸟的操控方式与1935年产帕卡德差不多，而雷鸟车主对此欣然接受，这种自得的态度无疑表明，人们并没有把雷鸟看成是真正的跑车。"雷鸟一开始只是双座、双门敞篷车。1958年，雷鸟开始提供与普通轿车类似的两排座位、每排两座的款式，从而与欧洲跑车进一步拉开差距。雷鸟销量飙升，因为福特的营销人员全力支持自己的产品，而通用汽车在推销雷鸟的竞品雪佛兰科尔维特（Corvette）时则三心二意。雷鸟的定价与通用汽车的竞品科尔维特相当，但在第一个销售年度，雷鸟的销量是科尔维特的23倍。

在阿尔弗雷德·斯隆的领导下，通用对汽车造型更加重视，这让亨利二世坚信福特需要把设计放在首要位置。1955年，福特扩大了造型设计部门的规模，分给该部门五个宽敞的新工作室（作为回应，通用汽车斥资1.25亿美元为沃伦的造型设计部门员工建造了一个技术中心，内有人工湖和巨大的草坪）。很不幸，福特的设计总监乔治·沃克（George Walker）并不能胜任这份工作。沃克是个臭名昭著的好色之徒，大搞肉体交易，经常骚扰女员工，他也不像通用汽车和克莱斯勒的同行那样有机会接触公司最高层。事后回想起来，乔治·沃克就像是一场注定要发生的事故。1957年，这场事故便发生了。当年，福特大张旗鼓地推出了埃德塞尔（Edsel）系列（福特打算把埃德塞尔打造成类似水星和林肯的全新品牌），该系列根据亨利·福特已故的儿子、亨利二世的父亲来命名，而没有顾及博达大桥广告公司（Foote, Cone & Belding）明确的研究结果（这家广告公司对自己的员工做了调查，员工选择的名称包括"Henry""Zoom"等）。事实证明，埃德塞尔是汽车发展史上最臭名昭著的灾难之一。沃克和项目的造型设计师罗伊·布朗（Roy Brown）想要摆脱通用的哈利·厄尔赋予美国汽车的共性，譬如低底盘、车体呈横向，并试图让这款车与众不同、富有个性。福特刻意忽略了传统的市场调查，而仅仅依靠动机模糊的"形象研究"，这些研究针对的是停车便利性和保养成本等实际方面，而不是汽车的外观或性能。沃克和他的同事们希望这款车有自己独特的个性，但不太确定这种个性究竟是什么。

福特的营销和公关人员为埃德塞尔的推出全力以赴。弗兰克·辛纳特拉（Frank Sinatra）和宾·克罗斯比（Bing Crosby）在电视广告中担纲主角，唱着这款汽车广告让人无法忍受的肉麻的主题曲：

当朋友们来看我们的车，
我们想让他们知道，
我们确如自己所想的那样，
聪明、成功又伟大。

不幸的是，在期待已久的发布日当天，恰逢苏联宣布自己已拥有可以瞄准美国境内任何目标的洲际弹道导弹。正是这条消息把为宣传埃德塞尔的优点而精心准备的新闻报道轰出了头版。当外界的注意力最终集中到埃德塞尔

1955年的运动型福特雷鸟，得到弗兰克·辛纳特拉的热烈支持——两年后，他还借用了自己的名字和声音来宣传灾难性的埃德塞尔系列。

1957年臭名昭著的福特埃德塞尔系列，带有笨拙的"马项圈"格栅。已故埃德塞尔·福特的三个儿子坐在里面：从左到右分别是威廉·克莱·福特、本森·福特和公司总裁亨利·福特二世。

上时，这款新车又未能经得起媒体的密切关注。埃德塞尔系列的顶级车型配备了一个巨大的V-8发动机，使之成为公路上最强劲的量产车。但埃德塞尔的刹车性能不佳，舒适性差，尽管这款车特别长（与最大的凯迪拉克一样长），后备厢却小得令人失望。最重要的是，埃德塞尔看起来很奇怪，有一对球形的前灯，格栅好似笨重的马项圈——两位当代评论家认为，埃德塞尔是"推马桶座的水星"，或者是"吮吸柠檬的奥兹莫比尔"——简直惨不忍睹。福特原本预计这款汽车上市后第一年能卖出20万辆，但实际上只卖出6.3万多辆。1959年，也就是不受欢迎的垂直格栅被放弃的那一年，埃德塞尔的销量仅为4.5万辆。第二年，埃德塞尔，连同开发这款车型的部门被悄悄地埋葬，福特冲销了该项目2.5亿美元的研发成本。1961年，当福特总裁罗伯特·麦克纳马拉离开公司，加入约翰·F.肯尼迪的新当选民主党政府担任国防部部长时，共和党不断嘲笑他对埃德塞尔失败的责任（事实上，麦克纳马拉认为他在福特的最大成就是1960年推出的朴素实用的小型家用汽车猎鹰）。与此同时，设计总监乔治·沃克1961年不声不响地退了休。1957年负责埃德塞尔项目的那位可怜的设计师罗伊·布朗被发配到福特底下相当于古拉格的地方：埃塞克斯郡的达格纳姆。

在通用汽车，首席设计师哈利·厄尔拥有至高无上的权威，他的作品洋溢着汽车的黄金时代那种自信、阳刚的气质。1958年，他被任命为通用汽车副总裁，成为汽车行业第一位晋升到如此高级别的设计师。他当之无愧。在通用汽车强大宣传机器的助力之下，他把公司一年一度的车型升级发布会变成举国欢庆和媒体争相报道的盛会，几乎与重大的公共假日无异。从很多方面来看，汽车的黄金时代也是厄尔的时代。

哈利·厄尔出生于1893年，父亲是加利福尼亚州的一名马车制造商。厄尔25岁左右就已经开始自己设计汽车，并为"胖子"阿巴克尔（"Fatty" Arbacle）和汤姆·米克斯（Tom Mix）等影星定制汽车。1919年，厄尔这项前景看好的生意被凯迪拉克收购，厄尔成为通用汽车的员工。八年后，厄尔作为通用汽车新成立的艺术和色彩部首任主管，获准为通用的汽车做造型设计，很快就把一系列看上去普通实用的汽车变得惊艳无比。

厄尔并不是一夜之间就取得成功的。他1927年设计的303 La Salle系列借鉴了同时代名车希斯巴诺-苏莎（Hispano-Suizas）的线条，如历史学家戴维·加特曼（David Gartman）所述，303 La Salle系列"将手工制作的经典豪车的外观带到了工厂量产汽车"。但厄尔两年后推出的第一款真正激进的设计被嘲笑为"怀孕的别克"，这种评价可以算是中肯。爱较劲的厄尔的反应是，谴责别克在未经他同意的情况下改变了他所在部门的设计。

然而，到了20世纪30年代中期，厄尔成功地让通用的汽车变得独特而时尚。从1937年开始，他也获准利用一系列一次性的概念车来实现他较为新锐的创意。第一款概念车别克Y Job是低底盘的双座敞篷跑车，饰有镀铬条纹，而且像Traction Avant一样，没有安装传统的踏板，这使得这款车看起来更加纤长——厄尔很快把这种风格运用到通用汽车的整个车系中。

许多观察家无法理解他是如何做到的。厄尔不会画画，也很少与通用汽车的工程师交谈。事实上，他与公司几乎所有人的关系都糟透了。他是个脾气暴躁、大男子主义的恶霸，更喜欢像好莱坞大导演那样大声发号施令，而不是征询同事的意见。他利用又壮又高（身高6英尺5英寸）的体型来威胁同僚，并恐吓和欺凌直接下属。任何敢于批评他的人都会被公开贴上恶毒的标签。厄尔把艺术和色彩部打造成了一个大部门（在20年的时间里，这一部门的员工数从50人增加到了1400人）。但在他的领导下，该部门的员工流失率一直很高，令人担忧。

一年四季都肤色黝黑的厄尔也非常在意自己的公众形象。他喜欢穿着刚洗烫好的白色亚麻西装露面，办公室里放着一大橱与家里相同的衣服，好让他随时可以换上一模一样的干净衣服。他始终对公众演讲敬而远之，因为他意识到自己很不擅长。

厄尔能够取得成功，不是因为傲慢、依靠直觉的他有什么天赋，而要归功于他与阿尔弗雷德·斯隆的良好关系。通用汽车董事长待厄尔就像对待自己的儿子一般；厄尔深受这位大人物赏识，他的地位几乎无可动摇。每年夏天，他都会与斯隆一起在游艇上待一个月，研究最新的设计。当他回到底特律时，从来不进行任何争论，厄尔的决定被公司总裁默许为最终决定。

厄尔使用黏土模型，而不是传统的木头和金属模型来设计汽车，这使他能够获得更加圆润、更流线型的形状。美国钢铁公司（US Steel）1934年推出的一种尺寸大得多的金属薄板，对他也有帮助，让他能够用金属来复制黏土模型，实现以前不可能实现的线条的连续和外观的统一。他设计的引擎盖越来越长，但他经常使用匀称、突出的后备厢来加以平衡，还充分利用明亮的镀铬给人以"金钱的感觉"。当时刚刚出现的整体式单壳体构造增强了汽车的强度的稳定性，使厄尔能够像弗拉米尼奥·贝尔托尼设计的新款雪铁龙那样，更长而且底盘更低。

哈利·厄尔永远与汽车的黄金时代的浮夸尾鳍相联系。厄尔的第一款带有尾鳍的汽车出现在1948年，属于长而低的Futuramic系列。1948年的凯迪拉克亮眼的尾鳍有意识地借鉴了战时采用活塞式发动机的传奇战斗机——洛克希德（Lockheed）P-38闪电式战斗机的双机身构造，而P-38的双机身和中央吊舱又是由设计师克拉伦斯·约翰逊（Clarence Johnson）从福克公司（Fokker）1937年一款开创性的G1战斗机借鉴而来（厄尔在战争期间曾亲赴附近的美国陆军航空军基地塞尔弗里奇机场参观，以便近距离考察P–38）。1949年，厄尔在通用汽车第一届Motorama汽车展上展示了一整套带有尾鳍的汽车。Motorama是通用内部的车展，展出次年有待推出的车型以及厄尔珍爱的"梦想之车"，是通用汽车未来设计的试验台。第一届Motorama车展的明星是厄尔的Le Sabre XP-8概念车，这款车的尾鳍和车名都来自喷气式飞机行业。[①] Le Sabre厚颜无耻地称是在致敬北美航空F–86 Sabre后掠翼喷气式飞机，这款汽车巨石般的中央前照灯酷似F–86 Sabre的涡轮喷气式发动机。

哈利·厄尔和他1950年令人惊叹的别克Le Sabre概念车的模型。

从1949年开始，厄尔设计的汽车越来越新颖，也越来越离经叛道。他为整个通用汽车系列引入的巨大格栅很快就被欧洲汽车记者冠以"美钞的微笑"的称号，而他1951年设计的庞蒂亚克（Pontiacs）有三层格栅和翼子板，大量的镀铬使之熠熠生辉。他的"硬顶敞篷车"（长长的双门车型，车顶没有侧柱支撑）看上去十分精致，但一旦翻车也非常脆弱。他为凯迪

[①] 对于战时的美国空军来说，"XP"是指一种实验性的战斗机，但到1949年，该代号已被用于"追求实验目的"的喷气式飞机，譬如Sabre XP-86。

拉克设计的全景挡风玻璃太大，A柱的位置调整后，使得汽车向左急转弯时出现盲点。1957年，厄尔让通用汽车成为第一家安装四灯式前照灯的汽车生产商，他把四灯式引入了配有六升发动机的四门凯迪拉克黄金帝国（Eldorado）。

黄金帝国带有厄尔在黄金时代造型设计风格的所有印记，是一款产量较低的豪华敞篷车，它于1953年首次发布。在20世纪50年代剩余的时间里，厄尔为黄金帝国引入的创新往往会在约一年后渗透到凯迪拉克的其他车型和通用汽车其他部门。1953年版黄金帝国基于前一年的一款概念车，而这款根据厄尔的标准打造的概念车是为纪念凯迪拉克问世40周年而推出的。黄金帝国只有四种颜色可供选择，分别为阿兹特克红（Aztec Red）、阿尔卑斯白（Alpine White）、天蓝（Azure Blue）和匠人赭（Artisan Ochre），而价格则相当于凯迪拉克车系其他敞篷车的两倍。黄金帝国拥有环绕式挡风玻璃、断开的腰线，巨大的镀铬翼子板上缀有大大的弹壳状突起装饰，堪称哈利·厄尔最具特色、最有影响力的设计。

20世纪50年代的通用汽车并不只有"达格玛斯化"的凯迪拉克。奥兹莫比尔于1940年推出装有木质嵌板的旅行车时，旅行车被视为一种难看而笨重的带轮子的家，旅行车部门仅占美国汽车市场的1%。汽车制造商不喜欢旅行车，因为车后部的木质结构不容易适应装配线，因此制造成本很高。不过，奥兹莫比尔的新款汽车彻底改变了这一休眠品类。这款车使用六缸发动机，确保了良好的加速性能，而Hydra-Matic自动变速系统提供了平稳的驾驶体验。这款汽车的木质支杆是另外安装的，而不是汽车构造的组成部分，因此，这款汽车完全可以在装配线上制造（到20世纪50年代末，旅行车的前门通常已经完全不用木材质，与普通轿车无异）。家庭喜欢这种汽车，因为就像是住宅的延伸。觉察到机遇的福特追随通用汽车的脚步，到1955年已在迅速增长的旅行车市场抢占了47%的份额——成为汽车媒体口中的"美国旅行车掌门人"。1957年，福特甚至制造了一款运动型旅行车兼皮卡——Ranchero。不过，这个颇有先见之明的创意直到30多年后才发展成为国际潮流。

1953年，哈利·厄尔推出了开创性的雪佛兰科尔维特，这款汽车比奥兹莫比尔更为鲜明地体现出厄尔的设计哲学。科尔维特得名于在第二次世界大战中建立显赫声名的小型海军舰艇，这款时髦的双座敞篷车拥有环绕式挡风玻璃和轻质玻璃纤维车身。厄尔打算凭借这款汽车与当时在美国掀起风暴的英国跑车一决高低。不幸的是，第一代科尔维特未能像厄尔期望的那样拥有时尚的车身。这款汽车的发动机和变速系统都不适合高档跑车（不知出于何种原因，科尔维特安装的是Powerglide二段自动变速系统，而不是跑车常用的手动变速）。这些因素再加上平庸的转向和刹车性能，使得这款汽车的性能让人非常失望。就在这时，日后被称作"科尔维特之父"的佐拉·阿库斯−邓托夫（Zora Arkus-Duntov）伸出了援手。

阿库斯−邓托夫来通用汽车之前的经历充满传奇色彩。他出生在比利时，父母是俄裔犹太人，他的母亲在他年幼时与他做采矿工程师的父亲离婚，之后与一位名叫约瑟夫·邓托夫（Josef Duntov）的新伴侣（也是采矿工程师）和她的前夫一起组建了奇妙的三角家庭，因此阿库斯−邓托夫的姓是双姓。1927年，一家人搬到了柏林，阿库斯−邓托夫1934年从夏洛滕贝格理工大学（Charlottenburg Technological University）毕业后从事机械工程师工作，业余时间当摩托车赛车手。1939年战争爆发后，阿库斯−邓托夫（他在德国奇迹般地逃脱了拘捕或处决）逃到法国，并加入法国空军。1940年法国投降后，他从西班牙驻马赛领事馆取得了全家人的出境签证。他的新婚妻子埃尔菲（Elfi）当时仍住在巴黎，她赶在德国军队进驻的前一刻驾着MG车戏剧般地逃往南方，去投奔她的丈夫，而阿库斯−邓托夫和他弟弟则躲在马赛的一家妓院里。随后，阿库斯−邓托夫把全家，包括他父母弄到葡萄牙，之后又乘船去了纽约。

阿库斯−邓托夫兄弟抵达纽约后建立了一家为军用和民用车辆生产零部件的工厂。这家公司战后破产了，阿库斯−邓托夫只得再次换地方，这一次是转战英国。1952年和1953年，他在勒芒为总部位于克拉珀姆的小众跑车制造商Allard驾驶赛车（他在1954年和1955年也返回欧陆，驾着保时捷在一系列与勒芒24小时大赛相同等级的赛事中夺得胜利）。

阿库斯−邓托夫再一次回到美国之后，于1953年的Motorama车展上见到了新的科尔维特原型车。厄尔的玻璃纤维车身给他留下深刻的印象，但他正确地判断出这款汽车的机械性能欠佳。他写信给雪佛兰的总工程师埃德·科尔（Ed Cole），表示愿意为这款汽车做些工作，并附上一篇与机动车速度有关的论文。阿库斯-邓托夫打动了雪佛兰，1953年5月他开始担任助理主管工程师。

阿库斯-邓托夫在很大程度上改变了底特律的面貌。他升级了科尔维特的发动机，引入配有高升程凸轮轴和燃油喷射的紧凑型V-8发动机。经他改造的科尔维特很快成为同类车型中的佼佼者，能够挑战捷豹、法拉利和保时捷等进口产品，取得令人鼓舞的国内销量，并在赛道上斩获佳绩。阿库斯-邓托夫1956年亲自驾着一辆科尔维特驶上派克峰，以期向美国媒体显示科尔维特的性能已得到强化，当年晚些时候，他又驾驶科尔维特前往代托纳比奇，创下每小时150英里的陆上速度记录。尽管受到通用汽车官方禁止，但他仍然继续开着科尔维特参加赛车，一直持续到20世纪60年代。阿库斯-邓托夫于1975年退休，但在1992年，已83岁高龄的他仍然参加了第100万辆科尔维特的发布仪式，并在科尔维特国家博物馆（National Corvette Museum）的动工仪式上驾驶推土机。

科尔维特最初的失败表明，哈利·厄尔在20世纪50年代也不是事事顺遂。1955年，这位通用汽车的设计权威被一名借鉴他策略的对手击败，而这名与厄尔较量的造型设计师的雇主20年来一直被认为只会制造古板、老派、平庸的汽车。

维吉尔·埃克斯纳（Virgil Exner）于1909年出生在密歇根州，原名维吉尔·安德森（Virgil Anderson）。埃克斯纳的母亲是一位未婚妈妈，他两年后被人收养，后来在斯图贝克的家乡——印第安纳州南本德的圣母大学（Notre Dame）主修美术。但在1928年，由于经济问题和天生缺乏耐心，仅仅念了两年大学的埃克斯纳退学了。埃克斯纳在当地一家艺术工作室工作了一段时间，之后被哈利·厄尔聘用，在通用汽车的庞蒂亚克部门工作。1938年，他实现了职业生涯的突破，即加入了雷蒙德·洛伊那家已具有传奇色彩的工业设计公司。在那里，他参与了斯图贝克轿车的开发，并从1942年开始参与通用汽车制造的DUKW水陆两用运输车和鼬鼠（Weasel）两栖装甲车的开发，除此之外还从事了许多其他项目。但在1944年，埃克斯纳与才华横溢但喜怒无常的洛伊闹翻了。那时，洛伊的专横态度也疏远了他的一位主要客户——斯图贝克。结果，斯图贝克立即聘请埃克斯纳担任内部首席造型设计工程师，这件事惹恼了脾气暴躁的洛伊。

埃克斯纳并不是那种隐忍的天才，他有时会像以脾气暴躁而著称的洛伊一样难对付。他身材瘦削，但有着电影明星般的英俊外表，他像哈利·厄尔一样浮夸张扬，但好在他不像厄尔那样爱欺负人。他跟厄尔一样喜爱运动，永远晒得黑黑的，与他常穿的银色西装和灰白头发形成鲜明对比——这副模样让他的员工有些不怀好意地称他为"镀铬人"。

埃克斯纳在斯图贝克最伟大的作品是1947年的星光（Starlight）。这是一款低底盘的欧式双门轿跑车，车体紧凑、方正、优雅，简直比美国竞争对手先进好几光年之远。星光有立柱来支撑车顶，而硬顶版本的名称是让人混淆的"星际飞船"（Starliner）——对一款紧凑型轿车来说，这个名字显得很怪[①]。福特于1952年推出的峰线（Crestline）和小型林肯以及通用汽车于1953年推出的奥兹莫比尔都抄袭了星光/星际飞船的线条，这也算是对星光/星际飞船的间接肯定。事实上，到1954年，通用汽车和福特旗下所有车系都在模仿埃克斯纳方正的车身，例如，1957年推出的别克路霸（Roadmaster）轿跑车看起来就像是星光的手足。不过，那时埃克斯纳早就离开了斯图贝克。

1949年，埃克斯纳在公司的靠山罗伊·科尔（Roy Cole）退休了，加上斯图贝克经营状况不佳，埃克斯纳的处境岌岌可危，他开始另谋高就。福特本来承诺为埃克斯纳提供一份首席造型设计师的工作，但后来又粗暴地撤回了邀约（福特把工作给了比较好说话，但也比较平庸的乔治·沃克），于是埃克斯纳去了克莱斯勒。这促使雷蒙德·洛伊在公开场合把创造斯图贝克星光的功劳全部揽到自己身上，自然是激怒了埃克斯纳。

在美国汽车行业看来，埃克斯纳去克莱斯勒以后就会沉寂下去。众所周知，克莱斯勒是工程师当家，因而造型设计师或营销人员说话都不算数。

[①] 1956年，斯图贝克不知为何将整个星光系列更名为老鹰（Hawk），这个平淡的名称导致斯图贝克没能趁斯普特尼克号卫星升空后掀起的太空探索热大赚一笔。

与通用或福特的同类车型相比，克莱斯勒的汽车显得笨拙而过时，而在工程创新方面无疑处于领先地位。自沃尔特·克莱斯勒去世以来，克莱斯勒一直由沃尔特曾经的得力助手K. T. 凯勒（K. T. Keller）领导，这家公司率先推出了盘式刹车（1949年）、助力转向系统（1951年）、液压减震器（1952年）和交流发电机（1960年）。但克莱斯勒也是一家由老人经营的臭名昭著的公司；1950年凯勒退休后，几乎所有克莱斯勒的高级管理人员都是六七十岁的人。其中大多数人对1934年克莱斯勒气流的失败记忆犹新，并以此为例来证明决不能让设计师说了算。与通用汽车乃至福特的造型设计部门相比，克莱斯勒的设计部门非常小。因此，当埃克斯纳加入克莱斯勒时，所有人都感到惊讶，尤其是克莱斯勒不仅允许这位设计师扩大造型设计部门的规模，还让他为成品模型承担更多责任。

埃克斯纳很快就凭借1952年推出的K-310概念车展现出自己的实力。这款汽车拥有大而圆的前照灯，双色调的车身突显出低而纤长的线条，后侧酷似"瞄准镜"（或"麦克风"）的尾灯安装在杆上。1952年至1954年期间推出的克莱斯勒Special和De Soto Adventurer概念车进一步发展了埃克斯纳的愿景，融入当代捷豹和法拉利的元素。埃克斯纳于1953年至1954年推出的运动型双座道奇"火箭"（Firearrow）概念车系列成为1955年福特雷鸟效仿的先例，"火箭"朴素的车身和不同寻常的格栅彰显着动力和速度。1954年，赛车手贝蒂·斯凯尔顿（Betty Skelton）驾着一辆道奇"火箭"在克莱斯勒试验场地突破143英里时速，创下女子陆地驾驶速度记录。

到1955年，埃克斯纳已有充足的信心将他的设计理念应用于量产车型。那一年，他的前瞻系列（Forward Look）开始上市销售。前瞻系列对整个克莱斯勒系列进行彻底重新设计，其中既包括经济型车普利茅斯，又包括高端系列帝国（现在成为一个独立的品牌）。汽车的造型变得紧凑，采用埃克斯纳在概念车中率先开创的低底盘鲜明的欧洲风格，配有尾鳍、带有灯眉的前照灯，使用双色调乃至三色调的配色方案，以及酷似瞄准器的尾灯（一开始只用于帝国系列，但很快就应用于所有产品部门）。前瞻品牌的箭头标识［不是埃克斯纳自己设计的，而是由克莱斯勒的麦肯广告公司（McCann Erickson）设计］在接下来的六年里被应用于克莱斯勒公司所有新车。这种设计奏效了：埃克斯纳1955年的前瞻车型使该公司的销售额较前一年增加了近一倍。

埃克斯纳的非凡天分重新定义了克莱斯勒僵化的产品线。前瞻系列品系下的克莱斯勒300A在销售上取得了巨大成功，这款汽车风格紧凑，极长的引擎盖下藏着超大的发动机，比当年底特律任何一家生产商的发动机都要大。两年后，300A的后继者——1957年的300C（拥有开口很大的前格栅和高耸的尾鳍）一上市便被誉为经典，比300A卖得更好。事实证明，与埃克斯纳的老车斯图贝克有几分相似的帝国（修长，低底盘，略带欧洲风格，但比大洋彼岸的竞争对手更有型，镀铬面积也更大）对通用汽车的凯迪拉克和福特的林肯构成有力竞争。1959年，道奇Custom Royal以子弹般的后灯和巨大的尾鳍让古板的道奇品牌焕发出活力。与之类似，埃克斯纳1956年推出的普利茅斯Fury对毫无特色的贝尔维迪（Belvedere）硬顶轿车的底盘和车身进行了改造，创造出一款时速可达124英里的汽车。普利茅斯系列以往被看作是无精打采的"老妇"车，如今，5升发动机被塞在贝尔维迪的引擎盖下，埃克斯纳还改进了变速箱，将车门从4个减少到2个，降低了弹簧的位置，加宽了轮胎，并增加了类似警车的刹车片。这就造就了一款令人眼前一亮的汽车，而开发费用只相当于通用科尔维特的零头。Fury一开始全都是灰白色，配金色镶边，以示与普利茅斯其他车型的区别。Fury的成功和时尚造型让普利茅斯品牌焕发出活力。这项试验非常成功，普利茅斯此后继续使用Fury这一名称（但囊括范围扩大，与汽车外观或性能的关联度越来越低），一直持续到20世纪70年代末。[①]

1957年，埃克斯纳将前瞻系列提升了一个档次，引入更多时尚的线条和更高的尾鳍，对前翼子板大量镀铬，在突出的镀铬灯眉下安装四灯式前照灯。现在，显得蠢笨过时的变成了通用和福特的汽车。我们将在下一章中看到，埃克斯纳设计的汽车在两年之后进入最具表现力、最时尚、最有影响力的时期。鲨鱼般的尾鳍从未像现在这么高，尾灯从未像现在这么惹眼，前照灯不仅增加到过去的四倍，而且用飞扬的镀铬灯眉加以突出，而格栅常常横

[①] 斯蒂芬·金（Stephen King）将一辆1958年产Fury作为同年撰写的恐怖小说《克里斯汀》（Christine）的主角。

跨汽车整个前部。克莱斯勒的盛宴似乎永远不会停歇。

埃克斯纳1957年赋予克莱斯勒的"新面貌":道奇Custom Royal。

但回想起来,1959年是克莱斯勒造型设计的鼎盛时期,之后它便开始走下坡路。1956年,埃克斯纳罹患了严重的心脏病,结果导致1960年和1961年(规划是提前四五年进行的)推出的克莱斯勒平平淡淡、无甚亮点。埃克斯纳病愈后,及时重返工作岗位,打算重新设计1962年的车型系列,但他的愿景却被克莱斯勒总裁科尔伯特(Colbert)否决了,因为科尔伯特听说通用1962年的车型尺寸会大幅缩小(事实证明,这是完全的谣言),感到颇为恐慌。科尔伯特在设计过程的后期要求埃克斯纳缩小新车型的尺寸并削减成本,同时砍掉了高端品牌德索托(De Soto),并将毫无特点的Valiant紧凑型车硬塞给已经出现复苏的道奇部门。这样一来,1962年推出的汽车(埃克斯纳嘲讽地称之为"拔毛的鸡")自然是让市场普遍感到失望。克莱斯勒丧失了相对于三巨头竞争对手的设计优势,销量大幅下滑。

科尔伯特之前已经离职,1961年,由于销量大幅下滑,供应商罢工和股东诉讼，科尔伯特被解雇了。[①] 现在，现在公司需要一个替罪羊，而埃克斯纳就是。克莱斯勒又决定解雇埃克斯纳。这种做法表明克莱斯勒缺乏敏锐的商业头脑，在未来几年里，克莱斯勒一再表现出这种令人厌烦的特征。克莱斯勒艳阳之下的时代已经结束，该公司再次陷入平庸的泥潭，现在才刚刚摆脱困境。

埃克斯纳余生致力于设计汽艇，他试图帮助杜森博格（Duesenberg）、斯图兹（Stutz）和布加迪等老奢侈品牌恢复生机，但一直徒劳无功。他1966年设计的杜森博格原型车曾接到猫王（Elvis Presley）和弗兰克·辛纳特拉等名人的订单，但该项目后来因主要赞助商退出而崩溃。埃克斯纳的斯图斯黑鹰（Stutz Blackhawk）倒是得到纽约银行家詹姆斯·奥唐奈（James O'Donnell）的资金支持，于1971年真正投入生产。埃克斯纳设计的钢制车身产自意大利摩德纳，由车身生产商Carrozzeria Padana制造。但黑鹰骨子里只是普通的庞蒂亚克而已——价格倒是极其昂贵，可供选择的"实用"特性包括貂皮地毯、包金、名贵的鸟眼枫木和22层手工喷漆。黑鹰拥有巨大的圆形前照灯、直立的格栅和锐利的腰线，在很大程度上迎合富豪的品位。猫王买下了第一辆黑鹰，之后又买了四辆，后来的黑鹰车主包括威尔逊·皮克特（Wilson Pickett）、迪恩·马丁（Dean Martin）、埃尔顿·约翰（Elton John）、阿尔·帕西诺（Al Pacino）和保罗·麦卡特尼（Paul McCartney）。但黑鹰的标价（到1973年已超过43000美元）让大多数其他买家望而却步。到1987年黑鹰最终停产时，这款汽车仅卖出不到600辆。奥唐奈的鲁莽行为让他损失了数百万美元。

美国汽车业黄金时代的主角不仅限于三巨头。1954年1月，纳什与赫德森合并（更确切地说是被赫德森兼并），组建起美国机动车公司。美国机动车公司第一任总裁是身材魁梧、爱好交际的乔治·W.梅森（George W.Mason），梅森曾经担任沃尔特·克莱斯勒的助理，尽管他是个大块头，却特别喜欢小型汽车。梅森之前已经推出小而时尚的纳什–希利（Nash-Healey）——这是美国战后的第一款跑车，纳什与赫德森合并时，梅森正

[①] 科尔伯特后来因在财务方面存在严重失当行为而受到指控，对他的指控包括从他妻子持有的克莱斯勒供应商股票中牟利。

在推广尺寸与欧洲汽车相当的"经济型车"（今天业界称之为"次紧凑型车"），譬如由奥斯汀生产的"大都会"（Metropolitan）[①]。

1954年10月，年仅63岁的梅森去世了。但在接下来的几年里，美国机动车公司承袭了梅森的大胆创新和远见卓识。1959年，也就是Mini推出的那一年，美国机动车公司在致股东的信中称，引入新的紧凑型和次紧凑型车标志着"美国大型车一统天下的时代终结"——这一预言确实成真了，不过是在10年之后。同年，美国机动车公司宣布，公司将推进替代燃料汽车研究项目，制造一款由自动充电电池驱动的电动汽车。在三巨头专注于打造和巩固当前市场份额时，美国机动车公司却明智地将目光投向未来。因此，当20世纪70年代的石油危机冲击汽车行业时，已经开发出适当产品的美国机动车公司顺理成章地成为第一家妥善应对石油危机的美国汽车生产商。

美国机动车公司的成立并不是1954年美国汽车行业发生的唯一一场合并。那一年，在业界享有崇高声誉的帕卡德收购了同样出名的斯图贝克品牌。帕卡德成立于1900年，是一家高端豪华汽车制造商，到1929年，帕卡德的销量相当于凯迪拉克的3倍。但在大萧条期间，帕卡德在豪华汽车市场的占有率从10%降至2%，之后一直未能恢复。战后，帕卡德未能正确预见市场的发展方向，结果白白浪费了宝贵的遗产和积蓄。帕卡德试图销售廉价汽车，但不论工程师还是经销商（乃至客户）对这个市场都不熟悉；帕卡德坚持重新设计并销售早已过时的1942年款车型；帕卡德还试图打入利润丰厚的出租车市场，但以失败告终，因为三巨头牢牢把持着该市场。到1954年，帕卡德战前的豪华汽车制造商形象已经无可挽回地淡去，这家公司发现自己正在丧失市场份额、地位和声誉。

在大萧条期间，斯图贝克也几乎破产。该公司富有魅力的总裁阿尔伯特·R.厄斯金（Albert R.Erskine）曾认为经济衰退只是短暂的。1928年，他大胆收购了破产的布法罗的公司皮尔斯箭头（Pierce-Arrow，该公司主要生产豪华汽车，拥有一批影星客户）。在大萧条最严重的时期，他不仅收购了

[①] 大都会的发动机仅有1200cc（1957年被较大的1489cc版取代），造型明显是欧洲风格。这款奇特的汽车于1961年停产（可能有些太早）之前，美国机动车公司总共卖出了9.7万辆。

陷入困境的怀特汽车公司（White Motor Company），而且继续向斯图贝克的股东支付巨额股息。1933年，也就是罗斯福实施新政的那一年，厄斯金为皮尔斯箭头推出新款豪华车型——流线型的银箭（Silver Arrow），定价高达1万美元。但是这款汽车只卖出了5辆——斯图贝克被这场灾难拖垮了，适时宣告破产，厄斯金不幸自杀。两年后，几家银行让斯图贝克恢复了运营，但这家公司再也无法变回原来的样子。

斯图贝克的命运在第二次世界大战期间确实迎来了一段短暂的转机，当时该公司为美国陆军生产了一系列的成功军用车辆。到1950年，斯图贝克还成功开辟了一个利基市场，成为先锐"欧风"汽车的制造商。这些汽车由已经建立传奇声誉的雷蒙德·洛伊和冉冉升起的汽车设计之星维吉尔·埃克斯纳设计。

洛伊于1893年出生在巴黎，1914年后因战时服役时的杰出表现而获得英勇十字勋章（Croix de Guerre）。1919年，他只穿着一套法国军官制服，身无分文地移民美国，在纽约梅西百货公司从事橱窗装饰工作。20世纪20年代末，洛伊进入了设计行业，他的第一项重大突破是受托重新设计基士得耶（Gestetner）复印机。到1930年，他已经成功到在伦敦和纽约开设了办事处。此后，洛伊将他的才华施展到宾夕法尼亚铁路（Pennsylvania Railroad）的机车、灰狗巴士、冰点（Coldspot）牌冰箱和香烟盒上，经典的好彩（Lucky Strike）牌香烟的标识就是他创造的。他还从1936年开始担任斯图贝克的顾问，为该公司设计了新的S形标识以及新的汽车系列。

然而，帕卡德与斯图贝克于1954年结成的联盟虽备受推崇，但并不具备美国机动车公司的实力，更像是两个遇难者在潮水上涨时抱团求生。因此，随着美国的三巨头进入黄金时代，斯图贝克也逐渐淡出舞台。洛伊与埃克斯纳联手设计的星光或许是精致欧风的化身，但也导致斯图贝克的销售额跌至新低，该公司在美国市场的份额降至3%以下。新成立的帕卡德-斯图贝克傲慢地拒绝了美国机动车公司提出的合并提议，但在1959年，历史悠久的帕卡德品牌被取消，帕卡德-斯图贝克成了斯图贝克。与此同时，脾气暴躁的洛伊被请回来设计新款汽车Avanti。但洛伊设计出的这款外观奇特、像瞪着眼睛一样的汽车并不成功，生产上的严重延误更是剥夺了这款汽车那微乎其微的成功机会。1962年推出的Avanti直到次年才交付给经销商,被选为印第安纳波利斯500英里大奖赛的开道车,尊享这一属于美国跑车的终极盛誉,但比赛当天斯图贝克居然拿不出一辆能开的车,不得不用一辆Lark车系的紧凑型车来充数——这个错误弄得尽人皆知,结果让斯图贝克成为汽车行业的笑柄。1964年产Avantis成为该系列的最后一款,虽然多年来汽车爱好者仍然用废旧零部件来制作这款汽车。

斯图贝克停止生产Avanti之后,便主要依靠难看笨拙的Lark紧凑型轿车取得收入,收入水平自然是不尽如人意。为扭转销售额暴跌的局面,斯图贝克还任命了一位新总裁——舍伍德·埃格伯特(Sherwood Egbert)。埃格伯特曾是海军陆战队队员,他面相年轻,身材魁梧,决心提升斯图贝克的竞争力,并唤来他的朋友、工业设计师布鲁克斯·史蒂文斯(Brooks Stevens)对Lark进行改造。史蒂文斯出生在密尔沃基,儿时曾罹患小儿麻痹症,这场病也让他发展了绘画技能。史蒂文斯于1934年(这一年他还成为美国工业设计师协会的创始成员)创建的家居企业已经让他赚到很多钱,足够他在威斯康星州梅昆开设自己的汽车博物馆。

史蒂文斯试图将阿尔弗雷德·斯隆的"计划性淘汰"理念融入斯图贝克的企业战略中。用史蒂文斯的话说,要让人们"想要更快一点拥有更新、更好一点的东西",把这种愿望"灌输给消费者"。史蒂文斯的1962款Lark车体变得不那么粗壮,侧板轮廓作了简化,采用有现代感的内饰和与梅赛德斯相仿的大格栅,前鼻的设计也更有目的性——这些都是用极少的预算实现的。史蒂文斯于1964年再次施展魔法,设计了一款酷似菲亚特、方正有型的汽车, 该公司明智地去除了Lark的徽标,为这款汽车重新取了各种名字,包括Challenger、Commander、Daytona和 Cruiser。但就连史蒂文斯的妙招也无法拯救这家陷入困境的公司。1962年,埃格伯特被诊断出癌症,他于1963年11月辞去总裁一职[1]。一个月后,斯图贝克关闭了印第安纳州南本德历史悠久的工厂。三年后,斯图贝克关闭了安大略省汉密尔顿剩余的最后一家工厂,斯图贝克从此彻底消失。

---

[1] 舍伍德·埃格伯特于1969年去世,年仅49岁。

布鲁克斯·史蒂文斯活到1995年。如今，他最出名的设计作品并不是斯图贝克的最后一批车型，而是20世纪50年代末的经典热狗车（Wienermobile）。这种用于促销活动的怪车使用传统汽车的底盘（史蒂文斯的热狗车是使用威利斯吉普的底盘）来支撑奥斯卡·梅耶尔（Oscar Mayer）巨大的"热狗肠"。事实上，到20世纪80年代，史蒂文斯在梅昆的博物馆旧址已成为整个热狗车车队的生产中心。

"从斯图贝克到热狗车"完全可以作为20世纪下半叶汽车工业史的副标题。因为我们会看到，汽车黄金时代所体现的希望和梦想会跟隔夜的热狗一样短命。西方汽车生产商究竟是如何糟蹋了这个光辉时代的耀眼成就，其中的原因又是什么？这可谓是历史上最大的悬念，让人不断提出种种假设。但在衰退到来之前，美国汽车业涌现出最后一批杰作：1959年这一奇迹之年的种种车型。

第九章

巅　峰

用文化历史学家弗雷德·卡普兰（Fred Kaplan）的话说，在1959这一年，"新时代的冲击波撕裂了日常生活的接缝……界限被跨越，禁忌被践踏，一切都在变化，人人心知肚明——我们现在所熟知的世界开始成形"。苏联的月球1号航天器成为第一个脱离地球轨道的人造物体（同年晚些时候，月球2号在月球成功迫降）。一架波音707飞机首次无间断飞越大西洋。弗兰克·劳埃德·赖特（Frank Lloyd Wright）革命性的古根海姆博物馆（Guggenheim Museum）在纽约第五大道开放。戴夫·布鲁贝克（Dave Brubeck）发行了爵士乐专辑《暂停》（*Time Out*），他的经典乐曲《休息5分钟》（*Take Five*）成为那个时代的象征。参议员约翰·F.肯尼迪（John F.Kennedy）发起总统竞选活动。菲德尔·卡斯特罗（Fidel Castro）的推进促使古巴总统巴蒂斯塔（Batista）逃亡海外。

1959年也是汽车黄金时代的巅峰之年，是汽车的全盛时期。种种新款车型表明，汽车生产商认识到消费者的需求，也认识到吸引人且有现代感的造型设计至关重要。发达国家纷纷修建高速公路。石油价格从来没有这么便宜过。但仅仅10年后，西方国家的消费者就将带着怀旧和遗憾之情回顾这个繁荣、自信和纯真的时代。

1959年出品的美国汽车无疑带有许多喷气机时代的象征符号。克莱斯勒的1959年款德索托被宣传为"个人飞行器"，拥有"飞行风格的仪表盘"，克莱斯勒让消费者"驾驶"（pilot）[①]这款汽车。那一年的凯迪拉克黄金帝国尾部装有巨大的圆形饰物，状似喷气式飞机的进气口——但其实并没有实际功能。别克的Electra拥有巨大、倾斜的车翼，车翼向前掠过，遮挡着对角堆叠的前照灯。而哈利·厄尔于1959年在Motorama车展上推出了概念车火马Ⅲ（FirebirdⅢ），它至少有7个车翼和尾鳍，用操纵杆代替方向盘，一对气泡般的顶篷让这款车看上去就像是脱胎于喷气式战斗机或者出自科幻电影，火马Ⅲ还配有巡航控制系统、空调、飞机式的空气阻力防抱死刹车、可以发出开门信号的"超声波"钥匙以及可避免事故的自动导航系统。对厄尔来说，驾驶这辆未来主义概念车与开飞机的体验最为接近。

巴洛克汽车设计的顶峰：1959年凯迪拉克黄金帝国的尾灯。

哈利·厄尔1959年推出的凯迪拉克代表了黄金时代的终极自信。底特律三巨头之间伟大的造型设计竞赛达到了高潮，凯迪拉克酷似丹·戴尔（Dan Dare）或飞侠哥顿（Flash Gordon）乘坐的未来主义飞船，巨大的后鳍高出地面42英寸。凯迪拉克的旗舰车型黄金帝国布帝汉姆（Eldorado Brougham）

---

① "pilot"一般指驾驶飞机。——译者注

由都灵的宾尼法利纳手工制作，造价比劳斯莱斯银云（Silver Cloud）还要高。

在厄尔的黄金时代，凯迪拉克最忠实的拥趸是猫王。猫王买得起车之后，就给自己买了一辆粉白相间的1955年款凯迪拉克，没多久又把一辆颜色相似的凯迪拉克弗利特伍德60（Fleetwood 60）送给他的母亲。他宣称："我不想看到好莱坞任何人拥有比我更好的车。"他还补充说："凯迪拉克让全世界注意到我的到来。"此后，猫王又购买了一系列的定制款凯迪拉克，他买的最后一辆凯迪拉克是1977年款塞维尔（Seville）。猫王的1956年款黄金帝国配有白色褶皱真皮内饰，染成紫色的绵羊毛皮地毯。猫王似乎从来没有买过1959年款经典凯迪拉克，但他的1960年款75系弗利特伍德豪华轿车足以弥补这一缺憾，这款车里里外外都包了金。汽车里面的电话、鞋擦、冰箱、能放十张碟的自动唱片机、电视机和卡式磁带录音座，汽车外部的轮盖、轮罩、前照灯边框和前格栅都包有24K金箔。汽车表面的40层喷漆含有珍珠、钻石粉和鲤鱼鳞。而乘员舱的地台上铺有白色毛皮，后窗以及前排与后排座位之间挂着金帘子。1956年，朱迪·霍利迪（Judy Holliday）饰演的《金车玉人》（*Solid Gold Cadillac*）这部电影把纯金凯迪拉克塑造成美国终极地位的象征；现在猫王就拥有几乎一模一样的汽车。美国广播唱片公司（RCA Records）甚至把这辆车自己送去"巡演"，吸引了大批关注。今天，猫王的弗利特伍德仍得意地停在纳什维尔的乡村音乐名人堂（Country Music Hall of Fame in Nashville）内。

1959年款雪佛兰的外观与凯迪拉克一样富有未来主义色彩。雪佛兰系列的顶级车型是全尺寸黑斑羚（Impala）。1959年款黑斑羚是汽车黄金时代的经典之作，在安全关切和燃油经济性需求促使美国消费者转向更小、更节能、安全性更高的车型之前，这款汽车从许多方面来看都是能够激起共鸣的时代象征。黑斑羚最初于1958年推出，但厄尔的部门第二年全面调整了这款车的设计。黑斑羚前部有一个大引擎盖，从弯曲的环绕式挡风玻璃处延伸出来；尾部有巨大的蝙蝠翼状尾鳍（向侧面，而不是向上方突出），遮挡着大大的泪滴形尾灯。新款黑斑羚比之前的款式更低、更宽、更重，转弯半径高达42英尺。现在也有许多版本可供选择；除四门硬顶和四门轿车之外，还有敞篷车和双门运动型轿跑车，轿跑车拥有短缩的车顶线条，环绕式后窗号称能让人"近乎无阻地尽享后方风景"。硬顶运动型轿车拥有无支柱的巨大后窗，车窗上方是雪佛兰形容成"飞翼"的车顶。假设你舍弃了比较便宜、动力较弱的六缸版，则引擎盖下是各种各样的V-8发动机，功率从185马力到315马力不等。黑斑羚的内部配有前后扶手、一个电子钟、一对滑动遮阳板和一个轮廓别致的仪表盘，仪表安装在深处，置于仪表罩下方，以防止炫光。你甚至还可以加装一个新款Flexomatic六向电动座椅。因此，黑斑羚迅速成为美国最畅销的汽车，并帮助雪佛兰重新成为美国最受欢迎的汽车品牌。

售价仅次于黑斑羚的是这款车的表亲雪佛兰Bel Air[①]。Bel Air这一名称已有六年历史，但1959年款Bel Air与以往的款式截然不同——也不同于路上跑的其他汽车。这款汽车的前照灯安装在法律允许的最低位置，车体也比以往任何款式都要长：1959年款Bel Air长211英寸（5.4米），它比1957年款还要长11英寸（0.28米）。在车的前部，四个前照灯安装在巨大的进气口下方，位于好似咧嘴笑的宽大格栅两端，格栅隔成好几段，看起来就像是鲨鱼的牙齿（格栅上每个垂直隔板的顶端都有一个咄咄逼人的圆柱形突起，要是哪个倒霉的行人被夹在汽车前端，肯定会被压成肉泥）。在拉长的引擎盖后方，Bel Air的车顶从环绕式挡风玻璃上方以单一、优雅的弧度俯冲下来，落在升腾的尾鳍上。在车的后部，两只巨大的蝙蝠翼飞升到泪滴形的尾灯上方。在这之后，我们就再也没能看到如此富有表现力、如此自信的汽车设计。

在克莱斯勒，维吉尔·埃克斯纳的前瞻系列仍然占据主导地位。华丽风格正大行其道：尾鳍从未如此突出，镀铬灯眉从未如此普及，镀铬翼子板的造型从未如此大胆，尾灯的外观从未如此接近子弹，色彩也从未如此出挑。1959年款普利茅斯前照灯的灯眉做成波浪形状，让这款汽车的表情更加生动。道奇的1959年款旗舰车——四门、硬顶的Custom Royal Lancer使用的镀铬装饰比之前或之后任何其他克莱斯勒车型都要多。Royal Lancer巨大的尾鳍从后门的前部伸展开来，遮挡着两对突起的巨大镀铬尾灯，车窗部分未

---

① 黑斑羚于1958年由Bel Air车系衍生而来。

安装立柱，前方和后方均为巨大的环绕式挡风玻璃，大大的前格栅顶部装有四只前照灯，上方的镀铬灯眉气势磅礴，一直垂到前轮拱盖上。

此时，就连福特也小心翼翼地把脚趾头探入黄金时代的造型设计之池。福特的1959年款雷鸟拥有埃克斯纳风格的四灯式前照灯、尾翼和外观风格突出的前端，翼子板中间是巨大的椭圆形格栅。在1959年，福特的中档汽车水星看起来也非常时尚。不过，福特的造型设计师们很快就开始专注于他们最擅长的事情：制造普通且可靠的中型家用车。福特的1960年车系基本放弃了尾鳍和镀铬，恢复使用直线条。一段时间之后，三巨头中的另外两家也重拾冷静低调的美德。

1959年也是英国汽车的奇迹之年：这一年诞生了Mini、福特安格里亚、凯旋使者（Triumph Herald）和造型无可挑剔的捷豹2型——都算是世界上最具创新性（也是最漂亮）的汽车。其中Mini尤为突出，这款汽车实现了全新突破，当之无愧地被视为世界上最经典的汽车之一，它改变了汽车的面貌和构造。

英国汽车公司老板伦纳德·洛德决心开发一款合适的汽车，与德国人比拼。1957年，他要求公司的设计师亚历克·伊斯哥尼斯先放下一切，造一辆能把该死的气泡汽车给比下去的车。洛德从一开始就支持伊斯哥尼斯的Mini。但Mini并不是英国汽车公司生产的第一款创新小型车。1958年，该集团推出了面貌一新的奥斯汀A40，这款汽车采用革命性的"两厢"设计，与当时大多数汽车的"三厢"设计（由发动机舱、乘员舱和行李舱构成）形成鲜明对比。A40是委托乔瓦尼·巴蒂斯塔·法利纳（Giovanni Battista Farina）位于都灵的车身制造公司宾尼法利纳进行设计，时尚、棱角分明的外观远远超越英国汽车公司喜欢的那种舒适、圆润的外形。A40拥有可以从后侧开的车门，因此，英国汽车公司实际上是缔造了世界上第一款掀背车。

宾尼法利纳1893年出生在都灵，从17岁时便开始在菲亚特工作。婴儿时期的乳名"宾尼"（在皮埃蒙特方言中意为"宝贝"）伴随了他一辈子；他甚至在1961年正式把自己的名字改为巴蒂斯塔·宾尼法利纳（Battista Pininfarina）。由于墨索里尼统治下的意大利缺少工作机会，法利纳和成千上万的意大利人一样移民到了美国。不过，他发现美国也好不到哪里去，很快就拒绝了福特提供的一份卑微工作并回到意大利，在他哥哥的车身制造厂工作。法利纳于1930年成立了自己的公司，但直到第二次世界大战之后，他的公司才真正做起来。那时，他受托为菲亚特、蓝旗亚和阿尔法·罗密欧设计车身，1952年之后便开始为法拉利设计车身。1957年，英国汽车公司决定尝试引入一些意大利的视觉设计灵感来为自己的产品注入活力，于是邀请法利纳来协助设计A40，新款莫里斯牛津以及奥斯汀剑桥（Austin Cambridge）、MG Magnette和莱利4/68等英国汽车公司旗下其他品系，当然，此举也引起了一些争议。标致也抱有同样的想法，最终在1960年推出了宾尼法利纳风格的标致404——这款车看上去特别像法利纳的莫里斯牛津。

英国汽车公司对宾尼法利纳为A40所做的工作非常满意，一开始甚至为这款汽车的正式名称添加了后缀"宾尼法利纳"。遗憾的是，在宾尼法利纳打造的清爽有型的车体之下，A40的性能并不尽如人意。事实上，这款汽车骨子里与老派但还算可爱的小车A30/A35（奥斯汀1951年推出这款汽车，作为对莫里斯Minor的回应）几乎完全相同。A40甚至使用与A35相同的948cc发动机和行车转向系统，直到1962年，这些配置才进行了升级。要想推出具有突破性的车型，英国汽车公司需要全新的理念。为此，该公司开始发掘更多本土人才。

亚历山大·阿诺德·康斯坦丁·伊斯哥尼斯（Alexander Arnold Constantine Issigonis）于1906年出生在爱琴海港口城市士麦拿，这里当时属于奥斯曼帝国。伊斯哥尼斯的父亲是英国公民；因此，当士麦拿于1922年面临穆斯塔法·凯末尔将军（General Mustafa Kemal）领导的土耳其民族主义者威胁时，伊斯哥尼斯一家能够幸运地逃离。他们先是逃往英属马耳他避难，后来又去了英国，不过，他的父亲于1923年6月在马耳他一家医院去世，因而没能去成英国。在此后的66年里，亚历克（他现在这样称呼自己）一直与母亲生活在一起。

伊斯哥尼斯曾在考文垂的亨伯公司当工程师。[①] 1936年，他（和他的母亲）搬到考利，这里有当年欧洲最大的汽车厂——莫里斯工厂。当时，他最

[①] 亨伯品牌在战后曾与坚固耐用、制造精良的行政轿车联系在一起，但克莱斯勒于1968年控制鲁特斯之后，该品牌不明不白地遭到了屠杀。

喜欢的汽车不是莫里斯，而是莫里斯的死对头生产的"婴儿车"奥斯汀7型车。伊斯哥尼斯两个最伟大的发明——莫里斯Minor和BMC Mini，都是这款有影响力的小车的直系后代。

就连伊斯哥尼斯最忠诚的仰慕者也不会否认，伊斯哥尼斯这个人很难相处。汽车史学家格雷厄姆·罗布森（Graham Robson）写道，在大多数人眼里，伊斯哥尼斯似乎是"一个高傲的一根筋，认为自己的想法比任何其他人的想法都要高明"，他"鄙视想要削减成本的经理"，"把乘客的舒适性放在优先清单的最底下"。罗布森总结说，伊斯哥尼斯是一个"傲慢、离群索居、苦行僧一般的工程师"。伊斯哥尼斯也没有非常亮眼的学历，他名下只有一张机械工程文凭。伦纳德·洛德精准地观察到，这位设计师不谙社交，"手中没有笔就无法交流"。即使在他设计的Mini取得惊人成功之后，伊斯哥尼斯仍然和母亲住在牛津环路外5英里大道上一套不起眼的公寓里，开车去伯明翰上班。他每晚9点睡觉，似乎没有任何性倾向，闲暇时间大都待在他工作日居住的埃德巴斯顿的平房里玩巨型铁道模型。尽管他冷漠且以刻薄著称，但他仍然在汽车业之外结交了持久的朋友。彼得·乌斯季诺夫（Peter Ustinov）自认为是伊斯哥尼斯的朋友，他认为"Mini的前照灯透出天真气质，一种散发着孩子气，却又相当精妙的天真"，这种天真与其创造者的个性存在关联。

伊斯哥尼斯的主要抱负之一是最大限度地扩展Mini原型车的内部空间。他决心让这款汽车能够容纳四个完整的座位——而不是像贾科萨的菲亚特500那样，仅仅使用不够稳定的后座。为实现这一目标，他使用了薄片状的滑动车窗，将发动机横放而不是与汽车同向放置，将变速器放置在发动机下方而不是安装在发动机旁边。这样一来，莫里斯Mini的尺寸虽然比Minor小20%以上，却能为乘客提供大得多的空间。

伊斯哥尼斯还通过精简配件来减轻Mini的重量和节省空间。伊斯哥尼斯的苦行僧本性决定了他无法理解舒适性概念，他花了很长时间、费了很多功夫争取避免摇式车窗（尽管他的滑动窗玻璃的滑槽会积水），也不愿采用较为舒适的前排座椅。他坚持认为，只有过直的座椅才能防止开车的人打瞌睡。不过Mini革命性的液压悬架系统并不是伊斯哥尼斯的发明，而是他的天才同事亚历克斯·莫尔顿（Alex Moulton）的杰作。

我们上文谈到，洛德已经把都灵的宾尼法利纳作为英国汽车公司的造型设计顾问，现在他又征询意大利人对Mini的建议。巴蒂斯塔·法利纳（Battista Farina）和他的儿子塞尔吉奥（Sergio）都盛赞伊斯哥尼斯的设计"独一无二"，还告诉洛德"一条线都不要改"。值得肯定的是，身为英国汽车公司董事长的洛德一直支持宾尼法利纳的革命性设计，即使在公司高级管理人员提倡谨慎时也是如此。

新款Mini比所有竞争对手更小、更轻、更宽敞、更快、更易操纵。Mini只有10英尺长，但比Minor和A40等实际上较大的汽车显得大很多。Mini比大众甲壳虫、雷诺王妃、菲亚特600和福特安格里亚便宜得多，最高速度超过除安格里亚以外的所有车型[①]，加速性能也是到当时同类车型中最好的。

1959年的促销活动乐观地表明，所有这些都可以装进Mini中。作为一款革命性的汽车，Mini最初因保守的BMC公司坚持回收不合时宜的、战前品牌的名称而受到阻碍。

---

① 但这只是1959年的情况。Mini的最高速度很快也超过了安格里亚。

我们不难预料，英国汽车公司大部分保守的管理者一开始就不想要这款新锐的小车，他们更喜欢莫里斯Minor和奥斯汀剑桥等传统而把稳的车型。在这个长长的名单上，排在首位的是洛德的副手乔治·哈里曼（George Harriman），洛德退休后，哈里曼担任公司董事长，但事实证明他并不能胜任。现在，英国汽车公司高层不知该如何为手头这款天才之作冠名，也不知该如何营销。他们最终不情愿地达成一项折中方案，决定为这款汽车冠以两套名头，这两个名称均取自历经考验并深受信赖的前车型。其中一个版本称作莫里斯Mini-Minor，同时在考利和朗布里奇生产；另一个版本由奥斯汀冠名，被称为奥斯汀7型，以纪念奥斯汀1939年出品的上一款汽车。事实上，这两个版本的区别仅限于前格栅的设计。就连奥斯汀和莫里斯的公关部门（尽管两家公司于1952年合并，但仍然完全分开运营，这很可怕，是对公司资源的浪费）也不确定该如何营销这款新车。奥斯汀的高管不确定地得出结论说，这款车适合女性驾驶。奥斯汀在广告中宣称："全世界的女性欢欣鼓舞，在男性主导的世界里，终于出现了一款为女性设计的汽车。"不过，莫里斯则更爱强调这款新车的历史渊源，在推广活动中奇奇怪怪地搬出纳尔逊、塞缪尔·约翰逊和莱昂纳多·达·芬奇。难怪消费者会摸不着头脑。事实上，英国汽车公司于1959年连一辆Mini也没卖掉。但奥斯汀的市场部不久之后改变了策略，聘请了著名赛车手斯特林·莫斯（Stirling Moss）来试驾（莫斯很喜欢这款汽车，不过就连他也抱怨说开车时坐得不舒服）。奥斯汀也成为英国汽车业内第一家开始赋予汽车人情味的制造商。渐渐地，奥斯汀的广告不仅限于宣传Mini本身，还包括Mini背后的设计"天才"。伊斯哥尼斯成了备受追捧的名人。不幸的是，他开始相信媒体的种种炒作，更加不愿与英国汽车公司的同事一起工作。

1962年，至少朗布里奇方面同意不再假装Mini脱胎于以往的成功车型，"7型车"这一品牌最终被放弃。但考利方面拖延了很久，直到1967年，莫里斯Mini-Minor才更名为简单明了的莫里斯Mini。我们仍然不知道哈里曼手下的英国汽车公司管理层为何没有及早干预，以消除名称不一致给公司带来的麻烦。直到1969年，在哈里曼不情愿地让英国汽车公司被英国利兰兼并之后，英国汽车公司才最终决定放弃那两个毫无意义的牌子，让强大的Mini成为一个独立品牌。①

　　Mini一直生产到2000年10月，生命周期长达41年。回过头来看，我们会觉得这款几乎未做任何改造的汽车似乎寿命有点太长，要么应作重大升级，要么应在进入暮年时悄然沉睡。Mini的销量在1971年达到顶峰，当年卖出了318475辆，但在之后的30年里再也没能达到如此高的销量。20世纪80年代末，Mini的销量大幅下降，1997年的年销量还不到15000辆。不过，在1959年至2000年期间，Mini总共卖出了530多万辆。

　　Mini很快便掀起了热潮，与奥斯汀7型车一样适合任何阶层，男女皆宜。Mini成为当时最流行的车。伊斯哥尼斯曾把一辆Mini借给他的新朋友——社会摄影师安东尼·阿姆斯特朗-琼斯（Anthony Armstrong-Jones），阿姆斯特朗-琼斯很快就被拍到与未婚妻玛格丽特公主一起在车里打保龄球。没多久，披头士、崔姬（Twiggy）、玛丽安娜·菲斯福尔（Marianne Faithfull）、彼得·塞勒斯（Peter Sellers）、克里斯汀·基勒（Christine Keeler）等20世纪60年代的一众名流驾驶Mini的身影便出现在影像或照片中。

　　Mini还成为一辆不可思议的跑车。1961年，伊斯哥尼斯与赛车制造商约翰·库珀合作推出一款性能强大、适合赛车的迷你·库珀（Mini Cooper）。这款997cc的高性能汽车大获成功，两年后推出的强劲版S版更是如此。到60年代中期，迷你·库珀S已经成为欧洲公路赛和拉力赛中最成功的赛车。1964年，一辆Mini在蒙特卡洛拉力赛（Monte Carlo Rally）上获胜，此后这款小巧的汽车销量飙升。

　　1966年，Mini在赛场上达到了巅峰，包揽了当年蒙特卡洛拉力赛的前三位。但英国汽车这位最优秀的选手之后却被法国当局神秘取消了优胜资格，理由是"前照灯犯规"，这项无端的裁决让法国的雪铁龙车队取得了胜利。雪铁龙的车手拿到奖杯后尴尬至极，发誓再也不要为雪铁龙的车队出战。Mini以1967年再夺蒙特卡洛拉力赛大奖作为还击。同年，迷尔·库珀在英国新创的场地拉力赛中也创下佳绩，场地拉力赛是一种赛道与越野比赛相结合的短程（因而易于拍摄）比赛，由英国独立电视台（Independent

---

① Mini品牌具有经久不衰的魅力，宝马于2004年推出这款经典车型的最新版本时，也将其简单命名为Mini。

Television）发明，目的是填补周六下午节目安排的空白。

迷你·库珀也在1967年的电影《偷天换日》（*The Italian Job*）中大出风头，这部电影既为Mini喝彩，也为英国"摇摆的60年代"（Swinging Britain）喝彩。然而，英国汽车业再度错失机遇。这部电影的主演迈克尔·凯恩（Michael Caine）后来写道："我们去了当时的英国汽车公司，问他们能不能免费提供一批Mini，我们的电影可以给Mini作宣传。他们态度非常傲慢，说只能象征性地给几辆。而菲亚特完全能够领会这种想法，我们想要多少辆他们就给多少辆，其中包括黑手党场景中的跑车。难怪英国汽车业一落千丈。"片名中的"偷"字亦有几分片方与菲亚特偷偷达成交易的意味，颇有些讽刺。菲亚特富有远见的管理层确保自己的产品（尤其是Mini的劲敌——漂亮的菲亚特500）在这部电影的高潮场景——都灵的交通大拥堵场景中得到突出展示。

英国汽车公司的疏忽还远远不止在拍电影上的吝啬。令人难以置信的是，Mini在公路和赛道上取得的成功不仅从未让英国汽车公司获得财富，还播下英国利兰最终倒闭的种子。伦纳德·洛德简单粗暴的名言是："如果你造的车好，自然能卖得出去。"亚历克·伊斯哥尼斯也跟他老板一样，对汽车制造抱有陈旧的观念，他拒绝让英国汽车公司、奥斯汀或莫里斯对汽车外观发表任何意见，也特别鄙视成本会计，一直与他们保持距离。来自世界各地其他汽车制造商的财务专家想不通英国汽车公司何以把这样一款革命性的汽车卖得如此便宜。福特计算出，每辆Mini的制造成本比福特安格里亚高5英镑，价格却比福安格里亚低30英镑。他们说得对：英国汽车公司并没有正确计算这款汽车的成本。但当福特高管慷慨分享他们的发现（帕特里克·亨尼西甚至给哈里曼打电话，告诉他自己团队的发现）时，英国汽车公司竟把头埋在沙子里面不想知道。英国汽车公司跟赫伯特·奥斯汀一样，更喜欢关注销量，让其最大化，而不是确保单位利润，他们感觉必须让Mini比所有竞争对手卖得更便宜。世界各地的汽车业高管很快就听惯了"Mini车只能赚到微薄利润"的笑话[①]，尽管Mini和伊斯哥尼斯的下一个项目——

---

① "Mini cars making mini profits"，其中两个"mini"取了谐音。——译者注

畅销车型1100/1300大获成功，但英国汽车公司还是处于亏损状态。伊斯哥尼斯的传记作家吉莉安·巴兹利（Gillian Bardsley）敏锐地指出："归根结底，伦纳德·洛德和乔治·哈里曼这样的人太注重产品的工程设计，而对企业的高效运营关注太少。他们凭直觉摸索，几乎不去了解市场。他们很少关注产品定价，常常定得太便宜，也不进行充分的资本投资或者对未来进行适当规划。"

巴兹利将英国汽车行业最终的崩溃归咎于洛德和哈里曼。洛德偏爱奥斯汀，而冷落那些以往属于纳菲尔德的品牌，从而加剧了英国汽车公司的内部分歧。哈里曼"本人对车间里的事情没什么兴趣，与赫伯特·奥斯汀和威廉·莫里斯形成鲜明对比，奥斯汀和莫里斯都爱在生产车间转悠，以确保与工人保持联系"。

招人喜欢的哈里曼对洛德言听计从，这就是两人相处融洽的原因。巴兹利正确无误地指出："哈里曼把老板与员工之间日益扩大的距离变成了巨大的鸿沟。管理者试图以越来越武断的方式强加自己的意志，但他们越是这样，与工人就越疏远，也越可能因最琐碎的问题触发罢工。"

哈里曼犯下的另一个错误是，让英国汽车公司管理层在整个20世纪五六十年代一直继承威廉·莫里斯的不良习惯，并怀疑科班出身的高级管理人员。英国汽车公司坚信，读过书的人虽然有点价值，但麻烦事更多，顶层管理者最好是从最底层一步步晋升。该公司还对培训抱有抵触。因此，在20世纪70年代石油危机之后的艰难岁月里，英国汽车制造商因缺乏人才储备而无力应对，结果导致英国汽车业开始崩溃。

福特不甘落后。福特的1959年款安格里亚虽然总被Mini的光环掩盖（Mini的销量始终相当于安格里亚的1.5倍左右），但这款车本身其实非常出色。安格里亚的998cc发动机动力远超基本款Mini柔弱的发动机，悬架系统更优秀，操纵性能也优于Mini。更重要的是，每辆安格里亚都为福特带来了可观的利润。

自1956年以来，英国福特一直由董事长帕特里克·亨尼西严格管理。亨尼西是爱尔兰人，他离开家乡后，先加入了英国军队，第一次世界大战后又加入了福特在科克设立的新工厂。1931年，亨尼西被调到新建的达格纳姆工厂担任采购经理。1939年，他已升任总经理，第二次世界大战期间，他为英国飞机生产部（Ministry of Aircraft Production）提供了很大帮助，1941年被封为爵士。福特英国的董事长于1956年退休之后，性格随和的亨尼西便顺理成章地成为继任人选。亨尼西上任后首先提拔他年轻的门生特伦斯·贝克特（Terence Beckett）担任造型设计经理，收购了重要的供应商BMB，增加了达格纳姆工厂的产能并引入了美国的"产品规划"理念。这种理念主张不仅着眼于开发单个车型，还要开发整个车系，对当时的大多数英国汽车制造商而言，这是一个令人困惑的陌生概念。

20世纪50年代，英国福特在亨尼西领导下推出的Consul和西风等车型，虽然卖得不错，但仍然是鲜明的美式风格。现在，1959年款福特安格里亚105E融合了欧式和美式元素，获得了诸多好评。[①] 安格里亚的宽大格栅好似咧嘴而笑、柔和的尾鳍和平坦的车顶线条都呈现出鲜明的美式风格，向后倾斜的后车窗也是一样——这一特色居然是来自福特1958年推出的那款巨大的林肯大陆。但安格里亚的尺寸和紧凑风格，以及令人印象深刻的997cc肯特发动机都是典型的欧洲特色。这款发动机大大改进了之前那些呼哧作响的发动机。安格里亚或许算不上是福特所标榜的"世界上最令人兴奋的轻型车"，但它肯定是最好的汽车之一。

和Mini一样，福特安格里亚（尤其是1962年9月推出的1198cc Anglia Super）在拉力赛中也有出色表现。安格里亚虽然从未像Mini那样达到影星般的高度，但其身影也频现大大小小的荧幕。到1965年，105E安格里亚被BBC电视台制作的热门警察题材连续剧《Z汽车》（Z-Cars）用作西风和Zodiac的补充，进一步加强了福特在植入式广告方面的非凡表现。[②] 1969年，新任保守党影子交通大臣玛格丽特·撒切尔（Margaret Thatcher）透

---

① 福特安格里亚这一名称其实已有20年历史，该名称始创于1939年，是为了表达爱国姿态。

② 英国福特1962年为BBC的这部新剧集提供了罗伊·布朗（Roy Brown）设计的三型西风和Zodiac，并取得了巨大成功。"Z-Cars"这一名称似乎暗示，就连这部连续剧的名称也是福特指定的；但事实上，名称中的复数只是巧合。Zodiac系列的顶级车款因这部电视剧而大卖，但警方其实从未使用过这款车。

露她开的车是安格里亚，以证明她"对汽车一视同仁"。这种背书让安格里亚永垂史册，在30年之后爬升到偶像般的高度。英国电视连续剧《心跳》（Heartbeat）中的约克郡警察、情景剧《年轻人》（Young Ones）中的维维安（Vyvyan）、布偶罗兰鼠（Roland Rat）以及根据J. K. 罗琳（J. K. Rowling）的小说改编的《哈利·波特与密室》（Harry Potter and the Chamber of Secrets）这部电影中的人物罗恩·韦斯利（Ron Weasley）都开着安格里亚。不过，等到安格里亚在霍格沃茨魔法学校中大放异彩之时，这款1967年便被护卫者取代的汽车已经停产了35年之久。

1959年，身处聚光灯下的英国汽车生产商并不只有英国汽车公司和福特。标准-凯旋也制造了一款非常新颖的汽车：凯旋使者[①]——一款小型车。设计师希望这款汽车既便于在英国组装，又能以套件形式在海外组装。使者以尽可能简单的方式组装而成：车体主要部分用螺栓固定在底盘上，整个前端向前倾，以便于安装发动机。这样一来，同一底盘上便可以轻松安装轿车、轿跑车、旅行车、面包车和敞篷车等不同风格的车身。跟Mini和安格里亚一样，使者也区别于公司之前推出的富有曲线感的车型。凯旋使者造型锋锐，由身材娇小的都灵设计师乔瓦尼·米凯洛蒂（Giovanni Michelotti）设计。米凯洛蒂在垂直的尾灯和尖尖的镀铬前照灯灯罩上方引入了突出的美式尾鳍。使者的齿轮齿条式转向系统（与Mini的系统类似）还使这款汽车拥有令人艳羡的小转弯半径，仅25英尺。

米凯洛蒂不仅才华横溢，而且速度非常快，在短短三个月内就完成了造型设计项目——这在当时的英国闻所未闻。他为凯旋20世纪60年代的成功做出了至关重要的贡献，他不仅为凯旋带来活泼的使者，还有永不过时的喷火战斗机，成为TR系列跑车后期的成功典范，经典、迅捷的行政车凯旋2000也出自米凯洛蒂之手。凯旋2000流畅的车身风格颇有几分20世纪80年代第二代宝马3系的风范。我们亦可以从中想见，如果凯旋日后没有跌入英国利兰的冰冷怀抱，这家公司本可以取得更大的成就。

米凯洛蒂为使者做的灵活设计与他预想的一样成功。很快，除了原始

[①] 该公司已经决定停止使用标准品牌，1963年，标准品牌最终消失。

的双门轿跑车，还出现了轿车版、面包车版和旅行车版，1962年更是推出了运动型轿车维特斯（Vitesse）。维特斯由米凯洛蒂重新设计，二面体状的引擎盖下方装有倾斜的四灯式前照灯。和Mini一样，使者也是一款男女皆宜的汽车。但使者并没有像Mini和安格里亚那样一炮打响。使者的机械系统和外观都标新立异，但由于这款汽车价格高昂，性能平庸，可靠性和操纵性能欠佳，一开始卖得并不好。值得庆幸的是，陷入困境的标准-凯旋于1961年被商用汽车生产商利兰收购。利兰明智地给予标准-凯旋相对的自主权，同时提供资金解决了使者早期的燃眉之急。使者的质量控制得到加强，添加了更强大的发动机，悬架系统也得到改善。使者销量大增，到1965年，凯旋的生产几乎跟不上需求。

　　英国汽车公司的Mini、福特安格里亚和凯旋使者是新锐、别致的新一代小型汽车的代表。不过，欧洲汽车生产商于1959年推出的创新车型也不都是小型车。瑞典的沃尔沃（Volvo）就推出了完全不同的产品。在1959年之前，沃尔沃汽车便以安全、结实著称，譬如大获成功的1956年款沃尔沃121轿车，这款车将美式外观、瑞典风格和坚固耐用的特性结合在一起——现在，沃尔沃又推出一款时尚的运动型车。1959年推出的P1800是一款低底盘、时髦的跑车。到当时为止，从来没有人把P1800的圆熟与沃尔沃这家见机行事的汽车生产商联系在一起。P1800由咨询工程师赫尔默·彼得森（Helmer Petterson）缔造，设计师是彼得森的儿子佩尔（Pelle），而佩尔当时是一名船舶设计师，在意大利造型设计师皮埃特罗·弗鲁亚（Pietro Frua）手下工作。沃尔沃当时的营销主管将这款车惊人的创新设计归功于著名的意大利设计大师弗鲁亚。直到2009年，沃尔沃才公开承认当时已77岁的佩尔·彼得森是这款汽车真正的造型设计师。

　　P1800凭借灵动的外观和运动性能大获成功。当然，P1800能在全欧洲掀起热潮，至少在一定程度上是因为演员罗杰·摩尔（Roger Moore）在1962年至1969年播放的英国热门电视剧《侠探西蒙》（*The Saint*）中开了这款汽车。该连续剧的制片人本来想让摩尔饰演的角色西蒙·坦帕尔（Simon Templar）开一辆捷豹，但捷豹跟典型的英国汽车制造商一样目光短浅，告诉制片人暂时无法提供汽车，制片人转而求助沃尔沃。《侠探西蒙》提供的免费广告让P1800很快变得广受欢迎，特别是在英国，杰森（Jensen）很快就开始在西布罗米奇组装这款汽车。

虽然捷豹在为罗杰·摩尔提供汽车这件事上输给了沃尔沃，但该公司生产的一款汽车成功跻身1959年欧洲经典汽车之列。我们之前提到，捷豹于1955年推出了令人印象深刻的捷豹2.4升车，是世界上速度最快的四门轿车，其前卫的造型是捷豹首次尝试整体式车身构造的成果。其发动机则来自捷豹传奇的XK赛车系列所使用的发动机。1959年时，这款汽车进行了全面升级，安装了强大的3.8升发动机，升级后的汽车被捷豹莫名其妙地称作2型车（尽管从来没有正式的1型车）。①

捷豹2型车面市后，立刻大获成功。这款汽车比例匀称，与之前的车款相比，镀铬更多，曲线更紧凑，车窗也更大，速度、舒适性与风格的结合使2型车成为20世纪最令人印象深刻的汽车之一。雕塑家亨利·摩尔（Henry Moore）把他视若珍宝的2型车称作"运动的雕塑"。自1959年以来，这款汽车便在轿车赛事中独占鳌头，不论是欧洲生产的汽车还是美国生产的汽车，都无法与之匹敌。与同时代的雪铁龙DS一样，捷豹2型车即使在生产周期内，也被视为一款常青树般的经典车型。直到2000年，电视剧角色摩斯探长仍然开着一辆樱桃红色的2型车。②

1959年，捷豹已经成为欧洲首屈一指的豪华跑车制造商。捷豹的汽车在欧美都很畅销，作为一家独立的汽车制造商，似乎笃定拥有光明的未来。不过，在1959年的最后一个月，德国发生了一件当时汽车行业之外很少有人关注的事，在20年后，这件事对捷豹乃至世界上所有的高档汽车制造商都产生了重大影响。1959年12月9日，宝马公司在慕尼黑召开股东大会，决定是否对公司进行清算。戴姆勒-奔驰的最大股东弗里德里希·弗里克（Friedrich

---

① 捷豹从来不擅长为汽车命名。20世纪60年代的大型"10型"（Mark Ten）轿车与"E型"和"2型"同时代出现，这表明1955年的2.4升车应该回过头来被称为"1型"。

② 在科林·德克斯特（Colin Dexter）的原著中，这位名侦探开的是一辆蓝旗亚，但扮演摩斯的演员约翰·肖（John Thaw）坚持要开2型车这款英国顶尖汽车。2005年，摩斯/肖开过的一辆2型车被拍卖，成交价超过10万英镑。

Flick）强烈要求解散宝马，当时主要以炫酷的摩托车和滑稽的气泡汽车闻名，弗里克显然是打算把宝马纳入他的梅赛德斯帝国版图。但在最后一刻，一位白衣骑士挺身而出，拯救了境况不佳的宝马，这位白衣骑士便是低调但意志坚定的勃兰登堡商人赫伯特·匡特（Herbert Quandt）。在匡特手中，宝马用了不到20年时间就成为全球汽车制造业一支无可阻挡的力量，这在1959年是任何人都不曾料想到的奇迹。

第十章
摇摆的60年代

在20世纪60年代的风景中，汽车总是占据中心位置。汽车性感、有趣，不仅是必不可少的配件，更是引人注目的主角。汽车是电影中的明星：人人都记得史蒂夫·麦奎因（Steve McQueen）在1968年的电影《布利特》（*Bullitt*）中驾驶的野马（Mustany），哪怕是最危险的特技表演，麦昆也会亲自驾驶；1969年《偷天换日》中的三辆Mini和满城的菲亚特；1968年那部甜腻但大获成功的电影《万能金龟车》中可爱的KdF-Wagen赫比（Herbie），这款汽车比驾驶它的人更让人难忘①。让–吕克·戈达尔（Jean-Luc Godard）1967年执导的惊悚片《周末》（*Week-end*）中的凯旋喷火战斗机可能已被遗忘，但观众仍然记得詹姆斯·邦德（James Bond）开的各款出色跑车：譬如1964年的《金手指》（*Goldfinger*）中装备齐全的阿斯顿·马丁（Aston Martin）DB5和1967年《雷霆谷》（*You Only Live Twice*）中灵动的丰田（Toyota）2000GT。

汽车也是摇滚明星，凯迪拉克、科尔维特和法拉利象征着叛逆新一代的富有和成功。猫王的凯迪拉克几乎和他本人一样出名；志向远大的歌手为昭示自己的存在而购买的第一件物品必定是招摇的顶级豪车。谁人乐队（The Who）的基思·穆恩（Keith Moon）买了一辆劳斯莱斯，然后为它涂上淡紫色的建筑涂料。20世纪60年代摇滚乐界最著名的小插曲之一，是1967年穆恩

---

① 驾车的是经常出演迪斯尼电影的迪恩·琼斯（Dean Jones）。

在密歇根州弗林特庆祝21岁生日时，开着一辆林肯大陆冲进乐队下榻的假日酒店游泳池。①

时尚自信：1963年的阿斯顿·马丁DB5在英国科茨沃尔德。

到20世纪60年代末，摩城（Motown）工作室的灵歌"生产线"让汽车城底特律本身成为流行音乐的代名词。20世纪20年代，许多黑人家庭从南方移居底特律，到汽车厂找工作，戈迪（Gordy）一家便是其中之一，他们于1922年从佐治亚州米利奇维尔来到底特律。到1950年，戈迪家的儿子贝瑞（Berry）开始在福特的林肯/水星装配线上工作。八年后，他在底特律西格兰德大道的一个录音棚里创立了唱片公司塔姆拉（Tamla），戈迪把这里称为"金曲马托邦"②（Hitsville）。戈迪录音棚的混音效果专门针对汽车司机，用小录音机在车内的狭小空间内播放效果最好。摩城的灵歌显然是城市工人阶级的音乐——1965年6月，少女组合Martha Reeves & the Vandellas在

---

① 穆恩和谁人乐队的其他成员被终身禁止入住假日酒店旗下所有酒店，还被禁止进入弗林特。

② 1959年，摩城发布史摩基·罗宾森（Smokey Robinson）新歌时为"金曲马托邦"加上了"摩城"后缀。

福特鲁日河工厂的野马装配线上为最新热门歌曲《无处可逃》（Nowhere To Run）拍摄宣传片，便充分体现了这一点。

《无处可逃》推出两年后，摩城的发展如日中天。在戈迪的底特律，市中心生活着穷困潦倒的黑人，市郊则生活着富有的白人，宛如一个种族火药桶。市长杰罗姆·P.卡瓦纳（Jerome P.Cavanagh）赢得了绝大多数黑人的选票，号称已经把底特律改造成为不同种族和睦相处，且音乐享誉世界的城市。卡瓦纳任命黑人担任市政机关领导职务，在底特律市首次开征所得税并获得了联邦拨款，旨在将底特律打造成为约翰逊总统"与贫困开战"的模范城市。1966年，卡瓦纳成为美国市长会议（US Conference of Mayors）和全国城市联盟（National League of Cities）领导，并被吹捧为未来的民主党总统。全美城市联盟（National Urban League）称底特律为种族关系"示范城市"，美国司法部（US Department of Justice）也将底特律誉为"种族模范城"。但在1967年7月，一切都乱了套。当时，警方出重拳突袭市中心一个非法饮酒窝点。人们正在庆祝一名非裔美国人越战老兵回国，一场种族骚乱爆发了。骚乱造成14人死亡，300人受伤，财产损失超过1.5亿美元。如今，汽车城最出名的不再是塔姆拉摩城的畅销唱片，而是种族问题和社会剥夺。现在，通用、克莱斯勒和福特的高管都得避开"美国谋杀之城"的危险街区，通过有安保的停车场和有盖的人行道才能去市中心的办公室上班。贝瑞·戈迪本人也于1973年离开底特律前往洛杉矶，并带走了塔姆拉摩城品牌[①]，他是为了追求更多金钱，同时也是被底特律市中心的堕落吓倒了。如摩城的歌星玛丽·威尔逊（Mary Wilson）后来所言，当他们离开后，"底特律的一部分便死了"。1998年，戈迪推出讲述摩城往事的纪实电视剧《诱惑合唱团》（The Temptations），剧中以匹兹堡替代了底特律；长期跟随戈迪的助手苏珊娜·德帕斯（Suzanne De Passe）宣称底特律"已经筋疲力尽"，无法再扮演自己的角色。不过，摩城的传奇人物玛莎·里夫斯（Martha Reeves）从未离开，她还在2005—2009年期间担任底特律市议员。

英国的底特律是考文垂。这座位于英国中部的城市传统上是制表和丝

---

① 七年后，戈迪把摩城品牌卖给了波士顿风险投资管理公司（Boston Ventures Management）。

织中心，到1800年，考文垂成为英国著名的丝带产地。不过，到了19世纪70年代，来自法国的进口丝带几乎摧毁了当地的丝带产业。于是，一些生产商开始制作丝织画或丝织书签，欧陆的竞争对手也对当地的制表行业产生了打击。考文垂通过重塑自身来应对这些挑战，将当地优良的金属加工传统运用于自行车制造领域。事实上，19世纪80年代和90年代的全球自行车热潮很大程度上便是由考文垂制造的产品推动的。第一辆现代自行车是由考文垂公司的约翰·斯塔利（J.F.Starley）于1885年制造的。到1906年，总部位于考文垂的威特沃思公司（Rudge Whitworth）每年生产7.5万辆自行车。不过，考文垂的许多自行车制造商那时已经转向汽车制造。1896年，能说会道的工程师兼推销员哈里·劳森在一家废弃的棉纺厂内成立了戴姆勒汽车公司，他想要利用这座城市从事金属加工的熟练工人和考文垂自行车行业先驱亨利·斯图梅伊（Henry Sturmey）提供的资金支持。[①] 戴姆勒的成功鼓励其他自行车制造商转向汽车生产，尽管有些制造商仍保留自行车业务以防不测：亨伯（1898年）、斯威夫特（Swift，1900年）、利雅-弗朗西斯（Lea-Francis，1903年）、罗孚（1904年）、辛格（1905年）、希尔曼和莱利（1907年）以及凯旋（时间有些晚，在1913年）陆续转向汽车制造。还有其他一些公司是白手起家。1903年，雷金纳德·莫德斯莱（Reginald Maudslay）在机床巨头阿尔弗雷德·赫伯特（Alfred Herbert）的资助下，在考文垂创办了标准汽车公司。

这些新的汽车公司还为考文垂带来许多零部件生产企业，其中包括电机散热器制造公司（Motor Radiator Manufacturing Company）和考文垂汽车配件公司（Coventry Motor Fittings），两家公司都成立于1902年；1908年莫里斯-里斯特磁发电机（Morris-Lister Magnetos）由伯明翰大学两名电气工程师创立；怀特波比（White and Poppe）这家公司曾在1899年至1902年的布尔战争期间为陆军生产炮弹保险丝，后来成为英国最著名的发动机生产商[②]；

[①] 斯图梅伊是《骑单车的人》（The Cyclist）杂志编辑，1895年创办了期刊《汽车》（1903年创办了与之竞争的出版物《摩托》）。今天他更加广为人知的成就是斯图梅伊-阿彻（Sturmey-Archer）自行车三速轮毂。

[②] 怀特波比于1919年被总部位于吉尔福德的商用汽车生产商丹尼士（Dennis）收购。

另外还有1903年成立的李·斯特雷耶（Lee Stroyer），这家发动机制造商日后转型为知名叉车生产商考文垂顶点（Coventry Climax），并于1953年被另一家考文垂公司捷豹收购。到1911年，考文垂41%的劳动力受雇于汽车制造或自行车制造行业，只有6%的人从事传统的丝织或制表行业。与底特律一样，汽车业不仅重塑了考文垂，还为这座城市打上汽车制造商的印记。于是，一支起初在辛格自行车厂创建的足球队变身为财大气粗的城市俱乐部——考文垂城市足球俱乐部（Coventry City FC）。

在20世纪50年代，考文垂似乎仍然是一座充满希望的城市。工人们涌入明亮、现代的考文垂，这里似乎能够提供无限的就业机会。1948年，工党政府批准了兴建超过70万平方英尺新厂房的计划，考文垂市人口从1946年的23.2万人增加到1971年的33.5万人。1950年，考文垂打算在被炸毁的中世纪教堂废墟旁边修建一座崭新的大教堂，并发起竞赛来征集方案。建筑师巴兹尔·斯宾塞（Basil Spence）在竞赛中获胜，他那幢大胆的新建筑于1962年建成，恰如其分地象征着这座城市凤凰涅槃般的复兴和汽车行业的持久繁荣。1960年，也就是斯宾塞被封为爵士的那一年，考文垂还建成了赫伯特美术馆（Herbert Art Gallery），这座美术馆就矗立在大教堂北面。不久前逝世的机床巨头阿尔弗雷德·赫伯特爵士为这项进步的公益行动提供了资金上的支持，赫伯特在考文垂的工程企业（当时是全球最大的机床制造商之一）对当地的汽车生产商至关重要。然而，早在1959年3月31日，《泰晤士报》（The Times）就警告说，考文垂的经济严重依赖汽车行业和相关的工程公司，未能进军其他工业和制造业领域，从而实现多元化。

考文垂最为自负的汽车巨头之一是鲁特斯。鲁特斯认为自己拥有20世纪60年代的理想车型，1963年，该公司曾打算借Mini成功的东风推出创新车型希尔曼顽童（Imp）。但事实证明，顽童毁了鲁特斯。鲁特斯本来想在考文垂或邓斯特布尔现有的工厂生产这款新车，但1960年，哈罗德·麦克米伦领导的保守党政府坚持要求该公司在格拉斯哥附近的林伍德新建工厂，希望能在一个劳资矛盾尖锐的地区创造就业岗位（政府之前已经把一家压制钢车体制造厂迁到这里）。林伍德工厂很快就以容易发生罢工而闻名，仅仅运营了18年就关闭了。事实证明，这座工厂生产出的全新顽童不够可靠，而且容易生锈。而革命性的后置式全铝考文垂顶点发动机虽然是一款新锐产品,但没有经过测试,容易过热和翘曲,自动节流阀几乎不起作用,不得不更换为传统的手动装置。很快,顽童便成为不可靠和出故障的代名词(与之相反,通用欧洲当时的量产车欧宝Kadett和沃克斯豪尔Viva虽然老成无趣,造型乏味,却非常可靠——至少在车身锈蚀之前是这样的)。顽童的销量一直与每年15万辆的销售目标相去甚远,在销量最高的1964年,也仅仅卖出6.9万多辆。第二年顽童的销量更是暴跌到3万辆以下,远低于Mini的9.6万辆。

鲁特斯为开发顽童,建造林伍德工厂和修补这款迷你车的无数缺陷花了太多钱,结果导致这家公司没有钱投资其他新车型。这使得鲁特斯(克莱斯勒于1964年,即比利·鲁特斯爵士去世的那一年已经持有鲁特斯的大量股份)在1967年完全落入克莱斯勒的手掌。[1] 顽童恰如其名,十分调皮捣蛋,而且还把公司给弄垮了[2],鲁特斯的痕迹也被迅速抹去。早在1965年,克莱斯勒的五角星标志便应用于所有新款汽车,鲁特斯享有盛誉的德文郡大楼(Devonshire House)陈列厅被匆匆腾空。1970年,鲁特斯这一名称完全消失了,旗下的品牌也逐一淡出历史舞台。

1959年推出的革命性车型安格里亚大获成功。随后,福特又再接再厉,于1962年推出了平淡却畅销的科尔蒂纳。科尔蒂纳Ⅰ型车的外观相当沉闷,让人不敢相信这款车居然得名于1960年冬季奥运会的举办地——炫酷的意大利滑雪胜地科尔蒂纳。同样令人难以置信的是,朴素的科尔蒂纳出自对失败透顶的埃德塞尔负有责任的美国造型设计师罗伊·布朗(Roy Brown)之手。科尔蒂纳在规划阶段被称为"大主教",关于"大主教"的来历,福特英国内部有一个笑话:福特德国也在开发一款旨在与甲壳虫竞争的汽车,福特总部将该项目命名为"Cardinal"[3],但"Cardinal"是指一种鸟,与神职无关。[4] 科尔蒂纳的商标名一开始是"Caprino",直到福特英国得

---

[1] 这件事导致雷吉·鲁特斯爵士退休。
[2] 顽童意为淘气鬼。——译者注
[3] 这是一个多义词,可指枢机主教或美洲红雀。——译者注
[4] Cardinal项目于1962年9月21日推出名为陶努斯12M(Taunus 12M)的车型,比科尔蒂纳早一周。陶努斯12M的线条比科尔蒂纳更偏美式,销量则与科尔蒂纳相去甚远。

知"Caprino"在意大利语中意为山羊粪,才把这款汽车更名为"科尔蒂纳"。科尔蒂纳的车内环境其实比大多数汽车好,因为换气系统与供暖系统的结合比大多数家用汽车更易调节。此外,科尔蒂纳还与大奖赛中表现出色的路特斯(Lotus)联手,于1963年推出强劲而灵动的路特斯-科尔蒂纳(Lotus-Cortina)。路特斯-科尔蒂纳采用较低的悬架、路特斯同款仪表和双凸轮路特斯发动机。路特斯-科尔蒂纳起初均为白色,并带有醒目的"路特斯绿"条纹;即便并没有什么人买这款汽车,路特斯的光环效应也为外观普普通通的科尔蒂纳带来显著的优势。[1]事实证明,科尔蒂纳是20世纪60年代最畅销的中型车,1966年9月7日,第100万辆科尔蒂纳在达格纳姆工厂的装配线上组装完成。[2]

再来看看英国汽车公司。伊斯哥尼斯设计的1962年款奥斯汀/莫里斯1100(此时已成为传奇设计师的伊斯哥尼斯视之为更强大、更精致、更宽敞的Mini)为小型家用汽车建立了新标准。奥斯汀/莫里斯1100的外观由宾尼法利纳设计,看起来紧凑帅气,还采用了液压悬架系统,并拥有宽敞的内部空间,销量高达140万辆,但在1973年不知出于何种原因停止生产了。但遗憾的是,同为英国汽车公司旗下品牌的沃尔斯利、莱利乃至MG却因1100颜值大增而严重贬值。

如果说有什么汽车能够代表"摇摆的60年代"的风貌,则当推优雅的凯旋2000和卓越的罗孚P6,这两款汽车均于1963年推出。这两款世界一流的行政车将传统的英式品位与风格现代、简洁的线条和运动性能结合在一起。凯旋2000可能是这两款车中最帅气的一款,由20世纪最伟大的汽车设计师之一——乔瓦尼·米凯洛蒂设计,可以说是这位意大利设计大师最令人印象

---

[1] 富有传奇色彩的路特斯-科尔蒂纳创意来自福特英国的公共事务总监沃尔特·海斯(Walter Hayes),而海斯又是奉福特高管李·艾科卡(Lee Iacocca)之命进行相关策划的。艾科卡认为福特应该参与赛车运动,使公司的产品形象年轻化。福特推出出色的科尔蒂纳2型车之后,从富有才华却不大可靠的路特斯老板科林·查普曼(Colin Chapman)手中接过这一项目的领导权,并将这款汽车更名为科尔蒂纳-路特斯。

[2] 一周后,第100万辆安格里亚也从达格纳姆工厂出厂。

深刻的作品。凯旋2000的开发仅用了不到两年时间，而且价格比罗孚2000便宜。不过，显然罗孚更加新颖，但凯旋卖得更多。假如凯旋能配上合适的发动机，再佐以得当的营销策略，本可以超越20世纪70年代的宝马3系。事实上，如果英国利兰对凯旋加以改造升级，这款汽车本来有希望在20世纪最后几十年成为挑战宝马的英国车（事实上，米凯洛蒂后来设计的凯旋Dolomite已经隐现出了20世纪80年代经典第二代宝马3系的风采[①]）。凯旋2000的主要劣势在于其乏善可陈的发动机。凯旋的发动机是从1960年款标准前卫那里继承来的，这一弱点让凯旋2000与强大的对手——罗孚P6相比有些逊色。直到1968年，凯旋2000才配上了当之无愧的2.5升汽油喷射发动机。但这时已经太晚：凯旋被英国利兰吞并，不到10年，"凯旋"这一名称便被用来为从日本进口的汽车贴牌。

罗孚2000（业内称之为P6）不同于凯旋2000，是一款全新的汽车。作为20世纪最出色的汽车之一，罗孚2000与50年代罗孚家族的老车型（譬如，1949年以罗孚75为名推出的厚重的p4系列被忠实的车主亲切地唤作"阿姨"）大相径庭。罗孚2000极富现代感的车身由造型设计师戴维·贝奇（David Bache）打造，看起来修长、时尚、迅捷，让人联想到传奇之车雪铁龙DS的线条（这款车的确借鉴了DS的设计理念，采用安装了大块预应力钢板的整体式车身）。罗孚2000的后部安装了筒式减振器，开起来非常舒适，四个车轮上均有盘式刹车装置——成为欧洲第一款纳入这种先进特性的量产汽车。罗孚2000是第一款安装科尔蒂纳式新风系统的大型轿车。以当时的标准来看，这款汽车极其安全，装有可伸缩转向柱，而美国于六年之后才出台安装可伸缩转向柱的强制规定。

戴维·贝奇生于德国曼海姆，但在英国汽车之都西米德兰兹郡长大，父亲是阿斯顿维拉（Aston Villa）的足球运动员乔·贝奇（Joe Bache）。戴维·贝奇曾在伯明翰艺术学院（现在属于伯明翰城市大学）就读，1948年加入奥斯汀，六年后受聘前往索利哈尔的罗孚。贝奇为罗孚做的第一件完整设计极富创造力；1958年推出的罗孚P5堪称经典，这款汽车风格庄重，坚固可

[①] 米凯洛蒂1962年的"Ajax"项目缔造了前轮驱动的1965年款凯旋1300以及凯旋1500、Toledo和Dolomite等后续车型。

靠，因此成为政府高官和企业高管的最爱。[①] 不过，P6之后的下一款车型竟碰到很多问题，贝奇遂于1981年从英国利兰退休，创立了自己的设计咨询公司，并且于1994年去世。

贝奇的罗孚2000在全球广受赞誉，1963年，罗孚2000被荷兰杂志《汽车视觉》（Autovisie）评为"年度汽车"，成为有史以来第一辆获此殊荣的汽车。购买这款汽车的既有企业高管也有普通家庭，既有年轻人也有老年人，就连名流也买这款车。摩纳哥的格蕾丝公主于1982年在驾驶一辆P6时不幸中风去世。当然，英国各地的警察也垂涎这款汽车，尤其是1968年推出的3500型。这款车紧凑、轻巧但强大的3.5升发动机是在起初由别克开发的美式V-8基础上改造而成。而V-8发动机是罗孚的董事总经理威廉·马丁-赫斯特（William Martin-Hirst）在访问底特律时意外发现的。

罗孚2000/3500在国际上大获成功，与之媲美的是英国汽车生产商在全球跑车市场的制霸。讲求品质的消费者会购买AC、路特斯和捷豹。有钱人甚至可能看上1968年款杰森FF，这款跑车为四轮驱动，但也贵得离谱。如果喜欢跑车的造型，又希望发动机更易驾驭，价格也更加低廉，可以选择活力四射的阿尔卑斯阳光跑车、经典的奥斯汀希利、堪称车坛常青树的MG系列、凯旋的传统风格TR系列、米凯洛蒂风格的凯旋喷火战斗机还有捷豹漂亮的E型车。1964年，镀金的DB5在电影《金手指》中亮相，此后，邦德点燃的阿斯顿·马丁热潮征服了全世界。

MG汽车公司于1961年推出的Midget很小，但价格适中，适合任何阶层，男女皆宜。这款汽车由奥斯汀-希利Sprite 2型车衍生而来，在MG的阿宾登工厂生产。Midget卖得不错，到1979年停产时（未推出新车型加以替代），总共生产了22.6万辆。但MG在国际市场上取得突破要归功于1962年款MGB——英国汽车公司的第一款整体式跑车。MGB快得像风，却非常安全，是最早设置缓冲区的汽车之一，在美国大获成功。MGB于1980年随MG阿宾登工厂关门而停产之前，已经生产了50多万辆，其中大多数出口到了美国。

[①] 罗孚P5亦受到皇室青睐：英国女王伊丽莎白二世很喜欢她自己那辆P5。这辆车现在仍然陈列在沃里克郡盖登的汽车遗产中心（Heritage Motor Centre）。

英国利兰及其后继者未能规划好取代Midget和MGB的车型，这实际上等于把20世纪60年代英国人专属的跑车市场拱手让给了德国人和日本人。不过，确有一个20世纪60年代的著名跑车品牌在20世纪末的沧桑变幻中幸存下来。这个品牌今天还能伴随在我们身边，在一定程度上要归功于它作为英国最著名虚构间谍的座驾，在电影史上留下的光辉遗产。

1963年，阿斯顿·马丁[1]推出了DB5豪华跑车。DB5由1958年款DB4发展而来，配有新型铝制4升发动机、可调式座椅、毛绒地毯、电动车窗、双油箱、镀铬钢丝轮、机油冷却器、全真皮装饰，甚至还有一个灭火器。DB5是第一款将交流发电机作为标准配置的汽车，于1964年在邦德的《金手指》中亮相之前就已经卖得比较好。片中的DB5配备了武器、防弹后板和弹射座椅。[2] DB5在《金手指》中的表现非常成功，更在1964年的续集《雷霆万钧》（*Thunderball*）和2012年的《天降》（*Skyfall*）中再度亮相。DB5以及造型设计相似的后续车型DB6的生产一直持续到1971年。不过，到了1972年，就连邦德的光环也没能阻止这家过度扩张的汽车生产商陷入破产。但经过几年的挣扎，阿斯顿·马丁还是恢复了生机，今天可能仍然是世界上最著名的独立跑车制造商。

20世纪60年代最著名的跑车是DB5，但最亲民的小型跑车却是凯旋喷火战斗机。凯旋于1961年已经推出颇为成功的TR4/TR5，一开始并不想再添一款跑车。但心血来潮的意大利设计师乔瓦尼·米凯洛蒂已经自作主张地设计了一款基于凯旋使者的1147cc发动机的汽车。凯旋的老板阿里克·迪克（Alick Dick）后来回忆说："米凯洛蒂总是不停地设计新东西，根本阻止不了他。如果你带他出去吃饭，他会拿起几乎所有印菜单的纸张来设计汽车，然后留给服务员当纪念品！他可以在四五分钟之内设计出一辆车，而且会参考我们的想法，而不仅仅是按照自己的。"米凯洛蒂设计的新车利落、

---

[1] 这家公司得名于创始人莱昂内尔·马丁（Lionel Martin）以及马丁的爱好——爬白金汉郡的阿斯顿山。

[2] 按照伊恩·弗莱明（Ian Fleming）1959年的小说中的描述，邦德开的是一辆DB三型车，但弗莱明同意按照制片人的要求更换为阿斯顿的最新车型。

帅气、灵动①，在欧洲，尤其是在美国一炮打响。1980年，坎利工厂关闭时，汽车才停止生产。在此期间，他们一直保持相同的基本款型，仅有微小的改动。

在20世纪60年代的美国市场，比MG和凯旋更成功的是英国汽车制造商捷豹，捷豹的E型车堪称那个时代最美、最具标志性的汽车之一。捷豹成立于1922年，原名燕子挎斗车公司（Swallow Sidecar Company），是一家挎斗摩托生产商。燕子挎斗车背后的推手威廉·莱昂斯（William Lyons）是英国汽车行业的一位罕见奇才。作为企业家，他不仅能管理公司，还能设计汽车。由于他广博的才华让大多数同行相形见绌，遂成为捷豹战后取得成功的关键。莱昂斯于1901年出生于布莱克浦，第一次世界大战后，他本来打算去巴罗造船厂工作，但后来在一位朋友的推荐下进入了汽车行业。他在曼彻斯特的克罗斯利学到工程技能，也从阳光跑车的经销商——布莱克浦的Brown & Mallalieu那里学到了销售技巧。到1922年，他开始与威廉·沃尔姆斯利（William Walmsley）一起制造摩托车和挎斗车。六年后，他把这家命名为燕子挎斗车的公司迁到考文垂，好让公司离供应商更近。1931年，莱昂斯推出了SS汽车（SS Cars）品牌下的第一批产品：这些时髦、底盘较低的双门轿跑车被命名为SS1和SS2。即使上市时适逢大萧条最严重的阶段，SS1和SS2也立即取得了成功，这要归功于莱昂斯独特的能力：他亲自担当设计师，确保这些汽车外形美观，让它们拥有长长的引擎盖和蜿蜒有致的曲线，而他的销售才能又确保这些汽车在上市之前全部接受了充分的道路测试，还进行了大量的市场推广（1933年款SS1甚至登上了《汽车》杂志的封面）。

"捷豹"最早出现在1935年，当时公司把这一名称用在四门版SS1上。这款汽车配有独特的菱形散热器，而莱昂斯随后效仿劳斯莱斯，把这种散热器用在所有的捷豹车上。1945年2月，捷豹品牌被应用于该公司的整个产品线，因为第二次世界大战中的种种暴行让"SS Cars"这个名称有些欠妥。②

我们之前谈到，捷豹的重大突破是1949年推出的XK120跑车。XK120

---

① 喷火战斗机不同于米凯洛蒂设计的TR4，TR4外观粗犷，巨大的前照灯十分显眼。

② "SS"为纳粹党卫队的缩写。——译者注

既有敞篷跑车版，又有封闭式轿跑车版，如风暴般横扫美国，赛场上频创的佳绩更是平添了这款车的魅力。朱塞佩·法里纳（Giuseppe Farina）、胡安·曼努埃尔·方吉奥（Juan Manuel Fangio）和阿尔贝托·阿斯卡里（Alberto Ascari）这三位顶尖赛车手都开过捷豹。莱昂斯自己的儿子约翰也是捷豹赛车队的成员。20世纪50年代初，英国汽车品牌中只有捷豹和MG真正在美国市场取得成功。而英国当时仍然处于定量配给和货币管制之下，很少有英国公民能买得起XK120——但艾森豪威尔时代富裕的美国人当然能买得起。但即便如此，到1952年，英国还是有20支警队在开捷豹，他们还将警察送到捷豹内部的机械师培训学校学习。随着英国高速公路系统的扩张，英国警察下决心要抓住所有违规者，因此，他们选择购买最好的跑车。

在英国汽车行业大多数高管把安全置于创新之上的年代，莱昂斯却巧妙地利用XK120的成功，进入了一个不同的市场领域。同时，他着力让XK120在外观、性能和奢华度（用捷豹当时的销售口号来说是"优雅、空间、速度"）方面的核心品牌价值在这个新领域发扬光大1955年款捷豹2.4和捷豹3.4行政车的特点，即速度快、外形美观、驾驶体验刺激，并拥有豪华的装备。从而最终后来演变为我们前文谈到的2型车，并于1959年首次亮相。作为世界上速度最快的四门轿车，它们也很快被幸运的英国警察抢购一空。

1960年，威廉·莱昂斯爵士[①]以捷豹畅销美国市场为契机创立了捷豹集团公司（Jaguar Group Of Companies）。他让捷豹退出赛车领域（事实证明太过昂贵），集中精力建立一个低调的汽车帝国。在两年多的时间里，他先后收购了戴姆勒在考文垂的破产业务（当时几乎不怎么生产汽车，而是专注于新型后置引擎巴士Fleetline）、伯明翰轻兵器公司BSA、巴士和卡车生产商佳牌（Guy Motors），1963年又收购了发动机生产商考文垂顶点。收购戴姆勒和佳牌让莱昂斯获得急需的厂房，这些厂房又使他能够生产更多汽车。在1947年至1959年期间，XK的产量约为3万辆，而在接下来的12年里，捷豹生产了超过7万辆E型车。

1961年推出的E型车获得热烈反响。这是一款漂亮的双座旅行车，看

[①] 他在1956年被封为爵士。

起来像赛车——但其实并不是。E型车确实很少能开到广告所标榜的150英里的最高时速，但这并不重要。与福特雷鸟一样，设计这一最高时速是为突显个人风格，而不是为了追求汽车性能。E型车的3.8升发动机由一个新型悬架系统支撑，在之后的车型中，窄小的车轮被放大，以改善抓地力和转弯能力。E型车经典的曲线有一部分是由莱昂斯亲自设计的，一上市便赢得大西洋两岸汽车评论家和消费者的青睐。不管在当时还是现在，E型车（或许还有Mini、阿斯顿·马丁的DB5、比尔·米切尔设计的1963年款科尔维特以及1964年款野马）都是许多人眼中20世纪60年代风格的象征。就连恩佐·法拉利也称之为"有史以来最美的车"。美国记者亨利·曼尼（Henry Manney）则不那么恭敬地称E型车为"男人已知的最佳泡妞利器"（Greatest Crumpet-Catcher Known to Man[①]），这句话表明他通晓英国俚语。

1961年，慵懒的捷豹E型车。

[①] 在英国式英语中，"Crumpet"原意为烤面饼。——译者注

在12年的时间里，威廉·莱昂斯爵士设计、生产和销售了三款20世纪最伟大、最有特色的汽车。莱昂斯与生俱来的商业头脑也确保这些汽车在商业上大获成功。1968年，他又在这个令人印象深刻的名册里添加了一款享誉全球的车型：XJ6大尺寸行政车。假如同时代以及之后的英国汽车制造商能够以莱昂斯为榜样，英国汽车行业完全有希望经受住20世纪70年代至80年代的动荡。但继承莱昂斯的远见和胆识的并不是英国利兰的老板们，而是宝马、梅赛德斯和丰田的管理者。

随着年龄的增长，就连莱昂斯的判断力也不免变得有些迟钝。1966年，威廉爵士同意让捷豹集团与英国汽车公司及旗下车身制造子公司冲压（Pressed Steel）合并，组成英国汽车控股公司（British Motor Holdings），这也许是他这辈子犯下的最大的错误。莱昂斯接近退休年龄，公司内部却没有合适的继任者。他的独子——赛车手约翰·莱昂斯（John Lyons）1955年在车祸中丧生。他认为英国汽车控股公司能为捷豹未来的发展提供最佳保障。两年之后发生了与莱昂斯的意愿相悖的事情：英国汽车控股公司与拥有凯旋和罗孚的利兰合并，成立了庞大的英国利兰集团公司。① 捷豹的声誉和水准急速滑落，用了近20年时间才恢复。

在"摇摆的60年代"，除1963款保时捷911以外，欧洲大陆几乎没有与捷豹E型车（以及DB5和TR4）相匹敌的车型。② 但这并不是说欧陆汽车制造商当时生产的汽车都平淡无奇。例如，雷诺20世纪60年代推出了一系列令人印象深刻的汽车。1961年款雷诺4型车是对雪铁龙2CV姗姗来迟的回应，空间宽敞、采用掀背设计的4型车虽然来得很晚，却在欧洲产生了广泛的吸引力，生产持续了31年之久。1962年款雷诺8型小型家用轿车拥有从凯旋维特斯那里借鉴的独特二面体状引擎盖，这款汽车比较成功，但新颖的1965年款

---

① 严格来说，英国利兰1968年成立时叫英国利兰汽车公司（British Leyland Motor Company），1975年才更名为英国利兰。1978年，该公司的正式名称变为BL Ltd（1978年以后变更为BL plc），1968年，BL又更名为罗孚集团（Rover Group）。不过，本书为避免混淆，通篇使用"英国利兰"及其缩写"BL"。

② 大多数人仍然买不起法拉利的豪车，就连保时捷911和1965年款912一开始的销量都比较低。

雷诺16型车更胜一筹。16型车创造了一种全新的汽车形态：这是一款大尺寸家用轿车，同时也是掀背车。16型车也很时尚；"鸟嘴"格栅和好斗的"鼻子"与后部呈缓坡状的宽大"溜背式"车顶相得益彰，这个车顶也构成"第五扇车门"。

1968年，标致推出了四门车504，作为对雷诺16型车的回应。与雷诺16相比，标致504的造型比较传统（符合标致客户的期望），但宾尼法利纳风格的紧致线条仍然让504赢得了公众和评论家的赞誉。504被评为1969年欧洲年度汽车，在20世纪80年代末之前，一直是法国公路上熟悉的风景，而504在中国、非洲和南美的授权生产一直持续到2004年。

雪铁龙无与伦比的DS和离经叛道、适应性强的2CV早已全面投入生产。但在1961年，雪铁龙的传奇设计师弗拉米尼奥·贝尔托尼又推出了2CV的"高端版"——Ami 6。Ami的前鼻外形怪异，看上去像一只虫子，尾灯很小，车顶像是被风掀起，后柱（C柱）夸张地向车的后方倾斜，堪称有史以来最丑陋的汽车之一。不过，这款俗称"3CV"的汽车价格低廉，因而在法国和南欧很畅销，且直到1978年才停止生产。

在公司总裁维托里奥·瓦莱塔博士的领导下，再加上首席设计师丹特·贾科萨仍然担纲造型设计，菲亚特推出了几款独特的车型。到20世纪60年代之时，菲亚特已成为意大利战后复兴的代名词。事实上，从许多方面来看，菲亚特是20世纪60年代意大利工业的代表。瓦莱塔在1945年之后带领菲亚特走向成功，并继续用铁棒统治公司：他会开除任何有"左"倾嫌疑的工人，解雇与他意见相左的管理人员。但在1966年，菲亚特创始人乔瓦尼·阿涅利的孙子默默接替83岁的瓦莱塔，成为这家汽车巨头的掌门人。权力的交接顺利而平静（至少对除瓦莱塔以外的所有人来说是这样，瓦莱塔倒是不想走），向世界昭示着意大利企业已经成熟。

詹尼·阿涅利（人们一般用昵称"詹尼"来称呼他，以便将他与菲亚特的创始人区分开来）与他受人尊敬的祖父很不一样。年仅14岁时，他的父亲爱德华多（Eduardo）便在一场离奇的飞机事故中身亡。[1] 摆脱父亲的控

---

[1] 爱德华多从他的水上飞机爬下时，飞机撞上一根漂浮的圆木，导致他的头撞到了仍在旋转的螺旋桨。

制之后，年轻的詹尼成了出名的战斗英雄和花花公子。1940年之后，他两度在战场上负伤，第一次是作为装甲师（装甲车由菲亚特制造）的一员在北非战场服役时，第二次是在苏联前线。他还有众多情人，其中包括美国名媛帕梅拉·哈里曼（Pamela Harriman）和瑞典影星安妮塔·伊克伯格（Anita Ekberg）。不过，詹尼更感兴趣的似乎是尤文图斯队（菲亚特旗下的都灵足球队）的表现，而不是菲亚特的产品战略。因此，瓦莱塔越来越不放心让詹尼来接替他，他更愿意提拔自己的助手高登西奥·博诺（Gaudenzio Bono）担任菲亚特未来的老板。阿涅利似乎同意这位暴君博士的判断：他公开宣称"我根本不懂怎么造车""菲亚特这台机器需要由如同博诺这种精通其所有运行步骤的人来领导"。但当年迈的瓦莱塔被意大利政府强制退休时，这位意大利汽车王朝的放荡哈尔王子便毫不犹豫地夺取了政权。瓦莱塔天真地向阿涅利征求意见，问他觉得谁适合当下一任董事长，他以为这位臭名昭著的花花公子会提议让博诺来当，但阿涅利一句简单的回答让这位年迈的技术官僚大跌眼镜："我认为我应该自己当。"这位曾在社交圈厮混的花花公子几乎在一夜之间就成为菲亚特积极、坚定的领导者和代言人，执掌菲亚特30年之久。①

阿涅利很快就显露出对汽车行业的热情和天分。1969年，他为菲亚特取得了法拉利和蓝旗亚②的控股权。蓝旗亚的创始人文森佐·蓝旗亚（Vincenzo Lancia）入行之初曾在菲亚特担任首席试车手，他是个大块头，壮硕的身体很难塞进他喜欢的赛车。1906年，他创立了自己的汽车公司，这家公司很快便以不落窠臼、活泼明快的车型而闻名。不过，到20世纪60年代末，蓝旗亚也和雪铁龙一样，再也无力负担开发新颖车型的成本。

1969年，阿涅利还推出了该公司的第一款量产中型车——菲亚特128。菲亚特128性价比高，采用前轮驱动，容易操控，很快便成为经典车型。而且，由于菲亚特128的车体像一个盒子，因此很容易组装。它貌不惊人，但里面隐藏着由法拉利著名赛车发动机设计师奥雷里奥·兰普雷迪（Aurelio

---

① 詹尼·阿涅利个人生活中的不幸并没有阻碍他的事业：他的儿子兼继承人爱德华多性格内向，饱受心理问题困扰，并沉迷于宗教，于2000年自杀。
② 阿尔法·罗密欧和玛莎拉蒂分别在1986年和1993年加入菲亚特帝国。

Lampredi）设计的强大的新型发动机。阿涅利很快便在苏联、南斯拉夫和波兰建厂生产128的衍生车型，20年后铁幕倒塌时，一些东欧国家仍在生产这些车型。

菲亚特热衷于向东扩张。1966年，菲亚特与苏联政府合作，在伏尔加河畔的新城托利亚蒂——得名于两年前去世的意大利传奇共产主义领袖帕尔米罗·托利亚蒂（Palmiro Togliatti），建立了AvtoVAZ，全称为伏尔加汽车工厂（Automobile Volga Automobile Plant）。AvtoVAZ因1970年款VAZ-2101而声名远扬，这款皮实的汽车是在1966年款菲亚特124轿车的基础之上改造而成的。菲亚特124貌不惊人，但性能可靠，广受好评。VAZ-2101在海外以拉达（Lada）为品牌销售，在苏联则以Zhiguli为品牌（因为苏联有一种出名的奶酪叫拉达）。拉达/Zhiguli的钢制车身面板比菲亚特124厚30%，菲亚特的悬架、转向和变速系统也都进行了加固，以适应苏联颠簸的路况和严冬。虽然拉达难以操控，还特别耗油，但能够经受恶劣的环境，因此在欧洲和南美很畅销——尤其是在1973年之后，由于消费者开始寻找本土汽车品牌的廉价替代品，拉达变得更畅销。很快，苏联拖网渔船工人去英国和冰岛时会购买供出口的拉达（比供应本土市场的Zhiguli生产规格高），把车带回苏联拆解，以获取紧俏的零部件。①

我们很难形容拉达究竟对西方消费者有何吸引力。学者彼得·汉密尔顿（Peter Hamilton）回忆道："塑料特别脆，泡沫塑料很粗糙，材质让人感觉不舒服，配套装备少得可怜，手刹这样的部件用着用着就从手里滑脱了。仪表的数字忽高忽低，要么高得惊人，要么纹丝不动。钥匙卡在锁孔里。座椅像醉酒一样东倒西歪。表面的涂漆让人联想到树皮而不是橘子皮。"但拉达便宜而结实，因而在世界各地赢得了一批热情的拥趸。

在苏联拉达成为丑陋的代名词的同时，德国人正在默默创造一款汽车史上的经典设计——NSU Ro80。它是20世纪60年代最漂亮、最新颖的欧洲汽车

---

① 苏联渔民也倒卖1976年款莫斯科人2140（Moskvich 2140），这是一款大致在1975年款西姆卡1307的基础上改造而成的汽车。莫斯科人在第二次世界大战之后繁荣起来，该公司生产战前欧宝Kadett的拙劣仿制品，机械设备从被摧毁的欧宝工厂直接搬到苏联。

之一。可惜的是，从工程角度而言这款汽车太过前卫。NSU始创于1873年，起初是德国南部符腾堡州的一家针织机制造商。后来，该公司将业务范围拓展到自行车制造，也做过几年汽车制造，到1955年，NSU成为全球最大的摩托车制造商。1957年，NSU恢复了汽车制造，10年后推出令全球颇感意外的震撼之作——Ro80汽车。

Ro80由NSU的克劳斯·卢斯（Claus Luthe）精心设计。Ro80车体呈楔形，显得时尚精致且符合空气动力学。前照灯采用四灯式，与米凯洛蒂的凯旋2000遥相呼应，亦依稀可见此后20年轿车的身姿。Ro80采用盘式刹车、电助动齿轮齿条式转向系统、前轮驱动和独立悬架系统。这款汽车极其安静，还拥有几乎不为人所知的额外配置，譬如可加热的后窗和后座贯通行李舱。最重要的是，Ro80由德国工程师费利克斯·旺克尔（Felix Wankel）设计的革命性的转子发动机提供动力。旺克尔发动机采用转子系统而不是活塞系统，比之前的传统发动机紧凑得多，同时能够提供令人羡慕的强大动力（Ro80最初配置的发动机功率高达128制动马力，在当时是非常亮眼的）。不过，旺克尔的开发有些仓促。事实证明，安装在Ro80上的这款发动机非常不可靠。许多欧洲汽车杂志将Ro80誉为1967年年度汽车。但到了1968年，这些杂志纷纷承认Ro80存在很多缺陷和问题。许多曾对转子概念感兴趣的制造商打了退堂鼓，只有马自达（Mazda）坚持下来，在20世纪70年代中期花费巨资将转子发动机打造成为可行的动力设备。如今，旺克尔发动机再度引起广泛关注，因为这种发动机尺寸紧凑，运行时噪声很小，成为混动车中与电动机搭配的理想之选。

Ro80的失败再加上开发这款车耗费的巨额费用拖垮了NSU。1969年，破产后的NSU被大众兼并。Ro80本身的生产勉强维持到1977年，但那时机械师已经习惯用粗糙得多的福特埃塞克斯（Essex）发动机（朴素实用的福特全顺面包车采用的发动机）来替代精致的旺克尔转子发动机。

NSU于1969年被收购之后，天才设计师克劳斯·卢斯为大众旗下的奥迪部门工作了一段时间，帮助打造了奥迪50（大众Polo的前身），并对出色的奥迪100进行了改造。1976年，他转至宝马担任首席设计师；20世纪80年代标志性的宝马3系、5系和7系轿车有许多出自卢斯之手。卢斯的1986年款7系

(内部称为E32)其实与他近20年前设计的经典Ro80有明显的相似之处。不过，卢斯的职业生涯止于悲剧：1990年，他因用刀捅死吸毒成瘾的33岁儿子而被判有罪。

到20世纪60年代末，Ro80试图征服的行政轿车市场已被梅赛德斯占领（至少在英国、法国和北美以外的地区是这样）。梅赛德斯190系、200系和300系中有一批令人印象深刻的四门轿车，1964年，戴姆勒–奔驰也推出了一款顶级豪华轿车——梅赛德斯600，这款车的品质不输劳斯莱斯和凯迪拉克，价格却便宜得多。梅赛德斯600长而重，由一台6.3升的巨大发动机提供动力。梅赛德斯600的长轴距版提供四门或六门这两种选择，都可以改装成由司机驾驶的专车；事实证明，六门的车型成为典型的元首用车，选择梅赛德斯的各国元首想要甩掉来自英法等前帝国主义国家的殖民包袱或规避凯迪拉克、林肯暗含的资本主义铺张色彩。于是，世界各地的总统、君主、大亨和名流蜂拥购买梅赛德斯600。苏联的列昂尼德·勃列日涅夫（Leonid Brezhnev）买了一辆，荒唐的阿尔巴尼亚暴君恩维尔·霍查（Enver Hoxha）、专横的乌干达"终身总统"伊迪·阿明（Idi Amin）、肯尼亚的乔莫·肯雅塔（Jomo Kenyatta）、长期执政的菲律宾强人费迪南德·马科斯（Ferdinand Marcos）、柬埔寨西哈努克亲王（Prince Sihanouk）、伊朗国王（他订购了一整个600车队）、伊拉克的萨达姆·侯赛因（Saddam Hussein）也都购买了梅赛德斯600。梅赛德斯600于1981年停产，但时至今日仍然受到收藏家的追捧。

但在英国和较为亲英的英联邦国家看来，不管梅赛德斯600能走多远，都永远无法与劳斯莱斯竞争。1965年，劳斯莱斯为应对梅赛德斯新款轿车在世界其他地区的挑战，大胆推出了一款不同于以往的车型：紧凑、方正的银影（Silver Shadow）。银影一开始被命名为"银雾"（Silver Mist），在劳斯莱斯发现"Mist"在德语中意为"粪便"之后，便否决了这一名称。这款超豪华的旗舰车型也带有宾利车标[1]，之后被改造成敞篷车（被称为Corniche）乃至轿跑车（宾尼法利纳风格的Camargue）。银影是第一款采用

---

[1] 年前，劳斯莱斯建立了针对所有劳斯莱斯和宾利汽车的零部件共用机制，宾利实际上已经不再是独立品牌。

整体式单壳体构造的劳斯莱斯，因此，尽管银影较其前身——气派的银云短一些、窄一些，但内部空间却宽敞得多。银影采用雪铁龙授权的液压自动调平悬架系统，在技术和造型设计方面都与劳斯莱斯的一贯路线有很大差别，但敢于冒险的劳斯莱斯获得了回报，银影在美国及其他海外市场都非常畅销。

在20世纪60年代，英国仍然向美国大量出口汽车，从银影到MGB①的许多品牌都深受美国人欢迎。但美国人并不完全依赖英国进口货来满足他们对靓车无休止的渴求。到20世纪60年代中期，小型跑车市场上出现了美国自己内部的竞争者。

1961年，通用汽车首席造型设计师比尔·米切尔（1958年，米切尔接替赏识他的哈利·厄尔，成为通用副总裁兼企业造型设计总监）买了一辆捷豹E型车②。他很快就爱上了这款汽车优美的曲线，想着通用也可以生产类似的产品。他以E型车为出发点，与同事拉里·篠田（Larry Shinoda）合作，对厄尔的敞篷科尔维特进行了全面重塑，将其打造成一款时尚的硬顶轿跑车。这款1963年推出的第二代（C2）科尔维特被称为史丁雷（Sting Ray），以便与厄尔1953年推出的原始版本（想在回过头来被称为C1）相区别。史丁雷被重新诠释为一款紧凑、强大、曲线优美的赛车，配有隐藏式前照灯和独立的后悬架。如缓坡般倾斜的后车顶酷似同一年推出的保时捷911（不过，米切尔喜爱的分体式后挡风玻璃严重遮挡视线，1964年款取消了这种设计）。与保时捷911一样，史丁雷的基本外观保持了数十年之久。③ 科尔维特史丁雷与后来出现的美国造"小马"车和"肌肉"车不同，是一款真正的美式跑车——在20世纪60年代属于稀有商品。雪佛兰还认识到，必须像保时捷对待其经久不衰的911那样，保持科尔维特家族成员的相似性。福特野马在20世纪70年代完全颠覆市场之前的认知，一改1964年款的紧致外观，变

---

① 除畅销的大众汽车（20世纪60年代美国市场上份额最大的外国品牌）以外，其他欧洲进口汽车一般卖得不那么好。
② 在美国以XK-E为名销售。
③ 1984年推出的C4版取消了该品牌独特的猫咪般的曲线，好在1997年款C5又恢复了这种曲线。

成一副臃肿、松垮的模样，但科尔维特到21世纪初仍然保持着鲜明的家族特征，与米切尔和篠田最初设计的精湛之作非常相似。

新款福特野马是个谜。野马的性能明显不如史丁雷，其实也就是经过巧妙再包装的老式福特家用车。但这款油耗极高的运动家用跨界车仍然大获成功——这在很大程度上要归功于出彩的造型设计。出挑的造型令野马成为20世纪60年代的标志性车型之一。野马由福特雄心勃勃的年轻副总裁李·艾科卡构思，由才华横溢的尤金·博迪纳特（Eugene Bdisat）设计，1964年推出之后大获好评。事实上，在之后的一些年里，福特几乎人人都号称参与了野马的研发，这表明许多人都愿意给成功之作"当爹"。有趣的是，这些人却不愿排起长队争相为福特平托（Pinto）承担责任。

虚假的黎明：福特平托，最初是1971年出现的。

李·艾科卡出身普通。他的父亲在工人阶级聚居的宾夕法尼亚州艾伦敦经营着一家名为俄尔甫香肠之家的热狗店。艾科卡曾在当地的理海大学（Lehigh）学习工程学。1946年毕业后，他直接进入福特担任实习工程师。艾科卡一开始害羞扭捏，但在与区域经销商打交道的过程中变得强硬泼辣起来。福特汽车公司认为艾科卡是当高管的苗子，于是在1956年把他送到自我提升的圣地戴尔·卡内基学院（Dale Carnegie Institute）锻炼公共演讲技能。野马的设计理念浮出水面之后，艾科卡认识到这款汽车不仅能够在市场上成为赢家，而且能够帮助他往上爬。在艾科卡升迁的过程中，他和福特都忘记了，许多其他人也对这款汽车的孕育和降生发挥了同等重要的作用。

野马比雷鸟更直接地瞄准年轻车主。野马的车身动感十足，蕴含野性的力量，似乎包裹着20世纪60年代的灵魂。亨利·福特二世想把这款汽车命名为"雷鸟2型"，而福特汽车部门的高管起初称之为"都灵"（这一名称很快被撤销，因为有人指出，这个意大利语名称可能让人联想到亨利·福特二世的意大利情妇）。但"野马"（这一名称是福特的广告公司智威汤逊取的，既指马，又指战时传奇的P-51战斗机）在市场调研中高居榜首。

1964年的野马。其令人兴奋和创新的造型掩盖了发动机盖下面陈旧的构造。

事实上，野马并不是一款新车。艾科卡的部门只是把博迪纳特设计的车身放在传统的内核外面，机械构造与最普通的家用轿车——中型车福特猪鹰无异，发动机则与平淡无奇的福特费尔莱（Fairlane）是同款。在野马长长的发动机盖下面，并没有宾利、布加迪和科德战前采用的那种强大的动力系统。前部空间其实大都空空如也。超长引擎盖完全是为了作秀，只是空洞的装饰。艾科卡后来承认,他只是拿来一辆猪鹰,在外面裹上新潮的包装纸。他吹嘘道:"只花了不到5000万美元就搞定了。"与适合家庭使用的猪鹰相比,野马的后座几乎毫无用处,一位评论家更是写道,只适合"没有腿的小孩"。另外后备厢也小得可怜。消费者活动家拉尔夫·纳德(Ralph Nader)后来称野马是"一款涂脂抹粉的猪鹰,刹车不灵,操控性差,广告倒是做得不错"。他总结说:"与大多数美国汽车一样,野马拥有许多从1910年延续下来的令人震惊的新颖工程的特性。"这并不是纳德的一家之言。《道路测试》(Road Test)杂志发现野马在高速行驶时不稳定,而《汽车生活》(Car life)则嘲笑这款汽车的"后悬架还处于青春期"。

  但尽管批评人士发出种种警告,野马仍然受到市场的追捧。这不仅仅因为博迪纳特的设计灵感飞扬,可让消费者在时尚的溜背车、轿跑车和敞篷车等多种车型中灵活选择,还要归功于艾科卡的热血营销。艾科卡确保向美国最受欢迎的200名DJ(16岁至25岁这一关键市场群体的意见领袖)每人免费提供一辆野马。这样一来,虽然野马受到汽车媒体的诟病,在面向年轻人的广播电台却获得非常有利的宣传。野马上市第一年便卖出41.8万辆,上市后头18个月的总销量更是惊人,达到100多万辆。①

  福特雷鸟发现自己被年轻的"表亲"所赶超。1955年推出的雷鸟当年号称是青春时尚的"私享汽车",现在看起来却像个落后于时代的中年人。早在20世纪60年代初,雷鸟的销量就开始迅速下滑。1961年,雷鸟进行了重新设计,外观变得更具未来主义和太空时代特色,前鼻变得尖锐,但这几乎没能阻止销量的下滑。1967年,雷鸟采用了更加保守的造型设计,并推出四门版,从而拉大了与野马之间的距离,最终变成一辆小型林肯。事实证明,1971年推出的第六代雷鸟是这款车型的最低谷。新款雷鸟虽然采用了大型V-8发动机,但车体过于沉重,因此性能一般,而车身的造型看上去就像是已到中年的水星。1983年款雷鸟姗姗来迟地复活了哈利·厄尔最初的设计理念,但魔力已经消失,1997年,这款汽车最终停产。2002年,雷鸟又推出采用捷豹V-8的复古风格轿跑车/敞篷车,但这次也不成功,于2005年停止

---

① 1967年,水星推出与之类似的硬顶美洲狮(Cougar),这款车拥有独特的前格栅板,将前照灯隐藏在里面。

生产。

面对野马即将面市的消息，克莱斯勒的反应过于仓促和草率，该公司为无甚特色的普利茅斯勇士（Valiant）紧凑型轿车配上利落的溜背式车顶和巨大的后挡风玻璃，炮制出普利茅斯梭鱼（Barracuda）。普利茅斯可提供配置V-8发动机的选项，但除此以外，梭鱼采用的发动机与勇士的发动机相同。梭鱼确实赶在野马公开发售前两周上市，但被广泛认为是绝对的劣质产品。1966年是梭鱼销量最高的一年，但也仅卖出3.8万辆——与野马的天文数字相比不过是零头而已。1965年款梭鱼从名称中去掉了"勇士"一词；1967年，行动迟缓的克莱斯勒尝试为梭鱼注入更多与古板的勇士[①]不一样的青春活力，梭鱼有了呈喇叭形张开的车尾、弧形的车身面板和更显坚毅的前鼻。20世纪60年代末期，梭鱼甚至有了带有"权力归花儿"（flower-power）图案的"Mod Top"乙烯基车顶，普利茅斯试图将基本上仍然属于勇士系列的梭鱼与海特-阿什伯里（Haight-Ashbury）的嬉皮士联系在一起。

与此同时，克莱斯勒旗下的道奇部门既羡慕野马的巨大成功，又嫉妒普利茅斯的捷足先登。于是，该部门为1966年款道奇皇冠（Coronet）配上溜背和V-8发动机，缔造出了道奇地狱猫（Charger）。1968年款地狱猫拥有锥形线条和隐藏式前照灯，取得了巨大成功。地狱猫很快便超越了梭鱼，令道奇兴奋不已。美国机动车公司也迅速采取了应对措施，但该公司的新款Tarpon比普利茅斯的梭鱼更欠考虑，不过是装了溜背式车顶的Rambler Classic紧凑型轿车，销售自然是十分惨淡。1965年，公司将Tarpon这个不走运的品牌更名为Marlin，1967年更是默默取消了这一品牌。

与此同时，通用汽车花了两年多时间斟酌对策。1966年9月，通用推出了雪佛兰科迈罗（Camaro）[②]，这款汽车的基本架构与野马相同，采用109英寸的短轴距（在美国是这样，但其他国家有所不同），造型独特而灵动。野马是在猪鹰的基础上改造而成的，而科迈罗本质上是经过改装的雪维特（Chevette）。与野马一样，科迈罗采用了装饰性的天窗和进气口，其实并

[①] 到1979年，梭鱼与勇士系列的联系已经完全切断。
[②] 同时还推出了庞蒂亚克的翻版火马，采用当时已显老派的庞蒂亚克样式的分体式前格栅。

没有任何功能，但确实能让汽车显得魅力十足、性能优异。此外，科迈罗也和野马一样掀起了热浪。

1964年，通用汽车旗下的庞蒂亚克部门也采取了行动，该部门的总工程师约翰·Z.德洛林（John Z.DeLorean）对现有的庞蒂亚克紧凑型车进行改造，期望打造出一款能与野马较量的车型。德洛林于1956年离开陷入困境的帕卡德，加入通用的庞蒂亚克部门，起初担任负责超前规划的高级工程师。后来，德洛林在庞蒂亚克的老板塞蒙·克努森（Semon Knudsen）的鼓励下，开始为之前古板平淡的庞蒂亚克车系添加更多车型。德洛林主张，庞蒂亚克应在低端和高端市场同时开展竞争，为此他把自己的新型"肌肉"车——1959年款庞蒂亚克暴风雪（Tempest）放到赛场上去检验。该部门随后采取了新的战略，几乎把庞蒂亚克变成有别于通用其他部门的独立公司，完全打破了杜兰特大肆宣扬且久负盛名的市场部门对等政策。这种战略最终也造成消费者的困惑——在20世纪70年代通用汽车遭遇挫折时产生了严重后果。

1961年，克努森被调到通用的大众市场部门雪佛兰担任负责人，德洛林成为庞蒂亚克的总工程师。身为总工程师的德洛林对粗糙的新车暴风雪负有一定责任，《道路测试》杂志评价称，暴风雪"很可能是美国大众市场上乘坐体验最糟糕、整体操控性最差的汽车"。随后，德洛林把一款五升的V-8发动机硬塞进暴风雪，缔造出生猛的1962年款庞蒂亚克GTO，之所以命名为GTO，是为了向法拉利同年推出的威力惊人的250 GTO轿跑车致敬。[①] 这款车由比尔·波特（Bill Porter）设计，外观并不像科尔维特和野马那样别致或吸睛，而且其转向系统反应迟钝，老式的鼓式刹车也很糟糕。庞蒂亚克GTO采用的高腰线设计在20世纪60年代和70年代末成为烂大街的造型，既乏味又难看。[②] 但GTO的速度无疑非常快，被宣传为"工厂顶配"，卖得很不错（1967年，克莱斯勒复刻了GTO的成功路径，照葫芦画瓢地推出同样强悍的

[①] 意大利语缩写GTO（全称Gran Turismo Omologato，字面意思是"注册参加GT级别赛事"）到当时为止仅用于法拉利汽车。庞蒂亚克采用这一名称引起法拉利车迷的抗议。

[②] 这种造型之后被比作可乐瓶，似乎被汽车生产商乐此不疲地复刻。

普利茅斯Belvedere GTX，并称之为"绅士的肌肉"车）。与此同时，善于自我推销的德洛林把GTO的成就全部归功于自己——尽管他其实只是团队中的一员。对GTO的成功贡献更大的或许是Ronny and the Daytonas乐队的百万销量单曲《G.T.O.》，这首歌不过是汽车广告的加长版，却竟然高居1964年流行音乐排行榜第三位。

20世纪60年代的经典跑车并不全都来自欧洲或美国。1967年，丰田推出非常先进的2000GT，作为对E型车、史丁雷和野马的回应。这款汽车由雅马哈（Yamaha）制造，因为丰田当时还没有工厂来完成如此不同寻常的任务。2000GT让日本第一次引起全球购车者的关注，向抱有疑虑的车主们证明，日本也可以制造出与考文垂、斯图加特和底特律的一流产品相媲美的跑车。丰田的后驱、硬顶轿跑车由丰田自己的设计师野崎喻（Satoru Nozaki）设计，流畅的轮廓线和低底盘使这款汽车立即成为经典。1967年，美国的《道路与汽车》（*Road and Track*）杂志将2000GT誉为"我们开过的最令人兴奋、最享受的汽车之一"，还宣称2000GT与传奇的保时捷911不相上下，在某些方面甚至更优秀。

就连丰田也对2000GT的成功感到意外。丰田只生产了351辆2000GT[①]，早在1970年，二手2000GT就卖出了天价。丰田也没能在这款汽车闪耀荧屏之际好好把握机会。1967年拍摄邦德片《雷霆谷》（部分场景在日本拍摄）时，制片人没有再次使用阿斯顿·马丁，而是选择2000GT[②]作为邦德女郎映子[③]的车。

就在2000GT赢得盛赞的第二年，法拉利也以1968款365 GTB/4向世人证明，法拉利仍然有能力制造世界级汽车。1967年，在法拉利的汽车包揽代

---

① 大多为红色或白色。
② 电影中的2000GT是一辆特制的敞篷车，当时敞篷版尚未上市。
③ 在拍摄过程中，饰演映子的女演员若林映子（Akiko Wakabayashi）需要在一幕关键场景中驾驶2000GT，从大里（Osato）的总部救出邦德，但事实证明她开车的速度达不到要求。我们在这幕场景中看到的"映子"其实是戴着长长的黑色假发的电影制片人米克·梅辛杰（Mick Messenger）。他在第一个镜头中巧妙完成了任务，在第二个镜头中却撞了车。

托纳24小时赛前三名之后，365很快被俗称为"代托纳"（尽管365当天其实并未参加比赛）。宾尼法利纳精心设计的代托纳和丰田2000GT一样，一面市便被誉为经典。但法拉利也和丰田一样，没能料到代托纳如此受欢迎。到1973年停止生产为止，代托纳的产量仅为1284辆。颇为讽刺的是，在代托纳停产之后的一些年里，这款汽车被誉为有史以来最好的跑车之一，这又促使代托纳在《极速60秒》（Gone in 60 Seconds）、《菜鸟霹雳胆》（The Rookie）和《迈阿密风云》（Miami Vice）等影视作品中露脸。不过，代托纳明星光环的主要受益者并不是早已停止生产代托纳的马拉内洛工厂，而是卖二手法拉利的经销商。这又是一个汽车行业没能乘胜追击的事例。

可惜，在接下来的20年里，错失市场机遇成为全球汽车制造商越来越显著的特征。到汽车行业懂得提前规划和适当回应客户需求时，对许多公司（有些是像法拉利这样显赫的公司）来说已经为时过晚。

第十一章
从英雄到恶棍

20世纪60年代中期是公众对汽车认知的分水岭。早在1911年,《生活时代》(*Living Age*)杂志的编辑就指出:"汽车已经从社会的玩物变成了社会的主宰。汽车现在是我们的暴君,所以我们终于开始反抗它,开始抗议它的傲慢做派。"50年后,这些话终于应验了,汽车从国民英雄变成了社会恶棍。1965年,美国国会通过了美国政府第一次认真尝试控制汽车尾气排放的《机动车空气污染法》(*Motor Vehicle Air Pollution Act*)[①],但自大而保守的美国汽车制造商一开始并没有做出反应。因此,最早向美国民众提供可靠、清洁、省油的小型车的汽车制造商是一家日本汽车制造商。[②]

在20世纪50年代,汽车象征着物质上的成功和消费者的信心,而现在则被嘲讽为社会的敌人和潜在的棺材。1973年,J. G. 巴拉德(J. G. Ballard)出版了引起轰动的小说《撞车》(*Crash*),小说中的人物关系由撞和被撞的汽车来界定。第二年,蚂蚁集体农庄(Ant Farm Collective)的美国艺术家把10辆旧凯斯拉克埋在得克萨斯州阿马里洛附近,创建了预示未来风向的凯迪拉克农场(Cadillac Ranch),在这里,通用最好的汽车那邪恶的尾部从土里

---
① 这项法律的规定日后进一步收紧,因两年后颁布了更加严格的《空气质量法》(*Air Quality Act*),1970年更颁布了《联邦清洁空气法》(*Federal Clean Air Act*)。对城市汽车排放和能源过度消费的担忧也促使纽约州和加利福尼亚州分别在1968年和1970年颁布了《清洁空气法》。
② 这款汽车是本田思域(Honda Civic)。

露出，形成一排祭奠汽车黄金时代的墓碑。①

安全问题逐渐在立法者的优先事项中占据了一席之地。1959年，沃尔沃成为世界上第一款配备三点式安全带的汽车。八年后，英国政府规定前排必须系安全带。美国则直到10年后才效仿英国的做法。即便如此，20世纪80年代期间里根政府还是不断推迟引入安全带。与此同时，美国早在1967年已成为汽车产品净进口国。

美国汽车制造商意识到消费者关注的优先事项发生变化之后，美国车的造型设计就变得更差劲了。到1962年，"达格玛斯"不见了，除帝国和凯迪拉克等豪华品牌以外，尾鳍统统消失了。1963年，就连克莱斯勒的帝国（由福特前造型设计师埃尔伍德·恩格尔重新设计）也脱去了浮夸的装饰。不过，凯迪拉克将低调的尾鳍（与哈利·厄尔和维吉尔·埃克斯纳设计的高耸附属物相比显得微不足道）一直保持到1964年。20世纪50年代和60年代初的鲜艳色调不见了，棕色、古铜色和米色变得流行起来，而采用俗气的黑色或棕色"乙烯基车顶"的敞篷车实际上已经无人问津。

福特气象一新的林肯大陆（极长、极低，但外观素净、线条利落）预示着未来的发展方向。用评论家保罗·威尔逊（Paul Wilson）的话来说，大陆2型的最后一版是"一头19英尺的怪兽，两侧带有褶皱和皱纹，就像犀牛皮一样"。1961年款大陆3型则与肯尼迪时代相吻合：时尚、流畅、沉稳自信，没有张扬或不必要的装饰。镀铬保持在最低限度，完全没有尾鳍。购买这款经典车型的既有财大气粗的企业高管，又有国家元首。②

大陆3型车从多方面折射出时代的风貌。1963年11月22日，时近中午12时30分，一辆敞篷大陆3型车载着美国第35任总统约翰·F.肯尼迪（John F.Kennedy），在得克萨斯州达拉斯的老教科书仓库大楼正前方慢慢左转。

---

① 1975年，集体农庄又做了名为"媒体之灼"的活动，在影像中，车手开着经典的1959年款凯迪拉克，穿过由42台燃烧的电视机搭成的火墙。

② 而在苏联，有许多巨大的ZiL轿车（由Zavod imeni Likhacheva生产，该厂与厂长伊凡·利哈乔夫同名）载着党政要员在莫斯科的林荫大道上穿梭，让人回想起20世纪40年代美国的光景。直到2001年还在生产的ZiL 41047重达4.2吨之巨，由7.7升的V-8发动机驱动。

这辆大陆长21英尺，覆盖着装甲，总重量达7822磅。这辆车还有两块可收放的顶篷，当天都没有使用。由于天气晴好，肯尼迪下令将天窗打开。当汽车经过教科书仓库大楼，然后继续沿埃尔姆街向前行驶时，有人向总统开枪。肯尼迪当时正向右侧的民众挥手致意，一颗子弹突然射中他的上背部，穿透他的颈部，从喉咙里射出。杰奎琳·肯尼迪（Jacqueline Kennedy）开始往宽敞的后备厢上边爬（后来她不记得了）。这时，一名特勤人员跳上车的后部，把她推回座位，自己则紧抓住这辆汽车加速开往帕克兰纪念医院（Parkland Memorial Hospital）。林肯大陆抵达后不久，医生便宣布总统已经死亡。副总统约翰逊（当时乘坐一辆封闭式轿车跟在肯尼迪后面，与肯尼迪相隔两辆车）登上即将离开达拉斯拉夫菲尔德机场（Love Field）的空军一号，宣誓就任第36任总统。

肯尼迪去世后，美国人开始怀疑汽车是否真的坚不可摧，而拉尔夫·纳德（Ralph Nader）于1965年出版雄辩的《任何速度都不安全》（*UnSafe At Any Speed*）一书之后，美国人的信心受到了进一步打击。纳德谴责美国汽车业一味追求利润，对安全不管不顾，漠视日益严重的污染问题，其言辞的激烈程度超过了以往对美国汽车行业的任何批评。纳德在书中毫不含糊地指出，汽车是这个时代的主要罪犯之一。他说："半个多世纪以来，汽车为数百万人带来死亡、伤害，以及无法估量的悲伤和损失。"他援引了美国商务部1959年作出的预测，即到1975年将有5.1万名美国人死于公路交通事故，同时暗示美国将提前10年达到这一死亡人数，并估算出当时美国高速公路事故每年酿成80亿美元财产损失。他对汽车"污染威力"的谴责也走在了时代的前列。不过，最令他不满的是，底特律强大的既得利益集团让汽车游离于批评声之外。纳德称，汽车"仍然是唯一一种无须接受公众问责的交通工具，而这种问责是有意的"，他还嘲笑汽车媒体懦弱地屈从于制造商。

通用的雪佛兰Corvair不幸成为纳德的主要抨击目标。Corvair是为与在美国大获成功的大众甲壳虫竞争而仓促开发的一款汽车，其操控性很差（部分原因在于这款汽车省去了15美元成本的稳定杆），容易在快速急转弯时翻车。纳德的书中称，Corvair造成"许多单车事故"，而到当时为止，通用似乎已经面临Corvair车主提起的103起诉讼。就连雪佛兰首席执行官克努森也要求重新设计这款汽车，因为他的侄女在开车时受了重伤（早在1959年，福特便得出同样的结论，因为当时福特的一名试车手在公司车道上驾驶早期的Corvair时失去控制）。但纳德指出，通用到当时为止未对这些明显的缺陷采取任何行动，"僵化的官僚体制、对节约成本的卑鄙崇拜"让他们只是袖手旁观。这似乎印证了他的观点，也就是现代汽车制造商"把外观置于安全性之上"（这句话显然是讽刺20世纪50年代对无所不能的汽车造型设计师的狂热崇拜）。

面对纳德的批评，通用的回应不是改造汽车，而是试图让他闭嘴。通用汽车委托私人侦探来搜集他犯罪的证据（实际上并不存在）。不过，猫已经挣脱了袋子。在1965年5月举行的通用年度股东大会上，纳德的盟友西摩·查尔斯（Seymour Charles）博士公开要求召回所有1960—1963年期间生产的Corvair（通用汽车的管理人员试图阻止这场辩论，要求查尔斯博士会后与他们私下交谈）。在接下来的参议院听证会上，通用汽车的高管令人担忧地表现出对自身产品的无知。当参议员罗伯特·肯尼迪（Robert Kennedy）将通用1964年区区125万美元的安全预算与该公司当年高达17亿美元的利润进行有说服力的对比时，通用汽车并没有作出回答。最终，通用汽车总裁詹姆斯·罗奇（James Roche）被迫在参议院小组委员会上向纳德道歉，并向他支付了42.5万美元的损害赔偿金。他是一位死板的会计师，并没有阿尔弗雷德·斯隆那样的远见和影响力。1969年，Corvair最终被召回。斯隆的继任者们抛弃了他精心创设的大部分商业哲学，侵蚀了他大力宣扬的市场切分阶梯体系，让通用汽车内部各品牌的分工合作失去意义。罗奇在面对国会质询时令人失望的表现证明，通用汽车缺乏企业领导力和坚定的信念，无力应对不断变化的市场。

纳德对汽车城底特律的抨击激发了批评的浪潮，人们纷纷指责现代美国汽车既不安全也不环保。如斯蒂芬·贝利（Stephen Bayley）说道："纳德让美国汽车显得既危险而可笑。"现在，人人都觉得可以表达自己的关切了。观察家们现在敢于指出，厄尔、埃克斯纳和米切尔等设计师的视觉烟火越来越没有意义，只不过是为三巨头的自满和冷漠装点门面而已。历史学家路易斯·芒福德（Lewis Mumford）的权威之作《机器的神话》（*Myth of the*

Machine）第一卷于1967年出版。他在书中称，美国汽车是"美容师和殡葬师密谋串通的结果"，"根据销量和事故统计数据，美容师和殡葬师都有心满意足的理由"。

纳德、芒福德以及他们的同道摧毁了人们对美国汽车业的信心——以至于许多汽车评论家认为，三巨头在接下来的30年里再也没能制造出另一款杰出之作。如果我们把比尔·米切尔线条紧致、紧凑的1963年款科尔维特史丁雷与他设计的别克里维埃拉（Riviera）的命运相比较，就不难体会到三巨头20世纪60年代末时思路的混乱。1963年推出的里维埃拉是一款线条流畅、底盘低、时尚的硬顶双门轿跑车，几乎在一夜之间改变了别克只会生产古板家用汽车的形象。醒目的侧挡泥板和呈喇叭形张开的腰线预示着未来的造型趋势。事实上，设计师塞尔吉奥·宾尼法利纳称里维埃拉是"有史以来最美的美国汽车之一"。但在三年后，通用汽车却允许庞蒂亚克部门推出一款与里维埃拉竞争的低端车型——庞蒂亚克Grand Prix硬顶车，从而把阿尔弗雷德·斯隆的企业经营理念扔进了垃圾桶。里维埃拉本身的比例也大到可笑的程度，米切尔及其团队现在转而认为臃肿也许更好。里维埃拉变得更长、更宽、更膨胀，很快也变得更加强劲。1967年，里维埃拉安装了令人印象深刻的新款别克V-8发动机。四年后，比尔·米切尔的重新设计完全牺牲了这款汽车的跑车形象，到20世纪70年代末，里维埃拉与福特雷鸟一样，几乎与那些平庸的竞争对手没什么区别。

比后期的里维埃拉更为夸张的是1966年推出的奥兹莫比尔托罗纳多（Toronado）。托罗纳多是一辆"全尺寸私享车"，直接瞄准雷鸟的市场。托罗纳多配有隐藏式前照灯和与科迈罗相似的溜背式车顶，与最初的野马一样，也是双门轿跑车。但相似之处仅限于此。托罗纳多的前悬和后悬特别长，前格栅两侧装有可能致命的"护板"，车长达到17英尺，重量接近2吨，十分惊人。这款汽车与1966年款里维埃拉共享一个平台和部分部件，但比里维埃拉沉得多——结果奥兹莫比尔很快就不得不安装"内置辅助装置"，让力气没那么大的车主能够打开过紧的车门。托罗纳多的乘员舱小得可怜——在一定程度上是为了给巨大的7升（1968年又进一步增加到7.4升）"超级火箭"V-8发动机腾出空间。不过，托罗纳多除了纯直线速度以外，整体性能其实非常糟糕。刹车性能不佳（仅装有无力的鼓式刹车），油耗高得惊人，传动系统不可靠，转向性能也差到连弯都转不好的地步①。连通用汽车也承认这款汽车太离谱。托罗纳多上市后第二年的销量下降了50%。1970年（奥兹莫比尔现在吹嘘这款汽车是世界上最大的前轮驱动汽车），托罗纳多被重新包装，成为削价版凯迪拉克。

托罗纳多并不是这一时期唯一一款令人失望的臃肿汽车。福特10年前那款时髦、纤长的"小马车"野马也变了模样，李·艾科卡本人后来也哀叹说："野马就像'一头肥猪'。"当时已是福特汽车公司总裁的艾科卡订购了一辆1974年款尺寸较小、较省油的野马。但这款新的野马二型车是基于名誉扫地的福特平托平台，以便与日本的丰田赛利卡（Celica）和兼具英德血统的福特卡普里（Capri，本身是由第一版野马衍生而来）等较小的进口轿跑车相竞争。尽管新款野马比之前的款式小，却比原版重600磅。此外，这款车的性能顶多只能算是平庸，车身的造型设计显然也毫无创意。由于品牌价值严重缩水，销售额也大幅下降。直到2005年，福特才试图重新捕捉尤金·博迪纳特经典原版的造型线索。

就在造型欠佳的野马2型车推出的那一年，福特还草率处置了自己最好的造型设计资产。1974年，这家汽车巨头关闭了吉亚的维格奈（Vignale）造型设计工作室。之后，福特继续使用吉亚这一名称（表明这是他们收购该公司的唯一原因），但逐渐削减员工人数。到2001年，吉亚仅剩下5个人。

福特未能发挥吉亚的潜力，表明这家公司已经出现问题。这在很大程度上是因为福特总裁的行为越来越古怪——熟悉该公司历史的人都知道，这是福特家族的通病。假如亨利·福特二世在1970年退休，他将被誉为战后拯救公司的英雄。然而，亨利·福特二世的最后几年中却在个人生活和公司管理方面都深陷纠葛。

1960年，亨利·福特二世随意地赶走了手下的财务奇才厄尼·布里奇，这表明他的做派已经开始接近专横独断的祖父。他现在更喜欢像亨利·福特那样，把福特汽车公司当成个人财产，而不是视为一家大企业。他在20

---

① 严格说来，"连弯都转不好"是指这款汽车更喜欢直跑，而不是跑弯道。

世纪40年代末和50年代精心树立的媒体形象毁于一旦，因为他抛弃了自己的妻子安妮，与活泼直言、离过婚的意大利人克里斯蒂娜·维托雷（Cristina Vettore）发生了一场人尽皆知的风流韵事。他最终在1965年娶了维托雷。众所周知，亨利·福特二世忌讳提他的祖父，他还试图在底特律留下自己的印记，言下之意是让亨利·福特一世的成就黯然失色。1971年，他委托建筑师约翰·波特曼（John Portman）设计了底特律市中心有史以来最大的建筑项目：由商场、写字楼和当时世界上最高的酒店组成的文艺复兴中心（Renaissance Center）。文艺复兴中心的五座巨型塔楼最终于1977年完工，占据了汽车城的中心地带。然而，到20世纪80年代初，文艺复兴中心的许多店铺都空得瘆人，福特也开始拖欠兴建这处楼群的贷款利息。1996年，福特将文艺复兴中心卖给通用汽车之后如释重负，而通用则于2004年满怀乐观地将全球总部搬到了这里。与此同时，亨利二世厌倦了好斗的意大利妻子，开始与摄影模特凯西·杜罗斯（Kathy DuRoss）有染。杜罗斯是福特聘请的在展厅和展会上帮忙推销汽车的迷人年轻女郎之一。1980年，杜罗斯和福特最终避开底特律汽车业高管的窥探，在内华达州结婚。

这样一来，亨利二世丰富多彩的私生活便成了媒体更感兴趣的领域，福特公司的新车型反而没什么人关心了。结果，一家比福特小得多，而且毫不起眼的竞争对手赶超了以小型、耐用、简洁的T型车发家的福特。

由于美国公众越来越注重减少汽车尾气排放和降低油耗，新一代经济型汽车（到20世纪70年代中期，这种汽车被称为"次紧凑型车"或"超迷你车"）应运而生。但美国第一款次紧凑型车并非来自三巨头中任何一家，而是美国机动车公司于1970年推出的格雷姆林（Gremlin）。格雷姆林看上去就像一只尾巴被锯掉的虫子，但经济、便宜、实用。美国机动车公司称，打算用这种"大胆、创新的方法"来应对汽油价格上涨以及德国和日本进口节能汽车带来的双重威胁。该公司甚至对这款汽车品牌名的负面含义不以为然。《时代》杂志指出，韦氏词典把"gremlin"定义为"被认为捣鬼让设备出故障的小精灵"，美国机动车公司则更愿意把"gremlin"描述为"对朋友友好、对敌人凶暴的小精灵"。美国机动车公司的这款"进口车斗士"比国内竞品早六个月上市，因此，即使在国内竞争对手出现时也仍然占有优势。

格雷姆林的驾驶、加速和操控性能优于包括大众在内的所有竞争对手，空间更加宽敞，而且比除大众以外的所有竞品更省油。格雷姆林的召回也比其他美国汽车少得多。1973年，《汽车季刊》（Automobile Quarterly）杂志评价说："作为一款经济型车，格雷姆林性能优异，燃油里程也非常出色。"此外，格雷姆林也和大众一样拥有与众不同的外观。美国机动车公司的首席设计师理查德·蒂格（Richard Teague）对自己的创造深感自豪，他告诉《汽车潮流》（Motor Trend）杂志，把格雷姆林比作甲壳虫，无异于"把福特GT40比作兴登堡号飞艇"。

理查德·蒂格曾经是一名童星，演过一些喜剧电影短片。他通常是扮演一个名为迪克西·杜瓦尔（Dixie Duval）的女童。不过，在他年仅6岁时，他母亲开车时被一名醉酒的司机撞上，导致年幼的理查德一只眼睛失明，母亲也留下残疾。一年后，他的父亲在另一场车祸中丧生——肇事者也是一名醉酒的司机。后来，理查德摆脱了童年创伤，先后在诺斯洛普（Northrop）和恺撒（Kaiser）担任技术绘图师，之后又先后于1948年和1951年加入通用汽车和帕卡德。不久，他升任帕卡德首席造型设计师，在帕卡德被迫与斯图贝克合并之后，他和手下所有员工都被埃克斯纳招进了克莱斯勒。两年后，不安分的蒂格跳槽到美国机动车公司，在那里用极少的预算创造了奇迹。他为美国机动车公司设计的最后一款汽车是1984年款吉普切诺基XJ，《汽车》杂志后来把这款出色的车型誉为"有史以来最伟大的20款汽车之一"。

通用汽车于1971年推出雪佛兰伟加（Vega），以回应蒂格的小格雷姆林，鉴于通用拥有庞大的资源，伟加理应远优于美国机动车公司的次紧凑型车。但事实并非如此。伟加的造型酷似带有溜背式车顶的跑车，更似乎有模仿非亚特之嫌，就连车名听起来都像是意大利语。但在伟加短短六年的生命历程中，始终顶着可靠性差、车身生锈和经常召回的恶名。发动机熄火、刹车失灵、换挡杆脱落、排气管引发油箱着火和漏水等问题层出不穷。1972年7月，通用召回了95%的伟加，原因居然是这些汽车的后轴"过短"。[①] 伟加之所以出现这么多问题，部分原因在于这款汽车的生产厂——

---

① 这是伟加的第三次整体召回。

通用设在宾夕法尼亚州洛德斯敦的新厂饱受罢工困扰。到1972年初，当雪佛兰管理层声称洛德斯敦的工人蓄意破坏伟加时，工人们（97%的工人刚刚投票支持全面罢工）回应道，根本就不需要有意做什么，这款车自己就散架了。洛德斯敦曾被宣传成"全球最快的生产线"，但员工的劳动条件比1913年那会儿的福特鲁日河工厂好不了多少。违反规定会受到非常严厉的处罚，一张表格公示工人的"缺点"，而且仍然没有工人参与高层管理。这家工厂确实拥有最新的Unimate机器人喷漆技术，可惜未经测试的机器人常常失控，把漆喷到错误的位置。1977年，通用汽车最终结束了伟加的悲惨一生。

比伟加名声更臭的是福特对格雷姆林的回应——平托。李·艾科卡作为福特副总裁参与了平托的开发（艾科卡在1985年出版的那本自吹自擂的回忆录中巧妙地略去了这段事实），他在最初的项目简报中要求做出一辆不超过2000磅、成本不超过2000美元的汽车。然而，对节约成本的追求促使平托的设计师不惜牺牲汽车的安全性，即为减轻重量，汽车的后部被缩短，短到车辆追尾时油箱有可能发生爆炸。第一位被媒体广为宣传的平托的受害者是莉莲·格雷（Lilian Gray）夫人，她是加利福尼亚州的家庭主妇，1972年驾驶平托被另一辆汽车追尾时因油箱着火而被烧死。乘车的少年理查德·格里姆肖（Richard Grimshaw）侥幸活了下来，但因大面积烧伤而留下可怕的伤疤。汽车评论人士很快就毫不留情地称平托为"四座烧烤架"。

1974年，拉尔夫·纳德的汽车安全中心（Center for Auto Safety）敦促将福特平托全部召回。但亨利·福特二世和李·艾科卡都拒绝承认这款汽车的致命缺陷，亨利·福特二世甚至在华盛顿大力游说反对新的安全立法。对于纳德的指控，福特的回应是："他尽说废话。美国人民想要好车、好看的、快的车，这些汽车拥有强劲的动力和美观的造型，也就是我们制造的那种汽车。我们花了那么多时间，努力把汽车造得更好、更安全，但有一些对汽车行业一无所知的卑鄙小人走过来，对我们投入一辈子和好几十亿美元做的事情指手画脚。"

但在1977年，《母亲琼斯》（*Mother Jones*）杂志披露了福特汽车公司碰撞测试的内幕，并称福特早在1972年之前就已经意识到平托的缺陷。该杂志估计,自1972年以来有多达900名驾车者因平托的油箱着火而丧生。这篇由马克·多维(Mark Dowie)撰写的杂志文章还透露,福特的成本效益分析得出令人不寒而栗的结果:每一起死亡事故(赔偿额估计为200725美元,精确到令人难以置信,其中包括区区1万美元对"受害人疼痛和痛苦"的赔偿)外加严重烧伤(赔偿估计为67000美元)的成本低于改善平托安全性所需的成本。福特未对这篇文章毁灭性的攻击作出回应,同时同意召回150万辆平托。与此同时,加利福尼亚州一家法院判决福特向平托的受害人理查德·格里姆肖支付创纪录的1.25亿美元损害赔偿。[1] 福特被控轻率过失杀人,被迫召回更多平托并着手改善油箱的安全性,可惜这步迟来之举让汽车笨重到无法驾驶,最终,平托在1980年停产。

然而,与大洋彼岸发生的产业内爆相比,伟加和平托的灾难根本算不了什么。进入20世纪70年代,英国和法国的汽车行业似乎在不知不觉中走向崩溃边缘。

到1970年,雪铁龙及其所有者米其林都在苦苦挣扎。雪铁龙仍然在生产20世纪最具标志性、最令人印象深刻的两款汽车:2CV和DS。但雪铁龙的工程师和造型设计师总会受到种种干扰。雪铁龙过早地淘汰了经典的DS,又花费太多时间开发从未真正满足期望的平庸替代品CX。与此同时,米其林在油价不断攀升的时代依赖从石油中提炼的炭黑(当时是所有合成橡胶产品的基础原料),又严重削弱了公司的财务状况。

在种种问题缠身之际,雪铁龙又于1968年收购了意大利的传奇小众跑车制造商玛莎拉蒂,这笔收购可以说是汽车时代最离奇的收购交易之一。这个奇怪联合体的主要成果是1970年推出的雪铁龙SM——一款大得出奇的双门轿跑车。SM由玛莎拉蒂V-6发动机驱动,搭载了发扬雪佛龙进步传统的种种创新:比DS的悬架系统还要复杂的液压自动调平悬架、全玻璃前鼻、自动回正动力转向系统、自动前照灯调平系统、四角均使用盘式刹车系统和感应式雨刷。不过,SM虽然性能优异、技术先进,却有着油耗过高这一致命弱点。因此,这款汽车未能获得市场的认可。

---

[1] 经过数次上诉,赔偿金额被大幅削减,但格里姆肖最终仍然获得600多万美元的赔偿。

雪铁龙为令人失望的CX和异国风情的SM花费了巨资，到1973年已经濒临倒闭。雪铁龙与菲亚特结成的联盟也因意大利方面担心雪铁龙的债务负担而解散。SM不出所料地成为销售灾难，就连CX（尽管机械系统非常先进，但外观廉价而粗糙）也卖得很差。好在法国政府不想让这样一家享有盛誉的国有汽车制造商破产。1974年，乔治·蓬皮杜（Georges Pompidou）政府通过生硬撮合雪铁龙与老对手标致联姻（标致与雪铁龙相比，可以说一个是慢吞吞的乌龟，一个是善跑的兔子）而拯救了这家公司。标致的第一项行动便是出售玛莎拉蒂，停止生产SM，关闭雪铁龙位于巴黎市中心历史悠久的雅弗尔滨河路工厂。在石油危机造成的严峻经济形势之下，浪漫根本没有立足之地。

正是在1974年那一年，英国政府出手拯救了英国最大的汽车生产商。20世纪70年代初，英国的汽车制造业仍然处于危险的支离破碎状态。汽车制造业仍然是英国经济的关键组成部分（直到1975年，汽车制造业产值仍占工业产值的11%），但汽车行业的运营方式陈旧过时，劳动力越来越不可靠，管理也明显不足。早在1962年，商业分析师塞缪尔·索尔（Samuel Saul）就指责英国汽车行业缺乏商业思维，亦缺乏"主动追求技术完美和个性的热情"。10年后，索尔犀利的警告成为现实。

汽车行业的问题在很大程度上归咎于高级管理层的无能。英国汽车公司老板乔治·哈里曼对并购采取放任自流的态度，这就意味着，该公司几乎没有采取任何措施来整合重叠的产品线和重复的工厂。哈里曼最关心的仅仅是要始终让股东拿到丰厚的股息——他尽职尽责地奉行这一理念，一直到1967年根本无钱派息为止，因为当时英国汽车公司虽然拥有畅销的Mini和1100，但已经处于破产边缘。最高层的无能影响到整个公司，车间工人的士气非常低落，《哪个？》（Which?）杂志1971年在报道称，英国汽车公司的经销商是全国最糟的。

英国汽车业的衰落令人唏嘘。1950年，英国是世界上最大的汽车出口国，但到了1970年，英国的汽车出口量已被法国、意大利和日本超越。最能说明问题的是，到1976年，德国汽车制造商的生产率已比英国同行高出40%。在1973年至1977年之间，福特英国是唯一一家持续盈利的英国汽车制造商：1975年，英国利兰亏损2360万英镑，鲁特斯（当时已由克莱斯勒所有）亏损3550万英镑，通用旗下的沃克斯豪尔亏损250万英镑，福特盈利4080万英镑。到1974年，罢工导致英国损失了25%的汽车制造产能。结果在那一年，工人的妻子们也开始在考利工厂门口示威，反对自己的丈夫"永久罢工"，而且还支持四面楚歌的英国利兰管理层。

20世纪60年代末，大多数英国大众汽车制造商的整合并不仅仅是由哈罗德·威尔逊（Harold Wilson）领导的工党政府推动的。英国汽车公司和利兰-凯旋的最大股东保诚保险也促成了一些并购。政府与保诚保险共同促使境况堪忧的英国汽车公司结成一系列联盟，先是与捷豹结盟，随后在1966年与压制钢公司结盟，两年后又与已经兼并凯旋和罗孚的利兰汽车结成同盟。

利兰是一家卡车和巴士制造商，几乎没有生产轿车的经验。在20世纪20年代，该公司只生产过两款车型：一款是旨在与劳斯莱斯竞争（显然未能拼过劳斯莱斯）的八汽缸直排式大车；另一款是从1925年开始生产的特洛伊人。特洛伊人是采用整体车轮的"专用汽车"，轮距与英国大多数有轨电车完全匹配，造成许多可怕的事故和意外的跑偏。利兰在第二次世界大战期间制造了克伦威尔（Cromwell）坦克（后来又制造了威风的百夫长主战坦克），1951年，利兰开始大举收购，在16年间将斯卡梅尔、凯旋、AEC、布里斯托和罗孚等家喻户晓的品牌收入囊中。

1968年，由利兰前老板唐纳德·斯托克斯（Donald Stokes）领导的新的英国利兰集团似乎无法再提供任何新东西。就连这场"联姻"也不幸福：乔治·哈里曼发现自己被威尔逊和斯托克斯等较为强势的人物排挤，随后，他向亚历克·伊斯哥尼斯抱怨说，1967年10月，他来到首相位于契克斯的乡村官邸，按说是要讨论利兰与英国汽车公司的并购事宜①，结果发现斯托克斯已经到了，而且交易已经谈好。之后，哈里曼干脆病倒了，几乎没有参加谈判。因此，正如1952年英国汽车公司的创立实际上相当于莫里斯被奥斯汀吞并，英国利兰的创立（英国工业大臣托尼·本称之为"了不起的成就"）其实也就相当于利兰-凯旋吞并当时亏损增速惊人的英

---

① 自前一年与捷豹和压制钢公司合并以来，该公司的正式名称便成了毫无想象力的"英国汽车控股公司"。

国汽车公司。

成立英国利兰其实对各方都没有好处。结果就是，奥斯汀和莫里斯仍然保留各自的经销商，需要向这些经销商供应贴有相应车标的汽车。1968年，英国利兰有48家工厂，其中许多死板陈旧，采用过时的计件合同制——这些协议非常复杂，部门与部门之间各不相同。最可悲的是，英国利兰两款世界一流的车型——罗孚2000/3500（P6）和凯旋2000/2500现在不仅相互竞争，而且与同属该集团的捷豹行政车系列也存在竞争。神通广大的威廉·莱昂斯爵士（他巧妙地谋到了英国利兰副董事长的职位）确保早早扼杀了凯旋出色的行政车系列，并禁止凯旋再继续开发任何相关车型。莱昂斯还确保在1971年砍掉了罗孚规划的P6的替代款——与捷豹尺寸相当的四门车P8，因为这款汽车可能对捷豹自己的车型构成竞争。于是，与宝马和梅赛德斯竞争的机会（P8的设计看起来确实非常像20世纪70年代末和80年代初的宝马）就被草率地扼杀了。罗孚和凯旋被一同捆绑在一个"特殊部门"，该部门唯一的产品——SD1直到1976年才面市。在奥斯汀莫里斯（Austin Morris），灵动的迷你·库珀于1971年停止生产，因为英国利兰不想向约翰·库珀支付微薄的版税（每辆车约为5英镑），富有魅力的奥斯汀-希利也因相同原因而停产。就这样，目光短浅的英国利兰为追求短期利益而扼杀了两个出色的品牌。

就连才华横溢的亚历克·伊西戈尼斯爵士[①]也莫名其妙地犯了错误。这位缔造出Minor和Mini的著名设计师被哈里曼提拔为高管，但爱发脾气且直言不讳的伊西戈尼斯并不适合这个职位。事实证明，他的1962年款奥斯汀/莫里斯1100是20世纪60年代英国最畅销的汽车，其之后的车型全都是一些臃肿、笨重、车体过大、粗制滥造的货色，这其中便包括1964年款奥斯汀1800（伊西戈尼斯仅仅视之为"巨型Mini"），同一系列的臃肿的奥斯汀2200、沃尔斯利6型和奥斯汀3升，备受诟病的1969款Maxi等，可见，伊西戈尼斯仅仅把Mini的设计原则用于越来越大的车型，尽可能地扩大内部空间，但在后备厢或内饰方面却基本未做任何改进。伊西戈尼斯与生俱来的节俭性格也意

---

① 他在1969年被封爵。

味着这些难看的"地蟹"（业内对这些车型的蔑称）内饰非常少。这位缔造Mini的天才毕竟也有弱点。

斯托克斯后来承认，奥斯汀Maxi"太可怕了……看起来不对劲，没法换挡，变速箱根本不管用"。英国利兰绝望的广告公司居然还把Maxi宣传为带轮子的双人床。当然，Maxi性能糟糕，变速箱动辄失灵，加上制造工艺粗糙，确实也没什么可吹的。没错，英国汽车制造商又一次过早发布了新车型。而在当时，德国制造商，尤其是日本制造商会确保在发布之前对所有新车型进行严格测试。因此，从1800到Maxi，伊西戈尼斯的所有新车生产出来之后都存在许多问题，而这些问题其实完全可以避免。与此同时，伊西戈尼斯之前为英国汽车公司设计的成功车型也从未得到适当的升级。在欧陆制造商默默赶超英国汽车制造商（1972年推出的雷诺5和菲亚特127等非常成功的"超迷你车"突然之间让原版Mini显得过时）之际，英国利兰却未采取任何应对措施。斯托克斯领导下的英国利兰实际上放弃了旨在取代Mini的ADO74项目，接下来便赶上了1973年石油危机。危机过后，超迷你车需求大增。宝马觉察到奥斯汀及其继任者几十年前就该意识到的商机：可以按照现代参数对出色的Mini加以改造，同时使之保持内在的魅力和独特性以及对消费者的吸引力。

英国利兰的老总唐纳德·斯托克斯[①]并不是带领英国汽车业走出低谷的理想人物。斯托克斯是一位工程师，出生于普利茅斯，1930年加入利兰的销售部门，并在销售领域展现出极高的天分。20年后，他不仅拓展了利兰的巴士产品线，而且为该公司赢得新的出口市场。但斯托克斯骨子里一直是巴士发烧友，对量产轿车似乎不太在行。他是个出色的推销员，亦善于沟通。但他未能把控好英国利兰这样一家庞大、复杂，且内部存在裂痕的公司，而且经常回避棘手的决定。简而言之，他似乎无法把握大局。毕竟，他曾把战后英国最有前途的两款汽车——罗孚P6和凯旋2000的不幸重叠轻描淡写地称作"友好竞争"。最能说明问题的是，1968年，当哈罗德·威尔逊向斯托克斯询问英国利兰的长期计划时，他却表示根本没有。

---

① 或称斯托克斯勋爵，因为他于1969年被封爵。

随后，尴尬万分的斯托克斯要求财务总监约翰·巴伯（之前在福特任职）在一天之内弄出一点东西。巴伯不过照搬了福特的五大类车型战略——但令人沮丧的是，斯托克斯和威尔逊似乎都还挺满意。斯托克斯后来承认："我想我可能擅长销售"，但"我不是，也从来没有假装是制造专家"。约翰·巴伯是英国利兰董事会中唯一一个有大众市场轿车生产经验的成员。

斯托克斯的新帝国每况愈下。英国利兰的生产率大约相当于英国福特的一半。在工会的坚持下，该公司实行幼稚的"不搜查"政策，结果导致大量汽车零部件乃至整个发动机经常一出工厂大门就消失了。此外，由于英国利兰继续采用过时的计件协议，许多工厂到下午3点左右时工人就走了一半。另外，罢工也变得更加频繁：在1969—1970年期间，英国利兰因罢工损失了500万工时，到了下一财政年度，这一数字更是翻了一番，达到惊人的1000万。除此之外，英国利兰从英国汽车公司继承的那一套研发方法也是一团糟。实践证明，伊西戈尼斯的"地蟹"在造型设计和技术上都走进了死胡同，该公司也几乎没有真正努力更新Mini或奥斯汀/莫里斯1300。1971年推出的"新"莫里斯·玛丽娜（Morris Marina）是最后一款冠以莫里斯品牌的汽车，这款车按理说是要作为英国利兰对沃克斯豪尔Viva和福特科尔蒂纳（考利方面称，玛丽娜要"打败科尔蒂纳"）的回应。然而，玛丽娜基本上是在现有车型的基础上拼凑而成的，归根结底只是换了外皮的莫里斯Minor，被当时的批评家比作"带轮子的垃圾箱"。当时，欧陆国家的轿车已越来越多地采用前轮驱动，但玛丽娜却保留了Minor古老且反应迟钝的后轮驱动。更糟糕的是，英国利兰以蹩脚、权宜的方式扩建制造玛丽娜的考利工厂，跨越牛津环道运送半成品汽车的传送带暴露在空气中，结果汽车还没出厂就开始生锈。玛丽娜送至展厅时，涂漆已经锈迹斑斑，很快就出现渗漏。考利工厂的工人比尔·罗奇（Bill Roche）认为问题出在所谓的"栅极线"组装工艺上，也就是用夹具分别制造汽车的两侧，再在生产线终点处进行组装，这种制造方法很不精确，已被雷诺、菲亚特和日本公司淘汰。

新曙光：1974 年的大众高尔夫。

面对福特科尔蒂纳（1974年以后又多了出类拔萃的大众高尔夫），玛丽娜根本没有任何胜出的机会，英国利兰建立在出口销量之上的过于乐观的预期也从未成为现实。斯托克斯吹嘘说："玛丽娜的销售情况'相当不错'。"但正如历史学家马丁·阿德尼（Martin Adeney）所言："对一家面临越来越强的行业颠覆力量的公司而言，要想提高利润，'相当不错'绝对是不够的。"美国就更不留情面了，玛丽娜很快被《消费者报告》（Consumer Reports）杂志列入臭名昭著的"不要购买的汽车"名单。

英国利兰20世纪70年代推出的第二款新型大众市场汽车——1973款奥斯汀快板（Allegro）简直笨重得可怕，但奥斯汀老总乔治·特恩布尔（George Turnbull）却说它是"我们献给欧洲的欢歌"。这款车外形奇特、臃肿，几乎没有什么人欣赏。特恩布尔曾信誓旦旦地说，"从北极圈到意大利'脚趾'"，全欧洲的消费者都将被这款车吸引，因为它"比例完美，令人着迷"。快板本打算用来替代畅销的1100/1300，但正如评论家詹姆斯·鲁珀特（James Ruppert）所言："这是饱受罢工和恐怖分子威胁的英国应得的车。"快板造型臃肿，简直比焦尔杰托·朱贾罗（Giorgetto Giugiaro）新锐的大众高尔夫落后好几光年，难怪这款车被戏谑地称为"飞猪"。快板"革命性"的方形方向盘（更确切地说是"四次式"方向盘）成了一个荒谬的笑话，充当警车的快板汽车很难转向，就连技术高超的警察也很难转好。快板汽车配有后备厢，而竞争对手高尔夫则是方便开合的掀背车。①事实证明，快板汽车的液压悬架（英国利兰刚好在雪铁龙考虑淘汰时引入了该系统）在汽车上路行驶时很不可靠。除此外，其内部空间其实比1300大不了多少。还有就是车的质量也非常差，经常发生渗漏。因此，快板的销量远低于其打算替代的那些备受欢迎的成功车型。1975年是快板卖得最好的一年，但销量也仅为63339辆（其中很少一部分卖到了海外）。相比之下，1100/1300的年销量一般在10万辆以上。1974年，英国利兰不当地利用"范登·普拉斯"（Vanden Plas）这块高档车身制造业的金字招牌来为快板的一款高端版本命名，这款车有个猪鼻子似的前鼻，与众不同、丑陋无比。那一年英国利兰经营惨淡，最畅销的车型不是快板，也不是Maxi，而是已经很有年头的Mini。

　　英国利兰在20世纪70年代初大肆吹嘘的其他新产品也好不到哪里去。1970款凯旋雄鹿（Stag）便属于这一类。雄鹿由乔瓦尼·米凯洛蒂设计，而米凯洛蒂是雄鹿俊美的表亲——凯旋2000的设计师。但时尚的雄鹿其实质量低劣，动力系统不可靠，而且极易生锈。凯旋的管理层并没有采用可靠、轻便的罗孚V-8发动机，他们拒绝使用昔日竞争对手的动力总成系统，而是把两个四缸Dolomite发动机用螺栓连接起来，造出自己的3升V-8。不出所料，这款发动机太重，而且很不可靠。雄鹿的车身会发生渗漏，"可收放"的硬顶至少需要两个人才能操作。如记者托尼·戴维斯（Tony Davis）所言："如果你看到哪个车主站在凯旋雄鹿旁边，一般是因为他打不开门。"②

　　雄鹿丝毫无助于维持凯旋的声誉。凯旋的另一款运动型车——著名的TR车系中的最新成员凯旋TR7也没能为凯旋增色。1974年，《汽车》杂志对新款凯旋TR7进行了测评。TR7是一款好看的跑车，是20世纪60年代英国生产

---

① 其实，英国汽车公司1958年率先推出了Farina风格的奥斯汀A40掀背车，但在20世纪70年代中期，这一宝贵的遗产似乎被崭新的英国利兰遗忘了。

② 1977年，英国出版的汽车投资指南《利用有收藏价值的汽车赚钱》（*Making Money from Collectable Cars*）宣布："如果你是机械方面的虐待狂，就应该选择这款汽车。"

商，尤其是凯旋擅长制造的那种车，可惜这款车并没有给《汽车》杂志的记者留下深刻印象。测试接近尾声时，记者们不得不重装发动机，结果注意到严重的铁锈、难忍的噪音和缓慢的动力总成系统。《汽车》杂志的记者随即判定，这款汽车是"特别烂的柠檬"。TR7扇形花边般的造型和格子花呢内饰看起来很愚蠢，前窗和后窗的能见度也差得惊人。TR7成功绞杀了凯旋跑车的国际市场，也抹去了昔日消费者对TR4和喷火战斗机的美好记忆。

当英国利兰的不同子公司真正尝试合作时，结果通常是滑稽可笑的。1968年，斯托克斯怯懦地同意捷豹、罗孚和凯旋等公司旗下的优质品牌不与量产车部门奥斯汀莫里斯共享规划或设计，而且高端汽车部门与量产车部门各自保持完全独立的经销商网络。但在1970年，当奥斯汀莫里斯的一些人大胆挑战这条圣旨，把考利方面生产的变速箱借给凯旋，用于制造凯旋托莱多（Toledo）时，却发现规格不相容。

英国利兰也有还算精彩的作品。1970年推出的新版兰治·罗孚（Range Rover）——路虎便是不折不扣的成功产品。路虎由戴维·贝奇设计，搭载V-8发动机，是不论严寒酷暑均稳定如一的兰治·罗孚的高端版。开发路虎的构想早在1954年就提出了，但罗孚当时没有足够的钱来同时开发路虎和P6。现在，英国利兰终于实现了路虎的愿景。不过，路虎虽然从理论上来说很优秀，但落实到生产上仍有不少缺陷。与英国利兰20世纪70年代的大多数产品一样，路虎的质量一开始也是糟糕透顶。路虎流行起来之后，英国利兰的反应也很迟缓，直到1978年才在索利哈尔为路虎投资新建了工厂。①

不过，英国利兰并不是20世纪70年代末唯一一家没落的英国汽车巨头。大多数英国生产商喜欢在自家的拳头产品早该淘汰时继续吃老本，而不是响应消费者对于节能、可靠和技术进步的要求。这其中以克莱斯勒欧洲公司最为典型，该公司试图以克莱斯勒亨特（Hunter）和道奇哈士奇为名，在美国销售从鲁特斯继承的平庸车系。

到1966年，阳光品牌已经贬值到被用来命名希尔曼顽童（这款汽车日后

---

① 基本款路虎与日益豪华的兰治·罗孚之间的差距越来越大，后来促使罗孚集团（英国利兰当时已更名为罗孚集团）在1989年和1997年分别推出路虎发现（Discovery）和针对较低端市场的神行者（Freelander）。

成为让脆弱的鲁特斯帝国崩溃的罪魁祸首）这一失败之作的高端版。鲁特斯在1968年推出的箭（Arrow）系列① 阳光双刃剑轿跑车中最后一次使用阳光这一名称，这款汽车后部采用倾斜的溜背式造型，看上去并不像希尔曼，而更像普利茅斯梭鱼。鲁特斯被兼并之后，阳光品牌似乎也随之消失了，但在20世纪70年代，克莱斯勒和标致又挖出了"阳光"这一名称，只是与昔日的阳光并没有任何关系。

鲁特斯的多品牌政策已经证明，随意挂牌会严重损害知名品牌的价值。这些品牌一旦贬值，就几乎不可能再次升级——阿尔弗雷德·斯隆和沃尔特·克莱斯勒已经清楚地认识到了这一点，但比利·鲁特斯仍未能领会。英国汽车公司（在20世纪60年代）、英国利兰和罗孚（1968年以后）乃至强大的通用汽车（1981年以后）之后也都忽视了这一教训，结果纷纷导致业务受损。罗孚在20世纪末、21世纪初不幸倒闭，通用汽车在2009年濒临破产，都可以在一定程度上归咎于它们粗心地挥霍了曾经非常珍贵的品牌遗产。

克莱斯勒1970年推出的希尔曼复伊者（Avenger）外观古怪，机械构造传统，是一款平庸之作。② 但其在英国卖得还不错——或者至少好过任何其他投资不足的新车型。但克莱斯勒欧洲公司的美国管理层优柔寡断，似乎根本无力阻止对工厂生产影响越来越大的罢工。在许多观察人士看来，这家公司之所以能够维持生存，唯一的救命稻草便是1967年与伊朗政府签订的协议所带来的收入。根据该协议，鲁特斯同意以套件形式向伊朗提供希尔曼亨特，以"Paykan"为名在伊朗组装。这项有利可图的交易最终持续了20年之久。

就连通用汽车似乎也在英国乱了阵脚。在20世纪70年代，沃克斯豪尔的表现比克莱斯勒好不了多少，该公司继续依赖过时的车系，平淡无奇、美式造型的胜利者FD/FE以及尺寸较小的兄弟车型——平庸的Viva便是该车系的基础。沃克斯豪尔胜利者是沃克斯豪尔在英国开发的最后一款独立于欧宝（通用旗下规模较大的德国子公司）的汽车，这对英国来说堪称憾事。从1979年开始，英国的沃克斯豪尔除了车标与欧宝不同，其他方面几乎没有什么

---

① 四四方方的箭车系，包括希尔曼明克斯、希尔曼亨特和辛格时尚（Vogue）。

② 克莱斯勒也尝试在美国以普利茅斯Cricket为名销售这款汽车。

区别。

20世纪70年代初，英国公众并没有为英国利兰、克莱斯勒欧洲公司和沃克斯豪尔面临的问题太过烦心，但一家处于超高端市场的汽车公司的破产确让许多人意识到英国汽车行业的基础已经变得多么岌岌可危。1971年，劳斯莱斯的破产对那些仍然相信英国汽车行业领先世界的人来说，不啻为最大的震撼。事实上，劳斯莱斯破产并不是因为汽车部门出了什么严重问题，而是因为规模大得多的飞机发动机业务为开发先进的RB211喷气式飞机发动而耗费了太多资金。[1] 劳斯莱斯被大多数英国人视为世界上最好的汽车生产商，劳斯莱斯的破产让英国人痛彻地意识到：如果劳斯莱斯可以倒闭，那下一个又会是谁？

---

[1] 爱德华·希思领导的保守党政府立即通过国有化拯救了该公司。1973年，汽车部门被单独出售，名为劳斯莱斯汽车公司（Rolls-Royce Motors）。

第十二章
危机？什么危机？

1973年10月6日是犹太人的节日——赎罪日，埃及动用222架喷气式飞机、3000挺机枪袭击了以色列位于西奈半岛和苏伊士运河东岸的阵地。叙利亚则动用飞机、大炮和坦克猛烈袭击以色列北部边界。突然之间，便宜的石油和便宜的汽车都成为往事。六年前，以色列向毫无戒心的邻国发动了六日战争。如今，失去领土的埃及和叙利亚想要报复以色列。埃及和叙利亚一度成功在望：由于美国情报机构认为阿拉伯国家的军事活动只是季节性演习，并没有给予以色列任何援助。以色列军一开始也节节败退。不过，到10月15日，以色列的反攻便开始迫使西奈的埃及部队撤退。到10月25日，在以色列部队距离大马士革仅30英里、距离开罗仅70英里之际，各方接受了由联合国斡旋的停火协议。

1967年，阿拉伯国家曾试图使用"石油武器"对付以色列的西方支持者，但最终以失败告终。但这一次，阿拉伯国家主导的石油输出国组织（OPEC，简称欧佩克）准备得更加充分，也更加无情。10月16日，战斗仍在进行，美国飞机两天前更在光天化日之下为以色列运送军用补给。当天，欧佩克宣布将石油价格上调70%，上调措施立即生效。埃及和叙利亚这两个欧佩克成员国都削减了石油产量，同时宣布停止向不支持联合国第242号决议（要求以色列退回1967年的边界内）的国家出口石油。也就是说，欧佩克抵制那些积极支持以色列的国家，尤其是美国。当时已深陷水门丑闻，并最终因该丑闻而耻辱辞职的理查德·尼克松（Richard Nixon）总统为报复欧佩克，厚颜无耻地提出针对以色列的22亿美元军事援助计划。尼克松的态度不仅没有化解紧张对峙，反倒坚定了欧佩克向美国以及以色列的其他重要盟友，特别是荷兰、葡萄牙和南非实施石油禁运的决心。世界其他地区将不得不承受油价大幅上涨带来的影响。

1973年，世界经济严重依赖石油这种重要的大宗商品，因此极易受油价大幅上涨影响。其中，日本人尤其依赖进口石油，日本77%的能源来自石油，而美国的比例则为46%。因此，1974年，日本的国内生产总值出现第二次世界大战以来的首次下降。许多日本人开始思考从前不可想象的事情：战后的经济奇迹已经结束。于是，政府开始匆忙追求能源多元化，即为工业、家庭和汽车行业寻找替代的燃料来源。日本也是第一个为汽车发动机引入催化转化器以减少排放的国家，使空气质量显著改善（在1972年以后的10年里，日本的空气污染物浓度减少了三分之一）。丰田一开始磨磨蹭蹭，但最终不得不为自己的顽固态度向日本国会道歉，很快便跟竞争对手一样，也开始为车辆安装转化器。

在太平洋彼岸的美国，资源取之不尽、用之不竭的消费主义基本信条也从根底上发生了动摇。阿尔弗雷德·斯隆将通用汽车建立在"计划性淘汰"的原则之上。但通用的顾客现在想要耐用和节能，而不是标新立异的造型或技术。西方国家的石油零售价飙升40%，而且几乎每天都在上涨。焦虑而愤怒的驾车者在世界各地的加油站门口排起长队。在美国，1975年出台的《能源政策和节能法》（*Energy Policy and Conservation Act*）规定了一套紧急措施，譬如在全国范围全面实施每小时55英里的限速措施以及对新车采取更加严格的油耗标准（包括强制安装催化转换器，以减少有毒气体排放）。该法还制定了异想天开的燃油效率新标准，旨在将新车的平均燃油效率提高一倍，由当时的每加仑13英里提高至每加仑27.5英里（即使在20世纪50年代中期，带有尾鳍的凯迪拉克和林肯也能达到每加仑20英里，也还算不错）。然而，这方面的进展依然极其缓慢。

1974年，中东地区勉强恢复平静。但危机并未结束：在1973年至1974年的恐慌之后，油价一开始似乎稳定下来，但美国在1978年12月至1979年1月的伊朗革命期间支持陷入困境的伊朗国王，导致1979年再度发生石油危机，伊朗石油开采行业国有化以及汽油价格大幅上涨亦是这次危机的导火索。1980年9月，当伊朗和伊拉克这两个全球最大的产油国爆发全面战争时，油价进一步上涨。廉价汽油的时代显然已经结束。

20世纪70年代期间，燃油价格似乎无休止地上涨，美国汽车制造商自第二次世界大战以来生产的那些油耗超高的庞然大物（过去被视为汽车行业雄心的象征）突然不再是强大、俊美的巨兽，而沦为了笨拙的恐龙，这些汽车耗费的燃料为地球带来了难以承受的负担。如今，世界属于本田思域、雷诺5和大众高尔夫等小型车，令美国三大汽车巨头仓皇失措。我们知道，美国汽车生产商于20世纪70年代初推出的次紧凑型车并不是太成功。但在消费者开始寻找小而节能的车型时，美国生产商的产品还是不对路。美国汽车巨头碰了壁，欧洲和日本的汽车制造商便借机填补这一空白。

事实上，三巨头中的一家似乎已经走上绝路。1975年，支持自由竞争的克莱斯勒关闭了美国六家工厂中的五家。当时该公司已经无力应对来自欧洲和日本的冲击，更别说与福特和通用的产品竞争了。克莱斯勒欧洲倒闭了，旗下的英国工厂于1978年卖给奉行保护主义的法国人。1978年11月，当李·艾科卡加入克莱斯勒担任总裁时，他发现该公司几乎没有财务控制，更没有统一的规划。

自20世纪50年代末以来，克莱斯勒在全球和国内进行过大肆扩张。但克莱斯勒收购的外国公司（法国的西姆卡、英国的鲁特斯、西班牙的Barrieros，还有从土耳其到巴西的一大批零部件工厂）规模太小或问题太多，无法提升克莱斯勒的全球地位。克莱斯勒的总裁林恩·汤森德（Lynn Townsend）是会计师出身，他对汽车技术专家抱有怀疑，更愿意提拔像他的门生、塔齐罗斯会计师事务所（Touche Ross）的前会计师约翰·里卡多（John Riccardo）那样的人，里卡多最终接替他担任公司总裁。可是，里卡多缺乏远见和动力。到20世纪70年代中期，克莱斯勒实际上已经放弃了在欧洲的投资，即使是像罗伊·阿克斯（Roy Axe）的经典阳光双刃剑这样有前途的汽车，也只得到微不足道的营销支持，然后便莫名其妙地停产了。在美国，克莱斯勒因质量问题而面临大量投诉。1977年，拉尔夫·纳德的汽车安全中心公开将道奇白杨（Aspen）豪华紧凑型轿车评为"年度烂柠檬"。

由于美国市场缺乏亮眼的新车型，绝望的克莱斯勒管理层试图向毫无戒心的美国公众强推三菱小马（Mitsubishi Colts）和平庸的希尔曼，把这两款汽车的品牌硬换成普利茅斯和道奇。克莱斯勒保留了太久乏味的普利茅斯Valiant紧凑型车，直到1978年才推出石油危机之后的次紧凑型车——由西姆卡衍生而来的道奇全方位（Omni）/普利茅斯哈里逊（Horizon）。但即使到了这时，全方位的发动机也还是取自大众。《消费者报告》杂志起初持乐观态度，但很快就为这款次紧凑型车贴上了"不可预测且危险"的标签。与此同时，尽管克莱斯勒管理层完全知道道奇突击者（Charger）"肌肉车"将在快要播出的哥伦比亚广播公司（CBS）电视剧《杜克兄弟》（*The Dukes of Hazzard*）中作为"李将军"亮相，但该公司仍然决定停止生产这款汽车。这样一来，克莱斯勒便错过了这个与电视台合作并赚得高额利润的机会。《杜克兄弟》的制片人不得不赶到克莱斯勒的展厅抢购最后几百辆突击者；拍到第六季时，制片方不得不使用比例模型来拍摄一些镜头，因为他们一开始囤的那些突击者都在拍摄过程中毁坏或者受损。

1975年，林恩·汤森德卸任全球总裁一职，此时克莱斯勒在美国市场的份额已经跌至12%，业绩十分惨淡。不久，克莱斯勒还宣布了创纪录的2.59亿美元亏损。与此同时，克莱斯勒欧洲公司宣布破产。随后，克莱斯勒从哈罗德·威尔逊领导的工党政府手中获得超过3000万英镑救助资金，用来帮助英国工厂摆脱困境，条件是克莱斯勒需要削减8000名工人，而且应把新款汽车阿尔卑斯的生产厂从法国搬到考文垂的赖顿。① 克莱斯勒还关闭了希尔曼顽童的诞生地和死亡地——陷入亏损的苏格兰林伍德工厂，导致1.3万名工人失业。从此，伦弗鲁郡地区成为英国失业率最高的地区之一。

三年后，克莱斯勒将手中的前鲁特斯工厂作价1美元卖给了标致，让英国政府颇为懊恼。标致还同意承担4亿英镑的累积债务，并将西班牙的Barrieros卡车和巴士业务卖给了雷诺。从此，克莱斯勒又重新成为单纯的美国汽车生产商。

---

① 事实上，赖顿工厂只是组装法国制造的套件，而阿尔卑斯本身仅仅是对克莱斯勒子公司西姆卡的西姆卡1307进行了换标。成功但平庸的西姆卡1307是一款大而臃肿的四门掀背车，与20世纪60年代优秀的阿尔卑斯跑车没有任何关系。

到20世纪70年代中期，20年前成立的美国第四大汽车制造商美国机动车公司也出现了严重的财务问题。与克莱斯勒一样，美国机动车公司最终也是依靠法国公司的收购而获救。美国机动车公司70年代初从恺撒手中收购了吉普品牌，因恺撒这家历史悠久的公司决定退出汽车行业（日后的事实证明，吉普不论对美国机动车公司还是对克莱斯勒而言，都是经久不衰的成功品牌）。美国机动车公司为应对石油危机而推出的1975年款领步人（Pacer）次紧凑型车设计风格激进，巨大的车窗让《汽车驾驶员》（Car and Driver）杂志将领步人比作"飞翔的鱼缸"，还有一些人则将其比作青蛙。但领步人做工粗糙，过于沉重，动力也不足。美国机动车公司以领步人作为对石油危机的回应让人觉得有些奇怪，因为该公司与三巨头不同，长期以来一直惯于生产面向美国市场的小型汽车，如领步人的前身格里莫林也有不错的表现。难怪《时代》杂志于1977年2月报道称，美国机动车公司的股东自1974年以来便没能收到任何股息，领步人的销售额亦远低于预期。

之后，美国机动车公司的境况不断恶化。1978年5月，美国国家环境保护局（Environmental Protection Agency）要求美国机动车公司召回1976年生产的所有汽车，总计约30万辆，以修复污染控制系统的故障。这次召回的成本估计在300万美元左右——高于美国机动车公司前一季度的利润总额。吉普强劲的销量使美国机动车公司在1978—1980年期间实现小幅盈利，但由于新的排放要求将在1981年对四轮驱动汽车生效，美国机动车公司需要投入巨资，改造所有新老吉普的机械构造，这就造成该公司的利润率再度出现大幅下降。美国需要小型车，但美国机动车公司的产品线不对路，该公司位于威斯康星州基诺沙的工厂（当时是世界上最古老的持续运营的汽车工厂）也已经老化，厂内生产线过时而低效。1980年初，美国机动车公司进一步申请信贷的请求被银行拒绝，在美国市场的占有率也降至2%以下（该公司能够维持运营，完全是依靠吉普稳健的销量），于是美国机动车公司决定认输。1981年，美国机动车公司向雷诺出售了22.5%的股份，以换取雷诺的1.5亿美元注资以及在美国生产雷诺5的授权。这实际上相当于被雷诺接管：1982年1月上任的美国机动车公司新总裁若泽·德德瓦尔德（José Dedeurwaerder）是雷诺的高管；到1983年，雷诺已经持有美国机动车公司49%的股份。雷诺设计的新款前轮驱动汽车开始在经过升级改造的基诺沙工厂生产，该厂最早的一批新款车型——美国机动车公司/雷诺联盟（Alliance）仅仅是改头换面的雷诺9。1987年12月14日，最后一款带有美国机动车公司徽标的汽车——跨界休旅车鹰（Eagle）——从基诺沙工厂出厂。

到这时，雷诺也退出了角逐。雷诺内部的许多人对收购美国机动车公司的交易抱有怀疑态度。他们认为，这家亏损的美国公司是个无底洞。不过，雷诺的董事长乔治·贝斯（Georges Besse）坚信过不了多久美国机动车公司就可以扭亏为盈。然而，1986年11月17日，贝斯被恐怖组织"直接行动"（Action Directe）的成员暗杀，该组织将贝斯在法国解雇数万名工人（裁员的部分原因是，雷诺旗下处于亏损状态的美国机动车公司表现不佳）作为暗杀的理由之一。这场悲剧发生之后，贝斯沮丧的同僚决定就此放弃，于1987年将美国机动车公司卖给了克莱斯勒。

克莱斯勒的李·艾科卡真正感兴趣的只是收购吉普品牌。1992年，克莱斯勒最终推出了吉普大切诺基（Grand Cherokee）——美国机动车公司和雷诺之前一直在开发的旗舰SUV。但克莱斯勒又一次犯了错，以为降价收购一家低迷不振的汽车制造商能够带动销量的增加，而不是造成利润流失。尽管新款吉普令人兴奋，但克莱斯勒的市场份额持续下降。到1998年，克莱斯克更被德国的戴姆勒–奔驰收购。这次收购起初被标榜为"对等合并"，但人们很快便清楚地看到，这实际上就是直截了当的收购。戴姆勒–奔驰决心效仿不久前在英国收购亏损的罗孚集团的强大竞争对手宝马。不过，与日后后悔收购宝马的罗孚一样，戴姆勒–奔驰很快也开始为收购克莱斯勒而懊悔。2010年8月，克莱斯勒的德国管理层宣布关闭历史悠久的前美国机动车公司基诺沙工厂，令当地居民颇为恐惧，也让汽车媒体感到难过。

在大西洋彼岸，石油危机的影响也像海啸一样冲击了英国汽车行业。除Mini等优秀车型以外，英国产家用车在传统的英联邦市场以外并不太受青睐——就连英联邦市场也越来越多地转向德国和日本的竞品。英国汽车制造商亦有质量差和工厂动辄罢工的恶名。大多数英国工厂的劳资关系糟糕透顶，工会的要求不切实际，时常与心胸狭隘的管理层针锋相对。到1975年，丰田每名员工每年能够生产36辆汽车，本田能够生产近23辆，而福特英国仅能生产7辆，英国利兰的工厂更是少得可怜，仅能生产4辆。

英国汽车行业衰落的主要原因可以归咎于管理不善。在法国、德国、日本和美国，顶尖的大学毕业生（包括工程专业以外的多种专业）被鼓励进入汽车行业；而英国对学院派人才的偏见由来已久。因此，在英国，选择汽车制造业的优秀年轻毕业生要少得多。像莫里斯、奥斯汀和洛德这样从维修厂或工厂车间一步步晋升的工程师不信任与他们背景不同的人，亦鄙视他们眼中的外围职能，譬如产品规划、营销和财务预测等——但这些业务其实对汽车业越来越重要。这样一来，平庸的英国汽车业管理层便无法应对战后不断变化的环境和工人的骚动。从福特加入英国汽车公司的约翰·巴伯后来这样回忆英国利兰："我觉得我最震惊的是西米德兰兹的管理水平，简直糟糕透顶。自1946年以来，工人就失去了控制。工会控制了工厂，局面变得十分混乱。"巴伯还对英国汽车公司和英国利兰的闭塞感到震惊——之所以造成这种状况，可能也是因为许多高级管理人员的教育程度太低。他说："在福特，每个人都爱汽车，他们是情不自禁。你要时时关注客户想要什么，预测市场需求，而英国汽车公司的人似乎对汽车不太感兴趣。他们对竞争对手也不感兴趣。我记得我问过英国汽车公司一位出了问题的董事，沃尔夫斯堡那边的大众在做什么，他说：'我不知道，我只管我们在朗布里奇做什么。'"

英国利兰的工人代表也不比管理层出色多少。杰弗里·惠伦（Geoffrey Whalen）加入英国利兰之前，曾在英国国家煤炭委员会（National Coal Board）任职（标致收购克莱斯勒英国之后，他又作为董事总经理领导标致的英国业务），他震惊地发现，考利的工会领导极其无能，尤其是与全国矿工工会（National Union of Mineworkers）的专业谈判代表相比。他说："我对工会领导较低的水准感到惊讶，他们没有全国矿工工会的人敬业和专业。虽然肯定有一些例外，但他们的整体素质较差。"

英国利兰对车型的规划也是一团糟。德国和日本的汽车制造商专注于一两种主要产品，而英国制造商销售的车型和工厂太多，对远期规划的投资也不足。英国利兰未能抓住车队用车市场不断增长带来的机遇，而福特欧洲和通用旗下的沃克斯豪尔迅速垄断了这一市场。福特每隔几年会对车型进行升级,譬如说,福特会定期升级大获成功的科尔蒂纳,但英国利兰仍然仅依靠换标,该公司在不同的品牌之下一再发布相同的基本车型。约翰·巴伯后来表示:"我们需要进行真正严格的精简——车型、人,统统都要精简。"

罗孚的新款大尺寸车按说是要与宝马不断壮大的行政车系展开竞争,但这款汽车令人叹惋的命运反映出困扰英国利兰的几乎无法克服的问题。罗孚并没有以出色的P6为基础进行改进(宝马的做法是在1975年款3系车的基础上进行改进),英国利兰的管理层也不让罗孚在P8的基础上研发。罗孚只好引入全新的车身设计,并将这款设计命名为SDI,又名P10,但实际上是一款超大的掀背车。这款新车的曲线是鲜明的20世纪70年代风格,没有后备厢,显然并不符合所有人的口味,尤其是车队买家,这类买家一般坚持为企业客户提供宽敞的后备厢——P10的设计师戴维·贝奇跟伊西戈尼斯一样犯了个错误,他不愿在"揭背式"尾门上安装后雨刷,称这款汽车可以靠空气动力学机能保持清洁。但他弄错了,罗孚后来不得不回过头来补装雨刷。罗孚还在车后部使用过时的鼓式刹车,内饰细节粗糙,与亮眼的1962年款2000相比是一种退步。最要命的是,英国利兰的高管循着英国汽车行业的惯常做法,不等做完适当测试并修复所有漏洞,便仓促投入量产。与此同时,他们还让这款未经测试的车型背负过于乐观的销售预期。因此,英国利兰最终炮制出一款造型时尚,但做工极其粗糙的汽车,这款车1976年推出(一开始被命名为罗孚3500)之后,一直受到种种缺陷困扰。

罗孚3500起初受到媒体的好评,但频繁的罢工使得英国利兰无法满足因媒体报道而催生的市场需求。在1977年举办的日内瓦车展上,甚至没有足够的汽车可供展示。等到罗孚终于把积压的订单处理完毕时,越来越长的故障清单又让这款汽车得到"不靠谱的烂柠檬"的恶名。《汽车》杂志注意到"挡风玻璃与立柱之间的空隙让雨水和气流进入",并得出"总体而言,结实度与外观……很差"的结论。1978年推出的2300版和2600版动力不足且噪音很大,出口销量一塌糊涂,也从未达到生产目标。除此之外,1979年的石油危机导致成千上万辆没卖出去的高油耗SD1在英国利兰的停车场里生锈。最终,这款车型在1986年被淘汰,SD1在英国利兰产品线中的位置被换标的本田取代。

在英国利兰的指挥棒下，凯旋的表现也好不到哪里去。凯旋当时正在开发旨在取代Dolomite系列的一款四门车SD2，看上去有点像个性十足的雪铁龙BX。但SD2的开发于1976年被叫停，因为英国利兰的管理层担心SD2会影响表现惨淡的玛丽娜及其后续车型艺术大师（Maestro）的销量。英国利兰还糟蹋了20世纪60年代风靡全球的凯旋跑车的声誉，这堪称英国利兰永久的耻辱。1974年推出的新款凯旋TR7车体呈笨拙的楔形，拥有厚重的车尾和尖尖的前鼻，侧面带有莫名其妙的折痕，就好像这样能让车跑得更快。TR7性能欠佳，做工则与20世纪70年代典型的英国利兰产品一样令人咋舌。路测人员抱怨说，时速刚上78英里，路噪就让人难以忍受了。更重要的是，TR7采用的是20世纪50年代风格的两座布局，而当时具有开创性的达特桑（Datsun）240Z刚刚引入"二加二"式布局，可以让儿童或个子小的人坐在后边。美国消费者（20世纪60年代，他们的父辈曾纷纷购买凯旋跑车）抱怨说，他们被当成小白鼠来测试一款未经全面检测的汽车，这番抱怨颇有道理。1982年，索利哈尔全新的SD1和TR7生产厂被关闭，SD1的生产转移到考利，TR7的生产则转移到斯皮克。同年，凯旋曾视若珍宝的老品牌维特斯被应用于表现不佳的SD1高端版。

就连捷豹似乎也丧失了沉稳的气派。英国利兰建立时，捷豹发现自己与奄奄一息的病人捆绑在了一起。把捷豹拖下水的是一家摇摇欲坠的集团公司，主要生产面向大众市场的小型汽车。这样一来，捷豹的产品研发和质量标准便大幅下降。1975年，经典的E型车被笨拙的XJS取代，以故障频发著称的XJS彻底颠覆了E型车的美誉。捷豹的经销商也发现，修车赚的钱比卖车赚的钱还要多。更令人失望的是，由于捷豹为替换E型车投入了巨资，结果导致捷豹直到1996年才让XJS退役。

到1974年，英国利兰已濒临破产。该公司面临2400万英镑的亏损，市场份额降至32%（1971年为41%），银行也拒绝延长透支期限。英国政府担心英国利兰破产会导致大规模失业，觉得不能袖手旁观。哈罗德·威尔逊领导的新工党政府收购了该公司90%的股份，并委托威尔逊最欣赏的商人莱德勋爵（Lord Ryder）就这场灾难撰写了一份报告。

1974年，造纸和印刷集团瑞德国际（Reed International）的老板悉尼·托马斯·富兰克林·莱德（Sydney Thomas Franklin Ryder）成为威尔逊手下来自产业界的得力助手，朋友们也管他叫"唐"。1974年11月，威尔逊赢得当年第二次首相选举一个月后，便提议让莱德担任新成立的国家企业委员会（National Enterprise Board）主席[1]，莱德次年接受了这一委任。工业大臣托尼·本（Tony Benn）起初欢迎这项任命，认为莱德精力非常充沛，而且富有同情心，但本很快就给他贴上"喜欢发号施令，相当自负，自以为是"的标签。

莱德是印刷业出身，对汽车行业一无所知。如果他的报告实事求是，并努力将英国利兰的未来规划与其资源相匹配，这倒也无关紧要。但他的报告过于天真乐观，只说威尔逊想听的，而不曾摆出严峻的事实。越来越自负的莱德相信，他可以在短短几年之内让公司扭亏为盈。他提议不裁员，英国利兰的55家工厂一家也不应关闭，还提议政府向该公司注资10亿英镑，以换取三分之二的股份——这实际上是一种国有化。

在接下来的两年里，莱德对英国利兰的关注远超他为国家企业委员会任何其他项目投入的精力。然而，他的不断干预其实徒劳无功。斯托克斯（因莱德的改革而成了挂名的总裁）后来说，他认为莱德的团队"是一群不称职的人"："他们发布的报告本身空洞无物、不痛不痒，然后又莫名其妙地补充了一些不公开发表的章节——这些章节也一样空洞无物、不痛不痒。"管理层士气低落，罢工仍在继续，莱德的规划（把所有鸡蛋都放在新Mini项目这个异想天开的篮子里）也没能充分实施。1976年推出SD1之后的四年时间里，英国利兰旗下任何工厂都没能推出新款汽车。当然，确实有一些积极的迹象：比尔·罗奇（Bill Roche）和德里克·罗宾逊（Derek Robinson）等工会领导受邀参加英国利兰与国家企业委员会之间的讨论——这是英国汽车行业第一次大胆尝试德国式的工人参与决策。但在1976年，哈罗德·威尔逊辞去了首相一职，事实证明，这对莱德的雄心构成致命打击。几个月后，五年合同期刚刚过半的莱德辞去了国家企业委员会的职务，并且不再参与英国利兰的管理。他显然没能完成自己的使命：英国利兰在英国市场的份额由四年

---

[1] 国家企业委员会旨在充当"英国工业的催化剂"，最终收购了70家英国公司的股权。

前的32%降至令人失望的23%。

接替哈罗德·威尔逊担任首相的是人称"阳光吉姆"（Sunny Jim）的詹姆斯·卡拉汉（James Callaghan）。卡拉汉对莱德这种政治动物并无好感，他高高兴兴地与莱德挥手作别。1977年，卡拉汉任命比莱德强硬得多、咄咄逼人的南非裔实业家迈克尔·爱德华兹（Michael Edwardes）担任英国利兰新总裁，同时还为爱德华兹封了爵。

好斗的爱德华兹也不是汽车行业出身。他曾在格雷厄姆斯敦大学（Grahamstown University）攻读法律，随后在电池制造商克劳瑞德（Chloride）工作，到1974年，他已晋升为该公司董事长。克劳瑞德的规模与英国利兰这个庞然大物不可同日而语，但爱德华兹似乎知道答案，知道要采取果断的行动，而不是莱德给出的那种不痛不痒、过于乐观的姑息疗法。爱德华兹一心一意追求自己的目的——他坚信自己的道路是正确的。爱德华兹的态度与玛格丽特·撒切尔（在1979年的大选中，撒切尔的政党赢得全面胜利）惊人地相似，而爱德华兹咄咄逼人做派又为他在政府和汽车行业树了许多敌人。德里克·罗宾逊尖刻地形容爱德华兹"冷酷无情、愤世嫉俗"，爱德华兹的大多数同事和熟人可能都会赞同这种说法。仰慕者称他为"强大的Mini"；英国利兰内部的批评者（比仰慕者多得多）则称他为"恶棍"。同许多咄咄逼人的管理者一样，爱德华兹对批评也非常敏感。因此，当爱德华兹的五年期合同于1982年到期时，他便突然离开英国利兰，去了信息技术设备制造商ICL。

迈克尔·爱德华兹从一开始就坚持要当执行董事。他后来宣称自己既当董事长又当首席执行官，不能打半点折扣。他对莱德的报告不屑一顾，斥之为"一堆空话"，他从卡拉汉政府拿到更多补贴，并着手进行大刀阔斧的裁员，而不像顾忌政治影响的莱德那样畏畏缩缩。爱德华兹上任第一天就解雇了英国利兰的大多数董事，只保留了三个人。他的态度很明确。英国利兰淘汰了三分之二的高级管理人员，并以自愿离职的方式削减了1.2万名车间工人。爱德华兹加入英国利兰之后，国家企业委员会收回了之前承诺的救助资金，因为英国利兰的会计对救助金"配置不当"。到1982年，迈克尔·爱德华兹爵士已经出售了他五年前接手的英国利兰55项业务中的19项，员工人数减少了近一半——从19.6万人削减到10.4万人。英国利兰关闭的业务包括饱受罢工困扰的、九年前刚刚建成的斯皮克2号工厂。凯旋TR7就是在这家工厂罢工的间隙生产出来的。爱德华兹还取消了旨在取代雄鹿的新一代跑车——凯旋林克司（Lynx）的研发计划，并于1980年关闭了阿宾登的老MG工厂（该厂的劳资关系比英国利兰旗下任何其他工厂都要好）。事实上，英国利兰将TR7认定为公司唯一一款跑车，已经相当于签署了MG的死刑判决书。但在阿宾登工厂关闭一年后，TR7也被砍掉了。

爱德华兹对MG和阿宾登实施"安乐死"，在当时可能具有经济意义，但回过头来看这是严重的错误。爱德华兹还犯下另一个关键错误：一开始，他把英国利兰如同铁板一块的汽车部门分成两部分，一部分是捷豹-罗孚-凯旋，另一部分是奥斯汀-莫里斯，但短短两年之后，他便将捷豹完全拆分开来，把罗孚和凯旋重新归为大众市场品牌。这项决定对捷豹来说是不错的结果，该公司在新领导约翰·伊根（John Egan）的管理之下开始复苏，但对罗孚和凯旋来说却不啻为灾难。在接下来的几年里，这两个影响深远的著名品牌被不恰当地用于低端市场汽车（罗孚），或者作为日本进口汽车的徽标（凯旋）。

出生在考文垂的伊根与爱德华兹不同，他精通工程学，也熟悉生产车间。伊根的父亲是汽修厂老板，加入英国利兰之前，伊根曾在帝国理工学院（Imperial College）学习石油工程，随后在壳牌、通用旗下汽车零部件生产商AC德科和加拿大拖拉机制造商麦赛福格森（Massey Ferguson）工作。当时由媒体大亨康拉德·布莱克（Conrad Black）控制，2007年，布莱克因欺诈入狱，使得这家公司臭名昭著。1980年4月27日，伊根在捷豹的履新终结了一场旷日持久的罢工，他向工人们许以他对公司及员工的个人承诺。在1975年至1980年期间，没有任何首席执行官或领导的捷豹现在有了新的主心骨和独立的使命感。伊根聘请赛车大师汤姆·沃金肖（Tom Walkinshaw）带领捷豹重返赛车界，迈出了20多年来的第一步（1984年，沃金肖驾着捷豹夺得欧洲旅行车锦标赛冠军，打破了宝马的连胜纪录）。另一方面，伊根对捷豹当时生产的许多汽车低劣的质量以及捷豹员工低下的生产率深为震惊。他对许多供应商的低下水准尤为反感："有的轮胎不是圆的，无线电天线不能伸缩，开关不管用。"他设立了一家陈列劣质汽车零配件的展览馆，向来访的供应商展示，并针对供应商制定了一系列新标准。他还进行了裁员，并提高了生产率。

1984年，捷豹被撒切尔政府私有化，令伊根很是高兴。撒切尔政府取得马岛战争胜利并赢得1983年的大选之后，似乎已经稳如泰山。捷豹又变成一家利润丰厚的公司，伊根于1986年被封为爵士。在20世纪80—90年代，久负盛名的XJ6（最初于1986年推出）不断被改造和重塑，最终在2003年以一款轻巧、铝质车身、长轴距的变体现身，这款车被简单地称为XJ。与此同时，福特向捷豹发出极其优厚的收购要约，承诺进行大规模投资（并投资建立一支一级方程式赛车队），并于1990年收购了捷豹——这次收购恰好赶上20世纪90年代初导致豪华汽车销量大幅下滑的经济衰退。20世纪80年代戏剧性扭转捷豹命运的伊根明智地决定退出福特旗下的新捷豹，转而加入英国机场管理局（British Airports Authority）担任首席执行官。

约翰·伊根和迈克尔·爱德华兹都擅长操纵媒体——事实上，他们远比克莱斯勒的李·艾科卡和通用汽车的罗杰·史密斯（Roger Smith）等人更擅长此道。爱德华兹小心翼翼地把握着上电视的时机，只在有好消息可宣布时才露面。他还导演了一些看起来是在他上车下车时接受的"即兴"采访，在采访中说一番精心排练过的话，他相信这些话会影响员工和工会谈判代表。他还把自己对一些事件的看法（他和撒切尔一样，都坚信自己的观点将得到历史的证明）写进一本在他卸任董事长一职仅一年后出版的"自传"中。①

爱德华兹对待劳资关系的决绝态度似乎也产生了立竿见影的效果。他淘汰了英国利兰很大一部分表现欠佳的管理人员；1978年2月1日，他召集720名工会代表开会，随后立马要求工会代表就他的重组计划投票表决——只有五名深为震惊的代表投了反对票。不过，朗布里奇的工会代表、人称"红色罗博"（Red Robbo）的德里克·罗宾逊仍然对工人施加巨大影响，过时的计件工资制度（工人只要完成经过严格量度、预先商定的任务，就可以离开工厂）仍在实施。于是，爱德华兹与工会正面交锋，于1979年11月27日解雇了罗宾逊，并以计时排班表取代了计件工资协议。罗宾逊被解雇之

---

① 1984年，艾科卡也将套用这种策略。

后，朗布里奇立即举行罢工抗议，但英国利兰的大多数工人意识到，铁饭碗早已打破，英国利兰现在面临严峻的问题。1980年2月，工会投票否决了罢工行动，这令罗宾逊颇为惊恐。一名工人的标语牌上写着"走人吧，红色罗博"。

不久，爱德华兹推出了一些可行的新车型（地下铁道是英国各大汽车制造商20多年来推出的第一款成功的大众市场车型），但英国利兰开发新产品的速度仍然极其缓慢。爱德华兹加入英国利兰时，地下铁道、艺术大师和蒙特哥（Montego）等车型的开发早已进入相当成熟的阶段，而他真正的创新只有一项，也就是把已有的本田车徽标换成凯旋，此举对英国利兰没有任何好处，倒是帮助本田在欧洲站稳了脚跟。处置全新的凯旋斯皮克工厂（1945年以来关闭的第一家英国汽车工厂）也难言是资源可持续利用的典范（爱德华兹20世纪80年代初与通用汽车有一段短暂的接触，如果能让这家美国汽车巨头使用英国利兰闲置的工厂，肯定是一项明智的选择）。关闭范登普拉斯（Vanden Plas）和皇家公园（Park Royal）的生产厂以及弃用和关闭索利哈尔的新罗孚工厂之举也饱受争议。爱德华兹还放弃了MG的生产，日后看来这是一个严重的错误。爱德华兹实际上等于将跑车市场拱手让给了德国人和日本人，并葬送了积累50年的品牌价值。[①] 爱德华兹硬是把历史悠久、玩味无穷的八角形MG徽标拿来装饰与著名的MGB或小矮人毫无共通之处的高端版家用汽车。

从许多方面来看，爱德华兹在英国利兰任职期间并没有什么真正作为。从1979—1982年爱德华兹离职并把烂摊子交到继任者手里，英国利兰亏损了10亿英镑。在1979—1981年期间，英国汽车工厂因罢工而损失的工时比以往任何时候都要多。英国利兰根本没有预备任何新车型，因此，该公司索性以快板2和意特（Ital）为名，先后在1979年和1980年重新推出过时的快板和玛丽娜。广受欢迎但酷似盒子的1980年款奥斯汀地下铁道（Metro）被誉为"为20世纪80年代打造的汽车"（也是第一款主要由机器人制造的英国汽车，该技术是从菲亚特引进的），但很快便被福特的嘉年华超越；英国利兰

[①] 截至本书写作时，MG品牌是从英国利兰这艘沉船中浮出水面的唯一元素。

大肆宣传的Mini的替代品从未面世；1983年款奥斯汀艺术大师设计新颖、性价比高，但做工粗糙且不可靠，自然是没获得什么好名声。唯一的可圈可点之处在于这是最后一款冠以奥斯汀名号的汽车。外国制造商凭借大众高尔夫、雷诺5和达特桑Cherry等可靠而现代的小型车大举进军英国市场，而英国利兰自己的出口市场竟土崩瓦解。1984年，英国利兰仅在美国市场卖出4辆汽车，而10年前销量则多达数千辆。

除英国利兰和克莱斯勒以外，还有一些汽车巨头也在石油危机之后的英国遇到了问题。福特也一样面临棘手的劳资关系。1970年，新推出的科尔蒂纳Ⅲ在做工和可靠性方面问题多多，达格纳姆工厂长达九周的罢工对生产造成严重影响。几乎所有"发布用"汽车质量都极其低劣，后来只能报废。持毛派倾向的工会组织——机械工人联合会（Amalgamated Engineering Union）的代表雷格·伯奇（Reg Birch）负责与达格纳姆的福特厂方谈判，虽然他本人挺亲和，但他故意表现得咄咄逼人，即便下议院委员会前来视察时，他也没有采取任何行动改善与管理层或政府之间的关系。不过，在20世纪70年代初，有迹象表明福特员工不愿再被少数极端的代表摆布。1973年2月，达格纳姆的工人投票否决了召集人提出的罢工和拒绝加班的建议，就连亨利·福特二世都亲自表示祝贺。

福特是幸运的，因为福特的车系简单有序，而不像英国利兰那样相互重叠。与英国利兰对待1100/1300的方式不同，福特并没有用新车型取代畅销的科尔蒂纳，而是在1966年、1970年和1976年陆续将科尔蒂纳改造升级为紧凑帅气的科尔蒂纳2型车、较大的科尔蒂纳3型车和明快时尚的科尔蒂纳4型车。3型车尺寸大，腰线上移，保险杠突出，内饰廉价，看起来更像出自美国的迪尔伯恩工厂，而不是达格纳姆造出来的车（事实上，在许多人看来，3型车是危机频发的20世纪70年代丑陋和狂妄的缩影），但这款车仍然卖得不错，成为1972年英国最畅销的汽车。科尔蒂纳4型车虽然算不上是福特英国与福特德国的第一次合作[①]，但这款汽车促使福特欧洲旗下各分部走到了

---

① 1968年，福特以旗下英国和德国子公司联手打造的护卫者取代了老款安格里亚；护卫者号称是"不小的小车"，在英国和德国都有生产并畅销欧洲35年之久。

一起。在此之前，科尔蒂纳的德国版名叫陶努斯，陶努斯的造型和配置与科尔蒂纳不同，得以在国际市场上与科尔蒂纳竞争。就连3型车（由福特欧洲以陶努斯科尔蒂纳为名开发）的英国版和德国版也很不一样。清爽、棱角分明的4型车摒弃了3型车过时的美式风格，这款4型车由福特德国的乌韦·班森（Uwe Bahnsen）设计，班森之前已经为福特欧洲设计了野马的欧洲版卡普里（Capri）。[①]

1976年，在亨利·福特二世批准项目四年之后，福特向欧洲承诺的小型车终于问世。这款次紧凑型车名为嘉年华（Fiesta），"Fiesta"一词平淡无奇，却是许多语言的共通词汇，因而不致引起误会。因而，亨利·福特二世亲自选择了这一名称——他并没有使用在市场调查中胜出的"Bravo"，对"Fiesta"曾在英国用作一种小包装甜点和一种避孕套的品牌名也不以为然——市场调查中落选的其他名称，譬如"Sierra"和"Tempo"，后来被用来为福特的其他车型冠名。此外，嘉年华的发动机本质上与1959年款安格里亚使用的肯特发动机无异。但事实证明，嘉年华取得了持久的成功，四四方方的车体具有鲜明的欧洲风格，底特律的造型设计师汤姆·贾尔达（Tom Tjaarda）在设计时自由借鉴了菲亚特127和大众高尔夫的元素。嘉年华外观赏心悦目，性能可靠，操控性出色（这款车的前轮驱动对战后的福特来说算是新鲜事物），赢得了许多拥趸。不到两年，嘉年华就成为英国最畅销的超迷你车，甚至挺进了美国市场。1981年，嘉年华小型跑车版XR2面市并大获成功。目前，嘉年华仍在生产，而且仍然非常成功。嘉年华并不是潮流的引领者（第6代嘉年华因抄袭标致207而广受批评），但一直获得各种奖项。嘉年华仍然是一款真正的全球性汽车，目前在德国、西班牙、墨西哥、泰国和中国制造。

不过，嘉年华已在英国停产多年。到1979年，福特英国工厂的生产率已大幅下降，工人人均产量仅为每年13辆，低于德国的31辆。福特的美国老

[①] 1969年，野马被改造为卡普里（车身缩短了19英寸），以适应英国和德国市场。1974年至1978年销售的卡普里2型版精练紧凑的造型呼应了艾科卡的野马一型车，这款汽车最高可配置3.3升发动机。然而，由于英国工厂动辄发生罢工，福特于1976年迁离黑尔伍德，转而将卡普里的生产集中到科隆。

板不满意这一产量水平，便开始慢慢撤出英国。与此同时，通用开始把汽车生产的重心移至德国的欧宝，英国的沃克斯豪尔工厂则渐渐成为外国产零部件的组装厂。2002年，福特的达格纳姆工厂生产了最后一辆汽车：一辆嘉年华。从2004年起，通用在英国便只拥有一家工厂：威勒尔半岛埃尔斯米尔港生产阿斯特拉的沃克斯豪尔工厂。

20世纪70年代，英国的外资汽车制造商未能给美国和德国老板留下深刻印象，而意大利一家领先的汽车制造商则继续独立耕耘，并取得了骄人的成就。1970年，也就是菲亚特128被汽车媒体评为欧洲年度之车的那一年，菲亚特成为除美国制造商以外全球最大的汽车制造商，超越了强大的大众汽车。1974年，詹尼·阿涅利被推选为意大利工业家联合会（Confindustria）主席。1975年，在大多数汽车制造商紧缩开支之际，阿涅利却创建了依维柯（Iveco）这一客车和卡车部门。该部门发展得很成功，最终兼并了福特旗下欧洲商用车业务。阿涅利还与工会领导人卢西亚诺·拉马（Luciano Lama）达成一项精明的协议，建立了一项将工资与通货膨胀挂钩的制度（即滑动工资制），这项制度日后将消除菲亚特以及当时困扰西方世界大多数汽车生产商的一些最严重的罢工。意大利里拉之后的贬值虽然削弱了意大利经济，但对阿涅利来说却是利好的，因为他的汽车在外国市场变得更有竞争力。

1971年，阿涅利麾下的菲亚特在竞争中再度展现领先姿态，并推出了第一款超迷你车（在美国被称为次紧凑型车）——菲亚特127。这款活泼、方正的小车其实是老款菲亚特850的换代产品，在欧洲和南美各国非常畅销，在巴西、阿根廷和哥伦比亚也有生产。但菲亚特127未能在北美站稳脚跟；征服北美市场的是第二款现代超迷你车雷诺5，这款汽车在加拿大和美国被简单地称作"Le Car"[①]。米歇尔·布埃（Michel Boué）清爽的造型设计掩盖了雷诺5大多数机械部件与老款雷诺4无异的事实，使雷诺5与线条中规中矩的菲亚特127相比具有明显的优势。于是雷诺5迅速获得与Mini相当的热度，成为欧洲最畅销的汽车之一。[②]

---

① 意为汽车。——译者注
② 1976年，雷诺新增了性能强大的阿尔卑斯版——在英国以高尔迪尼（Gordini）为名销售，因为阳光的老阿尔卑斯品牌仍然属于克莱斯勒。

阿涅利在汽车业内取得种种成就的同时，还能抽出时间维系穿衣达人的声誉。可见，他真是那个时代着装最优雅的男士之一。米兰时装设计师尼诺·塞鲁蒂（Nino Cerruti）称，阿涅利、詹姆斯·邦德和约翰·F.肯尼迪是他的主要灵感来源，《时尚先生》（*Esquire*）杂志则将阿涅利评为世界上最会穿衣的五位男士之一。阿涅利个人的时尚癖好，譬如把手表戴在袖口上，把领带拉歪，或者用棕色高帮登山鞋搭配定制的西装，都是本着"sprezzatura"（让精心雕琢的东西看起来轻松随性的艺术）的精神精心挑选的。

然而，到了20世纪70年代末，菲亚特意外成为一个非常危险组织的攻击目标。阿涅利成为意大利工业家联合会主席之后，他和他的公司随即成为意大利红色旅组织（Red Brigades）暗杀活动的首要目标。阿涅利本人倒是平安无事，因为他采取了严密的安保措施，但在接下来的5年里，红色旅暗杀了菲亚特的4名经理，并导致27人重伤。结果，1975年在人心惶惶中菲亚特工人每人每年只能生产11辆汽车，而丰田为43辆。[①] 1978年，意大利发生了一起震惊整个世界的暴行：红色旅绑架并杀害了当时正寻求与强大的共产党妥协的意大利前总理阿尔多·莫罗（Aldo Moro）。1979年9月21日，51岁的菲亚特高级经理卡洛·吉列诺（Carlo Ghiglieno）清晨在都灵街头购买浓咖啡时被枪杀。这起卑鄙的谋杀最终促使阿涅利采取了行动。他决心与恐怖分子及其同伙正面交锋，解雇了61名涉嫌与红色旅有关联的工人。随着各大工会与红色旅划清界限，加上警方采取了一系列逮捕行动，红色旅运动的势力被严重削弱，到1984年彻底瓦解。

菲亚特疲于应对恐怖主义威胁和处理劳资关系，而无心开展前瞻性规划。1980年时，该公司的销售额和市场份额双双下降。但阿涅利亦有自己的对策，他无情地撤换了他的弟弟翁贝托（Umberto），转而任用做事粗暴但效率极高的塞萨尔·罗米蒂（Cesare Romiti）来负责公司日常事务。因此，1980年7月31日，翁贝托·阿涅利对等待他的记者冷冷地说："我认为这个家族公司的时代已经终结。"塞萨尔·罗米蒂于1974年加入菲亚特担任财务

[①] 不过，罢工频发的英国利兰只能生产4辆。

总监，之前曾在意大利国家航空公司（Alitalia）担任董事总经理。罗米蒂傲慢专横，但阿涅利还是给了他绝对的权力，阿涅利认为，菲亚特要想保持独立，只能依靠罗米蒂的猛药。20世纪80年代初，罗米蒂在菲亚特大举裁员，1980年9月，他宣布裁员1.3万人，并让另外2.4万人暂时停职。裁员导致的罢工活动规模庞大，似乎无休无止，而且还得到著名社会人士恩里科·贝林格（Enrico Berlinger）的大力支持。但在罢工第34天，4万名菲亚特工人，包括许多中层管理人员走上都灵街头，要求结束停工。工会名誉扫地，很快就退缩了——仅仅4天后，工会就同意再削减22884名金属制造工。在接下来的几个月里，菲亚特的工会会员人数大幅下降。罗米蒂和菲亚特赢了。①

1981年，菲亚特成功推出了取代127的新款超迷你Uno，这款汽车也被欧洲媒体誉为年度之车。在接下来的几年里，菲亚特开创了装配线机器人技术，到1984年，已能获得可观的利润。如今，由乔瓦尼·阿涅利创立、乔瓦尼的孙子詹尼打造的菲亚特成为全球领先的汽车制造商之一，菲亚特不仅拥有大多数意大利最负盛名的汽车品牌（从法拉利到玛莎拉蒂），而且控制着克莱斯勒。②

不过，20世纪70年代最成功的新款小型车并非来自意大利，而是来自德国。1974年款大众高尔夫集外观新颖、质量可靠、保值性强、省油、操控性优秀和性能优越等亮点于一身。③ 焦尔杰托·朱贾罗的设计锋锐、棱角分明、紧凑，与诺德霍夫钟爱的甲壳虫截然不同，更把臃肿的英国车快板甩出十万八千里。

1967年，联邦德国政府发动一场强迫海因茨·诺德霍夫下台的拙劣运动之后，诺德霍夫不情不愿地从大众退休。表面上的理由是健康状况不佳，毕竟，诺德霍夫离开他钟爱的沃尔夫斯堡办公室之后，健康迅速恶化，次年便

---

① 后来，翁贝托还是报了一箭之仇，虽然是在20多年之后。詹尼·阿涅利1996年退休之后，罗米蒂的靠山便倒了，2002年，翁贝托被选为菲亚特董事长。可惜他只享受了短短两年的成功，就于2004年死于肺癌。
② 2009年，菲亚特甚至对通用旗下的欧宝发出收购提议。
③ 必须承认，早期的高尔夫也朴实无华，并不舒适。不过，在石油危机之后的那几年，消费者更关注的不是奢华的享受，而是性能和经济性。

去世了。诺德霍夫走后，大众便从诺德霍夫一味坚持的单一车型政策中解放了出来。从1973年开始，大众推出了帕萨特（Passat）行政轿车，大幅减少了甲壳虫车系的可选款型（这是诺德霍夫绝不允许的），同时还推出了高尔夫的小型版Polo。[1]

事实证明，高尔夫与甲壳虫一样成功，短短30个月就卖出100万辆。广告公司DDB那些新颖诙谐的广告让高尔夫成功赢得年轻消费者和小家庭的青睐，让高尔夫的竞争对手看起来古板而自大。1975年，高尔夫以兔子（Rabbit）为名在美国推出，次年开始在宾夕法尼亚州威斯特摩兰的美国工厂生产。1987年，高尔夫全球销量达到1500万辆，一举超越福特的T型车，成为有史以来第二畅销的汽车，仅次于甲壳虫。

高尔夫的设计师焦尔杰托·朱贾罗20世纪50年代在都灵学习设计，1965年成为都灵车身制造商吉亚的首席执行官。1968年，他赶在福特收购吉亚之前明智地脱身，创立了自己的公司。他的新公司意特设计（ItalDesign）受托为阿尔法、法拉利、大宇（Daewoo）、菲亚特（朱贾罗1983年为菲亚特设计的马诺）、宝马（他设计了M1跑车）、现代、萨博（Saab）、西雅特（他在1991年1993年分别设计了托莱多和伊比扎）、蓝旗亚、玛莎拉蒂、雷诺、福特和路特斯提供服务。[2] 1999年，汽车媒体称朱贾罗为"世纪汽车设计师"。当然，他最大的成就是大众高尔夫以及1973年至1974年期间推出的帕萨特、尚酷（Scirocco）和奥迪80等大众家族其他车型。

20世纪70年代，在沃尔夫斯堡的大众彻底改变汽车行业面貌之际，斯图加特的梅赛德斯仍故步自封。二手奔驰200[3]征服了全球出租车市场，奔驰600仍然广受电影明星和极权统治者欢迎。但捷豹于1968年推出优秀的XJ6大尺寸行政轿车之后，梅赛德斯并未加以应对，这使得梅赛德斯车系（令人极其费解的梅赛德斯车型系列仍以发动机规格分类，戴姆勒-奔驰直到20世纪

---

[1] 在短命的奥迪50的基础上开发。

[2] 意特设计还参与设计了莫里斯玛丽娜失败的升级版——1980款意特，因为英国利兰迫切想要为意特增添几分意大利风情。当然，这项设计并没有被写进朱贾罗的履历。

[3] 1993年，200系更名为E级。

90年代中期才放弃这套复杂的数字系统）显得古板乏味。更让人担忧的是，梅赛德斯直到1982年才姗姗来迟地推出与宝马3系竞争的车型——一款被贴上190这一旧标签的紧凑型四门轿车。新190无疑是一款不错的汽车，在欧洲很畅销，但毕竟进入市场的时间比竞争对手要晚。同时，新190款式乏味、性能一般，因而未能点燃美国市场的热情。仅仅过了11年，这款汽车就停产了。

与梅赛德斯形成鲜明对比的是宝马。20世纪70年代，宝马与大众一样，绝对是走对了路。在20世纪60年代之前，宝马还只是汽车业内一家无足轻重的公司，被白衣骑士赫伯特·匡特博士收购（匡特低价购买了大量宝马的股票，成为该公司最大的股东）之后才意外东山再起。匡特当时已经收购了戴姆勒-奔驰10%的股份①，正打算同意将宝马卖给其斯图加特的竞争对手，但他注意到工会强烈反对这项交易，于是他改变了主意，不顾谨慎的银行家提出的建议，将他对宝马的持股增加到50%。事实证明，匡特对了，银行家错了，宝马从此一往无前。

赫伯特·匡特于1910年出生在柏林附近的普里茨瓦尔克。他家祖上是荷兰的绳索制造商，后来迁往德国开始涉足其他纺织品领域。第一次世界大战期间，匡特家族的公司为德国军队供应制服并积累了一笔财富，战后用这些财富收购了电池生产商Accumulatorenfabrik AG（简称AFA）和一个钾矿和多家金属制造商。赫伯特从9岁起便接近失明，因而在家中接受教育。他既学习学术课程，又学习更加重要的家族生意经。1940年，在国内外多家匡特家族公司接受过广泛历练的赫伯特成为AFA执行董事会成员。战后，他从未受到审判或问讯（他的父亲贡特尔则一直被关押到1948年），但德国公共广播公司ARD于2007年10月制作的一部考察1945年之前匡特家族生意的电视纪录片②促使这个隐遁的家族低调地道了歉，宣布将资助考察AFA战时活动的学术研究。

从1945年起，赫伯特便实际掌控了AFA，到贡特尔1954年去世时，赫伯特已经把匡特集团打造成一家拥有约200项业务的企业集团。匡特并不

---

① 1974年，这些股份被精明地卖给了石油富国科威特的政府。
② 这部纪录片发现的证据表明，匡特家族的许多工厂在第二次世界大战期间使用从奥斯威辛集中营转送来的女性奴隶劳工，一些工厂的条件非常恶劣。

像许多英国汽车业高管那样重视身份等级，也不像许多美国高管那样表现出贪婪和怀疑的态度，他很愿意让工人参与公司的日常管理，下放组织权力，给予管理人员相当大的自主权，并允许所有员工参与公司决策。宝马的传记作家后来赞扬匡特"有天赋，总能把对的人放到对的位置"。因此，当许多其他欧洲汽车制造商在20世纪70年代期间因工人运动而陷入瘫痪时，对劳资关系显然比较满意的宝马工人则在制造新一代行政轿车。

匡特精明地避免了其他汽车业巨头犯下的错误。他确保自己不像亨利·福特二世那样，让私生活成为公司的绊脚石。他的前两段婚姻分别持续了七年和十年。1960年又娶了私人助理约翰娜·布鲁恩（Johanna Bruhn），这段婚姻一直白头到老。在20世纪60年代和70年代，宝马从未像福特董事会那样被"王朝"权力斗争给撕裂。匡特还确保不让公司股票过于分散。因此，宝马并未像亨利·福特二世在位最后几年那样发生家族内部纠纷。

20世纪80年代的缩影：1983—1986年的宝马E30。

匡特对宝马的愿景是，打造一系列建立在德国传统品质基础之上的坚实、可靠的家用轿车和行政轿车。而且，这些汽车要按高标准设计，做工要精良，可与战前以性能高、可靠性强著称的梅赛德斯和汽车联盟媲美。

他先是在1962年推出四四方方但现代感十足的"新一代"1500，这是后来被称为宝马"新世代"（Neue Klasse）系列的第一款汽车。10年后，在匡特领导下实现复兴的宝马推出了直接瞄准行政车市场的宝马5系。宝马5系由之前曾为法国国家铁路公司（SNCF）设计过TGV高速列车的法国人保罗·布拉克（Paul Bracq）设计，确立了宝马自此之后一直沿循的设计特色：精练、紧凑的线条；方正的车体；四灯式前照灯，前照灯之间仍然是熟悉的双肾形格栅[①]；车体后部整洁而低调。1975年，匡特在慕尼黑市郊建成引人注目的公司新总部——奥地利建筑师卡尔·施万泽（Karl Schwanzer）设计的三叶草形"四缸大厦"（Four-Cylinder Building）之后，又推出同样引人注目的3系行政车。宝马3系成为那个时代的标志性车型之一，吸引着深受石油危机影响、注重限制油耗和减少排放的消费者，而宝马3系的性能则可以同捷豹和梅赛德斯的顶尖车型媲美。宝马3系的成功促使宝马与梅赛德斯展开正面较量。1977年，宝马推出了强大的7系，作为公司的全尺寸旗舰行政车。巴伐利亚人向世界发起了挑战——他们似乎正在取得胜利。

　　匡特将宝马成功改造成世界一流的企业，但在油价上涨、环境问题加剧的时代，英国和美国的政府和制造商却苦于寻找解决方案而不得，为追求汽车业的成功，它们糟蹋了大量税金。在这些造车灾难中，最臭名昭著、最有故事性的灾难或许与李·艾科卡曾经的门徒——饱受争议的约翰·德洛雷安（John DeLorean）有关。

　　约翰·扎卡里·德洛里安在通用汽车晋升得很快。1965年，年仅40岁的德洛里安被提升为庞蒂亚克总经理，成为通用最年轻的副总裁。但那时，通用汽车迷失了方向。弗雷德里克·G.唐纳（Frederic G.Donner）在1958—1967年期间担任这家大型企业集团的董事长，他不是做汽车技术出身的，更喜欢提拔稳健、谨慎的财务主管，而不是具有工程或营销专长的人。1967年以后，通用汽车董事长一职陆续由受唐纳提携的詹姆斯·M.罗奇（James M.Roche）（1967—1971）和理查德·C.格斯滕伯格（Richard C.Gersten

---

[①] 最早采用这种设计的是1933款宝马303。

berg）（1971—1974）接任，这两个人都是做财务出身的。数字成了通用唯一重视的东西。这就创造了一种环境，让德洛里安这种标新立异的人受到了赏识，尽管他的行为让人有些看不懂。

到1974年，德洛里安已经显露出妄自尊大的迹象。曾经勤奋工作的年轻高管变成饕餮之徒，贪婪地攫取公司一切可能的福利和选择。德洛里安把好几十辆汽车免费送给朋友和心腹（这种做法在他离开之后才曝光）。德洛里安从来都不善社交，他爱讲无趣、下流的笑话，爱提他认识某位大人物，总让听众感到反胃。他的管理风格毫无章法，把所有权力都集中在一个小团体内部，他那些心腹的主要资质是对于不正经事情的热衷，在造车方面却没有任何突出的能力。德洛里安染了发，减了肥，还找整形医生拉长了下巴。他入股了纽约洋基（New York Yankees）棒球队和圣迭戈闪电（San Diego Chargers）橄榄球队，花很多时间招待朋友观看比赛、寻欢作乐。他还把老婆换成了更加年轻的模特——美艳的凯莉·哈蒙（Kelly Harmon），这桩婚事让哈蒙保守的亲戚们大跌眼镜。不过，对媒体而言，德洛里安仍然象征着汽车行业光明而朝气蓬勃的未来，与詹姆斯·罗奇、亨利·福特二世等头发灰白的老人形成鲜明对比。不幸的是，德洛里安开始相信这种炒作。

德洛里安的靠山、最初提携他的塞蒙·克努森本来有望一直晋升到通用第一把手——德洛里安则有望跟随他一步步往上爬。但克努森1968年不幸遭到排挤，一周后，他加入福特担任新总裁。以沉着自信的姿态示人的德洛里安似乎突然开始频频犯错。德洛里安被提拔到雪佛兰部门，并被捧为未来的公司总裁。他宣布，雪佛兰总部将从底特律城区迁到郊区——但仅仅过了几个小时，愤怒的通用汽车公关人员就明确否定了这种说法。德洛里安还发现，他对管理的忽视也开始让他头顶的光环失色。1970年，他不得不公开宣布取消科迈罗和科尔维特的重新发布，因为他在最后时刻对设计方案提出太多修改要求。他还开始花费大把时间待在加利福尼亚而不是底特律，并把资金转到他喜欢的项目里——或者干脆转给他自己的银行账户。调查记者伊万·法伦（Ivan Fallon）和詹姆斯·斯罗德斯（James Srodes）估计，约翰·德洛里安在经营德洛里安汽车公司（DeLorean Motor Company）的那些年里，从纳税人和投资者那里吸纳了1780万美元资金供自己私人使用，另外还拿了700

万英镑用于商业、艺术品和房地产投资。与此同时，他与爱妻凯莉分手，找了电影明星克里斯蒂娜·费拉雷（Cristina Ferrare），让八卦专栏作家忙得不可开交。

汽车行业的希望之星似乎在自毁前程。1973年，通用高管看到德洛里安在演讲稿中称通用有意销售平庸的车型，而且几乎没有什么设计人才。通用高管还得知，德洛里安对一些尴尬的媒体泄密事件负有责任。通用对这位特立独行的工程师的耐心终于耗尽了。4月18日，通用汽车宣布，德洛里安将离开通用"追逐自己的梦想"。他给了媒体一个牵强的解释："我想为社会做点事。"

德洛里安凭着自信，安然度过了这之后动荡的九年。他成立了自己的公司，打算做一款"合乎道德"的跑车。同时还聘请了世界知名设计师焦尔杰托·朱贾罗打造这款跑车。到1975年2月，朱贾罗已经造出了楔形车身，之后的量产车就将以此为模板生产。不过，德洛里安直到三年后才说服英国政府拨出5500万英镑，供他在冲突频发的北爱尔兰邓默里建厂生产。邓默里的失业率很高，政府希望德洛里安的工厂能够提供当地急需的新就业机会。可惜的是，邓默里的工人没有任何汽车生产经验，更没有组装过带有鸥翼门的DMC-12这种极其复杂的高性能跑车。发布日期不断推迟，同时，德洛里安威胁英国政府说，如果不给额外投资就撤出邓默里。于是，英国新首相玛格丽特·撒切尔只好又拨给德洛里安3000万英镑。

1981年4月，DMC-12终于面世了。但这款车是一场灾难，质量极差，而且太沉，显然不是该公司之前许诺的那种超级跑车。车窗漏水，经常从窗轨脱出。笨重的鸥翼门经常卡住——曾有一名男子爬进在克利夫兰一家展览馆内展示的DMC-12，结果无法打开车门，等了好几个小时才被机械师救出。电力不足的电池会失灵，没有刷漆的不锈钢车身根本称不上"不锈"。为数不多的几个购买样车的消费者很快便要求退款。为德洛里安的公司投了钱的电视脱口秀主持人约翰尼·卡森（Johnny Carson）拥有一辆DMC-12，这款车上路开了几英里就抛锚了。用来替换的分电器很快送到受困的卡森手中，结果还是没法点火。1981年11月，德洛里安还被迫将2200辆DMC-12全部召回，以重新制造前悬架。

在沙滩上：约翰·德洛里安、他的第三任妻子克里斯蒂娜·费拉雷和灾难性的DMC-12。

  德洛里安粗暴地勒索英国政府，他使出拉拢爱尔兰共和军的拙劣伎俩，还坚称英国政府欠他好几百万英镑的补贴，但撒切尔政府最终决定到此为止，拒绝再给他更多的钱。他的公司进入破产清算状态，清算人员很快发现，政府的一大笔投资落入德洛里安在瑞士和巴拿马的私人银行账户。[1] 邓默里2400名指望获得长期就业的员工被解雇，而德洛里安因贩毒指控被逮捕（但他以诱捕为由，逃避了这一指控）。

  DMC-12确实也享受过短暂的高光时刻。DMC-12虽然视野和可靠性极差，但还是在史蒂芬·斯皮尔伯格（Steven Spielberg） 1985—1990年拍摄的《回到未来》（Back to the Future）三部曲中顺利开了几百米。感谢斯皮尔伯格这部脍炙人口的精彩作品，如今，人们印象中的DMC-12不再是一场产业欺诈骗局中失败的核心产品，而是成为电影史上经久不衰的系列电影的主角。因此，堪称汽车史上最大灾难之一的DMC-12由悲剧变为闹剧，再变为电影明星。但DMC-12之后的失败之作再也没能享受类似的宽恕。

---

[1] 遭受损失的并不只有英国政府。自视为德洛里安密友的私人投资者也损失惨重。著名歌手小萨米·戴维斯（Sammy Davis junior）和约翰尼·卡森分别投了15万美元，两人都血本无归，得克萨斯石油大亨加里·劳克林（Gary Laughlin）则损失了50万美元。

第十三章

东方之光

1960年访问日本的人恐怕压根想不到这个国家的领先汽车制造商会在短短20年内便能挑战全球老牌汽车巨头，甚至在30年之内征服全球几乎所有市场。毕竟，日本人对汽车似乎从来都不太感兴趣。第一辆汽车于1904年才（从法国）进口到日本。7年后，东京只有82辆汽车、22403辆人力车、12547辆自行车和156辆马车。

直到战后，在美国1945年至1952年占领日本期间，日本人似乎才开始认真对待汽车这种事物。不过，战后日本主要生产质量低劣的奥斯汀、希尔曼和雷诺汽车。1953—1959年期间，日产生产了20855辆奥斯汀，日产自己的车系也持续将奥斯汀和路特斯的车型作为基础，直至20世纪60年代后期才停止。1956年，日本汽车业仅生产了3.2万辆汽车，而且大多是对欧洲原产汽车的平庸模仿——而许多原产汽车本身就非常平庸。汽车史学家乔纳森·曼特尔（Jonathan Mantle）认为，王子天际豪华车（Prince Skyline Deluxe）和丰田宝贝（Toyopet）皇冠豪华车（Crown Deluxe）等顶着炫目名头的产品"只是令人困惑的混合体，是把最拙劣的西方造型设计塞进日本政府所允许的尺寸之内"。1952年，日产旗下的达特桑品牌开始组装英国的奥斯汀A40 Somerset——一款毫无亮点的汽车，采用"跨大西洋"风格，由战前开发的羸弱的引擎驱动。而1957年款五十铃（Isuzu）明克斯比鲁特斯的原版更沉、更慢。1960年，日产开始参照尺寸过大、动力不足的奥斯汀A60剑桥（Cambridge）生产自己的版本，这款汽车被不可思议地命名为公爵王

（Cedric），想必是为了间接向英国传统致敬，也是比原版还要重。公爵王的生产持续到20世纪70年代初，品牌一直沿用至今。顺便提一句，三菱推出的顶着"Debonair Exceed"① 名号的竞品潇洒超越了公爵王。

1954年之前，日本造车所用的钢铁一直需要从美国进口。当日本人真正尝试制造自己的汽车时，结果常常惨不忍睹。比方说，马尔科姆·布里克林（Malcolm Bricklin）在美国打着"就是廉价而丑陋"（Cheap and Ugly Does It）这句令人耳目一新的实诚口号推销纤小、做工极差的1958年款斯巴鲁360，但《消费者报告》杂志将360认定为"美国最不安全的汽车"之后，当初被布里克林的广告吸引的少数美国人很快就打消了买车的念头。

直到20世纪60年代末，日本汽车制造商才有能力向世界其他地区大规模出口性能可靠且受欢迎的汽车。第一批丰田于1965年进入英国市场。三年后，第一批本田和达特桑也进入了英国。在美国的压力之下，日本政府放开了贸易保护主义安排，提高了进口发动机和汽车零部件的配额，并降低了对进口汽车征收的惩罚性关税。到1973年，外国公司甚至在理论上可以拥有日本汽车生产商（通用汽车于1971年已经收购了商用车制造商五十铃34.2%的股权）。但日本汽车制造商也因这些让步而获得了宝贵的回报，即在美国这个全球最有利可图的市场站稳了脚跟。1968年，丰田卡罗拉（Corolla）成为在美国制造的第一款日本车。

西方汽车制造商突然得知自家门口出现了重大挑战，同时它们还痛苦地意识到，日本汽车制造商拥有几项重大优势。日本工资较低，而生产力水平较高（20世纪70年代，大多数日本工人仍然每周工作六天）。效率高、准时化的日式供应体系避免了零部件和成品汽车的积压，这就避免了公司大量资产捆绑在零部件或未售出库存上的问题。② 这还意味着，承担质量控制责任的不再仅仅是汽车生产商，也包括供应商。当然，2009年发生召回丑闻期间，这种推卸责任的做法对丰田产生了负面影响，而2011年5月发生地震和海啸之后，准时化理念的弊端也戏剧性地暴露出来，当时日本企业在世界各

---

① "Debonair"指男士风度翩翩，"Exceed"意为超越。——译者注
② 约翰·德洛里安后来回忆说，雪佛兰的零部件手册有1½英尺厚，包含16.5万种不同的规格。

地的许多工厂被迫停产。

日本汽车在公开发布之前也会进行全面测试，而不是像美国和英国那样盲目追求销量最大化，不等缺陷得到适当的识别和解决便仓促上市。日本汽车工人也比西方工人更灵活——他们能够承担也乐于承担各种任务，而不是只做一项工作。因此，日本工厂的人员配备水平远低于美国和欧洲。然而，这些勤勤恳恳的日本汽车工人在高级管理层面的代表性并不比西方工人高。在德国和瑞典，董事会中通常有工人代表的身影。但在日本，工人的位置一定是在车间。

第一家大举进军西方市场的日本汽车制造商是日产（Nippon Sangyo，这一名称很快缩写为Nissan），该公司一开始以达特桑为品牌销售汽车。日产实际上诞生于1914年，起初名为DAT，这一名称源自田健治郎（Kenijiro Den）、青山禄郎（Rokura Aoyama）和竹内明太郎（Meitaro Takeuchi）三名合作伙伴的姓名首字母缩写。

1931年，DAT生产了一款无耻抄袭奥斯汀7型车（DAT当时已经在授权生产奥斯汀汽车）的小型车，并为这款汽车取了个英语名——Datson，即达特桑意为"DAT之子"。两年后，最后一个音节改成了"sun"，因为DAT的管理层后知后觉地意识到"son"与日语中的"损"字谐音。① 但到第一款达特桑推出时，DAT的创始人已经被买断。1931年，日产的老板、产业家鲇川义介（Yoshisuke Aikawa）利用大萧条之机收购了DAT，将其并入他庞大的产业集团（即财阀）。

鲇川义介于1880年出生于日本山口市，1903年毕业于东京帝国大学，随后赴美学习铸铁技术。在美国的所见所闻（美国当时是世界上最大的钢铁生产国）给鲇川义介留下了深刻的印象。回到日本之后，他便创立了日立金属（Hitachi Metals）。到1931年，日立已经发展成为巨大的财阀，旗下的公司涉足DAT汽车、五十铃卡车、采矿以及海上保险和人寿保险等多种业务。

鲇川敏锐地认识到美国在汽车行业的专长。在将久保田（Kubota）拖拉机纳入他庞大的财阀之后，他还挖到了久保田颇具影响力的首席设计师、旅

---

① 达特桑品牌存活至1986年。

居日本的美国人威廉·R.戈勒姆（William R.Gorham）。鲇川很快把才华横溢的戈勒姆调到规模大得多的DAT，在戈勒姆的指点下，达特桑所有机械和汽车设计全部从美国引进。1941年日本轰炸珍珠港前不久，戈勒姆加入了日本国籍。战争结束后，他理所当然留在了日本，结果被美国视为大叛徒。戈勒姆于1949年去世，受到日本人的尊敬，却在自己的出生国遭到唾弃。

1945年，美军占领日本之后，戈勒姆并未受到报复，但鲇川没能逃脱追究。这位产业大亨被美国军政府逮捕，伪并作为甲级战犯嫌疑人被监禁了20个月，这在很大程度上是因为他在贪婪的伪满洲政府所担当的领导角色。鲇川在他的案件庭审之前被释放，但不等他获释，他的日产财阀便被强行解散。晚年的鲇川成功地东山再起，但他把重心从汽车转向了石油，成为帝国石油（Teikoku Oil）和日本石油资源开发株式会社（Japan Petroleum Exploration Company）总裁。而且，他寿命够长，亲眼见到他一手创立的公司终于走向成熟。1967年，也就是鲇川去世的那一年，日产第一次迈出独立的步伐，推出了第一款有竞争力的国产汽车——达特桑510轿车。达特桑510由日产自己的先进四缸L发动机驱动。两年后，日产又以L发动机为基础，推出了首款在国际上取得成功的240Z跑车。①

20世纪60年代末，日本汽车产量出现了惊人的增长。到1968年，日本汽车年产量已经超过400万辆，年出口量达60万辆。1968年，美国从日本进口的汽车数量较1967年的82035辆增加了超过一倍，达到182547辆。日本汽车能在美国取得如此辉煌的成功，在一定程度上要归功于达特桑510。达特桑510在美国以蓝鸟（Bluebird）为标牌，宾尼法利纳的工作室为其重新设计了更加清爽的轮廓（不过，日产坚决要求因意大利人对自己的角色保持沉默），在底特律三巨头尚未认真对待的紧凑型汽车市场开辟出一大片天地。1969年，日产还将240Z引入美国市场并获得极大好评，这款汽车甚至被美国的《道路测试》杂志评为年度跑车。到1970年时，丰田成为仅次于大众的美国第二大进口车品牌，而达特桑位居第三。

我们之前谈到，日本汽车制造商顺应1973年石油危机后的市场趋势，推

---

① 在日本以淑女（Fairlady Z）这一奇怪的名称销售。

出了一系列小的经济型车型，这些车虽然缺乏亮点和原创性，却为消费者提供了他们想要的东西：车体紧凑、安全可靠、省油、排放少。这就促使日本对西欧和美国的汽车出口猛增。到1975年，日产和丰田双双超越大众，分别成为美国第一大和第二大进口品牌。日本的紧凑型和中型汽车，譬如丰田卡罗拉和凯美瑞（Camry），很快成为家庭和出租车车队的不二之选。日本汽车生产商不仅在美国和欧洲大获成功，而且渗透到世界各地曾被视为三巨头专属领地的市场。如历史学家丹尼尔·尤金（Daniel Yergin）所言，20世纪70年代末，"达特桑皮卡在沙特阿拉伯的激增成为时代的标志"——美国公开支持以色列之后，沙特人以前喜欢的福特和雪佛兰突然不见了踪影。

日本品牌开始主导小型跑车市场，英国生产商只得悲惨地割让自己的领地。日产Z系列由1969年开创性的240Z衍生而来，将240Z的亮点进一步发扬光大。1984年款丰田MR2[①]将欧美汽车的外观和系统进行了巧妙组合，MR2不仅自由借鉴了蓝旗亚Beta、庞蒂亚克Fiero和菲亚特X1/9的元素，而且正式从路特斯搬来援手，路特斯的工程师罗杰·贝克尔（Roger Becker）帮助丰田设计了MR2的悬架和操控系统。1989年，马自达推出了回应MR2的MX5[②]，并公开承认MX5是以20世纪60年代的路特斯为基础打造的。之后，马自达又乘胜追击，推出价格更加亲民的运动型车MX3。如今，日产、丰田和马斯达在曾由捷豹、鲁特斯和MG一统天下的领域占据了主导地位。

1981年，当年的战败国日本仅用了36年便超越美国成为世界上最大的汽车生产国。但美国汽车业高层最初的反应是一副不屑一顾、居高临下的态度。好斗、傲慢、脸色苍白的通用汽车首席执行官罗杰·史密斯（我们会看到，这个名字将成为20世纪80年代美国汽车业管理不善的代名词）讥笑日本人是目光短浅的模仿者。他嘲讽说："日本人在汽车方面发明了什么？我能想到的只有那个小硬币盒。"但当日本制造商开始抢占通用汽车的大块市场份额时，史密斯就笑不出来了。美国公司采取的应对措施是尝试与各种各样的日本公司迅速结成一系列联盟。克莱斯勒开始在道奇品牌之下销售三菱的

[①] 在法国，MR2被简短地称为MR，因为在法语中，MR2的发音与"merde"（意为大便）一词相近。

[②] 在日本被称为Roadster或Miata。

产品，而史密斯的通用同意与丰田建立合作伙伴关系。通用甚至开始与日本的机器人生产商富士通-发那科（Fujitsu-Fanuc）合作制造流水线机器人。不幸的是，这些机器人无法正常运转。事实证明，该项目就是一场灾难。通用汽车的财务总监后来承认，浪费在机器人项目上的巨额资金本可以用来直接收购丰田和日产。

欧洲制造商也不得不按捺住内心的骄傲，积极与日本公司建立伙伴关系——就在短短10年、20年之前，这些公司还被鄙视为靠山寨发迹的暴发户。1979年，本田与英国利兰建立了合作关系，随后，英国利兰开始销售车标换为凯旋和罗孚的本田车。到20世纪80年代末，就连德国人也不得不对无可避免的现实低头。1989年，丰田与大众汽车达成合作，打算在德国制造一款小型皮卡。

日本汽车制造商信奉的商业理念与西方合作伙伴的理念截然不同。比方说，本田的每一名员工都会携带一张印有公司基本理念（以平等、团队合作和个人主动性等原则为中心）的信用卡大小的卡片。这些理念蕴含在创始人本田宗一郎（Soichiro Honda）提出的"三喜"（买之喜悦、卖之喜悦、创造之喜悦）中。丰田也通过由挑战、改善、现地现物（到现场去观察）、尊重和团队合作五大原则组成的"丰田之道"（Toyota Way）向员工解释企业信条。与许多西方汽车制造商不同，日本汽车制造商注重将整个品牌打造成可靠、值得信赖的实体，而不是花费数百万美元推广个别车型。外界经常（相当正确地）批评日本公司对汽车的命名平淡而随意，但这种指责没能抓住重点。日本人更重视培育日产、丰田、本田或马自达等制造商的整体声誉，以确保消费者购买的任何车型都性能可靠、质量过硬，而不是仅仅打造某 个寿命有限的车型的品牌价值。从长远来看，日本汽车生产商的政策是正确的。

日产是最早进入西方市场的日本汽车生产商，丰田则发展成为全球最大的汽车制造商，但第一家在西方产生重大影响的日本汽车制造商则是规模较小且更为灵活的本田。1979年，本田在俄亥俄州马里斯维尔设立了第一家日资汽车制造厂。①马里斯韦尔工厂起初专注于生产摩托车，但到了1982年，

---

① 有趣的是，本田也是第一家满足美国1975年《清洁空气法》所定标准的汽车生产商。

本田决定放手一搏，开始在该厂生产中型雅阁（Accord）汽车。在本田的带领之下，日产在田纳西州士麦拿建立了卡车厂。而丰田1984年初在加利福尼亚州弗里蒙特与通用汽车成立了一家合资企业，不久之后又开始在肯塔基州乔治敦新建一家工厂。记者保罗·英格拉西亚（Paul Ingrsia）在20世纪80年代指出："日本人……向世人证明了美国工人完全可以生产高质量的汽车，从而驳斥了底特律的借口。"

从1990—1993年，本田雅阁是美国最畅销的汽车，迪尔伯恩的福特陶努斯被甩到了第二位（这是日本汽车第一次，但不是最后一次获此殊荣）。到2002年，生产雅阁的马里斯维尔工厂（本田最初承诺雇用1000人）已经拥有1.4万名员工。同年，刚刚在亚拉巴马州伯明翰市郊开设第二家美国工厂，成为美国最大的进口汽车品牌的本田[①]赚到的钱比通用、福特和克莱斯勒加起来还要多。

本田是汽车制造业的后来者。该公司以摩托车闻名，1962年才开始生产汽车。但本田很快就寻求通过开拓新技术和推进国际合作伙伴关系来超越日产和丰田等较大的竞争对手。因此，1985年在斯温登市郊建起日本汽车制造商旗下第一家欧洲工厂的是本田，而不是日产或丰田（本田的竞争对手再一次追随了本田的脚步：日产1986年在森德兰开了一家工厂，这是英国第一家达成单一工会协议的汽车厂；丰田位于德比附近的伯纳斯顿综合设施则于1992年投产[②]）。本田于1989年推出了外观新颖的第4代雅阁轿车，丰田推出了面貌一新的V30凯美瑞，在接下来的10年里，这两款汽车主导了美国的中型车市场。1998年，本田奥德赛（Odyssey）紧凑型休旅车[③]成为挑战早先在这一价值可观的新领域占据领导地位的克莱斯勒的第一款产品。很快，就连本田的双语机器人吉祥物阿西莫（Asimo）[④]也在美国家喻户晓，与其在日本的知名度相当。

[①] 不过，丰田后来重新回到榜首。
[②] 伯纳斯顿工厂的建设因涉及拆除具有历史价值的建筑——摄政时代的伯纳斯顿宅邸（Burnaston House）而引起了一些争议。
[③] 在美国称"紧凑型休旅车"，在欧洲称"小型MPV"（多用途车）。
[④] 从2002年起，阿西莫正式说英语和日语这两种语言。

丰田汽车公司的前身是丰田佐吉（Sakichi Toyoda）1926年设立的自动织布机生产厂——丰田自动织布机工厂（Toyoda Loom Works）。1933年，佐吉的儿子喜一郎（Kiichiro）成立了一家汽车制造子公司。四年后，该公司从母公司正式独立，但仍然是丰田财阀的组成部分。与此同时，丰田家族决定将品牌名称由"Toyoda"改为"Toyota"。区区一个字母的更改不仅让品牌名比家族姓氏更容易发音，而且改变了品牌形象，因为丰田家族的姓氏在日语中意为"肥沃的稻田"，对一家汽车生产商而言，算不上是寓意吉祥的品牌名。

丰田在第二次世界大战期间为日本军队制造卡车，但战争结束后却没能顺利实现过渡。到1950年，丰田已经濒临破产，直到朝鲜战争爆发时才靠着从美国陆军获得5000辆军用车订单起死回生。1957年，丰田皇冠（Crown）成为第一款出口到美国的日本汽车。1963年，丰田在澳大利亚墨尔本建立了一家工厂。但直到20世纪70年代，丰田才开始迅速成长，该公司生产的那些虽然平淡但小而可靠的汽车找到了现成的出口市场。1970年推出的小型四门紧凑型车（卡力娜、塞利卡、第二代卡罗拉和第四代光冠）吸引着世界各地的消费者。1973年石油危机爆发之后，这些汽车在美国越来越畅销。

1980年，丰田已经有了充足的信心，开始在美国推出更大、动力更强的凯美瑞（丰田的第一款专门针对美国市场的汽车），以取代光冠。"凯美瑞"这个有些奇怪的名称是日语"皇冠"（读作"kanmuri"）一词在英语中的谐音，而丰田以往的大多数车型都以各种"冠"为名。丰田一贯谨慎的美国经销商希望这款新车也被命名为"皇冠"，但丰田车系中已经有一款车叫"皇冠"。因此，丰田便选择了容易发音的"凯美瑞"作为折中方案。凯美瑞与大多数兄弟车型一样，也是温顺而乏味——用西方批评人士的话说，是一款"毫无新意"的汽车。但凯美瑞性能可靠、装备精良，保值性也比"三巨头"的大多数竞品强得多。自1997年以来，凯美瑞（和本田雅阁一样从紧凑车变身为中型车）成为美国最畅销的汽车，把美国汽车制造商甩在了后面。

在20世纪70—80年代，日本并不是唯一一个在全球汽车行业脱颖而出的国家。第二次世界大战结束后，机械师出身的郑周永（Chung Ju-yung）在沉寂的韩国渔村蔚山创立了现代建设（Hyundai Engineering）。1967年，郑周永进军汽车制造领域,用英国福特供应的套件组装科尔蒂纳。不过,在韩国(或达格纳姆)以外的地区,并没有太多人关注现代建设。

现在,我们把镜头切换回1973年的英国。那一年,福特前高管约翰·巴伯入职英国利兰,被任命为斯托克斯勋爵的副手,实际上将成为斯托克斯勋爵的继任者。巴伯和斯托克斯一样,也坚信必须让英国利兰维持现状,继续做一家对Mini、捷豹XJ6等多样化产品线进行集中管理的企业集团。而巴伯在董事会的主要对头乔治·特恩布尔则想要拆分英国利兰,好让各块业务在市场上分头发展。随后发生的事件表明特恩布尔是对的,巴伯是错的,但巴伯与他的主人观点一致,因而获得了晋升。特恩布尔随即做出让英国汽车行业颇为意外的举措,他不仅从英国利兰辞了职,而且搬到了地球的另一端——韩国。在韩国,有雄心、有眼光的郑周永任命特恩布尔担任现代的副总裁,负责打造现代的第一款本土产汽车。

特恩布尔是一个身材高大、性情直爽的米德兰兹人,几乎没有受过什么正规教育,他出生在考文垂,其身影在蔚山显得十分怪异。父亲是标准汽车坎利工厂的车间经理,特恩布尔年仅14岁时就开始在标准汽车工作。从20世纪50年代到60年代,特恩布尔一直待在标准汽车。1968年,他成为英国利兰旗下奥斯汀-莫里斯部门的主管,41岁时又成为英国利兰新董事会最年轻的成员。特恩布尔曾在考文垂橄榄球俱乐部(Coventry Rugby Club)打前锋,还在沃里克郡打过板球。韩国的职场氛围也与坎利、考利或朗布里奇的环境截然不同,不像那些英国工厂仍然沿用无数过时的工作方式。特恩布尔来到现代工厂的第一天,韩国正值严冬,他当时应该是问了一下厂里的供暖出了什么问题。郑周永答道:"我们赚到钱的时候,他们就有供暖了。"如郑周永所愿,特恩布尔在英国大众汽车生产领域积累的多年经验很快就发挥了极大的作用。他从英国聘请了五名顶尖的汽车工程师,引入了英国利兰和福特汽车的制造标准,咨询了世界著名造型设计师焦尔杰托·朱贾罗,并从三菱采购了一款出色的发动机。特恩布尔加入现代不到一年,就推出了第一款真正的韩国汽车——现代小马(Pony)四门轿车。小马早在1976年就在英国上市,到1978年已在欧洲各国销售。韩国汽车的"入侵"开始了。

与此同时,不知疲倦的特恩布尔又启程前往另一处同样充满异国情调的牧场。1977年,他离开现代加盟伊朗汽车制造商Iran National,领导该公司将克莱斯勒平庸的英国主力车型希尔曼猎人(Hunter)改造成为伊朗国产车帕卡(Paykan),这款堪称常青树的车型一直生产到2005年。因此,乔治·特恩布尔(他后来被封为乔治爵士)为当时世界上两个最具战略意义的新兴国家建立本土汽车工业作出了贡献。

不过,在20世纪70年代,有一个东亚大国——中国并没有急于加入汽车世界。全球最大的潜在汽车市场还在门外袖手观望,这个国家更喜欢推广自行车而不是汽车。

直到1901年,中国的大街上才出现第一辆汽车,这是一辆法国车,由一位富有的外国医生带到上海。但到了1912年,仅上海这一座城市就有1400辆汽车登记在册。1911年清朝末代皇帝退位后[①],新总统袁世凯修建了一条新路(北京长安街),只为让他的私人轿车顺利进入北京。中国土地上第一家汽车厂是日本人在长春(1931年,日本入侵中国东北之后,将长春作为"伪满洲国首都")建的。新中国成立后,这家工厂更名为中国第一汽车制造厂。一汽从1953年开始仿制苏联卡车,1958年之后又开始生产红旗牌乘用车。

更多的中国民众还要等上许多年才能开上汽车。20世纪90年代,当这一天终于来到时,其影响是惊人的。

[①] 1912年2月12日,清朝宣统皇帝溥仪逊位,此处时间有误。——译者注

第十四章

巨　兽

20世纪80年代是炫耀性消费和张扬显摆大行其道的"我"时代。这是一个越大越好的时代，也是一个随心所欲、充满矛盾的时代：从表面上看，生态问题越来越受关注，进而也催生了一场汽车革命。但这场革命并没有关注人们对于掠夺地球资源的不安，反倒推出了一款全新的块头大、油耗高的汽车，这款汽车的尺寸和不可持续性被当作卖点大肆宣传。

从20世纪80年代初起，4×4汽车——在美国称为运动型多功能车（简称SUV）[①]——开始成为世界各地高速公路上常见的车辆。SUV具有尺寸超大、耗油、离地间隙大、"越野"和四轮驱动等特征。这种车的越野性能大都只能在偶尔开上人行道时派上用场。但消费者喜欢SUV宽敞的内部空间和较高的底盘，他们觉得这样更有安全感（讽刺的是，SUV过高的底盘反倒造成了更多事故，因为驾车者看不清路面情况）。SUV还可以拖拽大篷车和船只等各种物体，在气候较寒冷的地区非常方便，较大的离地间隙使SUV能够轻松开过雪堆。女性喜爱SUV，被SUV的奢华感、宽敞空间、强大性能和安全性（在一定程度上是因为SUV与路上跑的那些普通汽车太不一样）深深吸引。2011年，美国有超过50%的SUV车主为女性。汽车制造商生产SUV获得的利润远比生产普通轿车丰厚，买家也认为投资SUV很划算。SUV在美国被

---

① 从技术上说，SUV的越野性能不如真正的4×4，但在实践中，SUV和4×4这两个术语往往可以互换。在澳大利亚和新西兰，4WD（全称"fourwheel drive"，即"四轮驱动"）一词更常用。在法国，四轮驱动车都叫4×4。

归为"轻型卡车",这有助于规避排放和油耗法规,20世纪90年代,由于油价持续下降,SUV油耗高似乎已经不算是什么严重问题。

严格来说,世界上最早的豪华4×4是恺撒的1963年款吉普Wagoneer(由于恺撒的资源有限,这款汽车从来没能赢得应有的人气)和1970年款兰治·罗孚。到20世纪70年代中期,这些大胆而有远见的尝试被雪佛兰、日产和丰田广泛模仿。不过,现代SUV市场实际上是由一款更加实惠的产品——丰田陆地巡洋舰(Land Cruiser)开创的。这款豪华但紧凑的越野车让庄重的兰治·罗孚看上去就像一头寒碜的恐龙,而路虎则显得过于实用。

陆地巡洋舰实际上可以追溯到1951年,由经典的美国吉普衍生而来。[①]到20世纪70年代,陆地巡洋舰已经演化成为皮实的旅行车——这一市场部门很快便几乎被无坚不摧的SUV消灭殆尽。不过,1980款60系陆地巡洋舰借鉴了兰治·罗孚的许多元素(但没有照搬高昂的价格),对座舱进行了更多的改进,并调高了驾驶座的位置。结果是成功的,尤其是在美国。如今,60系陆地巡洋舰的后续车型,譬如庞大的200系陆地巡洋舰和更加豪华的兄弟车型雷克萨斯(Lexus)LX570在美国仍然卖得很好——不过,更豪华的雷克萨斯占据了整个系列的大部分销量。

陆地巡洋舰的成功促使美国汽车制造商纷纷采取行动。[②]美国机动车公司和雷诺自1978年以来一直在研发的吉普切诺基[③]最终于1984年面市,成为第一款美国产SUV,克莱斯勒1987年收购美国机动车公司之后,对切诺基进行了积极推广。实践证明,在俄亥俄州托雷多和中国生产的切诺基是名副其实的世界冠军。通用和福特起步较慢,一开始倾向于仅将现有的轻型卡车[④]改造成双门SUV。不过,到了20世纪80年代末,人人都参与进来,世界各地

[①] 陆地巡洋舰战时的前身是1941年至1942年推出的AK,由日本侵略军在菲律宾缴获的一辆美国吉普改造而成。

[②] 不过,这些制造商一般到1994年兰治·罗孚本身已升级换代之后才行动起来。

[③] 在美国一开始是以Wagoneer为徽标,以便突显与已有的吉普Wagoneer之间的连续性。

[④] 通用的雪佛兰Blazer/Jimmy起初于1969年面世,福特的Bronco起初于1966年退出。

的制造商开始生产外形和尺寸各异的四门SUV。① 市场对SUV的热情高涨，轿车开始被遗忘。因此，尽管通用对得克萨斯州阿灵顿的工厂进行了改造，让这家原本生产雪佛兰、别克和凯迪拉克的工厂转为生产SUV，但却忘记升级别克世纪和庞蒂亚克Grand Prix等较为传统的现有车型，结果，这些车在规格和造型设计方面开始落后于日本和德国的竞争对手。

回到日常轿车的世界，如今，为家用车和行政车设定标准的是德国人。1978年款奥迪80是大众1965年收购奥迪以来生产的第一款别具特色的奥迪，而1982年款奥迪100则在舒适性和性能方面建立了新基准。奥迪80由奥迪主管、费迪南德·保时捷的孙子费迪南德·皮耶希（Ferdinand Piëch）策划，由焦尔杰托设计，与大众帕萨特基于同一平台，成为历史上第一款外观与普通大众有别的汽车。奥迪80线条简洁、精练、紧致，看起来速度很快——也确实很快。1986年奥迪80升级时，奥迪的英语圈广告公司BBH巧妙地利用人们对奥迪德国品牌价值的认知，把"Vorsprung durch Technik"（领先优势源于技术）这句广告词直接拿来使用。美国和英国的制造商发现，他们几乎没有什么产品可以挑战新奥迪，甚至连大众帕萨特的改造和升级版都无力挑战。

宝马的实力也越来越强。20世纪80年代，宝马3系、5系和7系都进行了升级，但宝马家族的相似性（可以追溯到1962年推出的宝马1500）仍然非常明显。20世纪80年代，宝马3系成为从里根、撒切尔和科尔时代的自由市场经济中获利的新富"雅皮士"的首选交通工具。宝马随后添加了6系（宝马5系的轿跑车版）和8系（在7系基础上开发的一款沉重的轿跑车），1986年又引入畅销的宝马3系的跑车版M3。M3比基本款轿车设计更前卫，性能得到高度优化。与此同时，宝马3系的家用版变得更大，促使这家巴伐利亚汽车制造商在1994年发布了一款经过精简的"紧凑"版。

1980年那会儿，梅赛德斯也和宝马一样，被广泛视为全球汽车业巨兽之一。但这家公司表面上的实力、信心和成功掩盖了许多内部矛盾。1986年，

---

① 20世纪90年代，双门SUV不再受市场追捧，因为消费者希望汽车越大越好。2011年揽胜极光（Range Rover Evoque）的推出可能标志着市场风潮回归尺寸较为适中的双门4×4。

这些矛盾最终浮出水面。当时，戴姆勒-奔驰的百年庆典活动因本可避免的技术故障而中断，促使欧洲各大电视台中途切断了对这次活动的直播。戴姆勒-奔驰的高管惊恐万分，他们迫使公司董事长兼首席执行官维尔纳·布莱希沃特（Werner Breitschwerdt）辞职，并开始忙于自我反省。

百年庆典活动的惨败成为戴姆勒-奔驰的转折点。该公司意识到，在奥迪和宝马突飞猛进之际，不能再自以为是地靠20世纪60年代的老本吃饭了。戴姆勒-奔驰首先放弃了梅赛德斯汽车传统上使用的那种让人难以理解的分类系统。于是，梅赛德斯220中型车系列1993年更名为E级；"S级"这一标签开始更多地用于高端"Sonderklasse"（特级）豪华轿车；梅赛德斯还将车系向下拓展，推出了新的C级车，该车相当于已经停产的190系列的替代车型。

经过重新包装的S级车旨在挑战宝马7系的霸主地位，尽管S级车在这方面并没能取得太大成功，但销量还不错，在做工、可靠性和安全性方面也获得了令人称羡的声誉。[①]不过，S级车与老梅赛德斯的相似之处虽然依旧清晰可辨，但与慕尼黑各大竞争对手的最新产品相比，S级显得笨重、庞大而老气。宝马的沃尔夫冈·莱茨勒（Wolfgang Reitzle）曾兴奋地告诉记者，S级"没有任何新颖之处"。

我们可以说，在20世纪80年代期间，英国人和美国人发明了越野SUV，德国人完善了行政轿车，但开创80年代一款标志性车型的却是法国人。1984年，法国国有汽车生产商推出了世界上第一款全尺寸多用途乘用车（MPV），在美国又称休旅车。[②]

雷诺Espace与吉普切诺基和宝马5系一样，公然无视当代人对燃油经济性的担忧。但Espace永远改变了家用汽车的面貌。令法国人懊恼的是，Espace的设计理念实际上源于一位英国人的想象。20世纪70年代中期，英

---

① 讽刺的是，英国王妃戴安娜（Diana）1997年8月30日乘坐一辆S级梅赛德斯时，不幸在巴黎的一条地下通道内遇难。
② L. J. K. 塞特赖特坚称，MPV的雏形是1950年推出的Bedford Dormobile，"这是一款细长、乏味的烂车，一开始为活跃的家庭提供了灵便的资源，最后却变成建筑工人肮脏的交通工具"。

国设计师费格斯·波洛克（Fergus Pollock）在克莱斯勒英国位于考文垂惠特利的设计中心绘制了一款大型家用车的设计草图。[①] 此后，他的设计像踢皮球一样在各个部门之间流转。克莱斯勒的英国子公司破产之后，这项设计很快被转交给克莱斯勒的法国分部西姆卡，西姆卡随后又将其提交给附属公司Matra。这一选择似乎有点古怪，因为Matra当时以生产小众跑车闻名，但事实证明，这是一项正确决定。Matra的设计师安东尼斯·瓦拉尼斯（Antonis Volanis，后来他帮助雪铁龙设计了流行的1999年款紧凑型MPV Xsara Picasso）成功改造了波洛克的设计理念，使之成为兼具英法血统的塔尔博特品牌下之一款产品。到了1978年，西姆卡被标致雪铁龙收购，但标致雪铁龙不愿触碰波洛克和瓦拉尼斯的新颖创意。于是，Matra将这一创意推荐给了雷诺。雷诺意识到这是打开全新市场部门的关键，并将其重新命名为Espace。雷诺这款宽敞的MPV拥有玻璃纤维车身、大大的乘员舱和全平地台，在汽车设计方面开辟出全新天地。Espace起初给一些人留下过于极端的印象，开售后第一个月仅仅卖出9辆。但这款汽车很快受到家庭和出租车运营商的欢迎，到1986年，Espace在全球市场的销量已经十分亮眼。

　　雷诺凭借Espace开辟的新天地，四处纵横，但雷诺在法国的主要竞争对手雪铁龙却是流年不利。雪铁龙1982年推出了个性鲜明、具有浓郁法国风的家用车BX，采用与尺寸大得多的经典DS相同的气动悬吊系统。但雪铁龙推出BX之后，似乎就放弃了创新路线，开始满足于打造一系列平平淡淡、毫无特色的汽车。此外，标致雪铁龙的工厂工会组织高度发达，工人也很不安分，经常发生罢工，这就导致该公司的亏损进一步扩大。1983年，因受克莱斯勒欧洲历史负担拖累而出现巨额亏损的标致雪铁龙面临破产，决定对普瓦西工厂裁员10%，并宣布新款超迷你205（后来被欧洲汽车媒体誉为20世纪80年代最出色的汽车）不再由普瓦西工厂生产，而是改由索肖工厂生产。工会自然表示反对，并要求像1945年国有化雷诺那样，将整个公司国有化。为报复工会，标致雪铁龙索性威胁关闭整个工厂。随后，谈判破裂并爆发了骚

---

① 今天的捷豹设计中心（Jaguar Design Centre）。1978年，焦尔杰托·朱贾罗的意特设计也推出类似的创意——四方形的蓝旗亚Megagamma概念车，但被蓝旗亚的母公司菲亚特否定，菲亚特认为这款车太前卫，量产风险太大。

乱，暴力冲突变得极其严重，就连工会都要求标致雪铁龙请令人生畏的共和国保卫队平息骚乱。普瓦西工厂被关闭，并在大幅裁员之后恢复生产。与此同时，老旧、狭小的雪铁龙勒瓦娄哇工厂被永久关闭。当时，这家工厂周围已经建起许多有档次的中产住宅。勒瓦娄哇工厂关闭后，世界上最著名的汽车之一——雪铁龙2CV也随之停产。

就连雷诺也未能与暴力绝缘。1985年，雷诺的新董事长乔治·贝斯追随竞争对手标致雪铁龙的脚步，启动了一项力度极大的成本削减计划。然而，贝斯几个月后遭到革命组织直接行动的恐怖分子暗杀。雷诺的管理层坚定不移地执行贝斯的重组计划，于1989年永久关闭了历史悠久的比扬库尔工厂。工会对此强烈抗议，但在贝斯被谋杀之后，主动权转到了管理层手中。五年后，雷诺被私有化，几乎没有人发出什么怨言。

在玛格丽特·撒切尔领导下奉行自由市场经济的英国，私有化也是游戏的主题。但在英国利兰，迈克尔·爱德华兹的第一位继任者无论如何也称不上撒切尔主义的捍卫者。英国利兰提拔在汽车行业效力多年，但可靠领导或决策经验的哈罗德·穆斯格罗夫（Harold Musgrove）担任公司新首席执行官，这一令人震惊的短视之举让公司在撒切尔政府的眼皮底下[1]倒退了好几十年（让不受待见的离任首席执行官爱德华兹成为众矢之的）。哈罗德·穆斯格罗夫曾在奥斯汀当学徒，后来升任朗布里奇工厂主管。但事实证明，他担任英国利兰一把手肯定是走得太远。穆斯格罗夫口无遮拦和不恰当的言论疏远了员工，他手下的高管则被他犯下的一些错误激怒。譬如说，他企图暗中扼杀Mini；1984年，他默许政府将捷豹私有化；他还终止了缔造罗孚P6和兰治·罗孚的天才设计师戴维·贝奇的合同。在穆斯格罗夫的任期内，英国利兰的出口市场解体了。1978年，海外出口量占英国利兰产量的40%左右；到1984年（当然，这时捷豹已经不属于英国利兰），这一比例已经降至20%。英国利兰在美国市场可以说已经不见踪影。正如评论家詹姆斯·鲁珀特所言："英国利兰1976年向美国出口了75291辆汽车，到1984年仅出口了1辆。"

---

[1] 1982年初，撒切尔尚未从即将进行的马岛战争中捞到政治资本，她的政府也越来越不得人心。

1986年，英国利兰在英国的市场份额降至可怜的17%，穆斯格罗夫最终把首席执行官的宝座让给了一个与他截然不同的家伙——讲规矩的加拿大商业律师格雷厄姆·戴（Graham Day）。戴从造船业出道，一上任就公开承认他根本不懂如何造车。但他确实认识到，英国利兰需要关注利润而不是市场份额——这是一种合理的思路，但在应用上却迟到了30年。他还为英国利兰创建了一个像样的营销部门，此时距英国利兰成立已近20年，距英国汽车公司创立更是已近40年。1989年被封为爵士的戴（王室公然拒绝授予穆斯格罗夫这项荣誉）寻求在高端市场发力，为此他把英国利兰更名为罗孚集团，并打算对公司进行改造，使之有能力与宝马较量。问题在于，戴既没有合适的车型，也没有必要的资金来实现这一雄心。罗孚SD1是现有的唯一一款可与宝马竞争的高端车型，但SD1陈旧不堪，而且是出了名的不可靠，宝马5系和7系完全可以轻松取胜。此外，SD1按计划将被砍掉，但公司却没有开发任何替代车型。为应对这一困境，戴采取爱德华兹几年前用过的策略，零零碎碎地出售了这家汽车集团的部分股份，而没有考虑长远的未来。Unipart和利兰巴士（Leyland Buses）卖给了该公司管理层，Freight Rover则卖给了荷兰公司Daf。仅有罗孚和MG这两个品牌保留了下来（自阿宾登工厂于1980年关闭以来，MG就没再生产过任何真正的跑车）。戴觉得他别无选择，只能与本田建立越来越紧密的合作关系——但靠这种方式扳倒宝马恐怕很难。新罗孚集团似乎跟英国利兰一样缺乏创意，这也就意味着，罗孚只能假装本田车跟Spitfire战斗机和斯蒂尔顿奶酪等真正的英国本土产品一样正宗。

从1981年起，迈克尔·爱德华兹已经让英国利兰品牌走上了贬值之路。他一手毁了之前与平价但时尚的跑车和速度飞快的行政轿车联系在一起的可敬的凯旋品牌，将本田Ballade（畅销车型思域的四门版）的徽标换成凯旋Acclaim。这款平淡的车型只在市场上卖了短短三年，销量相当不错，但没有人被它的名字欺骗，这款车很快就被人们取了个与"Honda"（本田）谐音的昵称"Ronda"。1984年，穆斯格罗夫推出了200系——但这款车同样是本田Ballade的翻版，只是增添了一些英国产零部件而已。但这一次，本田破除万难达成了一项交易。1981年那会儿，爱德华兹曾坚持认为Ballade不应与Acclaim同时在英国市场销售。现在，穆斯格罗夫欣然让步，允许本田在斯温登新建的英国工厂生产与新200系相似的汽车,从而在国内外市场为新200系制造了严重障碍。1986年以后,戴继续与本田结盟,用由本田衍生的罗孚800取代SD1,并推出了基于本田的400系列。他还决定暂缓执行穆斯格罗夫1988年为过时车型Mini判的安乐死。但爱德华兹、穆斯格罗夫和戴都没有认真考虑效仿福特嘉年华或大众高尔夫,对Mini进行升级。

20世纪80年代,相对于德国和日本公司的成功,英国汽车制造业越来越多地成为苍白、可悲的陪衬。明眼人不难看出,戴采用新的车型编号系统(从200到400,再到800)是想要叫板宝马的数字命名法,这种策略既老套又可笑。400虽然是在朗布里奇制造,但从本质上说与本田协奏曲(Concerto)无异,考利工厂制造的也不过是重新包装的本田里程(Legend)。不过,至少400的汽油版使用了英国产发动机(虽然柴油版的动力总成系统是罗孚从标致进口的)。但400系的旗舰款、采用本田发动机的罗孚800性能尤其糟糕。罗孚800在美国雄心勃勃地以Sterling为名营销,但市场信息公司君迪(J.D.Power)颇有分量的消费者调查报告中公开强调的严重质量问题和可靠性问题很快让800/Sterling成为美国市场的笑柄——而这时正值日本制造的兄弟车型讴歌里程(Acura Legend)开始在美国畅销起来。1992年,800安装了罗孚格栅,从而在表面上实现了"罗孚化"。但800的全球销量仍然令人失望,即使在销量最高的1987年,也仅仅卖出5.4万辆,到1998年,800仅生产了6500辆。第二年,800被砍掉,为罗孚的最后一搏——雄心勃勃、帅气,但命运多舛的罗孚75让路。与此同时,旧的MG徽标被挂了出来,为这些速度较快的"Ronda"增添几分虚假的跑车风韵,但这种凭空捏造无论在国内还是国外都骗不了任何人。

尽管戴向玛格丽特·撒切尔领导的保守党政府拍胸脯允诺未来一定会成功,但政府还是选择与整个罗孚集团划清界限。当政府开始就将罗孚出售给通用汽车展开谈判时,戴提出了一项古怪的提议,他建议将罗孚集团卖给飞机制造商英国宇航系统公司(British Aerospace)。戴这一爱国主张赢得国会议员的认可,不过,英国利兰内部和汽车业内的许多人却大惑不解。1988年,罗孚如期交付给了英国宇航系统公司。但业内专家的疑惑不无道理。英国宇航系统几乎不懂该如何运营一家汽车生产商,只是被政府提出的勾销罗孚10亿英镑债务、为英国宇航系统提供8亿英镑新投资和5亿英镑抵税额等优厚条件所吸引。英国宇航系统唯一的成就是，为罗孚英日混血的车系增添了另一款"Ronda"——克隆雅阁的600。当英国宇航系统意识到自己黔驴技穷时，便于1994年以8亿英镑出售了这家陷入困境的汽车生产商，从而获得可观的利润。令所有人吃惊的是，倒霉的买家居然是宝马。

不过，20世纪80年代期间并不是所有英国汽车制造商都在走下坡路。到20世纪80年代末，捷豹已经走出困境，在一定程度上恢复了莱昂斯时代的昂扬自信。被大力宣传的捷豹XJ6的替代车型（代号XJ40，带有捷豹典型的非理性）整个20世纪70年代期间一直在研发，但到捷豹1980年剥离出英国利兰为止，XJ40还没有上市。捷豹的新老板约翰·伊根认为，必须像德国人和日本人那样，在汽车上市之前进行全面测试。于是，XJ40成为捷豹有史以来生产的测试最完备的一款汽车，在亚利桑那州夏季的高温下跑完124万英里，在加拿大北极地区的冬季跑完110万英里，还在澳大利亚气候恶劣的内陆地区跑完180万英里。不过，当XJ40最终于1986年10月发布时，看起来与它本应取代的3系XJ6并没有太大差别。XJ40的前端为方形，配有长方形前照灯，这些特点让XJ40看起来就像是20世纪70年代的福特。XJ40发布后没多久，就被升级版宝马7系的亮眼外观衬得黯然失色。捷豹需要推出更具吸引力、更加新颖的车型，才能与宝马和梅赛德斯展开竞争并取得胜利。

伊根在刚刚私有化不久的捷豹重新点燃了奋斗的热情，但在卡文垂市的另一边，鲁特斯的法国新老板却是灰心丧气。1986年，标致用309取代了老款西姆卡/克莱斯勒/塔尔博特地平线（Talbot Horizon）。法国人本来打算将309这款车英国化，在英国以塔尔博特亚利桑那（Talbot Arizona）为名销售，但现在他们不想再大费周折了。于是，标致不再假装赖顿工厂的汽车跟烤牛肉一样散发着英国范儿，索性把英国制造的车型全部贴上标致的徽标，同时把惠特利设计中心卖给了捷豹。①唯一在淘汰中幸存下来的贴有塔尔博特徽标的产品是Talbot Express面包车，这款汽车一直生产到1992年。许多人现在开始怀疑，标致恐怕不打算长期在英国生产汽车了。

---

① 该中心坐落在考文垂市郊一处著名的战时老生产基地，旁边是生产惠特利轰炸机的工厂。

在英国利兰和标致–塔尔博特为自己平淡无奇的系列产品而苦恼时，福特的嘉年华正与标致的法国造205展开角力，以争夺欧洲超迷你市场的霸主地位。针对旗下更高档的车系，福特1982年决定淘汰传奇但平庸的科尔蒂纳以及德国的常青树陶努斯，推出与以往完全不同、具有纯正欧洲血统的西拉（Sierra）。福特的新款家用车源自福特欧洲老总鲍勃·卢茨（Bob Lutz）热衷的项目。卢茨与艾科卡、德洛里安等传奇人物一样，也是一个富有魅力、个性鲜明、做派强硬的人，20世纪70年代末突然在汽车行业步步高升。生于瑞士的卢茨气场强大、魅力十足，曾在美国当海军陆战队战斗机飞行员。他以老派硬汉形象示人，喜欢自己开私人飞机，收集跑车，嘲笑当代人对全球变暖等生态问题的关切，他的"名言"是，全球变暖是"一坨狗屎"。但在1982年，卢茨遇到了挫折，这表明即使是福特也可能做错事。西拉符合空气动力学的"凝胶注模"外部造型由福特的德国设计师乌韦·班森（他曾在20世纪70年代设计了卡普里和陶努斯）和设计部门新秀、法国人帕特里克·勒奎门特（Patrick le Quément）打造，与历代科尔蒂纳和陶努斯熟悉的轮廓形成鲜明对比。但西拉并没有为福特赢得新主顾，事实证明，西拉备受争议的造型设计成为招揽潜在买家的主要障碍。此外，西拉廉价的塑料内饰看起来老套而俗气，这款汽车的老式后轮驱动似乎是一种倒退，掀背式设计则意味着后备厢太小，并不适合作为家用车和商务车。更严重的是，这款汽车遇到横风时会出现异常，促使达格纳姆和科隆工厂在车后方加装了阻流板，以使汽车保持平稳直行。直到1987年，福特才试图通过发布传统轿车版西拉蓝宝石（Sapphire）来修正后备厢空间不足的问题，但这时福特已经受到冲击。20世纪80年代末之时，西拉的销量已经相当可观，但福特1993年仍不声不响地淘汰了这款汽车，以便为福特大举宣传的"世界之车"蒙迪欧（Mondeo）让道。蒙迪欧方方面面的品质都很优秀（后备厢也很宽敞），帮助福特欧洲夺回了因西拉而损失的车队销量。

福特的竞争对手很快觉察到这家美国巨头犯下的错误。20世纪80年代，大宗企业车队订单不是流向西拉，而是流向了更加正统的竞争对手，尤其是通用汽车造型保守、包装精美的第二代沃克斯豪尔骑士（Cavalier）/欧宝阿斯科纳（Ascona）/欧宝威达（Vectra），这款车是整个20世纪80年代欧洲最畅销的车型之一。乌韦·班森的声望再也没能恢复。班森对西拉的造型作了一番改造，将其用于福特的高端车型天蝎座（Scorpio）。天蝎座志在挑战宝马和梅赛德斯的中档车系，却未能在行政车市场产生任何影响。[①] 班森1986年离开福特，转而投身学术界。勒奎门特比较幸运。1985年，勒奎门特离开福特加入大众。两年后，他又加入雷诺担任负责企业设计的副总裁——条件是他只向公司董事长负责，进入总公司董事会，解雇雷诺的所有外部设计顾问，并将他的设计团队人数增加一倍，达到超过350人。雷诺董事会同意了他的要求，从此开启了与勒奎门特共同走过的22年跌宕起伏的旅程。在这期间，勒奎门特为公司带来一些大胆而成功的新车型，譬如采用拟人化设计的Twingo、Espace II、Mégane II、Scénic "紧凑型MPV"和独特的Kangoo "休闲活动车"。勒奎门特还作了些虽然失败但勇气可嘉的尝试，譬如棱角分明的威赛帝（Vel Satis）行政车和Matra制造的超前时代（Avantime）跨界车。

勒奎门特的大胆尝试让进入21世纪的雷诺以设计先锐、技术先进而著称，雷诺与大众、宝马、梅赛德斯、菲亚特、丰田、日产和本田一起跻身世界顶级汽车制造商之列。不过，雷诺及其欧洲和日本的竞争对手之所以能够扩大全球销量，不仅要归功于它们自身产品的卓越，也要归功于美国三大汽车巨头的失败。20世纪80年代期间，通用在美国汽车市场占据的份额由近50%降至35%。1979年，克莱斯勒的老板李·艾科卡承认"进口汽车和通用占据了美国市场的70%份额"，到1990年，通用不仅丧失了这一优势，而且债台高筑。在通用步履蹒跚之际，其他汽车制造商面前敞开了机遇之门。

1980年，通用似乎是三巨头中最健康的一家。在那一年，福特亏损了15亿美元，而不久前接受联邦政府救助的克莱斯勒宣布年亏损额达到了17亿美元。但通用的年亏损额仅为7.62亿美元，并且继续向股东支付季度股息。此外，通用新任董事长1981年似乎找到了正确的解决方案：通用没有像克莱斯勒那样要求政府提供补贴，也没有像艾科卡那样坚持要求华盛顿方面限制进口日本汽车，通用的老板宣布："答案是增强竞争力。"不过，在接下来的

---

① 天蝎座的失败还损害了福特在美国市场新推的进口品牌Merkur（"水星"的德语）的前景。Merkur在美国以Merkur Scorpio为标签进行推广。

九年里，通用做了恰恰相反的事情，让一系列低级错误败尽了光辉的遗产。

20世纪80年代，通用汽车地位的下降可以在一定程度上可归咎于一个人，这就是新任董事长罗杰·邦汉姆·史密斯。史密斯绝对算是通用的自己人。1949年，他从密歇根大学（University Of Michigan）商学专业毕业后，便进入通用当会计。21年后，他成为通用公司的财务主管，次年升任副总裁。1974年，他被提拔为主管财务、政府关系和公共关系的执行副总裁。七年后，这位前会计师被提拔为公司一把手。

《底特律新闻》（*Detroit News*）日后用"才华未被人品抹杀"来形容史密斯的性格，CNBC则将他评为"有史以来最糟糕的首席执行官之一"。罗杰·史密斯身材矮小，面色红润，戴着眼镜，几乎不讲什么社交礼仪——通用汽车副总裁评论说："'请''谢谢'老早就从他的活跃词汇中消失了。"他脾气非常暴躁，经常怒气冲冲地中途离开会议，从来体察不到他人的感受，更没有什么幽默感。史密斯在社交场合也很不自在，说话时很少与人有眼神接触，公共演说水平差极了，总是用尖厉的嗓音单调地念稿子。他像训小孩一样训斥公司高管，不跟任何人商量就从办公室里发出一大堆命令。到史密斯的任期结束时，他已经挫伤了通用的士气——如弗林特工厂的一位领班说："他只在乎他自己跟他手下那帮小兄弟。"他做的一连串糟糕透顶的商业决策拖垮了曾经傲然挺立的汽车巨头。但在20世纪80年代初，他却被誉为"有远见的人"和"时代的创新者"。汽车媒体在1981年暗示，史密斯正是挑战和击败日本人和德国人的最佳人选。

1984年，史密斯犯下了第一个重大错误，当时他一举摧毁了斯隆精心搭建的部门层级。包括车身制造部门费舍尔（不再作为独立实体存在）在内的通用旗下所有部门被合并为两大集团：雪佛兰-庞蒂亚克-加拿大（CPC）[①]和别克-奥兹莫比尔-凯迪拉克（BOC）。其结果是一团乱麻。在近两年的时间里，通用未能推出或开发任何新产品，工人们对自己部门的忠诚度骤减。史密斯看似随机地将通用一分为二的做法对通用旗下各个工厂而言也没有任何意义，因此，CPC到头来还是生产凯迪拉克，BOC

[①] 通用旗下的加拿大业务也被塞了进去，其实仅仅是为了凑数而已。

则继续生产庞蒂亚克。在通用的竞争对手进行精简的同时，通用却增加了新的管理层级，现有的员工人数翻了一番（仅CPC就增加了8000名新员工）。最关键的是，新的GM10中型车系列严重延误；史密斯早在1981年就批准了GM10，但新款庞蒂亚克Grand Prix、别克君威（Regal）和奥兹莫比尔Cutlass Supreme等该项目的第一批有形成果直到1988年才出炉。到1989年，也就是GM10系列最后一批车型推出的前一年，通用汽车平均每辆汽车亏损2000美元。当《财富》（Fortune）杂志问史密斯该项目为何惨败时，史密斯答道："我不知道。"（他后来含糊其词地补充说："这件事不好解释。我已经说了，我会为整件事负我该负的责任。"）史密斯离职后，他的继任者立马决定取消他建立的公司结构，将所有汽车品牌合并到一个单独的部门里。

为应对日本进口车日益增长的威胁，罗杰·史密斯也采取了类似的方针——而这些方针存在类似的缺陷。他再次无视通用引以为傲的宝贵品牌遗产，对忠于通用的消费者和经销商更是不屑一顾，他在通用现有的品牌体系之外建立起完全分开、独立的企业。他放弃了通用自己的历史品牌，与他不久前还在强烈谴责的日本制造商结为盟友，从而为通用的竞争对手提供了打入美国市场的理想的特洛伊木马。

1984年，通用和丰田在加州弗里蒙特成立了新联合汽车制造公司（New United Motors Manufacturing Inc.），该公司利用的厂房其实是通用汽车两年前关闭的一家老工厂。通用的弗里蒙特工厂因管理不善而臭名昭著，工人旷工、罢工、醉酒、破坏流水线乃至打架闹事的发生率都高得惊人。那是美国汽车制造业的狂野西部。一位记者说："当通用锁上工厂大门时，最令人惊讶的是他们居然没把钥匙丢掉。"现在，新联合汽车提议在弗里蒙特工厂生产雪佛兰Nova和丰田卡罗拉，工人大都是原来的工人——但管理层主要是日本人。不出所料，工厂拿出来的成果让苦苦挣扎的美国汽车制造商感到尴尬：新联合汽车的日本管理者或在日本受过训练的管理者很快就能使每小时的产量比通用母公司高出25%，而且只需要使用相当于母公司三分之一的车间空间，缺勤率非常低，生产也几乎不受干扰。工人与管理层之间不再有界限，行政洗手间或行政餐厅没了，就连专用停车位也没了。此外，新联合汽车生产出来的汽车缺陷也比美国竞争对手少得多。①

史密斯创建新联合汽车，表面上是为了能够将日本的管理经验输出到通用汽车旗下其他工厂。不过，弗里蒙特的经验从未应用到其他地方。反而，史密斯倒是成立了一家以丰田的形象示人的全新子公司——土星汽车公司（Saturn Corporation）。土星汽车是一家投资50亿英镑打造的独立自主的公司，史密斯宣称，土星汽车将成为"一家不同类型的汽车公司"，与通用保持距离，并大刺刺地模仿日本公司。就连公司那弯曲、神秘的标识也是亚洲范儿多过美国范儿。但土星项目也因史密斯复杂的重组方案而延滞。打造土星汽车的计划最早于1982年制订，但新公司直到1985年才启动，第一辆土星汽车（史密斯亲自开下生产线）则到1990年7月才生产出来——刚好赶上经济衰退。土星与通用旗下其他车型没什么关联，田纳西州斯普林希尔的土星工厂是一家全新的工厂。土星与通用的其他车型不同，没有安装任何现有的通用汽车零部件。就连土星的经销商网络也是单独的。但史密斯这项计划并没有经过缜密考虑。当仿日本车的土星最终出现时，起初颇受欢迎（主要因为便宜），但从来没有好到能够与日本汽车直接竞争的程度，而这时许多日本车已经在美国工厂生产。与此同时，土星的销售倾向于蚕食通用现有的市场份额，超过40%的土星买家已经拥有一辆通用的汽车。当这些因素与20世纪90年代初的经济衰退相叠加，土星从没达到其乐观的销售目标也就不足为奇了。同时，通用旗下其他部门对史密斯斥资50亿英镑打造土星感到嫉妒——他们认为，这些钱应当投入现有品牌和工厂。史密斯离开之后，土星便成了通用昂贵的负担。1994年，土星与通用旗下其他的业务合并，最后一批土星汽车是2009年制造的，而土星汽车本身最终于2010年10月31日解散。

史密斯撇开老通用品牌，削弱了不同车系之间的差异，同时也未能处理各款车型在工程方面的复杂差异——与大众、宝马和福特等汽车生产商采取的策略截然相反。因此，通用各款汽车的外观开始更加趋同，但内部仍然存

---

① 到2008年，新联合汽车的两个合作伙伴不出所料地闹翻了。通用汽车于2009年退出这项交易，2010年4月1日，丰田在弗里蒙特生产了最后一辆卡罗拉，随后将生产转移到加拿大。

在差异，这种差异令人疑惑不解，也带来了高昂的成本。比方说，通用1982年将以往价值很高的凯迪拉克徽标应用于J汽车平台廉价车系的顶级车款雪佛兰骑士，炮制出凯迪拉克西马伦（Cimarron），这种拙劣的手法让通用失去了成千上万的顾客。同样，1981年推出的前轮驱动X汽车平台[①]中最基本的版本雪佛兰嘉奖（Citation）仅仅比据称更高端的兄弟车型庞蒂亚克凤凰（Phoenix）、奥兹莫比尔欧米伽（Omega）和别克云雀（Skylark）便宜100美元。如果你可以用几乎相同的价格买一辆别克，再购买雪佛兰又有什么意义呢？罗杰·史密斯拥有名牌院校的MBA学位并接受过多年的会计训练，对定价策略的把握却如此糟糕，实在令人吃惊。

史密斯不可逆转地侵蚀了斯隆的品牌阶梯，这一点被他的竞争对手抓住大做文章——最出名的是广告公司扬罗必凯（Young & Rubicam）1985年为福特旗下林肯部门做的那则臭名昭著的"侍者"电视广告。扬罗必凯的广告片中有一位代客泊车的侍者，一对富有的夫妇让他开出黑色的凯斯拉克，但这位侍者却一再犯错，开出别克、奥兹莫比尔等通用汽车的其他产品；但当另一对夫妇让他把林肯城市（Lincoln Town Car）开出来时，他毫不费力地找到了车。这则广告奏效了：林肯水星的销量飙升，而凯迪拉克的经销商则对欢欣鼓舞的福特管理层提出强烈抗议（尽管是徒劳的）。

罗杰·史密斯对新技术特别着迷，他天真、孩子气地相信可以依靠新技术来改变通用汽车的前景。20世纪80年代，他为机器人和其他自动化技术花费了900多亿美元。他的愿景是打造"未来的全自动化工厂"，只有几个员工监督自动机器人——当然，这个梦想性价比很高，但却不受工会待见。从长远来看，史密斯或许是对的，但他和许多先驱者一样，必然会犯一些后人能够从中获益的错误。他与日本机器人制造商富士通-发那科共同创立的合资公司成为全球最大的机器人设备生产商。但他早期的机器人未免有些不可靠，经常出现可笑的故障——互相喷漆，而不是给汽车喷漆，要么就是把车

---

① "X"系列很快获得质量低劣的恶名，数千辆车被召回。

门给焊死。[1]因此,这些机器人的效率从来没能达到史密斯想象的程度。于是,通用斥资6亿美元在密歇根州哈姆特拉姆克建造的高科技工厂产能利用率很少超过50%。这家工厂生产的别克和凯迪拉克质量极差,导致通用很快取消了该厂的豪华汽车订单。

史密斯的大手笔支出并不仅限于机器人。他再一次忽视了投资通用汽车核心品牌的必要性,同时还进行了两项灾难性的投资。这两项投资都是在尖端技术领域,史密斯都是以高价收购,期望使通用汽车的制造基础多元化,进军技术和服务领域。1984年,史密斯斥资25.5亿美元从电子数据系统公司(Electronic Data Systems)的亿万富豪创始人罗斯·佩罗(Ross Perot)手中收购了这家公司。佩罗是个易怒、固执的人,因在1992年和1996年异想天开地竞选美国总统而出名,自1962年创立电子数据系统公司以来,他已经赚了好几百万美元。史密斯将收购电子数据系统公司视为一种轻松汲取先进技术的手段。而在收购交易之后成为通用最大的单一股东并加入通用董事会的佩罗则认为,可以通过这项收购对美国最大的公司进行重新定位。1984年后,佩罗开始不断批评这位倒霉的董事长,公开谴责通用的一切,从工厂冗员到史密斯办公室的奢华。[2]佩罗曾对《财富》杂志说:"我熟悉的环境是,如果你看到一条蛇,就会立即把它杀死。但在通用,如果你看到一条蛇,首先会聘请一名蛇顾问。然后你会成立一个蛇委员会,再讨论几年。最有可能的行动是——什么也不做。你觉得蛇还没有咬到任何人,所以你就让它在工厂地上爬来爬去。我们需要建立一种环境,让第一个看到蛇的人把蛇杀死。"

早在1985年9月,因喜怒无常而臭名昭著的史密斯就在通用的一次重要会议上冲佩罗大发雷霆。电子数据系统公司的首席财务官随后记录道:"会

---

[1] 如史密斯的传记作者、曾为通用汽车起草演讲稿的阿尔伯特·李(Albert Lee)所言,新机器人"经常乱发指令,保险杠不对,饰条不对,焊接不对,喷漆也不对,再把指令发给下一个机器人,而下一个机器人头脑又太简单,根本注意不到错误。喷漆机器人特别暴躁,油漆溅得满车都是,结果下一辆车的油漆就不够用了"。

[2] 佩罗不断批评通用董事长奢华的生活方式,他指责史密斯办公的通用汽车办公楼第25层铺张浪费,"建这层楼肯定是毁了整片柚木林"。

议室里的人事后还记得，史密斯的暴怒既奇妙又恐怖：奇妙之处在于，他发的这一通脾气为会议室带来极端的氛围和声音；恐怖之处在于，大家从来没有见过有人在商务会议上发这么大的火。世界上最大、最强的公司的董事长如此失态，让电子数据系统公司的管理人员看得目瞪口呆。"

收购电子数据系统公司仅两年之后，史密斯的耐心就耗尽了，他斥资7.43亿美元买下了佩罗的股票——这一价格远高于市场价，而佩罗在欣然接受现金的同时，也公开谴责说，通用在关闭工厂并裁减数十万名工人之际开展这项收购是离谱的举措。[①] 与此同时，事实证明收购电子数据系统公司简直是一场灾难。电子数据系统公司实施近乎军事化的管理，有严格的着装和道德规范，比方说，员工被禁止住在一起。因此，电子数据系统公司的人员自然难以融入通用庞大的官僚体系，更不用说确保和谐合作了。1996年，史密斯的继任者出售了电子数据系统公司。

不过，罗杰·史密斯为电子数据系统公司花的钱与他1985年为收购休斯飞机公司（Hughes Aircraft）而投入的52亿美元巨资相比显得微不足道——许多分析师计算出，这一价格相当于休斯飞机资产实际价值的五倍。1986年元旦，史密斯花费250多万美元租下迪斯尼乐园，为休斯员工安排了一个铺张的假日。但休斯从来没能为其新所有者赚到钱，1997年，休斯被拆分并出售。

在通用汽车资金储备蒸发，工厂因缺乏投资而萎缩之际，史密斯却好像对越来越多的批评不以为然。1986年，也就是史密斯斥巨资收购佩罗的那一年，他还花费2000万美元收购了英国小众跑车制造商路特斯。路特斯是一家很小的公司，生产方法似乎与通用这家底特律汽车巨头完全不同。史密斯称，这次收购是为了获得路特斯基于计算机的性能工程技术。但在通用的工人和国际汽车媒体看来，这更像是老人的自私放纵——为化解中年危机而买了一辆跑车。这显然也是通用无法承受的放纵。在收购路特斯的同时，史密

---

① 这项政策在迈克尔·摩尔（Michael Moore）1989年拍摄的意外大获成功的电影纪录片《罗杰和我》（*Roger and Me*）中得到突出刻画，史密斯在摩尔的片中无意中扮演了兼具悲剧和喜剧色彩的丑角。史密斯在担任董事长后的头两年里解雇了20万名通用汽车员工。

斯冷静地宣布关闭13家工厂并额外裁减4万人。①

史密斯还在公共关系方面犯下一些骇人的大错，使他的商业灾难雪上加霜。他一面花费数十亿美元开展令人费解的新收购，一面向工会施压，要求工会裁员和降薪，目的是模仿日本削减劳动成本（1981年，日本公司平均每辆汽车的生产成本比通用低8美元），但他忘了日本汽车生产商会为工人慷慨提供住房和食品补贴。为削减成本，他将通用汽车管理人员的月薪强制下调135美元，这对高级管理人员来说只是小意思，但对初级管理人员来说是沉重的打击。更糟糕的是，史密斯为他自己和他手下的高管大幅加薪18.8%。在1982年举行的通用汽车股东大会上，史密斯的昏招引发了强烈抗议，但没能让史密斯重新考虑他的计划。他仅仅宣布，将把每名股东上台讲话的时间限制在两分钟之内，今后的股东大会将闭门举行，并且仅接受书面提问。这项提议遭到强烈抗议，史密斯不得不破天荒作出让步。但他随后又拿出惯常的做派，公开指责媒体无中生有，结果导致通用与媒体之间的关系永久恶化（史密斯还公开谴责他在克莱斯勒的对手李·艾科卡，指责艾科卡破坏了美国的汽车制造业。1981年，史密斯的月薪高达56250美元，而善于经营公共形象的克莱斯勒老板艾科卡却仅从公司领取1美元年薪）。

史密斯似乎什么也没有学到。在接下来的两年里，他出人意料地无视员工的意见和公众舆论，公开推行关闭美国工厂的政策，同时在劳动力成本远比美国低廉的墨西哥创造新的工作岗位②。到1990年，罗杰·史密斯已经成为美国工会的头号敌人。

20世纪80年代，福特在低调的总裁唐纳德·彼得森（Donald Petersen）③的领导下，表现远超通用汽车。福特欧洲的利润使整个公司保持盈利状态，而在美国，新款福特陶努斯代表着公司前进的方向。1986款陶努斯的车身以欧洲的西拉为基础，符合空气动力学原理，但明智地配了突出的后备厢。陶

---

① 1993年，路特斯也被不声不响地剥离了。
② 墨西哥工人的时薪比美国工人低20美元左右。
③ 彼得森似乎比史密斯和艾科卡等比他更出名的同时代高管安静得多，但他其实脾气暴躁，他出名的劣迹包括冲员工大喊大叫和生气时把自己的劳力士手表往墙上扔。

努斯将隐藏式前照灯和隐藏式后翼子板引入美国，抛弃了经典的美式前格栅，将进气口安装在前鼻下方——这些创新让陶努斯成为1987年的电影《机械战警》（Robocop）中颇具未来主义风格的警察座驾。但福特也并非事事顺遂。陶努斯推出得太仓促，令陶努斯正式发布后仅仅一周，就有4500辆陶努斯和黑貂（Sable）[①] 被召回，以修复存在故障的点火开关。两个月后，福特又再次召回汽车，以更换不合标准的窗玻璃。福特还花了几个月时间修复这款车散发出明显臭鸡蛋气味的污染控制系统。不过，陶努斯/黑貂还是克服困难，取得了令人印象深刻的销售数据，帮助福特在1986年至1988年期间实现了创纪录的利润。1988年7月，标准普尔有史以来首次将福特的信用评级调整到通用汽车之上。

与此同时，在底特律的另一边，福特的前总裁正在让克莱斯勒逐步恢复存活能力。1978年11月，身处福特之巅的李·艾科卡被越来越专横、越来越脱离现实的亨利·福特二世无情地踢开，亨利·福特二世实际上是用自己的弟弟威廉·克莱·福特（William Clay Ford）取代了艾科卡。当时，亨利二世语无伦次地说："这是私事，我不能再跟你说别的。这只是其中一件事。"不过，艾科卡很快就让福特为当初的决定而后悔。

李·艾科卡或许是20世纪80年代汽车行业最大的巨兽之一。艾科卡的父母是意大利移民，在工薪阶层聚居的宾夕法尼亚州艾伦敦经营热狗餐厅、电影院和汽车租赁业务。艾柯卡在大学攻读工程学，1946年毕业后加入了福特。他在福特一步步晋升，由害羞、内向的工程师逐渐蜕变成乐观、咄咄逼人的推销员。

艾科卡加入克莱斯勒时，克莱斯勒正面临危机。克莱斯勒似乎没有财务控制（对于一家战后主要由前会计师运营的公司而言，这种状况非常奇怪），也没有前瞻性规划。大众曾考虑收购这家境况不佳的巨头，但看到混乱的管理和财务状况之后，很快就放弃了。艾科卡在他的自传中严厉而真实地描述说："克莱斯勒高管不懂汽车，高尔夫球技倒是不错。"

艾科卡突然被福特抛弃，自然是非常愤怒，他立即着手重振克莱斯勒，

[①] 水星品牌下陶努斯的"孪生兄弟"。

以反击他的前雇主。他开始施展惯用的手法，在自家公司的电视广告中充当明星。尽管艾科卡说的俏皮话语调生硬，带有过度排练的痕迹，嘉宾由艾科卡的朋友客串，也都是一副刻意讨好的尴尬姿态，更不用说歌星弗兰克·辛纳特拉的那句台词："我自己也是生意人。"但艾科卡让克莱斯勒的企业形象在美国深入人心，并表现出坦率和诚实。他还强调克莱斯勒的产品源自美国本土，而"美国制造"则成为克莱斯勒无处不在的营销口号。它们叠加在一起，以期打击日本进口产品。克莱斯勒的形象把通用和福特那种好吃懒做的肥猫形象甩出十万八千里，这种做法奏效了。1981年，艾科卡在一则宣传克莱斯勒勒巴伦（LeBaron）的广告中说出了他那句原创口号："你要是能找到更好的车，就买吧。"在接下来的11年里，他不断演绎这句口号。

电视广告的成功让艾科卡开始培养对他的个人崇拜——他甚至纵容了一场"艾科卡竞选总统"的活动。

但艾科卡的厚颜无耻为克莱斯勒创造了奇迹。他拿到了1500万美元的联邦政府救助资金——他的前任则没能拿到钱。艾科卡还让美国汽车工人联合会主席道格拉斯·弗雷泽（Douglas Fraser）加入了克莱斯勒董事会。这种策略在德国很常见，在保守的底特律却引起巨大争议，但它帮助克莱斯勒赢得了全国的关注。艾科卡推出了安全稳妥的新车型，譬如平淡但可靠的道奇Aries/普利茅斯Reliant紧凑型车和美国第一款休旅车道奇Caravan/普利茅斯Voyager。艾科卡挖掘出豪车品牌帝国，并说服同样受人尊敬的弗兰克·辛纳特拉在电视上吹捧帝国。1983年，艾科卡宣布提前偿还了最后一笔联邦贷款之后，在加利福尼亚州和亚利桑那州开设了令人兴奋的新克莱斯勒设计中心。

假如艾科卡1984年就辞职（他那本找人代写的自传出版的那一年），他本可以顶着"克莱斯勒大救星"的崇高声誉全身而退。不过，1985年以后却开始出错了。与20世纪70年代的亨利·福特二世一样，艾科卡对挑战他尊位的潜在竞争对手疑神疑鬼，这种偏执的想法占据了他的思想，导致他无法实施有效的管理。

1986年，艾科卡从福特聘请了对福特心怀不满的鲍勃·卢茨——主要是为了让前雇主难堪。卢茨当时公开嘲讽福特越来越难以理解的商业语言，由此成为迪尔伯恩引人注目的人物。即使卢茨取得了卓越的成功，譬如优秀的1991款道奇蝰蛇（Viper）跑车（这款基于20世纪60年代兼具英美血统的传奇AC Cobra的跑车立即成为经典），艾科卡似乎仍然决心确保卢茨不致接替他的职位。

艾科卡救世主般的自信塑造了他的行为模式，他变得越来越古怪。他开始了一场几乎与通用汽车不相上下的离奇消费狂欢。1985年，克莱斯勒收购了公务喷气机生产商湾流航空航天公司（Gulfstream AerSpace），艾科卡则顺理成章地为自己捞了一架湾流G4系列顶级飞机。他还试图收购休斯飞机，而休斯飞机被通用收购了。艾科卡甚至试图效仿通用，宣布了Liberty项目。该项目旨在以通用耗费巨资的日系土星项目为模板建立一个新部门，是一项不明智的举措（好在克莱斯勒高管早早埋葬了这一设想，而没有硬是坚持到浪费太多金钱把车给造出来）。艾科卡之后又让克莱斯勒花费5亿美元，从他的阿根廷朋友亚历山德罗·德托马索（Alessandro De Tomaso）手中收购了玛莎拉蒂的大量股份——德托马索1975年从雪铁龙手中收购了这家小众跑车生产商。为向董事会证明这项交易的合理性，艾科卡试图与玛莎拉蒂联袂打造一款梦幻之车——克莱斯勒Turbo Convertible（简称TC）。不过，TC并不是什么无敌神车。1988年，最终亮相美国展厅的TC差评如潮。到1991年停产为止，TC只卖出了7000辆。

尽管克莱斯勒对玛莎拉蒂项目的数百万美元投资几乎全部注销，但艾科卡并没有被失败吓倒。1987年，也就是他与第二任妻子佩吉闹离婚闹得鸡飞狗跳、满城风雨的那一年，他收购了另一家享誉全球的意大利跑车制造商兰博基尼（Lamborghini）。克莱斯勒的高层很高兴，因为他们每人都能免费得到一辆兰博基尼。兰博基尼这家意大利传奇汽车生产商虽然名气很大，但年产量很少超过400辆。此外，兰博基尼还深陷债务泥潭，不久前刚刚破产，过去10年经历的所有权变更比意大利政府换届还要频繁。艾科卡和克莱斯勒都不知道究竟该如何处理这个新玩具。艾科卡离任后，兰博基尼被卖给由印度尼西亚商人组成的卡特尔（1998年又被卖给大众），玛莎拉蒂则被卖给了菲亚特。

20世纪80年代末，艾科卡确实也开展了一项具有商业意义的收购。1987

年，克莱斯勒收购了美国机动车公司，其实主要是冲着该公司的吉普品牌。吉普大切诺基由美国机动车公司基诺沙工厂开发，1992年由克莱斯勒推出，是美国第一款中型SUV，受到评论家和公众的广泛好评。不过，艾科卡对轿车市场的干预就不那么成功了。在福特的陶努斯让圆润自然的外观成为流行风潮之际，他却坚持为克莱斯勒1987年款车系设计四四方方的外观。这样一来，1987年的克莱斯勒汽车与1947年的克莱斯勒汽车一样，看上去都比竞争对手的汽车老气得多。鲍勃·卢茨公开评论说，克莱斯勒现在只提供"昨天的技术"。

面对1987—2008年间的经济滑坡，艾科卡的对策也很不明智。他提议关闭威斯康星州基诺沙的美国机动车公司工厂，并将新款克莱斯勒勒巴伦及其K平台克隆车的生产由底特律转移到墨西哥，公然背叛了他自己大张旗鼓宣传的"买美国货"口号。与此同时，媒体发现这位克莱斯勒总裁上一年的薪酬总计高达1790万美元。基诺沙工厂的关闭计划在一片愤怒的反对声中被推迟了一段时间。1989年，底特律的杰斐逊大道工厂被拆除。次年，基诺沙工厂以及克莱斯勒的圣路易斯工厂最终关闭。艾科卡终于尝到了疯狂购物的苦果。

在克莱斯勒陷入危机之际，艾科卡开始向手下的高管施压——结果导致许多人突然离职。[①] 1990年，艾科卡试图把克莱斯勒很大一部分股权卖给菲亚特和福特（令人感到震惊），但无果而终。与此同时，尽管克莱斯勒的亏损不断增加（1991年亏损近8亿美元），但艾科卡的生活方式还是越来越奢华。艾科卡在宣布新一轮裁员的同时，却乘坐豪华轿车或私人湾流飞机到各地开会（他不愿乘坐商业航班，而福特和通用的董事长当时比较明智地选择乘坐商业航班），他在纽约的公寓也耗费巨资进行了大规模装修。艾科卡似乎还丧失了公关天赋。1986年，艾科卡就克莱斯勒新款休旅车的安全性问题接受NBC电视频道采访时，俨然一副粗鲁、傲慢、自大的大男子主义姿态。1988年，克莱斯勒高管宣布关闭基诺沙工厂，艾科卡因食言而受到威斯康星州政府官员的谴责，但他又一次给自己大幅加薪。到1992年，艾科卡每年的

---

① 最严重的损失是克莱斯勒的二号人物杰里·格林沃尔德（Jerry Greenwald），他离开克莱斯勒后前往美国联合航空公司（United Airlines）担任主管。

工资、奖金和股票期权收入超过1400万美元。

1989年，65岁的李·艾科卡已在克莱斯勒的权力巅峰屹立多年，而与他同时代的罗杰·史密斯和唐纳德·彼得森早已隐退。如历史学家保罗·英格拉西亚所言："李·艾科卡有许多天赋，但何时该退出这个问题显然并不包括在其中。"克莱斯勒董事会建议把在通用任职多年的鲍勃·伊顿（Bob Eaton）作为继任人选。艾科卡虽然喜欢伊顿，而且准备任命他为首席执行官，却还是不愿腾出总裁的位置。在克莱斯勒主要股东含蓄但无情地施加压力之后，艾科卡才同意提名伊顿作为他的继任者。

1993年1月1日，李·艾科卡终于被赶出了大门。即使到这时，他还是试图保住公司为他提供的湾流飞机以及两处克莱斯勒所有的住宅，要求将他已经相当可观的养老金进一步上调，并给他一份每年报酬50万美元的两年期顾问合同。次年8月，艾科卡以5330万美元的天价出售了克莱斯勒的部分股票。尽管艾科卡获得了这笔意外之财，但他对这家让他成名和发财的公司并没有表现出多少忠诚。1995年，他是说服他的朋友、金融家柯克·科科里安（Kirk Kerkorian）对克莱斯勒提出敌意收购（但失败了）。两年后，他对克莱斯勒与戴姆勒的合并提出谴责，似乎忘了困扰克莱斯勒的许多问题正是他一手造成的。这些汽车业巨兽就算是退了休，似乎也还是无法放手。

第十五章
并购时代

20世纪的最后十年和21世纪的头十年见证了全球汽车业的重组。这场悲喜交加的商界抢椅子游戏为发酵了30年的问题和矛盾画上句号,由此导致的结果必然是残酷的(可能也过于残酷),一批著名品牌被淘汰,数十万工作岗位从此消失。到2010年,在全球衰退淘汰了苟延残喘的伤病员之后,过去50年最著名的美国品牌以及在过去一个世纪驰名天下的几乎所有英国汽车生产商终于重见天日。德国和日本品牌的可靠性、质量和市场意识似乎取得了胜利。当然,是不是真的取得了胜利还不好说。在21世纪初,就连最大的汽车制造商也不敢掉以轻心。

到20世纪90年代,英国汽车制造业显然已经没有什么值得沾沾自喜的优势了。英国唯一幸存的本土大众市场汽车制造商罗孚集团就像饱受重击的拳击手一样,跌跌撞撞地走过一场又一场灾难。宝马在1994年收购了这家病恹恹的汽车集团,甚至他们一开始都不确定为何要进行这项收购。当宝马的老板、推动这项收购的贝恩德·皮舍茨里德(Bernd Pischetsrieder,他是亚历克·伊西戈尼斯的侄孙)被问到如何评价罗孚的汽车时,皮舍茨里德只是回答说,他认为这些车是"便宜的捷豹"——当然,用这种说法来形容基于本田的200系掀背车并不恰当。随后,感到懊悔的皮舍茨里德又宣称,他认为罗孚的小型车亦有市场潜力,有望填补宝马3系以下的概念空白。但在1994年,罗孚并没有能力履行任何一项使命。除路虎的续航里程令人印象深刻且不断提高以外,罗孚现有的车系并没有太多值得一提的亮点。我们之前谈到，自罗孚最后一款能够与捷豹媲美的车型——罗孚P6于1976年停产以来，本应主打高端市场的罗孚品牌已经完全贬值。到20世纪90年代中期，罗孚的小型车要么是Mini和地下铁道（1994年把车标滑稽地换成了罗孚100）这种老化的"备胎"，要么是廉价的本田。许多观察家搞不懂宝马为什么要收购罗孚，他们认为，宝马收购罗孚集团只是为了弄到利润丰厚的路虎业务——日后回想起来，这种看法似乎基本正确。一些批评人士甚至更加愤世嫉俗。汽车记者詹姆斯·鲁珀特后来写道："宝马一下子，或者说是花了8亿英镑，把他们在英国汽车市场最大的竞争对手赶走了。"

在宝马旗下，罗孚至少推出了一款真正的新车型。MG品牌被挖掘出来，由罗孚的格里·麦戈文（Gerry McGoven）巧妙地打造成富有魅力的轻便双座车MGF。MGF是15年来第一款真正的MG，虽然在可靠性方面存在一些可预见的问题，但还是广受欢迎。2002年，MGF被较传统的版本TF（根据MG的1953款TF Midget命名）取代。TF的销量也非常可观——在一个挤满奥迪TT、宝马ZX和马自达MX-5（F和TF与这款车非常相似）等世界一流的优秀跑车的市场上，这样的销量尤其令人鼓舞。TF甚至在罗孚最终破产后得以幸存，2007年以后被中国汽车生产商发掘出来。

三年后，宝马又推出一款全新的罗孚行政车：罗孚75。最初的想法只是为600简单地改换外观，但宝马内部一些比较大胆的人决定打造一款全新车型——罗孚75。罗孚75拥有参与高端市场竞争的实力，由理查德·伍利（Richard Woolley）精心设计，既反映当代的风尚，又将罗孚辉煌的传统融入其中。罗孚75也是一款正宗的英国产品：平台和汽油发动机都百分之百来自罗孚，只有柴油动力总成来自宝马。这款汽车在世界各地广受赞誉，被英国杂志《什么车？》（*What Car?*）评为1999年"年度之车"，在意大利荣获1999年度"全球最美高级轿车奖"，在日本荣获1999年"年度进口汽车奖"（2000年又再度获此殊荣），2001年，罗孚75又在很有分量的君迪消费者满意度调查中位居欧洲榜首。但令人遗憾的是，宝马匆匆退出英国之后，罗孚75很快便失去了光彩。在罗孚75亮相伯明翰车展之际，皮舍茨里德并没有借此机会庆祝罗孚的重生或是宣传罗孚75的精良品质，而是抨击这家英国公司的高级管理层，并要求政府提供巨额补贴——他威胁说，如果政府不提供补贴，宝马就会退出英国，关闭工厂，让英国员工领取失业救济金。不过，皮舍茨里德这一次的发作来得不合时宜。托尼·布莱尔（Tony Blair）领导的新工党政府坚称当时的情况与20世纪70年代不一样，英国政府既不会出手支持罗孚，也不会为宝马提供补贴。与此同时，宝马利用这件事迫使咎由自取的皮舍茨里德下了台。皮舍茨里德随后离开宝马加入了大众，2002年成为大众的董事长（他在大众仅仅待了四年，之后，大众集团强大的老板费迪南德·皮耶希在一场权力斗争中把他赶下了台）。

但皮舍茨里德的话基本应验了，没过多久，宝马董事会就要求公司处置罗孚。当宝马宣布退出亏损的罗孚业务时，只带走了新款Mini（或称MINI）、制造新款Mini的考利工厂以及路虎的技术。宝马随后利用相关技术规划了自己的SUV。[1] 美国制造的宝马X5最初只在南卡罗来纳州格里尔生产[2]，被宝马称为运动休闲车（sports activity vehicle），而不叫SUV。事实证明，宝马X5大获成功。[3] X5的第一版——E53使用的许多零部件与兰治·罗孚相同，但四灯式前照灯和双肾形格栅让这款车看起来仍然很像宝马。2003年，宝马又增加了基于较小的3系平台的X3版。

宝马离开罗孚之后采取了一项精明之举，从威格士手中收购了劳斯莱斯汽车公司的权益。自1980年以来一直拥有这家豪华汽车生产商的威格士当时将劳斯莱斯和宾利双双挂牌出售。[4] 大众不久前刚从威格士那里收购了这两个品牌（或者说是自以为买到了），但没多久就发现，自己虽然对劳斯莱斯商标所表现的水箱格栅和查尔斯·赛克斯（Charles Sykes）经典的车头徽饰欢庆女神拥有权利，但其实并没有制造劳斯莱斯汽车的法律权利。威格士本身从未拥有劳斯莱斯品牌的全部权利；飞机发动机制造商罗尔斯–罗伊斯（Rolls-Royce plc）仍然有权将包括劳斯莱斯名称和标识在内的主要商标授

---

[1] 宝马还保留了对凯旋和莱利品牌的所有权，这种做法有些令人费解。
[2] 这款汽车之后亦在墨西哥托卢卡生产，从2009年开始在俄罗斯加里宁格勒生产。
[3] 不过，这确实让宝马的一些铁杆粉丝感到震惊，因为他们认为，宝马品牌的延伸是对该公司赛车和摩托车传统的背叛。
[4] 宾利当时的产量仅占劳斯莱斯汽车总产量的5%。

权给其所选择的公司。这一回，罗尔斯-罗伊斯没有选择大众，而是选择了宝马，因为罗尔斯-罗伊斯近些年与宝马在飞机项目上展开了许多合作。大众最终同意将"飞翔女神"（欢庆女神）和格栅设计以4000万英镑（对如此宝贵的商品而言，这一价格简直是低到荒唐）授权给宝马，自己保留宾利品牌，并使宾利70年来首次成为显著独立的实体。大众随后声称（虽然不能令人信服）自己一直只想要宾利，而宝马管理层则开始舔着嘴唇数战利品。

在英国的观察人士看来，这一切都无比丑陋，令人无比寒心，因为德国制造商以1945年乃至1965年那会儿根本无法想象的方式与英国的知名品牌交锋。如詹姆斯·鲁珀特所言："两大德国工业巨头的掌门人就像两个争吵不休的德国国防军将领一样瓜分胜利的战利品。"不过，获得罗孚品牌所有权的并不是德国人，而是印度公司塔塔汽车（Tata Motors）。塔塔2007年从福特手中收购了路虎、捷豹以及罗孚、戴姆勒和兰彻斯特等品牌。塔塔为此向宝马支付了18亿英镑——比宝马1994年收购整个罗孚集团的花费多出10亿美元。德国人又一次取得了胜利。

在德国人的管理之下，劳斯莱斯和宾利都取得了蓬勃发展。2003年，宝马在萨塞克斯的古德伍德新开了一家劳斯莱斯工厂，并推出与新款宝马7系共享零部件和发动机的新款劳斯莱斯幻影。与此同时，大众斥资5亿英镑改造了位于克鲁的旧劳斯莱斯工厂，并重振了宾利的车系。这些举措大获成功。新款宾利欧陆GT（Continental GT）及其四门变体车型飞驰（Flying Spur）的市场需求极大，导致克鲁工厂应接不暇，结果飞驰有好几年时间都是在大众位于德累斯顿的著名"透明工厂"生产。这座采用玻璃墙和枫木地板的"透明工厂"由建筑师冈特·亨恩（Gunter Henn）设计，起初是作为组装大众顶级车型辉腾（Phaeton）的专用厂房。

与此同时，罗孚集团的剩余部分在耻辱中陷入崩溃。一开始，罗孚的业务似乎有望在四位英国白衣骑士手中存活下来并得到振兴，这几位白衣骑士自诩为罗孚的救世主，自称"Phoenix银团"。不过，"Phoenix银团"的行动很快表明，这种乐观是可悲的误判。"Phoenix银团四骑士"中的第一位是约翰·托尔斯（John Towers），他从拖拉机公司麦赛福格森（Massey Ferguson）跳槽到罗孚，到2000年已经升任罗孚董事总经理。但其他三人没有一个是汽车行业的重要人物。尼克·斯蒂芬森（Nick Stephenson）是一名工程师；彼得·比尔（Peter Beale）是会计师，曾经做过汽车经销；约翰·爱德华兹（John Edwards）经营过一个由20家经销商组成的网络。不过，到2000年5月，"Phoenix银团四骑士"成功说服美国北卡罗来纳州一家名不见经传的银行——第一国民银行（First National）提供2亿英镑贷款。① 尽管这些合伙人大谈复兴计划，但他们每人仅为罗孚投入区区6万英镑。宝马同意出5亿英镑，以帮助支付大规模裁员和重组的费用。

"Phoenix银团四骑士"就像一群拿着新玩具的小男孩。他们对现有的25、45和75等车型进行升级，添加了经过改装的发动机和更加紧绷的悬架，打造出迎合飙车仔的Z系列（分别为MG ZR、ZS和ZT）。他们还异想天开地在引擎盖上加了一面英国国旗。Z系列其实挺好开，但硬把沉稳的罗孚75改造成热血的MG ZT，就像是让尴尬的大叔穿上学生服一样。"Phoenix银团四骑士"随后又莫名其妙地去意大利收购了境况不佳的跑车制造商卡威乐（Qvale），并试图利用宝马提供的遣散费，对卡威乐之前打造的反传统著名车型Mangusta进行改造，使之符合美国人的口味。接下来，他们随专业赛车制造商Lola（斯蒂芬森曾为LoLa工作）来到勒芒，在娱乐上花费了数千英镑，却没能拿出任何可向Lola展示的东西。他们还在沃里克郡买下19世纪的斯塔德利城堡（Studley Castle）所在的大片地块兴建会议中心，同时卖掉了朗布里奇的地皮用于住房开发，仅仅租回了汽车厂所在的区域。

"Phoenix银团四骑士"不仅幼稚，而且贪婪。2002年，MG罗孚（罗孚现在改成了这一名称）发生了超过7700万英镑的税前亏损，但四人却为自己和家人设立了规模达1300万英镑的信托基金，此外还领取了1510万英镑工资。也正是在那一年，他们后知后觉地意识到，不管生产什么样的大众市场汽车，都需要找到合适的合作伙伴。本田和菲亚特等公司以负债为由断然拒绝与MG罗孚合作，但塔塔汽车同意提供价格低廉的经济型车Indica，MG罗孚日后将这款汽车的车标换成城市漫游者（CityRover）。MG罗孚以

---

① 第一国民银行很快便与美联银行（Wachovia）合并。2008年12月，向"Phoenix银团四骑士"提供的这种不明智的贷款拖垮了美联银行。随后，美联银行的资产被富国银行（Wells Fargo）吸纳。

每辆3000英镑的价格买进Indica，对设计稍做改动之后（包括在引擎盖上贴上英国国旗，试图唤起一些爱国情感，但这种做法徒劳无功），再以每辆7000英镑的价格卖出，但在这一价位上，城市漫游者根本无力与菲亚特熊猫（Panda）、丰田致炫（Yaris）、沃克斯豪尔科莎（Corsa）或福特嘉年华等质量更好、更精致的车型展开竞争。城市漫游者设计蹩脚，不可靠，油耗高，从一开始就是一场灾难。就连"Phoenix银团四骑士"也含蓄地承认了这一点，因为他们拒绝让城市漫游者在BBC颇具影响力的热门电视节目《最高档》（*Top Gear*）中亮相。不过，《最高档》的制片人还是借了一辆，主持人詹姆斯·梅（James May）称之为他在节目中开过的最烂的车。

"Phoenix银团四骑士"在超迷你车世界显然是尴尬地碰了壁，没多久便退回到超级跑车的幻想世界中——但MG罗孚与这一市场几乎没有交集。他们最终将卡威乐Mangusta成功改装成一款英国赛车，在2004年以MG XPower SV（SV是"Sport Veloce"的缩写，意为高速跑车）为名推出。车名听起来就像是动画片《辛普森一家》（*The Simpsons*）里的笑料，而车本身的外观也像是出自少年的春梦。之前曾设计终极超跑迈凯伦（McLaren）F1的彼得·史蒂文斯（Peter Stevens）参与了造型设计。XPower从表面上看是英国车，其实是使用英国产车身部件和老菲亚特的零部件在意大利生产的。比方说，前照灯就取自菲亚特朋多（Punto）。但基本没有人真正买过XPower。除原型车以外，XPower只生产了82辆。

第一批XPower刚出厂，"Phoenix银团四骑士"的美梦就宣告破灭了。约翰·托尔斯让背负超过14亿英镑债务的MG罗孚进入了破产接管程序。上海汽车集团有意出手拯救这家公司，但考虑到MG Rover的巨额债务，中国政府怀疑上海汽车集团是否有能力扭转宝马的败局。最终，中国的南京汽车集团收购了MG罗孚的剩余资产。上海汽车集团赢得了罗孚75加长版和缩短版的生产权，但不得不把这两款车称作荣威（Roewe）750和荣威550，因为该公司没有购买罗孚的冠名权。[①] 2005年9月15日，与中国生产商签订合同的罗孚前骨干工人开始拆卸朗布里奇的机械，以便运往中国。

---

① 2007年12月，上海汽车集团兼并了南京汽车集团，两家公司之间持续不断的纠纷终于化解。

罗孚葬礼的余烬偶尔也被搅动过。2008年，一位名叫威廉·莱利（William Riley）的男子自称是莱利汽车王朝的后人（《金融时报》2010年质疑了这种说法），宣布将在伍斯特郡生产MG XPower。但没等启动全面生产，莱利就因涉嫌盗窃被逮捕，两名前雇员起诉他拖欠工资。2010年2月，南京方面依法阻止他使用MG这一名称。

与此同时，收购了南京汽车集团并恢复生产MG TF的上海汽车集团于2008年8月重新聘用了250名工人，开始在朗布里奇工厂组装TF——这些汽车是用中国产组件制造的。该工厂仅仅组装了550辆TF，就发生了经济衰退，这场试验随即于2009年10月终止。上海汽车集团随后推出了一款全新的MG，零部件在中国制造，但运回朗布里奇组装，并通过越来越多的英国经销商网络销售。不过，无论是四门的MG6还是之后的两门兄弟款MG3（在中国叫荣威150），都与早期具有跑车范儿的MG相去甚远。这些车外观枯燥乏味，内饰粗糙廉价，似乎不太可能在拥挤的欧洲市场产生太大影响。但上海汽车集团坚持自己的理念，于2011年推出掀背版MG6 GT以及一款更具跑车范儿的轿车，这款轿车继承了MG上次在1968年使用的Magnette这一名称。

2009年9月，英国政府对MG罗孚倒闭事件的调查结果终于公布。报告尖锐地批评了"Phoenix银团四骑士"，指控他们在这家陷入困境的公司倒闭时拿走了4200万英镑的薪酬和养老金；尼克·斯蒂芬森向一位在2005—2006年期间担任顾问的朋友支付了超过160万美元酬金；彼得·比尔安装了"消除证据"的软件，删除了本可为调查提供有用证据的资料；而且四名合伙人均对报告作者"不诚实"。反对党资深商业事务发言人肯尼斯·克拉克（Kenneth Clarke）称，"Phoenix银团四骑士"的行为是"可耻的"，商业大臣曼德尔森勋爵（Lord Mandelson）则谴责他们未能对公司的倒闭和随之而来的大规模失业显出"一丝一毫的内疚"。多亏了比尔的软件，英国严重欺诈调查署（Serious Fraud Office）决定不再进行进一步调查，但曼德尔森指示律师对"Phoenix银团四骑士"提起诉讼，以取消他们今后担任公司董事的资格。英国曾经是欧洲量产车的先驱，但MG罗孚倒闭后，英国就没有属于自己的大众市场汽车生产商了。就在朗布里奇工厂停止生产罗孚汽车的那一年，捷豹也关闭了位于考文垂布朗巷的工厂，并出售了一级方程式赛车队。一年后，标致最终关闭了旗下的赖顿和斯托克工厂，将汽车生产全部转移到波兰、西班牙和法国。早在2008年经济衰退开始之前，考文垂的失业率就远高于英国其他地区。

就连美国人也纷纷离开英国。福特于1997年关闭了兰利工厂，2002年又关闭了庞大的达格纳姆工厂，沃克斯豪尔2002年停止在卢顿生产汽车，并对埃尔斯米尔港工厂实施了裁员（2009年，通用汽车旗下的英国业务勉强在母公司濒临死亡之际存活下来）。到2010年，沃克斯豪尔和福特的英国业务双双被美国主人缩减，仅仅组装在欧洲大陆设计和制造的汽车零件。

一些大型汽车工厂在英国存活下来——但它们都属于日本人或德国人，譬如森德兰的日产工厂、德比的丰田工厂、斯温登的本田工厂和牛津的宝马Mini工厂。日本人的成功似乎推翻了英国工人不适合严格的批量生产系统的说法。日产的森德兰工厂自1985年开工以来，从未因劳资纠纷损失过一分钟的产量。到2000年，该厂已在生产玛驰（Micra）、霹雳马（Primera）和阿美拉（Almera）；分析师一致认为，森德兰工厂到2006年已成为欧洲效率最高的汽车厂——日产为奖励森德兰工厂的良好表现，决定由该厂生产逍客（Qashqai）SUV。2010年，已成为日产全球皇冠上宝石的森德兰工厂亦被选中生产逍客较小的兄弟车型、外形酷似青蛙的跨界车朱克（Juke）。2013年，森德兰工厂成为全电动车聆风（Leaf）和聆风定制锂电池的欧洲制造中心。

捷豹路虎（捷豹的新名称）归印度人所有之后，状况出现了长足改善。捷豹的改观尤为显著，该品牌像从池塘中探出头的狗一样，不再沿循福特的旧传统。福特收购捷豹之后，曾将广泛使用且大获成功的蒙迪欧底盘用于新款"小豹"X型。从许多方面来看，X型是一款非常成功的汽车，获得了无数奖项，但它永远无法摆脱福特的光环，人们普遍认为，X型实际上是沿循科尔蒂纳的传统，而不是沿循E型的传统。2008年，捷豹宣布将在2008至2009年期间停止生产分别衍生自福特蒙迪欧平台和林肯LS平台的X型和S型。2009年，捷豹推出了新款行政轿车XF，在全球赢得喝彩和赞誉；2010年，捷豹又增加了XKR高性能跑车和顶级XJ系列。XJ系列旨在传承20世纪60年代至80年代经典XJ的血脉，由捷豹的严凯伦（Ian Callum）担纲造型设计,但这款车的外观有别于那些杰出的前辈,而更接近同时代的竞争对手。传统的饰面仪表盘,XJ6强调的那种扁平、水平架构,20世纪90年代风格的细长格栅和传统的集群式尾灯不见了。取而代之的是带有液晶显示屏的闪亮新仪表盘,俯冲向下的车顶,逐渐收细的车身,更大、更方的格栅(实际上是借自1968年的原版XJ6),以及俯冲向下、抱住后备厢的"猫爪"的尾灯。到2010年初,捷豹已经扭亏为盈,实践证明,捷豹坚持开发自己的车型似乎是明智之举。2010年5月11日,捷豹向时任英国首相戴维·卡梅伦(David Cameron)交付了一辆长轴距装甲XJ作为英国国家公务用车,这件事突显出捷豹的成功。两年后,捷豹宣布在中国建厂。

捷豹的德国竞争对手梅赛德斯与宝马和大众一样,也在20世纪末的雷区中巧妙地开辟出一条生路。梅赛德斯的豪华轿车和宝马的大型车一样,仍然比凯迪拉克和林肯等美国同类车型更轻、更快、更安全、更经济。梅赛德斯汽车的做工堪称典范,品质远超美国、英国或法国的产品。同样值得一提的是,梅赛德斯看起来仍然像梅赛德斯,而不像别的车。梅赛德斯、宝马和保时捷坚持传承原则,让新车型在现有车型的基础上进化,而不是每隔几年就对品牌进行一次重塑。

我们之前谈到,在20世纪90年代初,梅赛德斯决心对不同车系进行再发布和再包装,以摆脱保守、传统的形象。戴姆勒-奔驰同时还推出了一系列引人注目的跑车(领衔车型是1996年推出的轿跑车/敞篷车CLK和尺寸较小的双座敞篷车),并开始向其之前鄙视的市场扩张。于是,该公司1997年推出了第一款迷你MPV——A级,1998年又推出第一款中型SUV——M级。1997年,一辆梅赛德斯A级原型车在瑞典汽车杂志《麋鹿测试》(*Tcknikens Värld*)举办的躲避"麋鹿"测试中翻倒,让很多人幸灾乐祸。但这段被大肆报道的插曲似乎并没有影响新车型的后续销售。2005年,梅赛德斯又以A级为基础,打造了比较传统的四门紧凑型运动旅行车B级,特别针对年轻人和女性。2006年,梅赛德斯推出了首款全尺寸MPV——R级。

不过,梅赛德斯与其竞争对手宝马一样,犯了一项根本性错误。在宝马收购陷入困境的罗孚集团四年之后,梅赛德斯效仿宝马,收购了境况不佳的美国汽车巨头克莱斯勒。这项交易由戴姆勒-奔驰雄心勃勃、冷酷无情的首席执行官朱尔根·施伦普（Jügen Schrempp）策划，起初被宣传为合并，但显然只是收购而已。1992年，施伦普在戴姆勒-奔驰航空航天部门担任主管时，曾说服公司董事收购了著名的荷兰飞机公司福克（Fokker）——但1996年又在这家荷兰公司似乎濒临破产之际将其抛弃。现在，专断而冒进的施伦普希望确保这次收购绝对不出差错。克莱斯勒的大多数美国高管都被解雇或强制退休，就连永远安坐钓鱼台的鲍勃·卢茨也未能幸免；戴姆勒-克莱斯勒（这一名称现在已是家喻户晓）的所有关键职位都被迅速安插了德国人；美国有多达2.6万人因此失业。

施伦普新任命的戴姆勒-克莱斯勒总裁迪特·蔡澈（Dieter Zetsche）是个老派的汽车人。蔡澈曾在卡尔斯鲁厄大学（University of Karlsruhe）学习电气工程，1976年毕业后加入戴姆勒-奔驰，并在该公司一步步晋升。蔡澈的形象沉稳可靠，广告公司受他那蓬标志性的灰色大胡子启发，在德国和美国利用他的脸为梅赛德斯打广告（与艾科卡的风格相似）。可惜这些广告在美国的效果适得其反，因为许多观众听不懂德国口音浓重的蔡澈在讲什么。但即使有蔡澈坐镇，收购一家自沃尔特·克莱斯勒去世以来一直时起时落的公司仍然充满风险。风格严肃、富有影响力的德国报纸《法兰克福汇报》（Frankfurter Allgemeine Zeitung）将戴姆勒-奔驰的收购之举称为"一场结局不确定的冒险"。克莱斯勒规模太大，对美国就业市场的影响也极大，不可能像对待福克那样，一有风吹草动就迅速甩掉包袱。

一开始，势头似乎不错——事实上，宝马刚刚收购罗孚时势头也不错。克莱斯勒将德国制造的火线（Crossfire）加入其产品线，并就未来的投资发表了令人鼓舞的看法。但德国人很快意识到，要使克莱斯勒恢复健康，需要投入巨资，这些钱就连财大气粗的戴姆勒-奔驰也难以负担。蔡澈砍掉了历史悠久的普利茅斯品牌，开始在美国减产。很快，戴姆勒-奔驰的大多数高级管理人员都意识到，施伦普又一次犯下了严重的判断错误。当年因福克的败笔而受到指责的施伦普这次虽然成功躲过了责难，但也难逃无可避免的后果。2006年1月1日，蔡澈接替施伦普出任戴姆勒-奔驰首席执行官，2007年5月，戴姆勒-克莱斯勒宣布将克莱斯勒卖给私募股权投资公司博龙资产管理（Cerberus Capital Management）。① 2009年4月，克莱斯勒这个曾经的美国汽车巨头垮了，博龙本身也宣告破产，美国政府不得不拿出66亿美元税金救助这家资不抵债的汽车制造商。联邦政府的谈判人员随后把克莱斯勒卖给了菲亚特，菲亚特获准在克莱斯勒2010年6月完成破产重组，蜕变成一家经过精简的全新公司之后收购25%的股份。2011年6月，在克莱斯勒还清政府贷款之后，菲亚特又得以将持股比例增加到53%，取得了克莱斯勒的控股股权。菲亚特任命蓝旗亚首席执行官奥利维尔·弗朗索瓦（Olivier Francois）担任克莱斯勒的新老板。弗朗索瓦撤销了克莱斯勒的大多数直属经销商，仅关注五大业务领域：带有克莱斯勒徽标的轿车和休旅车，菲亚特打算把克莱斯勒品牌推向高端市场（现在打出的广告是"从底特律进口"，颇有些讽刺）；道奇轿车；公羊（Ram）卡车（2009年从成功的道奇公羊轻型卡车部门剥离出来）；吉普；GEM（Global Electric Motorcons）和电动车项目。菲亚特本打算齐头并进地开发未来的克莱斯勒车型和规划中的蓝旗亚车型，但到2011年，菲亚特似乎放弃了老蓝旗亚品牌，令人印象深刻的2011年款德尔塔（Delta）等新蓝旗亚车被仓促换上克莱斯勒的徽标。

与此同时，梅赛德斯自己在亚拉巴马州伯明翰市郊的万斯（该地区当时被汽车记者称作"底特律南区"）建了一座工厂，以期扩大美国业务。伯明翰是亚拉巴马州最大的城市，在20世纪60年代拥有种族隔离之都和民权斗争中心的恶名，20世纪70年代，伯明翰因支柱产业钢铁业收缩和崩溃而受到沉重打击。不过，到2010年，已有越来越多的车企在伯明翰安家落户：不仅有梅赛德斯，还有本田（本田建在亚拉巴马州林肯的工厂距伯明翰市中心仅20英里）、丰田（在亚拉巴马州亨茨维尔建了一座发动机厂）和现代（将美国主要工厂建在亚拉巴马州府蒙哥马利市郊）②。面对来自其他30个州（主要是位于南部和中西部的州）的激烈竞争，亚拉巴马州一直努力争取这些工厂，特别是梅赛德斯的合同。时任州长吉姆·福尔索（Jim Folsom）亲自领导旨在吸引德国人的运动。为回报梅赛德斯的3亿美元投资，亚拉巴马州承

---

① 与此同时，德国母公司更名为戴姆勒，失去了同行80年之久的奔驰品牌。
② 2009年，现代旗下的起亚（Kia）也在亚拉巴马州与佐治亚州交界的西点建立了第一家美国工厂。

诺提供2.53亿美元的税收减免和补贴，并同意购买2500辆梅赛德斯供亚拉巴马州各机构使用。亚拉巴马州非常慷慨，但其他州也纷纷开出优厚的条件。福尔索的胜利帮助亚拉巴马州走出了经济危机，使得该州50多年来首次回归经济最前线。

将镜头切换到德国，一种全新的、来自美国的影响也开始显现。在近20年的时间里，宝马的设计主管克里斯·班格尔（Chris Bangle）为宝马打造了多款与众不同的汽车。班格尔出生在美国俄亥俄州，各种影响因素的奇妙组合缔造出他这个奇人：他曾考虑当卫理公会牧师，但却进入加利福尼亚帕萨迪纳艺术中心设计学院学习美术，之后又在威斯康星大学获得工业设计硕士学位。移居欧洲后，他先后在欧宝和菲亚特工作，并娶了一个瑞士女子为妻。1992年，他被任命为宝马设计总监，成为在宝马，乃至整个德国汽车制造业担任设计总监的第一位美国人。班格尔的设计思想很快贯彻到整个宝马车系，他的理念不仅鲜明体现在现有的3系、5系和7系中，而且体现在2004款1系列紧凑型车、新款X5、X3和X6（X6是2008年推出的一款中型豪华跨界车）以及风格大胆的2002款Z4跑车中。班格尔能够利用宝马的新式金属冲压技术（这种技术可以一步到位地创造出复杂的组合曲线，而不需要进行多次冲压）创造纷繁的有时甚至令人眼花缭乱的折痕和曲线，让人联想到弗兰克·盖里的建筑设计（班格尔欣然承认，这是他作品的关键灵感来源）。但班格尔别出心裁的造型设计并不能取悦所有人。潜在的顾客有时对他们认为过度设计的汽车敬而远之，班格尔的同行则批评他的车是"折纸"。福特的马丁·史密斯嘲讽班格尔的宝马是"表皮上的娱乐"，《时代》杂志则把2002年推出的新7系纳入"史上最差的50款汽车"榜单。不过，班格尔在宝马任职期间，宝马超越戴姆勒-奔驰，成为全球销量最大的高档汽车生产商。班格尔对无休止的诋毁感到厌倦，2009年，他离开宝马，创立了自己的设计顾问公司。

20世纪末，大众也在推行一项几乎与宝马和梅赛德斯的战略一样广泛的企业战略。早在1982年，西班牙国有汽车制造商西雅特（Seat）就同意充当大众在西班牙的代理商。四年后，西雅特被大众直接收购，其车型系列仍然保留自主身份，但做了一些调整和改造，被整合进大众的平台，有时还使用大众的零部件。1990年，在捷克共和国刚刚成立之际，大众进一步采取了更加大胆的行动，收购了该国的旗舰汽车生产商斯柯达。战后，当斯柯达重启汽车生产时，只能生产少量的战前车型Popular。苏联人慢慢允许斯柯达增加汽车产量，从1959年起，斯柯达又开始使用名称而非数字来命名其车型。但这些斯柯达汽车几乎没有什么独创性和亮点。20世纪60年代的明锐（Octavia）系列轿车只是50年代沃尔沃和标准前卫的平庸翻版，1966年推出的斯柯达100/110系列则是雷诺王妃的四门版，但比雷诺王妃更显沉闷。

1990年，捷克政府邀请大众（之前在与雷诺的角逐中胜出）收购斯柯达的控股股权，到2000年，这家捷克汽车制造商已经完全归大众所有。不过，大众还是像对待西班牙的西雅特一样，小心维持着斯柯达的自主性，大众仅仅确保让斯柯达的所有新车型都使用大众的标准规格，并沿袭大众做工考究、装备精良的优良传统。斯柯达汽车很快就拥有比大众同类车型多得多的配套装备和空间。

大众还投入大量时间、精力和金钱，努力还原斯柯达品牌在1939年失去的风格和气派。大众指派明星设计师、比利时人德克·范布雷克尔（Dirk van Braeckl[①]）为斯柯达设计了帅气的新款明锐轿车。明锐大获成功，帮助斯柯达摆脱了只会生产平庸的老式"浴缸"的形象，让斯柯达再度获得市场的欢迎。在英国，斯柯达的广告公司冒险采用了一种大胆的营销策略，打出"实话说，这是斯柯达"这句广告词，承认斯柯达近来的声誉极差。但这种冒险行为获得了回报：到2005年，斯柯达汽车在英国的等候名单已经排满了。

新款明锐采用高尔夫的底盘，而范布雷克尔的巧妙设计使得明锐比高尔夫更大、更宽敞、更便宜。英国和欧陆国家的出租车公司很快便纷纷改用新款明锐，明锐不仅装备齐全，而且拥有巨大的后备厢。与此同时，明锐的"小钢炮"版vRS拥有与高尔夫GTi媲美的性能，价格却便宜得多，vRS在全欧洲赢得好评，吸引了大批热情的买家。到2001年，斯柯达已经有了底气，决定在推广vRS的同时，让1939年没能得到重视的老品牌速派（Superb）重见天日。新款斯柯达速派基于大众帕萨特平台，但跟明锐一样，速派比孕育

---

① 范布雷克尔后来又为大众不久前收购的宾利部门打造了令人兴奋的新款欧陆。

它的母体更宽敞，装备也更好。速派一开始销量一般，但到2010年却在全欧洲实现了异常出色的销售成绩，最终引起批评人士的注意，批评者认为，速派只是削价的帕萨特而已。

大众对西雅特和斯柯达的成功管理被竞争对手看在眼里。2005年10月，梅赛德斯收购了大众18.53%的股份。次年，保时捷针锋相对地采取行动，收购了大众25.1%的股份，从而获得足以阻止梅赛德斯成为控股股东的少数股权。2007年，保时捷将持股比例增至30.9%，同时向全球媒体保证其不打算兼并大众，只是想保护这家传奇汽车生产商不被恶意收购。当然，保时捷说的是漂亮话，到2009年1月，这家跑车制造商已经收购了大众50.76%的股份，次年5月，两家公司合并。① 后来的情况表明，保时捷吃得太多，根本没法消化。在2008—2010年期间，经济衰退导致全球跑车和高级SUV销量大幅下降，保时捷陷入了财务困境。随后，形势发生逆转，大众反过来收购了保时捷。

大众在合并之后站稳了脚跟，宣布打算在2018年之前将大众打造成全球头号汽车生产商。有了保时捷高端产品的加持，大众还称，将通过参与所有市场部门的竞争来实现这一目标。 大众集团在中国新建了两座工厂，并开始与中国政府合作开展研发项目。大众也开始更多地考虑美国客户的需求，通过美国经销商提供大众汽车的改进版（因此，2011年推出的在田纳西州查塔努加制造的新款美国版帕萨特比欧洲的姊妹车型更长、更宽）。②

与此同时，大众这家德国巨头决意推行更加大胆的车型战略。大众重新设计了复古风格的新甲壳虫，确保2011年的调整版不致像1998年的前代车型那样可爱和女性化。针对嗅觉敏锐的宝马凭借新款Mini开辟的城市轿车市场，大众还推出了Up!，以取代平庸的Lupo/Fox。Up!这个新颖的名称表明，这款汽车是面向年轻人。Up!的柔性化平台只要稍加改造，就可以用来生产微型MPV。大众规划了柴油-电力混动车Up! Lite，开发了可以使用各种替代燃料（Blue的玻璃车顶装有太阳能电池，地板下方装有锂电

---

① 不过，在大众与保时捷的结合体中，占据主导地位的是规模大得多的大众业务。2009年下半年，大众收购了保时捷49.9%的股份。

② 不过，大众所有的西雅特和斯柯达品牌并没有在美国销售。

池，甚至还有放置氢燃料电池的空间）的加长款Blue，还计划生产全电动车E-Up[①]！

Up! 由大众挖来的造型设计总监沃尔特·德席尔瓦（Walter de'Silva）设计。德席尔瓦从1999年起为西雅特设计了一系列造型优美并荣获大奖的轿车，由此蜚声业界。2007年，德席尔瓦刚到大众，便宣布从此禁止"对汽车过度装饰和过度设计"（其实，大众汽车的设计品质向来难以同过度装饰和过度设计联系在一起），同时专注于打造"干净和精准"的品牌形象。他说："大众的设计必须与众不同，因为大众是世界级品牌，每个人都能理解和辨识出大众。"不过，虽然德席尔瓦致力于改造大众车系，但大众集团王冠上的明珠仍然是奥迪品牌，到2010年，销量仅占大众集团总销量四分之一的奥迪为大众集团贡献了近50%的利润。汽车制造业有一条不证自明的公理：豪华车型如果卖得好，单位利润会远高于经济型车，因此，丰田的雷克萨斯、本田的讴歌和大众的奥迪对母公司利润的贡献率都极高。雷克萨斯、讴歌和奥迪这三个高端车系都凝聚着小型车系量产过程中积累的宝贵经验。到2011年，大众旗下奥迪部门平均每辆汽车的利润已经高于宝马或梅赛德斯。

大众并不是唯一一家开始怀抱征服世界之梦的欧洲汽车生产商。1999年，三年前被法国政府私有化的雷诺收购了日产44.4%的股份，一举成为全球第四大汽车生产商。2006年，雷诺-日产甚至提议兼并通用汽车，但受到冒犯的美国人拒绝了这项计划——结果两年后只能眼睁睁看着通用汽车破产。

到2005年，同时担任雷诺和日产首席执行官的卡洛斯·戈恩（Carlos Ghosn）成为雷诺-日产这家雄心勃勃的新联合体背后的驱动力。卡洛斯·戈恩的职业道路与大多数汽车业高管沿循的传统工程或会计路径大相径庭，他的多国血统与脉络已遍及全球的汽车制造业相映成趣。戈恩的母亲是法国人，父亲是黎巴嫩人，1954年出生在巴西，先后在贝鲁特的一所耶稣会学校、巴黎的一所高中和著名的巴黎综合理工学院（École Polytechnique）就读，1978年从巴黎综合理工学院获得工程学位。他能流利地说六种语言，包括英语、阿拉伯语和日语，在日本家喻户晓，是一部连环漫画的主人公，

[①] 这款汽车是针对英国北方地区的消费者。

在黎巴嫩也颇有名气,被视为潜在的总统候选人。现在他在米其林工作了18年,最终成为米其林北美区首席执行官(办事处设在南卡罗来纳州的格林维尔,他在当地仍然有房子),1996年,戈恩加入雷诺担任执行副总裁,三年后空降至日产。

戈恩一手推出的新雷诺车并非全都是成功之作。2002年,帕特里克·勒奎门特在这位追求极致创新的首席执行官的激励之下,打造了超前时代和威赛帝这两款风格大胆的新车型。超前时代是一款奇怪的轿跑车型MPV,有四个巨大的座椅(地板呈斜坡状,两个后座比两个前座高),巨大的车门和倒置的怪异车尾。但超前时代离经叛道的外观也伴随着不可靠的性能,短短两年之后就停产了。名称有些奇怪的威赛帝稍微成功一点——但也就只有那么一丁点。雷诺打算把威赛帝打造成新款旗舰轿车,但这款车的座椅位置高到异乎寻常,前部普普通通,还有一个超前时代风格的倒置的车尾。威赛帝不仅外观丑陋,而且驾驶体验差,难以操控,销量自然是十分惨淡。雷诺后来称,这款车是要吸引"不那么墨守成规""与传统轿车保持距离"的顾客。2006年,雷诺对威赛帝的外观进行了改造,使之更偏传统,2009年,雷诺最终砍掉了这款汽车。

雷诺的传统竞争对手雪铁龙1974年曾被标致收购,但在20世纪90年代的并购战中安然无恙。不过,雪铁龙在20世纪90年代似乎迷失了方向,既没能将大胆创新的光辉传统发扬光大,也没能推出销量匹敌标致205和标致207超迷你车的车型。1983年推出的雪铁龙BX是最后一款搭载雪铁龙著名的气动悬架系统的车型,之后的雪铁龙车型变得越来越普通、越来越平庸。1989年推出的大型XM轿车旨在重新点燃DS的魔力,但这款汽车不可靠,性能也令人失望,超大的楔形设计既没有吸引力,也不先进。2009年,雪铁龙宣布将为现有车型的一系列高规格版本贴上DS标签,而这些高规格版本将以最近的概念车为基础开发。2010年3月推出的DS3基于新款C3,2011年推出的DS4和DS5则分别作为C4和C5车系的高端、高规格版本。不过,许多批评人士指责雪铁龙这种行为是在"挖墓",DS3等定价过高、设计风格用力过猛的车型发布时,外界是毁誉参半。借鉴过去的成功经验固然很好,但擅自借用雪铁龙DS等经典汽车的光环难免充满风险。宝马和菲亚特对Mini和菲亚特500

的再发掘证明,以往的经验能够发挥积极的作用,但许多其他汽车生产商却未能获得满意的结果。

复古游乐设施:2001年宝马制造的新款Mini。

2007年推出时有潜在客户的时尚新款菲亚特500。

雪铁龙至少活了下来，但也有一些与雪铁龙齐名的汽车品牌不幸沦为那个热衷并购的时代的悲惨受害者。在受害者榜单中高居榜首的是历史悠久的瑞典汽车制造商萨博。1989年，萨博与通用汽车建立了合作伙伴关系，但到2000年，萨博已被这家美国汽车业巨头完全吞并。通用只想把萨博并入自己的子公司欧宝，除此之外，通用似乎从来没有为萨博制订过任何真正的规划。萨博的新车型建立在欧宝平台之上，萨博的生产也陆续从特罗尔海坦转到欧宝的吕瑟尔斯海姆工厂。2005年至2006年期间，通用把斯巴鲁和雪佛兰的车标换成萨博在美国出售，结果一败涂地。①

当通用汽车自身在2008年末触礁时，该公司发布的第一项声明便是"正在研究如何处置"萨博品牌。在2009年12月的既定日期到来之前，通用汽车只找到荷兰小众汽车生产商世爵（Spyker）这一个买家。领导世爵的是大胆的荷兰律师和企业家维克托·穆勒（Victor Muller）。不出所料，穆勒及其世爵的同僚都没有充足的财务资源，无法帮助萨博取得成功，更无法履行让萨博拓展到中国并建立新的美国总部的乐观承诺。穆勒聘请俄罗斯银行家弗拉基米尔·安东诺夫（Vladimir Antonov）作为自己的主要支持者更是错上加错。2011年7月，安东诺夫成为萨博共同所有人的申请被欧洲投资银行（European Investment Bank）否决，理由是安东诺夫被指控参与有组织犯罪活动。②与此同时，萨博2010年推出的新车也令人失望，与西克斯滕·萨松（Sixten Sason）1967年设计的经典楔形萨博99明显雷同。与此同时，萨博还后知后觉地发现，通用为大肆吹嘘的2011年款9-4X——萨博首款SUV跨界车③设计的平台无法搭载柴油发动机，因此几乎不可能在欧洲销售。2011年初，力不从心、四面楚歌的维克托·穆勒宣布，他已经同意出售跑车业务，以便"将重心放在萨博上"④。但萨博的经营状况仍然继续恶化。2011

---

① 日本生产的萨博9-2X不过是换了张外皮的斯巴鲁翼豹（Impreza），这款汽车在发布之前便被称作"萨斯巴鲁"（Saabaru）。
② 但欧洲投资银行的立场并没有妨碍安东诺夫在当年夏季收购英国朴次茅斯足球俱乐部（Portsmouth FC）。
③ 这款汽车基于凯迪拉克SRX平台，在通用的墨西哥工厂生产。
④ 世爵2009年已将跑车制造基地从荷兰迁往深陷困境的英国汽车城考文垂。

年4月，几家供应商因萨博拖欠货款而停止向特罗尔海坦工厂发送零部件，萨博不得不停止汽车生产。2011年5月，媒体报道称，萨博的荷兰所有者缺乏投资新车系所需的资金，不得不将萨博29.9%的股权出售给中国SUV生产商华泰汽车（Hawtai），以换取1.5亿欧元注资。但华泰从未签署协议，穆勒不得不像兜售二手婴儿车一样在中国兜售萨博。穆勒与长城汽车（该公司在当时以酷似菲亚特的城市轿车而闻名）和庞大汽贸（中国最大的汽车经销商网络）进行了接洽。5月16日，穆勒宣布与庞大汽贸前述了一份谅解备忘录，萨博将获得重启汽车生产所需的资金。5月27日，特罗尔海坦的生产线重启——但几周之后因备件耗尽而再次停止，该公司还承认其无法支付每月的工资。[①] 2011年12月19日，萨博向瑞典政府申请破产。一段漫长而辉煌的企业历史不幸蒙羞，画上了耻辱的句号。[②]

通用汽车对萨博的轻慢理应受到全世界的谴责。但到了2008年，通用汽车自身的地位几乎与其瑞典子公司一样岌岌可危。2001年，陷入困境的通用汽车聘请资深汽车业高管鲍勃·卢茨来拯救自己。当卢茨来到通用的时候，通用生产的汽车毫无亮点，想方设法偷工减料，市场份额不断下降，与日本和德国汽车制造商的销量差距也越来越大。卢茨现在把设计放在首要位置，这是20世纪60年代以来的第一次。经卢茨重新设计的雪佛兰科迈罗销量持续领先福特野马，他打造的土星Aura和迈锐步（Malibu）则分别在2007年和2008年荣获北美年度之车奖。卢茨还开展游说活动，以反对政府的燃油经济性法规，并抨击混合动力车——直到他看到丰田普锐斯（Prius）取得不俗的销量并广受公众赞誉。此后，他开始全力支持通用的电动汽车项目，2010年，通用推出了雪佛兰沃蓝达（Volt）混合动力车。

2010年5月，78岁的卢茨从通用退休。他开着自己的退役军用飞机掠过

[①] 直到8月5日，安东诺夫的Gemini基金才"大方地"支付了工资。

[②] 2012年6月，中日电动车联盟的国能电动汽车瑞典有限公司（National Electric Vehicles Sweden）宣布已收购萨博及其工厂，并打算利用萨博的工厂生产前萨博9-3车型的电动版。不过，萨博品牌的所有权仍然属于萨博汽车原来的母公司、航空制造公司萨博集团（Saab AB），萨博集团宣布，将阻止任何在瑞典以外的国家恢复生产"萨博"的企图。

底特律市区，这件事次日登上各大媒体的头版头条。就连他最忠实的粉丝也认为，这种典型的逞能行为是不恰当的，只能证明通用的高管与客户群有多么脱节，因为就在11个月之前的2009年6月1日，通用刚刚申请破产保护。这家自20世纪20年代中期以来一直主宰全球汽车业的公司终于走到崩溃的边缘。

一如通用汽车管理层所希望的那样，美国政府出手拯救了通用汽车。巴拉克·奥巴马（Barack Obama）政府认为，通用汽车如果整体崩塌，将带来令政府无法招架的失业潮，于是，政府代表美国纳税人收购了通用汽车61%的股份。但联邦政府也迫使通用汽车吐出许多其据以成名的品牌，其中包括庞蒂亚克和别克。通用还被迫放弃了最近开展的一些收购，譬如对萨博的收购。与此同时，通用汽车宣布将关闭一批工厂，其中包括通用自1953年起一直拥有的历史悠久的底特律威洛伦生产设施。最丢人的是，通用旗下的悍马品牌（让人一望便联想到美军的威力和气势）被推销给中国人——而中国人在仔细审视后断然拒绝了出售提议。

通用旗下的悍马由美国机动车公司1983年签约生产的重型装甲军用运输车Hum-Vee衍生而来。有这样一种说法（可能是虚构的）：影星阿诺德·施瓦辛格（Arnold Schwarzenegger）在拍电影时看到一个美军Hum-Vee车队，于是要求厂商为他制造一个配有空调、现代化音响系统和舒适座椅的民用版。1990年，两辆民用悍马从伦敦开到北京，原版Hum-Vee则在几个月之后开展的沙漠风暴行动（盟军开进科威特）中发挥了突出作用。在这种无与伦比的宣传下，民用悍马从1992年开始普及，从1999年开始，悍马由通用营销和开发。不过，油价的上涨终结了这股不可思议的"悍马热"。到2005年，就连电影明星也放弃了悍马，转而选择普锐斯，或者至少是环保型SUV。由于找不到接手的买家，悍马业务于2010年4月关闭。

与通用和克莱斯勒一样，福特在20世纪90年代也曾试图建立一个全球帝国。福特在收购许多零部件生产商和维修企业（包括欧洲的大牌汽修连锁运营商Kwik-Fit）的同时，还收购了好几家汽车制造商。福特1989年收购了捷豹，1994年收购了阿斯顿马丁，1999年收购了沃尔沃，2000年又从宝马手中收购了路虎。这些收购交易大都是由一个人拍板负责：出生于黎巴嫩的澳大利亚人雅克·纳赛尔（Jacques Nasser）。纳赛尔既不是福特家族成员，也不是自亨利·福特二世离职以来一直执掌公司的那种呆板的会计师。纳赛尔热衷于将福特打造成全球汽车制造业的主导力量。不过，到2002年，纳赛尔的帝国几乎全盘解体，福特雄心勃勃的国际战略化为废墟。

雅克·纳赛尔年仅41岁就当上了福特欧洲董事长，到1999年，他已是整个福特汽车公司的总裁兼首席执行官。纳赛尔特别重视他为管理新近收购的高端市场品牌而一手创建的新部门PAG（Premier Automotive Group）。但PAG从未实现雄心勃勃的销售目标，此外，由于福特对捷豹和阿斯顿马丁的巨额投资未能收回，纳赛尔的同事越来越多地把PAG视为代价高昂的错误。PAG对捷豹的管理尤为笨拙。为推广捷豹品牌，PAG花费数百万美元赞助一支一级方程式赛车队，但这支车队之后继续烧钱，却没能让赞助商在领奖台上站稳一席之地。与此同时，1999年由纳赛尔本人亲自向经销商隆重推介的令人兴奋的新福特雷鸟迟迟未能推出量产车，直到2001年，新雷鸟的量产车才抵达福特的展厅。

纳赛尔在福特的主场也走得跌跌撞撞。1993年在全球上市的福特蒙迪欧被福特吹嘘为有史以来第一款真正的全球之车。蒙迪欧在欧洲和美国同时开发，面向欧洲市场的汽车在比利时生产，在欧洲和亚洲分别取代了西拉和天王星（Telstar，与西拉对应的车型）。蒙迪欧让福特在欧洲恢复生机，因为蒙迪欧的面市适逢福特在欧洲的车队销量持续落后于沃克斯豪尔/欧宝。[1]但在北美，与蒙迪欧对应的福特康拓（Contour）/水星环宇（Mercury Mystique）仅拥有若干与蒙迪欧相同的元素，譬如挡风玻璃、前门和后门。蒙迪欧在欧洲作为家用车推广，但美国消费者仍然认为这款车太小；美国（还有澳大利亚）更喜欢尺寸较大的福特陶努斯或猎鹰，因此，在美国的销售行情不佳（有趣的是，与康拓/水星环宇尺寸相同的宝马3系在美国却卖得很好）。2000年，纳赛尔终于接受现实，不再假装蒙迪欧是所谓全球之车。福特开始为欧洲市场提供风格鲜明、尺寸更大的蒙迪欧3型车，但在北美和

---

[1] 不过，纳赛尔1996年推出的2型蒙迪欧是一种倒退，这款汽车降低了规格，内饰亦显廉价，结果让高度成功的欧宝/沃克斯豪尔收回了失地。

澳大利亚，福特卖的是比蒙迪欧3型还要大的Fusion①。

纳赛尔令人兴奋的新举措现在开始看起来更像是不可原谅的错误，他在公司内部的权力基础也逐渐削弱。当美国国会举行听证会，以调查新款SUV跨界车福特探险者（Explorer）在轮胎出现故障时易发生侧翻的问题时②，纳赛尔一开始拒绝前去做证，不过，他很快便改变主意，赶去参加了听证会，但他在听证会上发表的言论严重冒犯了福特家族，因为他不是检讨福特的汽车，而是指责探险者安装的凡士通（Firestone）轮胎不好③。福特家族与凡士通家族是几十年的世交，当时在公司身居要职的福特家族成员威廉·克莱·福特的母亲就来自凡士通家族。2001年，在福特每年面临近20亿英镑的巨额亏损之际，纳赛尔被解除了福特汽车公司一把手的职务，由比尔·福特接替他担任董事长。

福特创始人的曾孙——小威廉·克莱·福特仍然把福特视为家族生意，一直想要亲自经营。他从1979年开始为福特工作，自觉比游走世界的野心家纳赛尔更高明，他认为他的利益就是公司的利益。比尔·福特酷爱冰球，且是个热情的民谣歌手。他在福特赞助的美国橄榄球队底特律雄狮队（Detroit Lions）担任副主席，他似乎和福特的产品一样，体现着美国永恒的美德。同时，他还鼓励开展新的可持续发展项目，引导福特推行更加环保的汽车开发计划，并加快推出灵活燃料混动车。2006年4月，他觉得自己终于碰到了好机会，于是开始兼任总裁和首席执行官。但他的胜利没能持续多久。比尔·福特手下两个担任副总裁的英国人——尼克·谢勒爵士（Sir Nick Scheele）和戴维·瑟斯菲尔德（David Thursfield）关系极差，甚至不愿相互交谈，这使得比尔·福特的高级管理团队机能严重失调。五个月后，比

---

① 注意不要与欧洲的福特Fusion混同。欧洲的福特Fusion是嘉年华超迷你的加大加高版。欧洲版Fusion 2002年荣获BBC节目《最高档》颁发的"最无意义汽车"奖。颁奖人理查德·哈蒙德（Richard Hammond）称之为"戴帽子的福特嘉年华"。更令人困惑的是，2000年最终在美国推出的紧凑型车福特福克斯原名Fusion。

② 福特探险者的双生车款水星Mountaineer和马自达Navajo也存在类似问题。

③ 没有什么人相信纳赛尔的说法；2003年，美国搬运设备和仓储租赁巨头U-Haul禁止福特探险者拉U-Haul的拖车——这项禁令现在仍未取消。

尔·福特"荣升"非执行董事长,他在福特的掌舵地位被彻头彻尾的外人艾伦·穆拉利(Alan Mulally)取代。穆拉利与福特家族没有任何关联,而是从飞机制造巨头波音(Boeing)挖来的。

让心直口快的穆拉利担任福特总裁是一项颇有争议的选择。汽车行业的一些领导人物之前纷纷拒绝了这一被他们视为金杯毒酒的职位。穆拉利对汽车行业知之甚少(他最初的学位是航空工程),他在正式开始工作之前曾公开称赞他的雷克萨斯LS430是"世界上最好的汽车",这番话差点让他的任命泡汤。穆拉利对汽车的历史显然并没有什么感情,他迅速处置英国高档品牌之举便是明证。[①] 穆拉利宣布,他"不后悔"把捷豹和路虎出售给塔塔,2008年,他还把阿斯顿马丁卖给了一个由英国和科威特投资者组成的银团。不过,阿斯顿马丁被出售后仍然保留了首席执行官,曾在保时捷、宝马和大宇担任高管的德国人乌尔里希·贝兹(Ulrich Bez)。福特出售捷豹三个月后,最终完成了将沃尔沃出售给中国浙江吉利汽车的交易。

沃尔沃是瑞典著名的汽车生产商,以产品可靠、安全著称,该公司似乎一直没有出过什么差错,但到了20世纪90年代并购热潮最为汹涌的时期,沃尔沃却被佩尔·吉伦哈马尔(Pehr Gyllenhammar)拿枪逼着走进了"婚姻"。吉伦哈马尔并没有汽车业背景[②],却因为做了沃尔沃前董事长的女婿而轻松成为沃尔沃首席执行官。1993年,亲近法国的吉伦哈马尔宣布沃尔沃与法国国有汽车生产商雷诺合并。但如果仔细观察,就会发现这并不是合并,而是雷诺收购沃尔沃。合并完成之后,法国政府持有沃尔沃46%的股份;雷诺则控制了沃尔沃65%的股份;双方还正式宣布,新联合体的总部将设在巴黎。就连法国工业部部长也承认,雷诺将成为联合体中的"主导力量",沃尔沃则是"次要合作方"。沃尔沃董事会成员对自己遭到愚弄感到愤怒,在他们的要求之下,吉伦哈马尔及其盟友辞了职。对骄傲的瑞典人来说,沃尔沃一直是定义民族身份的关键要素,于是他们把吉伦哈马尔视为不讲道德的贱民。雷诺转而与梅赛德斯合作,之后又与日产合并。但吉伦哈马

[①] 纳赛尔在市场最高价位收购的Kwik-Fit卖出时也出现了巨额损失。

[②] 吉伦哈马尔和他的岳父都出身保险银行业,他们麾下的保险公司Scandia是沃尔沃最大的股东之一。

尔的政策让这家曾经坚如磐石的瑞典汽车生产商遭到致命打击。如今，全世界都认为沃尔沃很容易被收购。1999年，福特收购了沃尔沃的轿车业务，沃尔沃的残余部分主要从事卡车生产。[1]

尽管沃尔沃集团（原卡车业务的名称）越来越强，但纳赛尔2001年离职后，福特似乎并没有任何针对沃尔沃轿车部门的前瞻性策略——这一点跟通用汽车很像，通用汽车似乎也不知该如何对待新的瑞典子公司萨博。不过，沃尔沃被福特出售之后幸运地避免了萨博的厄运。沃尔沃的所有权转到了中国人手中，由李书福担任董事长，大众前高管斯蒂芬·雅克布（Stefan Jacoby）被任命为新总裁兼首席执行官[2]——沃尔沃安然走出了经济衰退，到2010年，沃尔沃已拥有令人印象深刻的车系，车型覆盖几乎所有主要市场部门。

福特对沃尔沃的迅速处置表明，穆拉利在认真确保福特专注于传统核心业务。但穆拉利的战略不仅限于处置业务。穆拉利在出售纳赛尔收购的大部分资产的同时，也在德国恢复了陶努斯品牌，他认为该品牌仍然有一些生命力。穆拉利还向公司灌输一种危机意识，他反复告诉福特员工，"我们已经落伍40年了"，在2006—2010年期间，他还裁减了47%的员工。因为福特发现，一个机器人现在可以替代数千名工人。

穆拉利亦善于从错误中吸取教训。2008年，穆拉利与其他汽车业领袖一样，因乘坐昂贵的公务机飞往华盛顿与美国政府商谈救助事宜而招致广泛批评，尽管穆拉利出身飞机制造业，但他之后卖掉了福特机队的绝大多数飞机，而只保留了一架飞机，他还选择乘坐福特Fusion混动车前往华盛顿参加下一个会议。艾伦·穆拉利显然跟李·艾科卡不一样。在接下来的几年里，福特的亮眼表现似乎证明了任命穆拉利是明智的选择。在2008—2010年的经济衰退期间，福特成为美国曾经的三巨头中唯一一家无须依靠联邦贷款存活的汽车制造商。事实上，在联邦政府要求通用和克莱斯勒为满足补贴条件而

---

[1] 颇为讽刺的是，2001年沃尔沃与雷诺旗下的卡车部门合并，缔造了欧洲最大的重型卡车制造商。雷诺现在终于有了沃尔沃的股份。

[2] 沃尔沃的前总裁兼首席执行官、瑞典人汉斯-奥洛夫·奥尔森（Hans-Olov Olsson）在新董事会中仅担任普通成员。

大幅瘦身之后，福特一度成为美国最大的汽车制造商——为20世纪20年代初以来首次荣登榜首[1]。威廉·克莱·福特在2009年坦率地承认："艾伦是正确的选择，让福特一天比一天好。"

1989年至1991期间发生的东欧剧变推倒了铁幕，在铁幕倒塌之后那些年里，底特律三巨头走了一些弯路，而第一次面临外国竞争的苏联汽车制造商则彻底崩溃了。

在俄罗斯，最出名的受害者是拉达。拉达的拳头产品VAZ-2101于1984年停产之后，拉达便没能再推出任何延续VAZ-2101辉煌的类似产品。例如，被大肆宣传（而且大得惊人）的1996年款VAZ-2110的机械系统极差，曾多次被召回。第二年，拉达的制造商决定认输并撤出了西欧市场，但仍在东欧和南美销售汽车。拉达在东欧和南美市场的活跃表现让这个濒临破产的品牌存活下来，一直撑到与通用汽车建立合资公司AvtoVAZ的那一天（在2001年）。2008年，由于通用自身遇到了问题，雷诺便介入进来，收购了AvtoVAZ 25%的股份。在之后席卷全球的经济危机中，拉达汽车的制造商陷入了困境。为此，俄罗斯总理弗拉基米尔·普京（Vladimir Putin）在电视上发表公开声明，表达他个人拯救这家公司的决心。普京的公开声明带动AvtoVAZ的股价上涨30%，让这家公司摆脱了破产的阴影。

俄罗斯的其他知名品牌就没有这么幸运了。莫斯科品牌莫斯科人的生产商于2002年破产，并于2006年正式解散。2007年，GAZ停止生产伏尔加汽车，此后仅将该品牌用于换标的中型克莱斯勒汽车。与全球市场接轨之后，俄罗斯遭到了重创。

再往东，就连日本最大的制造商也纷纷在全球寻找盟友，以应对新世纪的经济和生态需求带来的挑战。日产在20世纪80年代表现极其出色，1991年，该公司在底特律市郊大胆新建了技术中心，这个技术中心就坐落在三巨头的眼皮底下。但到了1999年，日产在出口市场和国际市场的份额因受到丰田和本田的挤压而逐渐缩小，还面临2000万美元的负债。日产的车型与本田和丰田的新产品相比显得毫无新意，而日产新推的豪华汽车品牌英菲尼迪

---

[1] 到2010年底，福特又回到了第五位，但仍然值得称赞。榜单前四位分别是丰田、重振雄风的通用、大众和现代。

（Infiniti）则有模仿雷克萨斯之嫌。

卡洛斯·戈恩拯救了日产。雷诺收购了日产43.4%的股份，戈恩则成了日产的老板，他通过投资海外（例如，2003年在密西西比州坎顿新建了一座日产工厂）和彻底改造公司老化的车系而扭转了日产的颓势。2002年，戈恩推出了日产传奇Z系跑车的新版本350Z——这款车并没有采用日产设计师喜欢的怀旧造型，而是设计成一款充满现代气息、比例匀称的汽车，线条具有鲜明的美式风格。2004年，戈恩还推出了日产第一款专门针对美国市场（在密西西比生产）的轻型皮卡泰坦（Titan）。戈恩还采取了一些争议较大的行动，他裁减了数千人，关闭了过时的汽车工厂，并出售了日产航空（Nissan Aerospace）等日产帝国中业绩较差的部分。2006年，他甚至考虑让雷诺-日产收购通用汽车20%的股份。戈恩的成功让他在日本成为名人，2002年，连环漫画《卡洛斯·戈恩的真实故事》（The True Story of Carlos Ghosn）开始连载。到2010年，日产宣布其有能力不依靠丰田的技术独立研发混合动力汽车，并推出了自己的全电动锂动力车——日产聆风，赢得了国际赞誉。

1989年，丰田已经有了进军豪华汽车市场的底气。豪华汽车市场利润丰厚，但也充满危险，当时由宝马、梅赛德斯、大众奥迪和捷豹（没过多久便被福特收购了）主导。不过，丰田这一次也不算是先行者。本田于1986年率先推出高端出口品牌讴歌，并且在美国新建了60家经销机构来支持这项举措。不过，讴歌的营销策略将这一新品牌与本田的既有品牌（当时与小型家用轿车紧密相连）紧紧绑在了一起，结果导致讴歌品牌未能激发消费者的想象力，讴歌的第一款车型里程销售情况令人失望。日产1989年在北美推出的高端品牌英菲尼迪同样太过保守，销量也迟迟上不去。丰田从竞争对手的错误中吸取了教训，确保其新推的高端车系雷克萨斯与现有的丰田品牌（当时在美国一般与小型皮卡和凯美瑞这样的小型轿车联系在一起）保持适当的距离。①

丰田从不会假装自己的汽车在造型设计或工程方面有多新颖。批评人士指出，第一款雷克萨斯——LS 400与其欧洲竞品有明显的雷同之处，并对

---

① 这一新品牌显然是为美国市场打造的，雷克萨斯汽车直到2005年才在日本本土市场销售。

LS 400的"衍生造型"提出诟病。LS 400的外形的确酷似梅赛德斯300E，这款车的后部则让人联想到宝马735。对于这些对比，丰田并没有费心去否认。丰田只在乎如何避免不必要的风险，因为过去六年丰田为开发这一新品牌投入了巨资。雷克萨斯上市之初碰到了一些意料之中的小问题。因而在1989年12月，丰田被迫召回8000辆LS 400，以修复配线问题。但这款汽车在美国的销量很快便大幅攀升——在很大程度上是因为比梅赛德斯和宝马等德国竞品便宜得多。底特律巨头震惊地发现，超过三分之一的雷克萨斯新买家是拿林肯或凯迪拉克车以旧换新，而雷克萨斯极具竞争力的定价甚至促使德国制造商指控丰田在美国倾销。德国人意识到雷克萨斯要长久留在美国市场之后，便针锋相对地发起了反击：梅赛德斯大幅下调了E级和S级车型的价格，宝马则推出了改款的3系和5系轿车（分别是E36和E39，这两款汽车都大获成功）。但为时已晚：雷克萨斯已经在美国豪华汽车市场站稳了脚跟。到1998年，雷克萨斯推出了运动型轿车ES、中型运动型轿车GS、SUV LX和跨界SUV RX。1999年，美国售出了第100万辆雷克萨斯，2001年又推出一款豪华紧凑型车IS。2004年，雷克萨斯推出世界上第一辆豪华混动SUV RX 400h，2006年又推出F系，作为对梅赛德斯AMG和宝马M等新款高性能车型的回应。

到2008年，丰田已经成为全球最大的汽车生产商。丰田在美国市场占据了17%的份额，并在规模和全球销量方面超越了底特律三巨头。丰田在日本市场也占据主导地位。2010年，丰田的产量占日本汽车总产量的44.3%。丰田在法国瓦朗谢讷新建了一座工厂，将英国德比工厂的规模扩大了一倍，并于1991年、2001年和2006年分别在印第安纳州普林斯顿、亚拉巴马州亨茨维尔和得克萨斯州圣安东尼奥开设了新的美国工厂。丰田还在密歇根州安阿伯设立了一家技术中心，这里位置优越，紧邻学术资源丰富的密歇根大学，并且恰好位于美国三巨头的"后院"。君迪在1995年至2009年期间曾14次将雷克萨斯誉为美国最可靠的品牌，而管理咨询公司以销量为标准，将雷克萨斯评为日本第七大全球品牌，仅次于松下（Panasonic），但领先于日产。值得一提的是，雷克萨斯品牌为丰田集团贡献了很大一部分利润，或许高达一半。

然而，丰田这幢庞大的建筑物开始出现了裂缝。2008年11月，丰田出现几十年来的第一次运营亏损。分析师认为，丰田业绩滑坡的原因在于，雷克萨斯在美国市场的出色表现导致管理层过度关注美国市场而忽视了世界其他地区，结果让大众和现代等重视创新的汽车生产商夺取了大量份额。之后，丰田又两度遭受重大冲击：一次是2008年的经济衰退导致豪华汽车销量大幅滑坡；另一次是2009—2010年期间灾难性的召回事件，雷克萨斯和丰田品牌均受到严重影响。

2009年9月，新近生产的雷克萨斯ES、雷克萨斯IS和丰田凯美瑞被召回，原因是驾驶位的脚垫可能会卡住油门踏板。丰田坚称这些缺陷很容易纠正，并坚称这些汽车不存在结构性缺陷。但这种顽固的否认只会引起美国媒体的强烈质疑。《纽约时报》严厉指责丰田未能适当回应越来越多有关车辆失控的投诉，没过多久，该报又宣称发现了更多有关加速踏板失控的联邦报告。随后，情况越来越糟。2010年1月22日，丰田宣布召回丰田和雷克萨斯的八款车型、总计230万辆汽车——理由是加速踏板在"因汽车加热器而升温"时会卡住。1月27日，丰田又宣布召回另外110万辆汽车，还是因为"脚垫卡住"这一问题。丰田仍然坚称，汽车的踏板或刹车本质上并没有问题。4月13日，颇具影响力的美国杂志《消费者报告》罕见地发布公告呼吁消费者"不要购买"新款雷克萨斯GS 460 SUV。该公告称，这款汽车的电子稳定控制系统反应缓慢，也就意味着汽车如果高速转弯，可能存在侧翻风险。雷克萨斯销量暴跌，该品牌在可靠性方面的声誉也一落千丈。

丰田的噩梦并没有结束。6月25日，该公司被迫召回1.7万辆雷克萨斯HS 250h豪华混动车，因为这些汽车在撞车后存在燃油溢出的风险——这种老式缺陷出现在这样一款按说非常先进的汽车身上，实在有些奇怪。2010年7月2日，世界各地有27万辆雷克萨斯汽车因气门弹簧问题被召回——羞愧的丰田高管承认，他们早在2007年3月就发现了这一问题。雷克萨斯和丰田在君迪的新车质量研究中获得差评，销量进一步下滑。

此时正身处衰退深渊，为企业生存而奋斗的美国汽车业老板们简直不敢相信自己的好运。从来不羞于吐露心声的通用汽车副董事长鲍勃·卢茨洋洋自得地对媒体说："丰田神一般的地位永远不可能再恢复……我认为他们永远成不了世界上最好的汽车公司。"随后，丰田因隐瞒汽车缺陷而被迫屈辱地向美国政府缴纳了1640万美元罚金，丰田的总裁丰田章男（Akio Toyoda）则被传唤到美国国会公开道歉，其间他多次表示"深表遗憾"（deeply sorry）。丰田作为全球头号汽车制造商的统治时代似乎即将结束，它的竞争对手们沉浸在一场幸灾乐祸的狂欢之中。

自1937年以来，丰田的董事会一直由丰田家族成员主导。丰田喜一郎（Kiichrio Toyada）的儿子丰田章一郎（Shoichiro Toyoda）在1982年至1992年期间担任丰田总裁，丰田章一郎的下一任总裁渡边捷昭（Katsuaki Watanabe）2009年退休后，便由丰田章一郎的儿子丰田章男接任总裁。在美国接受教育的丰田章男是一位友善、坦率的企业家，对赛车充满热情。20世纪80年代初，丰田章男从波士顿名校巴布森学院（Babson College）获得MBA学位之后，成为出了名的国际银行家和花花公子。他执掌丰田时，丰田的声誉恰好遇到第二次世界大战以来最大的挑战。

丰田章男应对这场灾难的策略是诉诸"持续改进"的企业精神。这种精神早已渗入丰田传奇的生产体系之中。眼下，许多人认为"持续改进"的理念已被彻底破坏，但在丰田章男看来，强调这一理念能够提醒消费者关注丰田以往的可靠信誉。丰田章男还采取了更加实际、更加简单明了的做法，诉诸一种由来已久的销售技巧：实打实的降价活动。这些举措让丰田迅速恢复了元气。2010年3月，丰田的销量下降了7.7%，但12个月后，丰田便宣布2010年至2011年期间的利润较上一财政年度增加了40%，雷克萨斯的销量增加了31%。这些成就是在美国市场萎缩的环境下实现的；2009年，美国汽车销量下降了近40%，触及1970年以来的最低水平。丰田在风暴中幸存下来。

丰田并不是唯一一家在世纪之交遭遇挫折的亚洲汽车制造商。韩国的现代在20世纪80年代期间取得了惊人的成功，但到了20世纪90年代中期，由于现代的许多出口产品质量低劣，该品牌在美国沦为笑柄，与拉达和南斯拉夫的Yugo汽车一样，遭到美国全国电视节目的嘲笑。这家韩国汽车制造商能在美国改变命运，要归功于自1985年现代启动美国业务以来一直担任公司总法律顾问的企业律师芬巴尔·奥尼尔（Finbarr O'Neill）。1998年，完全没有汽车业背景的奥尼尔被任命为现代的美国业务主管，当时，现代正迫切需要找人帮助改善公司受损的形象。①奥尼尔采用一种传统方式化解现代的危机：他提供了一项引人注目的保修方案，称之为"美国最好的保修服务"，该方案为最容易出现故障的发动机和变速器提供10年的保修。与此同时，奥尼尔削减了经销商售价，确保现代的售价低于日本的同类车型，更远低于美国的竞品。这些老套的策略奏效了：现代汽车销量飙升，声誉也大幅提升。尽管现代汽车的价格仍然低廉，但甩脱了粗制滥造的标签。

2002年是现代有史以来销售成绩最好的一年，在美国卖出了超过36万辆汽车。现代兼并韩国第二大汽车生产商起亚之后，便聘请德国设计奇才彼得·施雷耶（Peter Schreyer）来重振起亚的低端产品。施雷耶2006年被挖到起亚之前曾在奥迪任职，从1994年开始担任奥迪的设计总监，负责打造了A2和A3，他最引人注目的设计是一经推出便成为经典的1999款奥迪TT。施雷耶是一位自我意识很强的设计大师，他只穿黑衣服，常常佩戴菲利普·斯塔克（Philippe Starck）的太阳镜。2003年，他荣获德国政府的设计大奖，2007年又从他在1979—1980年期间就读的伦敦皇家艺术学院（Royal College Of Art）获得荣誉博士学位（他是继塞尔吉奥·宾尼法利纳和焦尔杰托·朱贾罗之后第三位获此殊荣的汽车设计师）。

2004年，现代在亚拉巴马州新建了一家工厂，并在加利福尼亚的沙漠里建起一家测试中心。五年后，现代捷尼赛斯（Genesis）行政轿车（一款高端车型，把特恩布尔打造的那款廉价而欢快的小马甩出十万八千里）被誉为北美年度最佳汽车。第二年，现代成为全球第四大汽车制造商——排在丰田、通用和大众之后，但领先于所有其他欧洲和美国汽车生产商，这些对34年前面市的小马不屑一顾的生产商再也不能小看现代的实力。

不过，韩国汽车制造商的表现并不都像现代那样出色。1967年，富有、年轻、雄心勃勃的实业家金宇中（Kim Woo-jung）创立了大宇集团，很快将其打造成为韩国第四大工业集团（财阀）。1982年，金宇中进入汽车制造业，收购了长期在通用授权下生产汽车的知名汽车制造商世韩（Saehan）。

---

① 1999年，郑周永的儿子郑梦九（Chung Mong-koo）因从现代挪用超过1亿美元而被定罪并入狱，这件事也损害了现代的形象。

1998年，在经济危机冲击远东地区之际，金宇中却认为自己可以通过扩张而非收缩渡过难关，他想继续利用在过去30年里据以发迹的宽松信贷和廉价劳动力。但这时信贷已经吃紧，韩国的劳动力成本也大幅上升。1999年，负债800亿韩元的大宇（当时大宇已是韩国第二大财阀，在除韩国以外的近100个国家拥有权益）宣告破产。董事长金宇中逃往法国，导致前大宇工厂的工人四处散发印有金宇中面孔的"通缉"海报。金宇中最终于2005年6月返回韩国，并立即被逮捕。随后，他被指控策划规模达41万亿韩元（合434亿美元）的会计欺诈，非法借入9.8万亿韩元（合103亿美元）以及将32亿韩元走私出境。经过令人精疲力竭的漫长审判，金宇中在2006年5月30日被判处十年有期徒刑，他流着泪对法院说："我错误地扣上了命运的最后一颗纽扣，我难辞其咎。"

在20世纪80年代，造车的热浪也波及了南亚。几十年来，印度汽车制造商一直满足于授权仿制平庸的老式英国车。事实上，在1954款莫里斯牛津基础上打造的印度斯坦大使（Hindustan Ambassador）自1958年以来一直持续生产，只不过原始的英国汽车公司的发动机现在已经被更加顺畅的五十铃发动机取代。① 不过，从20世纪80年代开始，许多日本和欧洲汽车制造商开始被印度强大的工程基础和低工资所吸引。到2010年，大众、日产、丰田和现代都在印度建立了工厂。印度最大的汽车制造商风神（Maruti）被铃木收购；1994年，印度斯坦与通用汽车达成协议，开始在通用授权下生产欧宝阿斯特拉（Astra）和贝德福德（Bedford）卡车，此外，印度斯坦还与三菱合作生产一系列轿车，并与五十铃和澳大利亚公司OKA合作生产一系列卡车。令人惊讶的是，昵称"安比"（Amby）的印度斯坦大使备受喜爱，仍然是印度的国宝，影星和政客都爱开这款汽车。②

2008年，在印度摆脱英国统治60年之后，一家印度公司收购了英国汽车

---

① 事实上，大使1993年曾以Fullbore 10型为名在英国市场销售。印度生产的大使进口至南安普敦，配上安全带、电动雨刷（大使的雨刷要用脚操纵）和镜子等"奢侈"装备，同时，车里所有液体都被排出，以防止经水传播疾病进入英国。不出所料，这场冒险成为灾难，Fullbore于1998年破产清算。

② 就连索尼娅·甘地（Sonia Ghandi）也拥有一辆。

史上一些最杰出的品牌，从而突显出印度作为汽车世界强国的新地位。2008年3月，由活力十足的企业家拉坦·塔塔（Ratan Tata）领导的印度塔塔集团从福特手中购买了罗孚品牌的所有权，并收购了剩余的路虎和捷豹工厂。曾经的英国殖民地收购的是大英帝国宗主最珍视的汽车品牌，但拉坦·塔塔的收购动机中并不包含感情色彩。2010年，他明确指出，塔塔将关闭罗孚集团仅剩的两家工厂（一家是伯明翰的卡斯尔布罗米奇工厂，另一家是利物浦的黑尔伍德工厂）中的一家。一笔2700万英镑的政府拨款为黑尔伍德工厂赢得了"缓刑"（黑尔伍德工厂2009年停止生产捷豹X-Type之后，塔塔本打算对该厂进行处置），利物浦工厂则在2011年推出了第一批风格前卫的新款揽胜极光。

1985年那会儿，印度斯坦汽车公司还在讨论如何对大使进行升级时，马来西亚总理马哈蒂尔·穆罕默德（Mahathir Mohamad）博士已在沙阿兰建起了全新的宝腾（Proton）汽车工厂。这家新公司的名称是"PeRusahaan OTOmobil Nasional"的缩写，意为"国家汽车公司"。不过，宝腾的工厂实际上由三菱所有和运营，第一款宝腾汽车——经济实惠但朴素寡淡的传奇（Saga）与三菱蓝瑟（Lancer）大同小异。马来西亚人颇为古怪地把传奇投票选为1985年"年度风云人物"。但公众的赞誉并没有反映在这款汽车的销量之中，到1986年，宝腾每卖出一辆反而会亏损1.5万美元。该项目逐渐成为名副其实的心碎"传奇"。宝腾曾尝试通过神通广大的美国汽车贸易商马尔科姆·布里克林（Malcolm Bricklin）的引荐进入美国市场，但却遭遇惨败。不过，宝腾拒绝认输。1989年，宝腾开始在英国销售自己的汽车。1993年，马来西亚政府从三菱手中接管了宝腾。1996年，由马来西亚政府所有的宝腾收购了富有传奇色彩的英国跑车和赛车制造商路特斯，更在2009年让路特斯重返一级方程式赛场，令世界各地的汽车业评论家和汽车发烧友震惊不已。

不过，到了2010年，世界上最大的汽车市场已经不再是美国或日本，而是变成了从沉睡中苏醒的巨人——中国。20世纪80年代后，国有汽车生产商中国一汽开始寻求与西方汽车生产商合作，以求对单调、老式的产品进行升级。1990年，一汽与大众建立了合作。1998年，红旗品牌重获新生，变身为一款酷似奥迪A6①的全新行政车型,即"奥迪-克莱斯勒-红旗"。2003年,中国一汽与丰田达成了一项协议。2009年,在经济衰退最严重的时期,中国一汽又与陷入困境的美国巨头通用汽车建立了联系。到2009年,一汽成为中国最大的汽车生产商,紧随其后的是一汽的四大竞争对手:东风(与日产和本田结成了紧密的联盟)、上海汽车集团(对前英国汽车公司/英国利兰/罗孚集团旗下许多车型和品牌拥有权利)、长安汽车(自2001年以来与福特紧密合作,并于2010年同意在中国授权生产标致和雪铁龙)和奇瑞汽车(因在未获授权的情况下抄袭通用汽车而在汽车行业臭名昭著)。2010年,在上述五大汽车生产商之外又多了第六大汽车生产商——杭州的吉利汽车。之前默默无闻的吉利从福特手中收购了知名瑞典汽车生产商沃尔沃。一年之后,青年汽车和庞大汽车这两家规模较小的中国汽车公司宣布将收购沃尔沃的瑞典竞争对手——声名显赫但陷入困境的萨博,不过,青年和庞大并没能让垂死的萨博恢复生机。

中国人意识到,中国已经新晋成为全球最大的汽车生产国。于是,从2003年起,中国开始在上海市郊的嘉定建设汽车城——21世纪的底特律。2004年,新落成的嘉定赛道举办了中国第一场一级方程式赛事。随后,上汽与大众合资打造的庞大的汽车研发中心开始动工。

2000年,中国市场的汽车销量为200万辆。四年后,这一数字飙升至500万辆。到2010年更是升至近800万辆。2010年,中国工厂的汽车产量达1820万辆之巨,而日本、美国和德国的产量分别为960万辆、770万辆和590万辆。②当然,这些汽车大都是由外资公司生产的(比方说,本田2011年推出了中国本地品牌理念,理念在西方国家以Everus为名销售,其第一款产品S1是基于本田Jazz平台)。不过,中国还有巨大的市场尚未开发,并拥有丰富的廉价劳动力资源,这表明中国很快将成为全球汽车业的主要力量。时至21世纪,汽车制造业的未来似乎不在欧洲,不在美国,甚至也不在日本,而在中国。

---

① 老的奥迪100 1994年更名为奥迪A6。
② 韩国是全球第五大汽车生产国,年产量为420万辆。法国和英国分别排在第10位和第15位,年产量分别为220万辆和140万辆。

第十六章
未来世界

今天的世界似乎与70年前一样，依然深受汽油动力车影响。2003年，美国人拥有的汽车数量超过了驾照的数量。如今，90%的美国家庭拥有汽车，65%的家庭拥有不止一辆汽车。与此同时，在美国一些较为贫困的地区，估计90%的驾车者没有保险。汽车继续推动发达国家郊区的扩张。因此，纳什维尔正以惊人的速度沿65号州际公路向南扩张，亚特兰大则沿着20号州际公路向西扩张，直奔庞大的起亚新工厂。如凯瑟琳·卢茨（Catherine Lutz）和安妮·卢茨·费尔南德斯（Anne Lutz Fernandez）所言，在美国（除阿拉斯加和路易斯安那的沼泽地区以外），"没有任何一个地方与最近的公路距离超过22英里"。因此，城市地区充斥着危险的汽车尾气，排放问题比以往任何时候都要严重。2000年在丹佛开展的一项研究表明，生活在车流量大的区域周边（高速公路两侧一英里之内）的儿童罹患癌症的概率是生活在距公路较远区域的儿童患癌概率的6倍。2007年，亚利桑那州凤凰城有94天被美国国家环境保护局认为不宜外出。为应对这一问题，越来越多的城市正效仿伦敦征收拥堵费，以迫使通勤车放弃开车，重新选择乘坐公共交通工具。但仅靠这类姑息措施无法阻止这股潮流。伦敦2003年征收拥堵费的举措一开始非常成功，但到了2008年，伦敦的道路交通仍变得拥堵不堪。

在越来越多的汽车尾气笼罩世界之际，汽车本身也变得越来越复杂。电子"主动系统"能够帮助汽车刹车和停车。怠速熄火发动机有助于怠速静止的汽车节省燃料。现在已经很常见的声控系统不仅可以响应预先设定的命令，而且能够对日常语音模式作出反应。电子稳定性控制系统能够防止翻车，自动紧急制动系统则降低了追尾碰撞的概率。雷达技术可以为驾车者"读取"路标——不过，雷达技术的引入可能有点为时过早，因为世界各地的路况总体而言维护不善，这也就意味着雷达技术只能在完美无瑕的高速公路上才能顺畅运行。

雄踞全球公路的霸主依然是SUV。即使在2010年以来的经济衰退中，人们对SUV的狂热也丝毫没有减弱的迹象。比方说，奥迪Q7、宝马X5和沃尔沃XC90的销量仍然远超传统轿车。由于SUV的座位比轿车高，开SUV的人会有一种安全感，通常开得更快。但我们之前也谈到，SUV带来的安全感往往是虚幻的。如今，一些SUV的保险杠比许多公路的护栏还要高。

更为富裕的家庭已经不只开一辆SUV了。如今，西方国家的许多家庭购买两辆甚至三辆汽车，以发挥不同的功用。拥有一辆在本地开短途的电动、混动或燃油城市轿车的家庭往往也会购买更大、更强劲的车型用于长途旅行。同样，跑车车主也需要购买更实用的小型汽车在工作日开。2011年，丰田推出了小巧的小天鹅（Cygnet），这是一款与阿斯顿马丁联手打造的高档双门城市轿车兼小型跑车。阿斯顿的首席执行官乌尔里希·贝兹（Ulrich Bez）在谈及这一超乎想象的汽车业合作项目时宣布，打造小天鹅是为了"向我们的顾客提供一款在城市开的小车"。丰田和阿斯顿预计，在初始阶段，只有那些已经拥有阿斯顿马丁跑车的人才会购买小天鹅。因此，标志性的阿斯顿徽标和格栅相当别扭地运用在小天鹅的前端；内饰由阿斯顿的设计师草草过目了一番。2011年推出的这款车标价在3万英镑左右——对一款微型车而言可不是小数目。如果要开车购物，小天鹅的小后备厢其实并不比阿斯顿马丁的优势（Vantage）跑车更能装。

丰田作为全球最大的汽车生产商，有能力开展一些不同寻常的试验。我们之前谈到，在21世纪初，汽车行业由日本、中国、德国和法国生产商主导——韩国的现代起亚紧随其后。此外，日本汽车在可靠性方面仍然超越美国和欧洲的竞争对手。英国杂志《什么车？》2011年进行的汽车可靠性调查显示，排名前11位的不是日本品牌就是韩国品牌，从前到后依次为本田（2010年也位居榜首）、丰田、雷克萨斯、三菱、铃木、马自达、斯巴鲁、现代、起亚、日产和（现已倒闭的）大宇。排名最靠前的欧洲品牌是位居第12位的斯柯达，雷诺、阿尔法和路虎等历史悠久的欧洲汽车品牌排名垫底（上一年也一样）。在10款最可靠的小型掀背车中，除沃尔沃A40和标致207这两款车以外，其余均为日本品牌。在10款最好的SUV中，有9款是日本车，排名最高的西方品牌路虎神行者（Freelander）位列第五。

美国汽车城的命运反映出挣扎应对来自亚洲的挑战的欧美汽车生产商的困境。底特律仍然是美国汽车三巨头的大本营。但底特律近郊的工人住宅区消失了——如建筑史学家乔·克尔（Joe Kerr）所言，只留下"一片西方世界最凋敝的城市景观"。底特律市中心到处都是空荡荡的摩天大楼。曾经颇有名气的哈德逊百货公司（曾为美国第二大百货公司，仅次于纽约的梅西百货）于1983年关闭，百货公司所在的建筑15年后被拆除。密歇根剧院现在成了停车场。大酒店基本空无一人，连锁超市也完全撤出了市中心。在市内一些荒凉的地段，为数不多的房屋（市内有五分之一的房屋为空置状态）正在拆除，居民被强制搬迁，以便将大片土地恢复为耕地或草场。到2010年1月，40平方英里（相当于老市中心近三分之一的面积）的土地回归自然。有个网站推出了颇具讽刺色彩的"底特律大废墟"旅行项目，将伤痕累累的城市景观与古罗马遗迹作比。记者朱利安·坦普尔（Julien Temple）2010年3月在《卫报》（Guardian）上撰文称，沿着"空旷得瘆人的幽灵高速公路驶入底特律市中心的废墟，就像是进入废托邦式的未来，有如漫游爱丽丝奇境"。坦普尔指出，"巨大的橡胶轮胎雕塑让车流稀少的公路更显冷清，象征着底特律汽车生产商狂妄幻梦的破灭"，他还注意到，"底特律市中心废弃的空壳里，满是废旧汽车工厂锈迹斑斑的巨大残骸"。据坦普尔观察，底特律的房地产价格在2007年至2010年期间下跌了80%，失业率达到30%，33.8%的底特律人、48.5%的儿童生活在贫困线以下，47%的成年人是功能性文盲。

坦普尔指出，"三巨头盲目地认为汽车是不断下金蛋的鹅，能够确保取之不尽的财源，这就导致底特律对单一产业的依赖"。非裔美国人作家、评论家和电影制片人纳尔逊·乔治（Nelson George）也抱有同样的看法。他认为，底特律"曾经是拥有长长的车流并充满希望的城市，但繁荣、乐观和就业机会现在已经消失,或者搬到了别处。失业和犯罪就像盘桓在城市上空的死亡阴影……底特律的灵魂中有一个洞……目前没有任何东西能够把洞填平"。

底特律三巨头持续收缩,甩掉了许多历史悠久的品牌和车型,而亚洲和欧洲的汽车生产商却选择尽可能地扩大自己成功品牌的影响力。阿斯顿马丁推出了小天鹅,同在沃里克郡的"邻居"路虎推出了一款身兼轿跑车和SUV两重角色的汽车,路虎的兄弟品牌捷豹则规划了一款跨界SUV。事实上,到2012年,跨界SUV(似乎比全尺寸SUV更环保)已经大行其道,精明的汽车制造商寻求创造另一个利润丰厚的新市场。日产在2007年推出名称荒诞但相当成功的紧凑型跨界车逍客[1](不是在日本设计,而是由日产的米兰设计中心设计),随后又在2011年推出尺寸更小的迷你型跨界车朱克。朱克价格便宜、敏捷灵巧,但开起来并不舒适,外观则酷似一只刚从动物医院出来的变异青蛙。不过,这款汽车的袖珍跨界概念弥补了造型和性能方面的缺憾,因此销量远超预期。

世界各地的汽车生产商争相模仿日产,就连许多不太搭边的品牌也纷纷推出新款跨界SUV。2012年,菲亚特针对美国市场推出了打着玛莎拉蒂品牌的SUV——库邦(Kubang)。不过,库邦虽然是由菲亚特旗下的法拉利设计,实际上却跟吉普大切诺基(现在是菲亚特旗下克莱斯勒部门的旗舰产品)差不多,而且是在底特律与吉普一起生产。就连几十年来一直专注于制造跑车的保时捷也在2002年推出了跨界SUV卡宴(Cayenne),10年后,保时捷又推出了尺寸更小的双门版卡骏(Cajun)。2009年,保时捷还打造了四门豪华轿车帕拉梅拉(Panamera)[2]。不过,市场对这款车的评价是毁誉参半。在许多人看来,帕拉梅拉既笨拙又丑陋——就像一辆变得臃肿、鼓胀的911。《最高档》那位不依不饶的主持人杰里米·克拉克森(Jeremy Clarkson)2008年在《泰晤士报》上撰文称,这款汽车"把卡西莫多打扮成乔治·克鲁尼"。帕拉梅拉的定价无疑也太高,比捷豹XFR等更加优秀的竞品贵得多。不过,帕拉梅拉虽然受到一些诟病,但这款车到2010年已经成为

---

[1] 在日本和澳大利亚被保守地命名为"Dualis"。
[2] 按照官方说法,这是一款五门豪华揭背车。

保时捷最畅销的车型。在美国，保时捷的传统跑车经常被认为太小或者太"欧洲"，但帕拉梅拉却特别受欢迎。但也不是所有跨界车都得到了市场的认可。事实证明，福特2001年推出的林肯黑木（Blackwood）豪华皮卡跨界跨得太远，短短一年之后便停止生产。

保时捷等一些有先见之明的汽车制造商在积极开拓新市场和开发新品类的同时，也注重强调品系的连续性。它们认识到，企业基因能够发挥宝贵的作用，让现有车主和潜在客户拥有一种安心感。因此，即使是保时捷、梅赛德斯和宝马的最新款，在血统上也还是保持着与杰出前辈的相似性。此外，到20世纪90年代中期，一些汽车制造商不仅在新车型中融入创新设计，而且开始从汽车发展史上一些深受喜爱的车型中汲取灵感。

这些追寻往昔的尝试起初只是抱着怀旧之情的模仿游戏，而不是要复活特定的经典车型。也许正是因为这个原因，这些尝试并不太成功。1990年推出的日产费加罗（Figaro）堪称雷诺王妃的卡通版，这款汽车无可避免地打出"回到未来"的口号。心虚的日产在推销这款小车时并没有贴自家的徽标。但这款车在骨子里与日产玛驰并没有什么不同。费加罗一开始仅针对日本市场，后来在英国建立起一个小众市场，在英国的电视节目中，费加罗是虚构人物莎拉·简·史密斯（Sarah Jane Smith）和BBC政治评论员安德鲁·马尔（Andrew Marr）的座驾。不过，一般人还是不太能接受费加罗，这款汽车的造型介于复古风和卡通风之间，有些不伦不类。

由布莱恩·内斯比特（Bryan Nesbitt）为克莱斯勒设计总监托马斯·盖尔（Thomas Gale）设计的2000年款克莱斯勒PT巡洋舰（PT Cruiser）也很蹩脚。内斯比特试图让这款呈现鲜明复古风格的车型将MPV的空间与20世纪30年代末轿车的流线型外观结合起来，重现克莱斯勒战后全盛时期的光辉。但他最终打造出的却是一款俗气而笨拙的汽车，与费加罗一样，更像是对前辈冷嘲热讽，而不是深情致敬。PT巡洋舰从2007年开始减产，并于2010年完全停产。

1994年，大众汽车进入复古市场，第一次真正尝试发掘以往的经典之作，在底特律车展上发布了新甲壳虫紧凑型车的原型车。不过，直到四年之后，新甲壳虫才进入美国经销商的展厅，这款车在欧洲发布更要等到1999

年。新甲壳虫的量产车型基于Polo平台，发动机装在前部，而不是像费迪南德·保时捷的KdF-Wagen那样装在后部。但新甲壳虫车顶的弧线以及前部和后部的独特造型无疑让人回想起老甲壳虫。

　　大众很快发现，这种复古设计为车辆维修造成不便。与此同时，这款汽车的声誉因一系列可靠性问题而受损，吸引力也因过度迎合年轻女性买家而打了折扣。大众的新甲壳虫对主流市场来说太过可爱（而且太容易出故障，不符合大众稳定可靠的品牌形象）。2011年，大众承认了新甲壳虫的缺陷，随即开始进行全面重新设计。"新新甲壳虫"[1]尺寸更大［基于捷达（Jetta）的平台，而不是基于Polo平台］，也更实用，弧形车顶被大刀阔斧改造成平顶。

　　大众对复古概念的大胆尝试一开始走了些弯路，但宝马第一次就做对了。这家慕尼黑巨头收购了20世纪最具标志性的一款车型（这款汽车也经常被视为仅次于福特T型车的最具影响力的车型），同时对其进行了一番改造，以满足新用户的苛刻要求。宝马的新Mini[2]在刚刚推出时也有不少问题——甚至被召回了一两次，让人回想起英国利兰当年的遭遇。新Mini的后备厢很小，后部也没有多少伸腿的空间。但这款车在市场上大受欢迎。与1959年推出的老Mini一样（但与新甲壳虫不同），新Mini也适合任何阶层，而且男女皆宜。新Mini由宝马的弗兰克·斯蒂芬森（Frank Stephenson）设计，似乎散发着无穷的魅力。斯蒂芬森告诉《汽车》杂志，他希望这款汽车给所有人的第一印象是："这车肯定是Mini。"如宝马所愿，美国消费者对新Mini尤其感兴趣。到2002年，Mini在美国的年销量超过26万辆，全球销量超过了100万辆。在考利，宝马对高度成功的Mini车系进行拓展，推出了Cooper S、一款敞篷车、一款轿跑车、Clubman、Countryman，并与2012年推出更低、更时尚的Paceman运动型轿跑车。但不得不说，宝马越是偏离斯蒂芬森最初的理念，汽车的视觉效果就越差。2011年推出的Cooper SD轿跑车外观尤其怪异，看起来就像是在严重事故中失去了后半截车体。

　　菲亚特紧跟在一马当先的宝马身后，于2007年推出了极其成功、令人

---

[1] 事实上，大众2011年去掉了前缀中的"新"字。
[2] 正式名称是以大写字母MINI表示，以便与英国汽车公司的前身区别开来。

赏心悦目的新500。新500由设计师罗伯托·乔利托（Roberto Giolito）根据丹特·贾科萨（Dante Giacosa）50年前的经典原版改造而成，不露痕迹地重新诠释了贾科萨不朽的设计理念，与高科技时代更加契合，乘员空间也更加宽敞（只有在1957年款500和2007年款500停在一起时，你才能意识到新500比1950年的原版大得多）。在波兰和墨西哥两地生产的500让菲亚特品牌在历经26年之后第一次回到了北美。最为关键的是，菲亚特发挥了500系的灵活性。这家汽车生产商自豪地宣布，500系有50万种不同的个性化组合，包括：密歇根州一家由菲亚特所有的克莱斯勒工厂生产的美国版跑车；由米兰设计顾问公司扎加托（Zagato）设计的一款轿跑车；一款面向全球市场的升级版高性能系列，打着菲亚特发掘出的阿巴斯[①]（Abarth）品牌；一个搭载怠速熄火系统的版本；当然，还有一个续航里程长达75英里的电动版。菲亚特还计划推出一款旅行车版（在20世纪50年代末，贾科萨将小巧的500改造成不可思议的Giardiniera[②]旅行车，包括将发动机置于汽车侧面，加长车轮轴距，设置较为宽敞的后座和安装更好的制动系统）。200辆限量版法拉利500在法拉利跑车车主维修汽车期间作为代用车提供给这些车主。此外还有黑色或白色的定制版古驰风格车款，以及2009年为纪念美泰（Mattel）标志性的芭比娃娃玩偶而推出的亮粉色芭比版。在500上市后的三周之内，全年生产的5.8万辆汽车销售一空。随后，500系获得无数奖项，包括《汽车》杂志评选的2007年度汽车奖、2008年欧洲年度汽车奖和2009年度全球汽车设计奖。乔利托效仿杰出前辈的尝试似乎卓有成效。

宝马和菲亚特让20世纪50年代最重要的两款汽车重获新生，福特则重塑了20世纪60年代最著名的现象级车型。我们前文谈到，福特的野马原本是一款优美时尚的汽车，但从20世纪70年代开始，福特先是推出一款松垮而臃肿的次紧凑型衍生品，之后又推出造型平淡、酷似日本车的轿车。不过，2005年，在福特首席造型师、曾为新甲壳虫设计团队成员的J·梅斯（J Mays）[③]指导下工

[①] 阿巴斯成立于1949年，是一家小众赛车和跑车生产商，1971年被菲亚特收购。阿巴斯最著名的车型是贾科萨打造的500的跑车版——阿巴斯595。

[②] 字面意思是"小园丁"，不过，这个词后来也指意大利的一种泡菜。

[③] 他的名字就是"J"，并不是缩写。

作的设计师希德·兰姆伦斯（Sid Ramance）推出了第五代野马，最终运用梅斯提出的"复古未来主义"概念，重新呈现出博迪纳特1964年款野马紧致的肌肉感。

梅斯出生于俄克拉荷马州，小时候在父亲的汽车配件店工作时就爱上了汽车。1980年，梅斯从加利福尼亚帕萨迪纳著名的艺术中心设计学院毕业，获得交通设计学士学位，在英戈尔施塔特的奥迪开启了职业生涯，参与设计了奥迪100和大众高尔夫。1989年，他回到了美国，但仍在大众任职。那时，他为大众的加州锡米瓦利设计中心（Simi Valley Design Center）工作，是新甲壳虫概念的提出者之一。之后，梅斯曾回到德国工作，也开过自己的设计咨询公司，1997年，他被任命为福特的设计业务副总裁。梅斯有幸赶上纳赛尔大肆收购的那几年，得以接触到阿斯顿马丁DB9、路虎发现以及短命的福特GT（2005年至2006年）等多种多样的车型。也正是在福特工作期间，他接触到捷豹和阿斯顿马丁深厚的品牌传统，进而建立起自己的"复古未来主义"愿景。随后，他不仅将这一愿景应用于野马，而且运用于福特雷鸟。雷鸟起初是一款充满趣味的运动型车，到20世纪90年代已成为毫无特色的双门轿车，最终在1997年被砍掉（确实也在情理之中）。2002年，梅斯复活了雷鸟的设计理念，推出搭载捷豹发动机的车型（包括轿跑车版和敞篷车版），复古的线条让人立即回想起厄尔的原始版本。[1] 跟随在福特身后的是通用。2011年，通用决意将肯塔基州工厂制造的新一代C7雪佛兰科尔维特打造成一款真正的全球跑车，使其更像法拉利，而不是科尔维特[2]，车身的造型则回归比尔·米切尔1963年打造的经典科尔维特史丁雷。

梅斯在2002年推出的新雷鸟满足了驾车者的两人喜好：复古造型和小巧的尺寸。的确，在21世纪初，人们又开始认为小即是美。而福特确实也在这一市场部门也走在前列：杰克·特尔纳克（Jack Telnack）和克劳德·洛博

---

[1] 同年，梅斯获得了圣人般的地位，他的"复古未来主义"汽车设计成为洛杉矶当代艺术博物馆（Los Angeles Museum of Contemporary Art）一个重要展览的主题。

[2] C7的前身C6采用非常强烈的美式设计风格，在美国以外的市场几乎没有什么销量。

（Claude Lobo）1996年打造的可爱时髦的福特Ka[①]与众不同、男女皆宜，在市场上大获成功，虽然这款车的性能并不像其赛车般的线条所暗示的那样出众。不过，到2008年，福特实际上抛弃了这款车的设计理念。第二代福特Ka的外观保守得多，实际上相当于次等菲亚特500，使用500的底盘和发动机，并由菲亚特的波兰工厂生产。

梅赛德斯1998年推出的革命性的Smart借鉴了福特在迷你车市场的突破。Smart比Ka更上一层楼；Smart小到可以像摩托车那样靠路边垂直停放，但599cc的涡轮增压发动机可使Smart的时速达到80英里以上。这款非凡的迷你车起初叫斯沃琪车（Swatchmobile），是制表公司斯沃琪的首席执行官、瑞士人尼古拉斯·哈耶克（Nicolas Hayek）在20世纪80年代末提出的概念。1991年，哈耶克说服大众分担该项目的巨额成本，但项目协议两年后被新上任的大众首席执行官费迪南德·皮耶希仓促终止，因为皮耶希更愿意开发大众自己的迷你车。哈耶克转而与戴姆勒-奔驰接洽，双方达成了协议，并于1994年在位于法德边境的洛林大区昂巴克新建了一家制造厂。不过，德国人很快便与这位反复无常的制表大亨产生了分歧。皮耶希坚持认为，斯沃琪品牌名应当作为汽车身份的一部分。戴姆勒-奔驰的管理层坚决拒绝，哈耶克只得作出妥协，同意将车名改为Smart，为"斯沃琪·梅赛德斯艺术"（Swatch Mercedes Art）的蹩脚缩写。两家公司还在汽车燃油系统问题上发生了争执。哈耶克想要混动系统，但德方却坚持安装比较传统的汽油发动机。一再受挫的哈耶克终于失去了耐心。1998年，戴姆勒-奔驰买断了斯沃琪在该公司的剩余股份，并将这款车贴上梅赛德斯的徽标。

戴姆勒-奔驰最初的构想是打造一整套Smart车型。然而，这款外观奇特的汽车在上市之初遇到不少困难，双座敞篷车、SUV和四座超迷你车等衍生变体很快就停止销售。截至本书撰写时，Fortwo仍然是Smart唯一一款汽油驱动的产品——不过，Smart在2010年发布了一款可充电的电动版，并计划出一款双座敞篷车。

不过，在21世纪初，汽车领域的最主要问题不是汽车的尺寸，也不是跨

[①] 这款车一开始叫Streetka，后来名称缩短为Ka。

界适应性，而是燃料的灵活性。从1998年到2008年，尽管巨额政府补贴使得美国的燃料价格远低于其他发展中国家，美国汽油价格仍然上涨了三倍多。美国石油产量在1970年前后见顶［壳牌的地质学家M. 金·哈伯特（M.King Hubbert）早在1956年就正确预测到这一点］。如今，人人都在猜测世界石油产量何时开始下降。围绕石油顶峰展开辩论的不仅有石油行业，还有世界各国的政府和汽车制造商。

长期以来，人们一直对石油的未来感到担忧，但电动汽车直到最近几年才开始蓬勃发展。在第二次世界大战期间，由于大多数参战国家实行汽油配给制，业界开展了一些电动汽车试验，但这些奇巧的装置很少存活到1946年以后。20世纪50年代，卡西米尔·卢比埃（Casimir Loubière）在法国手工制造了Symetric电动汽车（之后，他又提出一项古怪的提议，希望打造配备荧光灯和放射性后保险杠的原子能版）。1967年，福特推出了实验性的双座电动汽车Comuta，不过，这款汽车只制造了几辆。福特英国的一位高管表示："我们预计电动汽车将在10年之内具有商业可行性。"这种预测可能有些为时过早，但他的另一句话显然更有先见之明："我们相信，电动汽车在城市中心将主要用于送货，在郊区将主要用于购物。"1985年，在过度炒作的英国三轮电池驱动车Sinclair C5遭遇惨败之后，电动汽车事业似乎被送进了坟墓。C5经不起日晒雨淋（英国的多雨气候尤其不理想），最高时速只有15英里，很快就成为全国的笑柄。Sinclair还邀请前赛车手斯特林·莫斯来宣传C5，这种荒谬的公关策略自然也是无助于提振销量。C5推出仅九个月之后，Sinclair Vehicles就进入了破产管理程序。

不过，通用汽车在1996年12月大胆推出了世界上第一款量产电动车EV1。通用给出许多承诺，外界也对这一创举寄予厚望。EV1只生产了几百辆，而且仅在加利福尼亚销售。之后，这款汽车便停止生产，EV1项目也被神秘地撤销了。2006年，日本公司索尼影视娱乐（Sony Pictures）幸灾乐祸地发行了克里斯·潘恩（Chris Paine）执导的纪录片《谁杀死了电动汽车？》（Who Killed the Electric Car?），这部纪录片煽风点火地提出了至今仍然存在激烈争议的问题：谁终止了EV1项目？为什么要终止？通用汽车对这场灾难的处理表明，自阿尔弗雷德·斯隆退休以来，通用基本没有任何长进。通用曾公开发誓将保留所有业已生产的EV1，但经通用正式批准的销毁EV1库存的画面之后却被拍了下来——而通用这时恰好在推广油耗惊人的荒谬车型悍马。于是，通用被迫公开承诺推出一款新的电动汽车来取代EV1——这款替代品酝酿了八年之久。2010年，雪佛兰沃蓝达（Volt）终于面市［没过多久，沃蓝达的欧洲表亲欧宝/沃克斯豪尔安佩拉（Ampera）也加入其中］，不过，沃蓝达并不是纯粹的电动汽车。严格说来，沃蓝达是一款混动车，或者至少是"混动的混动车"（通用更喜欢使用"增程器"这种说法），这款车搭载了一个小型汽油发动机，可以在电池耗尽或者高速行驶时发电。

未来的路？ 插电式混动车雪佛兰沃蓝达在2012年日内瓦车展上以欧宝沃克斯豪尔/安佩拉在欧洲销售。

在美国屡屡碰壁之际，日本又一次把握机会走上前台。在2010—2011年期间，引起轰动的电动汽车并不是通用的沃蓝达/安佩拉，而是世界上第一款量产电动车——日产聆风。聆风的车身造型平淡无奇，但加速系统和悬架系统非常出色，充电的费用也很便宜——虽然价格并不便宜。即使有政府补贴，聆风的价格仍然相当于同档次燃油车的近两倍。不过，由于聆风与所有电动汽车一样，不会排放有害的废气，其高昂的单位成本完全可以被惠及全民的环境收益所抵消。

沃蓝达和聆风的问世促使竞争对手纷纷开展电动汽车研发活动。从2010年开始，每一家主要汽车制造商都推出了电动车型（通常由现有的燃油车型改造而成）或是类似电动的车型（配有增加续航里程的小型汽油发动机）。日产的合作伙伴雷诺发布了电动紧凑型行政轿车风朗（Fluence）的原型车，据称最高时速可达84英里，续航里程高达115英里；雷诺的法国竞争对手标致雪铁龙则发布了两款小型四座电动城市车——雪铁龙C-Zero及其姊妹车型标致iOn。2010年，戴姆勒和德国能源巨头莱茵集团（RWE）宣布将开展一个联合项目，为欧洲开发和制造衍生自梅赛德斯Smart以及A级车和B级车的环保电动汽车。同年，大众的首席执行官马丁·文德恩（Martin Winterkorn）在大众的加利福尼亚研究中心向听众表示，到2013年，大众将生产电动版Up和高尔夫以及插电式混动版高尔夫和捷达。2011年，就连保时捷也推出了全电动车型Boxster E的原型车。这款汽车运用大众为高尔夫e-motion开发的技术，表明电动与性能并不相互排斥。与此同时，福特于2011年在美国推出电动版福克斯，次年又在欧洲推出这款车型。沃蓝达的欧洲版表亲安佩拉（配有强大的1.4升增程发动机，赋予这款汽车出色的加速性能）于2012年面世。宝马在2013年推出了价格不菲的i3电动城市车。一些新款电动产品的电池续航里程可达200英里以上——但大多数不到120英里。

不过，电动车的普及仍然面临极大障碍。例如，英国政府于2010年宣布，为鼓励购买电动汽车，将提供至多5000英镑的补贴。但这笔补贴却在一定程度上反而推高了电动车的标价。英国的大臣们还承诺拿出2000万英镑改善"英国各地"（而不仅仅是伦敦）的充电基础设施，交通大臣菲利普·哈蒙德（Philip Hammond）指出，英国95%的驾车出行里程不超过25英里。不过，电动汽车仍然主要局限在伦敦和为数不多的其他几个城市——美国也是一样，电动汽车在南加利福尼亚和纽约蓬勃发展，但在其他地区却难见踪影。到了2011年，英国政府又宣布不会出资建设全国充电站网络，政府希望大多数电动车车主能够在家为汽车充电——但许多人无法在家充电。越来越多的电动汽车车主认为自己购买的是奢侈品而非必需品，并将更加传统的交通工具作为电动汽车的补充。在各国政府建立起密集的充电站网络之前,电动汽车仍然难以畅行。

由于全电动汽车的续航里程仍然有限,更多富有想象力的汽车生产商便寻求为那些既希望尝试电动车,又不想放弃长途旅行的消费者提供一种折中方案。于是,将电动机与汽油发动机相结合的混合动力汽车应运而生。

混动车其实并不是什么新鲜事物。第一辆真正的双燃料汽车早在1901年就出现了,发明人是美国人乔治·费舍尔(George Fisher)。不过,费舍尔的车与早期的电动汽车一样,都存在致命的缺陷:铅酸电池沉重且容易渗漏。1912年以后,所有汽车都安装了查尔斯·凯特林(Charles Kettering)发明的电动起动器,因此,从技术上说,这些汽车多多少少都算是"混动车"。现代混动车倾向于将小容量汽油发动机与通常由锂电池驱动的电机相结合。单靠电机至多可以行驶30英里,之后就要靠与电机配合的汽油发动机了。

第一款量产混合动力车自然又是日本车。1997年,丰田普锐斯在日本推出,四年后在其他国家上市。作为世界上第一款量产混动车,普锐斯引起的热烈反响是之后任何一款双燃料汽车都无法匹敌的。[①] 电影明星不再开巨大的SUV和悍马,而是开着普锐斯亮相电影首映式。就连动画片《居家男人》(*Family Guy*)中的小狗布莱恩·格里芬(Brian Griffin)也开着一辆普锐斯。尽管普锐斯赢得了全世界的赞誉,包括在2004年获得欧洲年度汽车大奖,但早期的普锐斯为追求可持续性而牺牲了美感,显得老气、平庸和功利。直到造型更加锋锐、更加符合空气动力学的2009年款第三代普锐斯面市,普锐斯才得以同传统竞争对手正面较量。2011年,在普锐斯的声誉因质量丑闻而受损之际,设法重整旗鼓的丰田将普锐斯的名称和外形运用于一款全电动插电式车型,并推出小型雷克萨斯混动车CT200(CT200的动力总成系统来自普锐斯),以挑战宝马和奥迪的紧凑型家用车。在起亚宣布今后将专注于生产小型混动车之后,丰田也提高了赌注,宣布到2020年,丰田的所有车型都将采用双燃料动力系统。

---

① 2000年,本田(这一次没能充当创新者)推出了与20世纪70年代的雪铁龙有些相像的竞品Insight。2011年,本田的英菲尼迪品牌推出混动行政轿车M35和Jazz超迷你车的混动版。

在太平洋对岸，通用和福特也一如我们料想的那样，直到很晚才进入混动车市场。2011年初，福特英国的老板坦率地承认，"我们正在观望市场对其他电动汽车的反应"——看到这种态度，我们便不难理解美国大型制造商与日本竞争对手的差距为何会进一步拉大。不过，德国人很快便采取行动应对挑战，将混动技术广泛应用于豪华车型、运动车型以及较为经济的车型。奥迪的混动A6于2012年面市，而保时捷在两年之前就推出了混动跑车918以及基于大众途锐（Touareg）的混动版卡宴SUV。2011年2月，梅赛德斯承诺，今后的每一款C级车都将提供混动版。

事实证明，混合动力车在英国和美国颇受欢迎，但在欧洲其他地区，柴油发动机仍然非常流行。特别是在西欧销售的汽车中，有50%使用柴油发动机。因此，在石油公司努力生产更加清洁的柴油的同时，汽车生产商也在设法减少排放和提高燃油效率。梅赛德斯2006年推出的Bluetec柴油系统是朝这一方向迈出的重要一步。戴姆勒-奔驰现在与奥迪、保时捷和大众品牌的所有者大众集团共享这项技术，两家公司都在面向美国市场的汽车上安装该系统。这种做法可能有些过于乐观，因为2011年美国仅有3%的汽车使用柴油。不过，一些分析师预计，到2015年，这一比例可能会升至10%。

可替代汽油的其他液体燃料也已经开发出来。壳牌开发出一种天然气合成柴油。天然气制取合成油的概念已经提出了一段时间，但由于成本奇高，并未真正投入生产。现在，迫在眉睫的"石油顶峰"让这一理念回归"待办清单"首位。乙醇（用从植物中提取的酒精制成的汽车燃料）也是一种替代燃料，一般与汽油混合使用。美国一些州现在规定必须使用混合汽油。比方说，这类混合汽油在得克萨斯州就用得非常普遍。2010年，法拉利甚至为599车系的旗舰车型GT（Gran Turismo）推出了使用混合燃料的混动版。英国石油、杜邦和英国糖业（British Sugar）已经研发出自己的生物燃料——生物丁醇。这些制造商称，生物丁醇比乙醇密度更高，挥发性更低，而且可以从生物基废料（也就是无法食用的有机物）中提取。但生物燃料永远无法成为全球石油储量枯竭问题的长远解决方案。生物燃料只是短期的权宜之计，像混合动力一样作为汽油的补充。从许多方面来看，唯一可以真正替代汽油充当汽车燃料的是氢，氢燃料能够让汽车长距离行驶，而且具有高度的可持续性。氢燃料电池（不是连接沉重的电池组，而是与电容器连接）使汽车能够像汽油动力车一样快速加速，续航里程也很长——目前最高可达400英里。同样重要的是，氢电池的排放物中不含任何对地球有害的物质——无非是纯净、简单的水。此外，氢可以从水、天然气（乃至尿液）等各种各样的来源中提取。不利的一面是，氢的提取成本高昂，会对环境造成影响，氢的存储成本也很高，而且存在潜在危险。但这一风险并不比汽油和柴油生产商及零售商面临的风险高很多。如果我们想继续开车，氢电池是最好的选择。不过，要让这类系统切实可行，各国政府必须建立为氢动力汽车补充燃料的服务站基础设施。世界各国的石油公司可不会帮政府做这种事。

2002年发生了一件振奋人心的大事：美国的布什政府承诺投资12亿美元开展氢能源汽车研发。六年后，本田不负众望，推出了世界上第一款氢电池汽车FCX Clarity。Clarity基于本田雅阁平台，配有监测氢消耗量的仪表盘以及由本田的Bio-Fabric植物来源材料专利技术制作的座椅软垫。Clarity在美国、日本和欧洲可供租赁，仅在加利福尼亚销售，因为加利福尼亚政府投资了必要的快速充氢站。本田宣布，如果更多地方政府效仿加利福尼亚的做法，本田到2018年将开始量产基于FCX Clarity的汽车。作为回应，现代起亚宣布其打算以起亚Exclusive平台为基础，每年生产一两千辆氢燃料汽车。就连通用汽车也在2011—2012年期间尝试生产了100辆雪佛兰探界者（Equinox）——一款身兼SUV和轿车两重属性的氢动力跨界车。汽车走过了130年的漫长发展历程，未来的希望似乎蕴藏在微小的氢原子之中。

致　谢

我要感谢所有在这本书的构思、研究和插图方面帮助过我的人。我尤其要感谢理查德·米尔班克（Richard Milbank），他提出了撰写本书的构想，并以热情和智慧在整个过程中为我提供了宝贵的指导。

参考资料

General

Martin Adeney, The Motor Makers (London: Collins, 1988).

Michael L. Beyer, *The Automobile in American History and Culture* (Westport, CN: Greenwood Press, 2001).

David Blanke, *Hell on Wheels* (Lawrence, KA: University Press of Kansas, 2007).

Malcolm Bobbitt, *Austerity Motoring* (Dorchester: Veloce, 2003).

Walter J. Boyne, *Power Behind the Wheel* (London: Conran Octopus, 1988).

John Butman, *Car Wars* (London: Grafton, 1991).

Sally Clarke, *Trust and Power* (Cambridge: Cambridge University Press, 2007).

Tony Davis, *Naff Motors* (London: Century, 2006).

Peter Dunnett, *The Decline of the British Motor Industry* (London: Croom Helm, 1980).

James J. Flink, *The Car Culture* (Cambridge, MA: MIT Press, 1975).

. . ., *The Automobile Age* (Cambridge, MA: MIT Press, 1988).

David Gartmann, Auto Slavery (Brunswick, NJ: Rutgers University Press, 1986).

. . ., *Auto Opium: A Social History of American Automobile Design* (London: Routledge, 1994).

Nick Georgano (ed.), *Britain's Motor Industry: The First Hundred Years* (Sparkford: G. A. Foulis, 1995).

. . . (ed.), *The Beaulieu Encyclopaedia of the Automobile*, 3 vols (London: HMSO, 2000–1).

Jonathan Glancey, *The Car: A History of the Automobile* (London: Carlton, 2006).

David Hebb, *Wheels on the Road* (New York: Collier, 1966).

Paul J. Ingrassia and Joseph B. White, *Comeback: The Fall and Rise of the American Automobile Industry* (New York: Simon & Schuster, 1994).

John Jerome, *The Death of the Automobile* (New York: Norton, 1972).

Fred Kaplan, 1959: *The Year Everything Changed* (Hoboken, NJ: John Wiley, 2009).

Harold Katz, *The Decline of Competition in the Automobile Industry 1920–1940* (New York: Arno Press, 1977).

. . ., *Shifting Gears* (Cambridge, MA: MIT Press, 1985).

David Kynaston, *Family Britain 1951–7* (London: Bloomsbury, 2007).

. . ., *Austerity Britain 1945–51* (London: Bloomsbury, 2009).

Brian Ladd, Autophobia (Chicago: University of Chicago Press, 2008).

James J. Laux, *The European Auto Industry* (Boston: Twayne, 1992).

Wayne Lewchuck, *American Technology and the British Vehicle Industry* (Cambridge: Cambridge University Press, 1986).

Peter Ling, *America and the Automobile* (Manchester: Manchester University Press, 1989).

Jonathan Mantle, *Car Wars* (New York: Arcade, 1995).

Micheline Maynard, *The End of Detroit* (New York: Doubleday, 2003).

Mariana Mazzucato, *Advertising and the Evolution of Market Structure in the US Car Industry* (Milton Keynes: Open University Press, 2001).

Daniel Miller (ed.), *Car Cultures* (Oxford: Berg, 2001).

Ralph Nader, *Unsafe at Any Speed* (New York: Grossman, 1965).

Julian Pettifer and Nigel Turner, *Automania* (London: Collins, 1984).

Anthony Pritchard, *British Family Cars of the 1950s and 60s* (Oxford: Shire, 2009).

John B. Rae, *American Automobile* (Chicago: University of Chicago Press, 1965).

. . ., *The American Automobile Industry* (Boston: Twayne, 1984).

James Ruppert, *The British Car Industry: Our Part in its Downfall* (Maidenhead: Foresight Publications, 2008).

Emma Rothschild, *Paradise Lost: The Decline of the Auto-Industrial Age* (New York: Random House, 1973).

Samuel Saul, 'The Motor Industry in Britain to 1914', *Business History*, 5.1 (December 1962).

Michael Sedgwick, *The Motor Car 1946–56* (London: Batsford, 1979).

L. J. K. Setright, *Drive On!* (London: Granta, 2003).

Richard Sutton, *Motor Mania* (London: Collins and Brown, 1996).

Timothy Whisler, *At the End of the Road* (Greenwich, CN: JAI Press, 1995).

. . ., *The British Motor Industry 1945–94* (Oxford: Oxford University Press, 1999).

Winfried Wolf, *Car Mania* (London: Pluto, 1996).

Peter Wollen and Joe Kerr, *Autopia: Cars and Culture* (London: Reaktion, 2007).

Jonathan Wood, *Wheels of Misfortune* (London: Sidgwick & Jackson, 1988).

. . ., *Coachbuilding* (Oxford: Shire, 2008).

. . ., *The British Motor Industry* (Oxford: Shire, 2010).

Design

C. Edson Armi, *The Art of American Car Design* (Philadelphia: Penn State University Press, 1988).

Ronald Barker and Anthony Harding (eds), *Automobile Design* (Newton Abbot: David & Charles, 1970).

Stephen Bayley, *Sex, Drink and Fast Cars* (London: Faber, 1986).

. . ., *Cars: Freedom, Style, Sex, Power, Motion, Colour, Everything* (London: Conran Octopus, 2008).

. . . and Giles Chapman (eds), *Moving Objects* (London: Eye-Q, 1999).

Ian Beatty, *Automotive Body Design* (Sparkford: Haynes, 1977).

Helen Evenden, *New Directions in Transport Design* (London: V&A, 2007).

Peter Grist, *Virgil Exner: Visioneer* (Dorchester: Veloce, 2007) .

Raymond Loewy, *Industrial Design* (Woodstock, NY: Overlook Press, 1979).

Beryl McAlhone (ed.), *Directors on Design* (London: Design Council, 1985).

L. J. K. Setright, *The Designers* (London: Weidenfeld & Nicolson, 1976).

Penny Sparke, *A Century of Car Design* (London: Mitchell Beazley, 2002).

Paul C. Wilson, *Chrome Dream: Automobile Styling since 1893* (Radnor, PA: Chilton, 1976).

Motoring

Georgine Clarsen, *Eat My Dust: Early Women Motorists* (Baltimore: John Hopkins University Press, 2008).

Frank Coffey and Joseph Layden, *America on Wheels* (Los Angeles: General Publishing, 1996).

Julian Holder and Steven Parissien (eds), *The Architecture of British Transport in the 20th Century* (London and New Haven: Yale University Press, 2004).

John A. Jakle, *Motoring: The Highway Experience in America* (Athens, GA: University of Georgia Press, 2008).

David Jeremiah, *Representations of British Motoring* (Manchester: Manchester University Press, 2007).

D. L. Lewis and Laurence Goldstein (eds), *The Automobile and American Culture* (Ann Arbor: Michigan Press, 1983).

Peter Merriman, *Driving Spaces: A Cultural-Historical Geography of Britain's M1 Motorway* (Oxford: Blackwell, 2007).

Joe Moran, *On Roads* (London: Profile, 2009)

P. D. North, *Fighting Traffic: The Dawn of the Motor Age in the American City* (Cambridge, MA: MIT Press, 2008).

Sean O'Connell, *The Car in British Society* (Manchester: Manchester University Press, 1998).

Dianne Perrier, Onramps and Overpasses: *A Cultural History of Interstate Travel* (Gainesville: University Press of Florida, 2009).

John B. Rae, *The Road and Car in American Life* (Cambridge, MA: MIT Press, 1971).

Graham Robson, *Motoring in the 30s* (Cambridge: Stephens, 1979).

David St Clair, *The Motorization of American Cities* (New York: Praeger, 1986).

Motor Cities

Coventry's Motor Car Heritage (Stroud: History Press, 2011).

John Gallagher, *Re-Imagining Detroit* (Detroit: Wayne State University Press, 2010).

Donald McDonald, *Detroit 1985* (Garden City, NY: Doubleday, 1980).

Kathryn A. Morrison and John Minnis, *Carscapes* (London and New Haven: Yale University Press, 2012)

Johannes F. Spreen and Diane Holloway, *Who Killed Detroit?* (Detroit: iUniverse, 2006) .

David Thoms, *The Coventry Motor Industry* (Aldershot: Ashgate, 2000).

Fuels

Iain Carson and Vijay Vaitheeswaran, *Zoom: The Global Race to Fuel the Car of the Future* (London: Penguin, 2008).

David Kirsch, *The Electric Vehicle and the Burden of History* (New Brunswick, NJ: Rutgers University Press, 2000).

Ernest H. Wakefield, *History of the Electric Automobile* (Warrendale, PA: Society of Automotive Engineers, 1994).

Daniel Yergin, *The Prize* (New York: Free Press, 1992).

People

David Abodaher, *Iacocca* (New York: Zebra, 1985).

Martin Adeney, *Nuffield: A Biography* (London: Robert Hale, 1993).

Lee Albert, *Call Me Roger* (Chicago: McGraw-Hill Contemporary, 1988).

Richard Bak, *Henry and Edsel* (Hoboken, NJ: Wiley, 2003).

Neil Baldwin, *Henry Ford and the Jews* (New York: Oxford Publicity Partnership, 2001).

Gillian Bardsley, *Issigonis* (Thriplow: Icon, 2006).

David Bastow, *Henry Royce, Mechanic* (Derby: Rolls-Royce Heritage Trust, 1989).

Malcolm Bobbitt, *W. O. Bentley* (Derby: Breedon, 2003).

John Bullock, *The Rootes Brothers* (Cambridge: Patrick Stephens, 1993).

Walter Chrysler, *Life of an American Workman* (New York: Dodd Mead, 1937).

R. A. Church, *Herbert Austin* (London: Europa, 1979).

Peter Collier and David Horowitz, *The Fords: An American Epic* (New York: Summit, 1989).

Vincent Curcio, *Chrysler* (New York: Oxford University Press, 2000).

Michael Edwardes, *Back from the Brink* (London: Collins, 1983).

Ivan Fallon and James Srodes, *Dream Maker: The Rise and Fall of John Z. DeLorean* (New York: Putnam, 1983).

David Farber, *Sloan Rules* (Chicago: University of Chicago Press, 2002).

Henry Ford, *The International Jew* (Whitefish, MT: Kessinger Publishing, 2003).

... [and Samuel Crowther], *Moving Forward* (London: William Heinemann, 1931).

Carol Gelderman, *Henry Ford* (New York: Dial Press, 1981).

Lawrence R. Gustin, *Billy Durant* (Grand Rapids, MI: Eerdmans Publishing, 1973).

Lee Iacocca, *Iacocca* (New York: Bantam, 1984).

Robert Jackson, *The Nuffield Story* (London: Frederick Muller, 1964).

Guy Jellinek-MercÉdès, *My Father Mr MercÉdès* (London: G. T. Foulis, 1966).

Peter King, *The Motor Men* (London: Quiller, 1989).

David L. Lewis, *The Public Image of Henry Ford* (Detroit: Wayne State University Press, 1976).

Axel Madsen, *The Deal Maker: How William C. Durant Made General Motors* (New York: John Wiley,

1999).

John F. Morris (ed.), *Wealth Well-Given* (Stroud: Alan Sutton, 1994).

R. J. Overy, *William Morris, Viscount Nuffield* (London: Europa, 1976).

Philip Porter and Paul Skilleter, *Sir William Lyons* (Sparkford: Haynes, 2001).

John Reynolds, *AndrÉ Citroën,* (Stroud: Alan Sutton, 2006).

Alfred Sloan, *My Years with General Motors* (Garden City, NY: Doubleday, 1964).

Miles Thomas, *Out on a Wing* (London: Michael Joseph, 1964).

Henry Turner, *General Motors and the Nazis* (New Haven: Yale University Press, 2005).

Patrick J. Wright, *On a Clear Day You Can See General Motors* (Grosse Point, MI: Wright Enterprises, 1979).

Peter Wyden, *The Unknown Iacocca* (London: Sidgwick & Jackson, 1988).

Marques and Models

James Ward Arthur, *The Fall of the Packard Motor Car Company* (Stanford: Stanford University Press, 1995).

Martin Bennett, *Rolls-Royce* (Yeovil: Oxford Illustrated, 1983).

. . ., *Rolls-Royce and Bentley* (Sparkford: Haynes, 1998).

Malcolm Bobbitt, *The British Citroën* (Glossop: Transport Publishing, 1991).

. . ., *Rover* (Godmanstone: Veloce, 1994).

. . ., *Rolls-Royce at Derby* (Derby: Breedon, 2002).

. . ., *Citroen DS* (Dorchester: Veloce, 2005).

Chris Brady and Andrew Lorenz, *End of the Road: BMW and Rover, A Brand Too Far* (London: FT Prentice Hall, 2001).

David Burgess-Wise, *Ghia* (London: Osprey, 1985).

. . ., *Ford at Dagenham* (Derby: Breedon, 2001).

Leslie Butterfield, *Enduring Passion: A History of the Mercedes-Benz Brand* (Chichester: Wiley, 2005).

Richard Copping, *VW Beetle* (Dorchester: Veloce, 2006).

Chester Dawson, *Lexus: The Relentless Pursuit* (Chichester: Wiley, 2004).

H. R. Etzold, VW Beetle: *The Chronicle of the People's Car* (Sparkford: Haynes, 1991).

Peter Haguma, *Bentley* (Ferring: Dalton Watson, 2003).

Charles K. Hyde, *Riding the Roller Coaster: A History of the Chrysler Corporation* (Detroit: Wayne State University Press, 2003).

David Kiley, *Driven: Inside BMW, the Most Admired Car in the World* (Hoboken, NJ: Wiley, 2004).

Robert Lacey, *Ford* (London: Pan, 1986).

Karl Ludvigsen, *Battle for the Beetle* (Cambridge, MA: Bentley, 2000).

Horst Mönnich, *The BMW Story* (London: Sidgwick & Jackson, 1991).

George Oliver, *Rolls-Royce* (Sparkford: Haynes, 1988).

..., *The Rover* (London: Cassell, 1971).

Werner Oswald and Jeremy Walton, *BMW: The Complete Story* (Sparkford: Haynes, 1982).

Karen Pender, *Rover SD1* (Marlborough: Crowood, 1998).

Jon Pressnell, *Citroën DS* (Ramsbury: Crowood, 1999).

A. S. Price, *Rolls-Royce* (London: Batsford, 1980) .

Anthony Pritchard, *British Family Cars of the 1950s and 60s* (Oxford: Shire, 2008).

John B. Rae, *Datsun* (New York: McGraw-Hill, 1982).

Dave Randle, *The True Story of Škoda* (Stroud: Sutton, 2002).

Martin Rawbone, *Ford in Britain* (Sparkford: Haynes, 2001).

Edwin M. Reingold, *Toyota* (Harmondsworth: Penguin, 1999).

John Reynolds, *Eighty Years of Citroën in the United Kingdom, 1923–2003* (Ferring: Dalton Watson, 2003).

..., *Citroën 2CV* (Sparkford: Haynes, 2005).

Graham Robson, *Metro* (Sparkford: Haynes, 1982).

..., *Mini* (Sparkford: Haynes, 1986).

..., T*he Cars of BMC* (Croydon: Motor Racing Publications, 1987).

..., *BMW* (Sparkford: Haynes, 2005).

... and Richard Langworth, *Triumph Cars: The Complete Story* (Orpington: Motor Racing Publications, 2004).

L. J. K. Setright, *Rolls-Royce* (New York: Ballantine, 1975).

Nigel Tron, *Lancia* (Newton Abbot: David & Charles, 1980).

Martin Wainwright, *Morris Minor* (London: Aurum, 2008).

David Waller, *Wheels on Fire: The True Inside Story of the DaimlerChrysler Merger* (London: Coronet, 2001).

Jeremy Walton, *Capri* (Sparkford: Haynes, 1990).

..., *BMW 3-Series* (London: Osprey, 1993).

..., *Audi Quattro* (Sparkford: Haynes, 2007).

Andrew Whyte, *Jaguar* (Cambridge: Patrick Stephens, 1980).

..., *Cadillac* (London: Octopus, 1986).

..., *Jaguar* (Princes Risborough: Shire, 2007).

Jonathan Wood, *The VW Beetle* (London: Motor Racing Publications, 1983).

..., *MG* (Oxford: Shire, 2000).

..., *The Citroën* (Oxford: Shire, 2003).

..., *Morgan* (Sparkford: Haynes, 2004).